왕인박사 시기의
한·일 교류 고고학

왕인박사 시기의
한·일 교류 고고학

박광순·전용호·전형민·신흥남·이범기·송공선·
강은주·임동중·서현주·이정민·임영진

주류성

차 례

제Ⅲ장 일본 기나이지역 마한·백제 관련 고고학 자료

제Ⅳ장 종장

책을 펴내며

(사)왕인박사현창협회에서는 부설 왕인문화연구소를 중심으로 왕인박사 연구에 매진해 오고 있다. 특히 2007년 왕인문화연구소를 개편한 이후부터 거의 매년 이루어진 일본 현지조사나 국내 학술회의 결과물을 단행본으로 제작하여 배포해 오고 있다.

이와 병행하여 2013년에는 그동안 학계에서 이루어진 연구 성과들을 집대성하여 『왕인박사 연구』를 간행하였고, 2022년에는 그 이후부터 왕인문화연구소가 주관했던 문헌사 분야의 조사, 연구 성과를 간추려 『왕인박사』를 간행하였다.

왕인박사는 일본의 『고사기』(712년)와 『일본서기』(720년)에 나오는 중요한 역사 인물이지만 관련된 문헌 자료만으로는 구체적인 연구가 어렵기 때문에 (사)왕인박사현창협회 왕인문화연구소에서는 고고학 자료에 대한 연구의 필요성을 절감하고 기존의 문헌 자료 연구에 병행하여 일본 현지조사와 연구를 통해 왕인박사에 대한 이해를 높여 나가고 있다.

이번에 발간하는 『왕인박사 시기의 한·일 교류 고고학』은 그와 같은 배경에서 왕인박사의 활동 시기 전후에 해당하는 한국과 일본의 고고학 자료를 분석한 글을 중심으로 만든 것으로서 크게 4개의 장으로 구성되어 있다.

제I장은 고 박광순 선생이 2013년에 작성하여 제출하였던 글로서 문헌사 분야의 연구 성과에 해당하는 것이지만 고고학 자료를 중심으로 집필된 이 책의 내용을 이해하는 데 필요한 기초적인 지식을 제공할 수 있는 점에서 서장으로 삼았다.

제Ⅱ장은 한국 호남지역과 일본 규슈지역의 고고학 자료 가운데 옹관묘(전용호), 석실묘(신흥남), 주거지(전형민), 금동관과 금동신발(이범기), 토기(송공선) 등 5가지 주제를 다룬 것이다. 모두 2018년 11월에 개최되었던 학술대회 발표문에 새로운 자료를 추가하고 보다 읽기 쉽게 다듬은 것이다.

제Ⅲ장은 일본 기나이 지역의 고고학 자료 가운데 묘제(강은주), 주거지(임동중), 토기(서현주), 토기가마(이정민) 등 4가지 주제를 다룬 것이다. 이 가운데 토기는 2011년에 이루어졌던 현지조사 보고문에 최근 10여년 사이에 새로 확인된 자료를 추가하고 보다 읽기 쉽게 다듬은 것이다.

제Ⅳ장은 임영진 선생이 2013년에 작성하여 제출하였던 글로서 고고학 자료를 바탕으로 왕인박사 시기의 한·일 교류 관계를 포괄적으로 개관한 내용이므로 종장으로 하였다.

대부분 기존에 발표된 글을 부분적으로 보완한 것이고 일부 추가한 분야 외에 다루지 못한 분야도 있지만 그동안 일반인들이 접하기 어려웠던 고고학적인 내용들을 담고 있어 왕인박사에 관심을 가진 일반인에게 조금이나마 도움을 드릴 수 있겠다는 기대 속에서 이 책을 펴내고자 한다.

끝으로 이 책이 간행될 수 있도록 지원해 주신 우승희 군수님을 비롯한 영암 군민들과 고 박광순 학술원 정회원을 비롯한 집필진의 노고에 감사드리고, 2013년의 『왕인박사 연구』와 2022년의 『왕인박사』에 이어 올해 『왕인박사 시기의 한·일 교류 고고학』을 흔쾌히 출판해 주신 주류성의 최병식 사장님께 깊은 사의를 표한다.

2023년 12월
(사)왕인박사현창협회 회장 전 석 홍

제 1 장
서 장

고대 일본의 마한·백제계 도래인 / 박광순

고대 일본의 마한·백제계 도래인

-가와찌정권의 성립을 중심으로-

박광순 _ 前 대한민국 학술원 정회원

---

1. 들어가며

최근 한국과 일본 사이에는 역사 인식의 문제를 둘러싸고 여러 가지 마찰이 그치지 않고 있다. 이런 때일수록 우리는 왕인박사를 비롯한 도래인들이 일본의 고대국가 형성을 위해 흘린 땀과 업적을 재평가하여 그 속에서 호혜적인 한일관계 구축을 위한 해법을 찾아야 하지 않을까 하는 생각이 간절하다.

(사)왕인박사현창협회 왕인문화연구소는 창설 이래 왕인박사의 실체를 규명하기 위하여 많은 연구를 해왔다. 그러나 왕인박사를 비롯한 도래인들이 일본의 고대국가 형성에 기여한 업적의 구체적인 내용과 그 후예들의 행방에 대해서는 거의 손을 대지 못하고 있었다.

이 글에서는 그간 자세히 다루지 못했던 분야, 곧 고대 일본의 국가형성에 기여한 도래인들의 업적들을 다양한 시각에서 분석하여 그를 교훈삼아 호혜적이고 미래지향적인 한일관계 정립에 조금이나마 도움이 되고자, 고대 일본의 국가형성과 마한·백제계 도래인의 역할, 특히 일본의 고대국가 형성의 기초를 닦은 가와찌정권(河內政權)의 성립 배경에 초점을 맞추어 보려고 한다.

본론에 앞서 필자의 논지를 뚜렷이 하기 위해 밝혀두고자 하는 두 가지 문제가 있다. 그 하나는 국가형성이란 어떤 현상을 말하는 것이며, 일본에서의 국가형성은 언제 시작되어 어느 무렵에 완성되었고, 그 주도적 역할은 누구에 의해서 이루어진 것일까 하는 문제요, 다른 하나는 그 시기에 건너간 사람들을 어떻게 호칭해야 하는가 하는 문제이다. 후자에 관해서는 뒤에서 자세히 다루기로 하고, 여기에서는 기존의 학설들을 중심으로 일본의 고대국가 형성과 그 성격, 그리고 고대국가 형성에 기여한 도래인의 역할 등에 관해서 살펴보고자 한다.

『古代河內政權の硏究』의 저자 나오기 고지로(直木孝次郎) 교수에 의하면, "국가란 관리·군사·지역지배 등의 제반 제도가 정비되는 것이 조건이된다. 일본국가라 할 때는 역시 일본열도의 혼슈(本州) 동북부나 규슈(九州) 남부를 제외한 주요 부분이 야마토 정권의 지배하에 들어가는 것도 조건이될 것이다. 그런 의미에서의 일본국가의 성립은 6세기 중엽이라 생각하고 있음을 부기해 둔다."[1]고 말하고 있다.

이어서 그는 "일본 고대국가의 형성과정에 대한 연구는 점점 면밀해지고 다채로워지고 있는데, 그중에는 기나이(畿內) 지역을 본거로 하는 천황가의 선조가 실은 구 만주(중국 동북부)나 한반도에서 도래한 수렵기마민족이라는 설, 혹은 북부규슈에는 기나이의 야마토정권에 대립하는 유력한

정권이 존재하여 7세기 초까지 존속했다는 설 등 종래의 상식을 뒤엎는 대담한 주장도 없지 않다. 그것들이 일치된 결론에 도달하기까지는 요원하다고 생각되지만, 『記紀』 전승의 재검토의 필요성만은 점점 많은 연구자들이 통감하고 있다고 해도 좋을 것"[2]이라고 말한다.

그런데 그와 같은 『記紀』, 즉 『古事記』(712)와 『日本書紀』(720)의 비판에 있어서는 다음 두 사실을 중시해야 한다는 게 나오기 교수의 견해이다. "첫째로 숭신천황조(崇神天皇朝)에 사도장군(四道將軍)을 파견해서 국내의 통일을 진전시켰고, 숭신조 말에 임나(任那)가 복속해 왔으며 경행천왕조(景行天皇朝)에는 동서정토(東西征討)가 있었다.

이어서 신공천황(神功皇后)에 의한 신라정복이 이루어졌다고 하는 사실은, 『記紀』의 편자가 구상한 일본국가의 형성과 발전의 과정일 뿐 현실적으로 일어난 역사의 경과를 서술한 것은 아니라는 점이 그 하나요, 다른 하나는 '大化' 이전의 이른바 '大和' 조정은 기나이의 유력호족의 연합정권으로 성립되어 천황을 맹주로 하였지만, 실제로 천황의 권위나 실력은 절대적인 것은 아니었고, 기나이에는 천황에 길항하는 호족이 있었을 뿐만 아니라, 그 외곽에도 야마토 조정에 대립하는 유력한 정권이 있었다고 하는 사실이다."[3]

요컨대 일본의 고대국가 형성의 문제를 다룸에 있어서는 너무 『古事記』나 『日本書紀』에 매달려서는 아니된다는 것이다. 만세일계라는 구상 하에 편찬된 『記紀』와는 달리, 일본에 실존했던 고대국가는 응신천황을 국조로 하는 가와찌정권을 바탕으로 처음으로 형성되었다고 하는 견해들을 무시할 수 없기 때문이다.

이와 같은 일본의 고대국가는 논자에 따라 그 성격의 규정이 달라지겠지만, 필자의 사견으론 무엇보다도 도래인과의 관계가 매우 긴밀했었다고 하는 점을 들 수 있을 것이다. 그 관계란 그저 문화나 산업기술의 전수라는 점에 국한되지 않고, 왕실에서 일반서민에 이르기까지 죠몽(繩文) 시대 이래 일본열도에 거주해오던 원주민과 대륙에서 건너간 도래인과의 사이에 혼인관계를 통해, 하나의 새로운 민족, 즉 '일본인'이 형성되어가는 시기였기 때문이다. 바꿔 말하면 일본의 야요이(彌生) 시대에서 고훈(古墳) 시대는 '고대국가'의 형성기일 뿐 아니라, 동시에 현대의 '일본인'이 형성되어가는 시기이기도 하였던 것이다.

요컨대, 죠몽만기·야요이시대 이래 도래인들은 벼농사의 기술, 금속기, 정치력 등과 같은 새로운 문화를 일본에 가져와, 먼저 북부규슈를 중심으로 지방에 소규모의 나라를 만든다. 이들 소국들이 4세기 말에서 5세기 초에 이르면 응신(應神)·인덕(仁德) 대왕의 주도 아래 가와찌정권으로 통합되어, 6세기경에는 고대국가로 성장하게 되었던 것이다. 이와 같이 일본의 고대국가의 기초를 쌓은 것은 4세기 말~5세기 초의 가와찌 정권이었다. 그러한 가와찌정권의 형성에는 마한·백제계 도래인의 역할이 절대적이었음을 밝혀보고자 하는 것이 본고의 주목적이다.

본래 고대사는 연구자의 상상력의 힘이 크게 작용하는 영역이라고 한다. 문헌 자료는 물론, 고고학 자료도 매우 적어 체계적이고 일관된 연구가 힘들다는 뜻이다.

그러나 일본의 야요이시대에서 나라(奈良)·헤이안(平安) 시대에 이르는 고대사회는 우리나라 고대사와 매우 밀접한 관련을 가지고 있었기 때문에, 관점을 달리해 본다면, 우리의 고대사, 특히 백제사 연구의 일부라고도 할 수 있다. 여기에 우리가 일본 고대국가 형성의 문제를 다루는 의의와 필요성이 있다 할 것이다.

2. 도래인가, 귀화인가?

1) 도래인이 귀화인으로 바뀐 배경

일본열도에 언제부터 사람이 살기 시작하였을까? 한때는 죠몽인으로부터 시작된다고 생각했으나, 그 후 발굴된 여러 유적들에 의해서 지금은 구석기시대에도 사람이 살고 있었음을 부인하는 사람은 없는 것 같다. 그러나 오늘날의 일본인의 뿌리와 그 문화적 바탕을 탐색하면 얘기는 달라진다. 왜냐하면 그것은 구석기인이나 죠몽인이 현대 일본인으로 발전한 것이 아니고, 죠몽만기~야요이시대에 도작문화를 가지고 건너 간 도래인을 비롯하여 그 후에도 많은 도래인들이 대륙에서 도왜하여 그들의 유전자가 오늘날의 일본인을 형성하는 데 결정적인 구실을 하였기 때문이다.

이에 관하여 도래인에 관한 고전이라 할 수 있는 『歸化人』(초판 1956, 증보판 1966, 재증보판 2009)을 저술한 세끼(關晃) 교수가 "고대의 귀화인은 우리들의 선조라는 사실, 일본의 고대사회를 형성한 것은 주로 그들 귀화인의 힘이었다는 사실, 이 두 가지 사실을 이 책에서 확실하게 밝혀두고자 한다. 고대사에 있어서의 그들의 중요성은 매우 큰데, 종래 국학자류의 편협한 태도나 국수주의의 독선적인 사관 때문에 그들의 활약상이 가볍게 보이는 경향이 짙었다."[4]고 말하고 있는 것은 시사하는 바가 매우 크다.

한편 이노우에(井上滿郎) 교수는 화이질서사상(華夷秩序思想)은 왜5왕시대부터 있었으나, 체제로서 도입이 기획된 것은 제33대 추고(推古) 천황조부터라 추정하고 있다. 이와 같은 도래인에 대한 차별, 혹은 '도래인 배제사상'은 성덕태자(聖德太子)의 주도 하에 실시한 관위십이계제(官位十二階制)에서 대소덕관(大小德冠: 후세의 4위 이상)의 품계를 받은 도래인은 하다노가와가쓰(秦河勝)와 다까무고노구로마로(高向玄理) 두 사람뿐으로 당시 관위를 받은 사람의 1할에 불과했다. 요컨대 황별(皇別), 신별(神別)만이 국정을 담당하고, 제번(諸蕃)은 거기에서 배제된다고 하는 원칙은 이때부터 성립된 것으로 보여진다.[5]

『고사기』(712)에서 '도래인(渡來人)'이라 부르던 사람들을 8년 후의 『일본서기』(720)에선 '귀화인(歸化人)'으로 바꿔 부르게 된 것은 아마도 7세기 천무조에 들어서면서 일본의 왕권사상이 강화된 정치·사회적 변화가 그 배경에 있었던 것이다. 다시 말하면 『고사기』와 『일본서기』는 편술의 태도에 차이가 있음은 일찍이 일본의 林屋辰三郎(「古事記とその時代」 1964)나 川副武胤(「古事記の考察-その構成と理念」 1952)과 같은 학자들도 인증하고 있다.

이와 같은 필자의 생각을 뒷받침해주는 것이 『記紀』 내용의 성립과정이 아닌가 한다. 나오기 교수의 견해를 따라 그 과정을 요약해보면, "6세기 대에 『帝紀』적 부분과 『旧辭』적 부분을 합쳐 응신조 이후의 부분이 먼저 만들어지고, 이어서 신무조(神武朝) 부분과 숭신조(崇神朝)에서 중애조(仲哀朝)까지의 일부가 부가되었으며, 그런 연후 7세기에 들어 위의 내용이 수정, 증보됨과 함께 『帝紀』에서 수정조(綏靖朝)로부터 개화조(開化朝)까지의 부분이 추가되어 오늘의 모습을 갖추게 되었다."[6] 즉 일본의 역사가 오늘날 우리가 보는 초대천황이라는 신무조부터 차례로 찬술된 것이 아니고, 오히려 15대 응신천황 이후의 부분이 먼저 편찬된 연후에, 거꾸로 초대 신무조부터 중애조까지의 소전들이 짜깁기되었다는 것이다. 이는 후술하게 되는 바와 같이 응신조 이전은 신대요, 응신대왕이 신왕조를 창시했다고 하는 사실의 중요한 방증이 되리라 생각한다.

여기에서 사족이 되겠지만 참고삼아 『帝紀』와 『旧辭』에 대해서 간단히 언급해 두기로 하자. 이들 두 자료는 흠명천황대(欽明天皇代), 즉 6세기 중엽에 만들어진 것으로, 천황 또는 황위계승을 중심으로 하는 고대의 전승 또는 사서를 『帝紀』, 또는 『帝皇日繼』라 하고, 『旧辭』는 전승·신화를 모은 것으로 『帝紀』와 같은 시대에 만들어진 것으로 보고 있다. 일본 최고의 사서라 할 수 있는 『古事記』는 稗田阿礼가 읽어서 익힌 『帝紀』와 『旧辭』를 太安万侶가 기록한 것이며, 『일본서기』 또한 두 자료에 의존한 바가 적지 않았다.

<도작문화의 전래>

앞으로 돌아가 야요이시대의 도작문화는 어디에서 누구에 의해서 전래된 것일까 하는 문제부터 살펴보기로 하자. 여러 가지 설이 있으나, 기원전 200년을 전후해서[7] 한반도의 남부에서 건너갔다는 것이 과거의 통설이다. 고대 일본어 중 농경이나 복식, 공예에 관한 어휘나 농경민속 등이 한반도의 남부와 비슷한 것들이 많을 뿐 아니라, 이 농경문화는 대륙계의 마제석기나 청동기를 동반하고 있으며, 또한 초기 야요이토기가 대륙과의 교섭의 문호라 할 수 있는 하카다만(博多灣: 那ノ津)이나 가라쓰만(唐津灣)의 연안 지방에서 발견되고 있고, 북부규슈 지방의 매장법도 한국 남부의 그것과 비슷하다.[8] 지금으로부터 2,500~2,600년 전의 죠몽 만기에 도작이 이미 일본에 전해졌음을 말해주는 가라쓰(唐津)의 나바다께유적(菜畑遺跡)과 도작문화의 특징 중 하나인 취락의 형성을 말해주는 후쿠오카평야의 이다쓰케유적(板付遺跡), 취락이 커지면서 내부의 사회구조가 차츰 달라져가고 있음을 보여주는 사가평야의 요시노가리유적(吉野ケ里遺跡) 등은 모두 한반도와의 교류의 창구인 북부규슈지역에 자리하고 있다는 사실 또한 일본의 도작문화가 한반도로부터 전래되었다는 사실과, 도작문화는 단순한 벼농사 기술에 그치지 않고 공동노동에 필수적인 집단의 형성과 그것을 다스리는 정치력이 공반된다는 사실을 반증하는 것이라 할 수 있을 것이다.

요컨대 한반도와 일본열도 간의 교류사는 매우 길어 이진희(李進熙)씨는 6~7천년 전까지 소급할 수 있다고 말하고 있다.[9] 하지만 본격적인 교류는 야요이 중기, 도래인들이 무리지어 도작문화를 가지고 건너간 시기부터라 할 수 있을 것이다.

<귀화인과 도래인>

여기에서 한 가지 밝혀두고 가야 할 용어가 있다. 죠몽 만기 및 야요이 초기에서 7세기에 이르는 기간에 아직 '일본'이라는 국호가 없어 중국이나 한국에서 '왜'라 불렸던 곳으로 건너가 그곳의 산업과 문화, 나아가선 국가 형성에 중요한 역할을 한 사람들을 무어라 불러야 하는지의 문제이다. 많은 일인학자들은 초기에 '귀화인(歸化人)'이라 불렀고, 그 후 그것이 적절치 않다는 것을 깨달은 연구자들에 의하여 '도래인(渡來人)'으로 바꿔 부르는 것이 보편화 되어가고 있으나, 아직도 귀화인이라는 호칭을 그대로 사용하는 사람들도 없지 않기 때문에 새삼 이 문제를 거론하지 않을 수가 없다.

일본에서 가장 오래된 사서라 할 수 있는 『고사기』에는 '귀화(歸化)'란 용어는 보이지 않는다. 모두 '도래(渡來)'이다. 그러나 8년 후 나온 『일본서기』에는 '궁월군(弓月君) 사건'을 비롯해서 귀화는 물론, "화래(化來), 내귀(來歸), 투화(投化)라는 용어를 거침없이 사용하고 있다. 즉 왜의 조정이 조선과의 사이에 중국과의 대책봉체제 안의 소책봉체제 내지 조공관계를 만들어가고자 하는 태도를 취하고 있음을 보여주고 있다."[10]

불과 8년 사이에 어떤 변화가 일어난 것일까? 위에서도 잠깐 언급한 바와 같이 7세기 천무조에 들어서면서 일본의 천황 중심의 왕화사상(王化思想)이 자라면서 중앙집권적 율령국가가 틀을 잡아가고 있었고, 그에 따라 그간 그렇게도 우대하고 자신들과 일시동인시(一視同仁視)하려 했던 도래인을 차별시하는 의식과 태도가 싹트기 시작하고 있었다는 사실이다. '日本'이라는 국명이나 '天皇'이라는 칭호를 사용하기 시작한 것도 이 무렵부터라 한다.[11] 그 이전에는 지역별로 여러 가지 이름으로 불리었으나 한국이나 중국에선 그들을 통틀어 '倭', 그 수장들의 연합체의 우두머리는 '王', 혹은 '大王'이었다. 따라서 그 시기에 건너간 사람들을 '귀화인'이라 칭하는 것의 부당함은 우리가 굳이 지적하지 않더라도 본고의 첫머리에서 인용한 바 있는 세끼 교수의 글이 적절하게 대변해주고 있다고 하겠다.

여기에 더하여 우리가 음미해 보아야 할 사실은 본래 귀화라는 용어는 중화군주(中華君主)의 지배 밖에 있는 주변의 민족들이 군왕의 덕에 감화되어 그 왕을 흠모하여 스스로 귀복하는 행위를 말한다. 바꿔 말하면 귀화는 중화사상을 연원으로 하는 낱말이다. 따라서 그 말이 사용되기 위해서는 먼저 나라 안에 고대 법질서의 정비와 권력의 확충을 배경으로, 왕화사상이 강화되고, 조세를 비롯한 국가적인 의무의 부담이 명확해져, 호별 지배가 확립되어야 하며, 대외관계에 있어서도 왕권이 독점적으로 행사할 수 있어야 한다. 일본의 경우 이와 같은 천황 중심의 중앙집권적인 국가체제가 정비된 것은 이른바 대화개신(大化改新) 이후의 일이요, 그 시기는 대체로 7세기 후반~8세기 초에 해당된다. 그러므로 이 글에서 다루는 기원전 3세기~기원 7세기 대에 걸친 약 1천년간에 왜로 건너가, 그와 같은 나라를 형성하는데 땀을 흘린 한반도 사람들을 '귀화인'이라 호칭하는 것은 옳지 않다. 당연히 '도래인(혹은 도왜인)'이라 부르는 것이 마땅하다고 생각한다.

이와 관련하여 히라노(平野邦雄) 교수는 중화(中華)의 책봉체제 하의 귀화의 원리를 논한 다음, "이러한 원리에서 본다면 왕권성립 이전에는 귀화라는 정치적 현상은 발생할 수도 없었을 것이다. 그런데도 많은 도래자는 존재하고 있었던 것이다."[12]라고 말하여, 본고에서 다루는 시기의 도래인을 귀화인이라 부르는 것의 옳지 않음을 지적하고 있다. 우리가 다루는 시기에 건너가 일본이라는 국가형성에 기여한 사람들을 '도래인'이라 호칭하는 까닭이 여기에 있는 것이다.

그러나 '귀화'는 물론, '도래'도 모두 일본 측 입장에서 사용하는 용어이다. 우리 측 입장에서는 어디까지나 '도왜(渡倭)'가 옳다고 해야 할 것이다. 다만 본고에서는 편의상 관행에 따라 '도래' 혹은 '도래인'이라는 용어를 사용하였음을 밝혀두고자 한다.

2) 도래의 이유와 도래인의 규모

왜 한반도에서 많은 사람들이 고향을 떠나 왜국으로 건너간 것일까? 여러 가지 이유가 있겠으나, 대체로 다음 네 가지를 들 수 있다. 첫째, 지구의 한랭화에 따라 한반도에서 벼농사가 어렵게 되자 보다 온난한 새 천지를 찾아 떠난 이른바 프론티어의 개척, 둘째, 대륙과 한반도에서의 정치정세의 변동에 따른 전란을 피해 안전지역에로의 이주, 셋째, 왕인박사나 그와 동행한 각종 기술자들과 같은 왜의 초청, 그리고 마지막으론 7세기 후반 백제 및 고구려의 멸망에 따른 대대적인 정치적 망명 등을 들 수 있다.

그러면 약 1천 년 동안 도대체 얼마나 많은 사람이 건너간 것일까? 오와끼(大脇潔)씨의 다음 이야기는 상징적이지만 당시의 상황을 잘 전해주고 있다고 생각한다. "일본열도는 화채열도(花綵列島)라는 아름다운 별명이 있다. 그러나 야요이시대에 시작되는 국가형성기에 한해서 본다면, 도래인열도라 부를 수 있을지도 모르겠다. 그만큼 도래의 물결이 많았었다."[13]고 표현하고 있다.

그러면 도대체 얼마나 많은 수가 건너간 것일까? 구체적인 숫자를 산출해낸다는 것은 불가능에 가깝겠지만 다음 두 가지 자료(『新撰姓氏錄』과 埴

原和郎의 『日本人の成り立ち』)에 의해서 우리는 어느 정도 그 규모를 짐작할 수 있을 것으로 생각한다. 먼저 헤이안시대 초, 사가천황(嵯峨天皇)의 명을 받아 만다친황(万多皇子) 등이 편찬한 『신찬성씨록』(815년)은 지배층을 형성하는 씨족(氏, 우지), 즉 중앙정부에서 일정한 정치적 관직을 맡을 수 있는 자격을 갖는 가문(氏姓)의 리스트임은 주지하는 바와 같거니와, 거기에는 수도(京, 平安)의 좌우경(左右京)과 야마기(山背, 山城,) 야마토(大和), 셋쓰(攝津), 가와찌(河內), 이즈미(和泉) 등 기나이 5개국의 씨족들만을 수록하고 있어 당시로서는 지배적 집단이라 할 수 있는데, 거기에 등재된 전체 성씨(姓氏)는 1,182씨이다. 그들은 황별(皇別), 신별(神別), 제번(諸番)으로 나뉘는데 여기에 확증이 되지 않는 것이라 하여 '미정잡성(未定雜姓)' 117씨를 따로이 분류하고 있어 이를 제외하면 1,065씨가 된다.

그 내역은 황별 335씨, 신별 404씨, 제번 326씨이다. 황별이란 천황, 황족의 자손으로 그들 중 유명한 씨족을 든다면 효원천황의 자손이라고 하는 소가(蘇我)씨, 사가천황의 자손 미나모도(源)씨, 비다쓰천황의 자손인 다지바나(橘)씨를 들 수 있다. 신별은 신들의 자손이라고 칭하는 씨족으로 아메노오시히노미고도의 자손 후지히라(藤原)씨, 아메노오시노미고도의 자손 오도모(大伴)씨 등을 들 수 있다. 제번은 아야(漢)씨, 하다(秦)씨 등 백제, 신라, 고(구)려, 중국 등의 왕족이라 칭하는 씨족으로, 이들이 이른바 도래계 씨족이다. 제번(諸蕃)은 326씨로, 『신찬성씨록』에 등재되어 있는 성씨의 거의 30%를 점하고 있는 셈이다.

한편 웅신천황의 정치적 중심지요 동시에 왕인[西文] 일족의 본거지라 할 수 있는 하내국(河內國)에서는 68씨 중 70%를 초과하는 48씨가 도래계였다[14]고 하니, 그 무렵 도래인의 규모가 어느 정도였는가를 짐작할 수 있다. 물론 위의 숫자들은 씨족을 단위로 하고 있으며 개인의 인구비율을 나타내고 있지 않을 뿐 아니라, 경내(平安京內)와 기나이(畿內)만을 조사한 것이므로 전국의 인구기준은 되지 못한다는 결점은 있으나, 도래씨족의 비중은 대체로 30%로 보아도 큰 잘못이 없을 것이다.[15]

이는 구리다(栗田寬) 박사가 고래의 사적에 나타난 씨(氏)의 수를 조사한 결과와도 거의 같아서 30% 가량을 점하고 있다고 하니(『氏族考』) 30%설은 어느 정도 사실을 반영하고 있는 것이라 생각한다. 그러나 여기에 들어가지 못한 일반 서민들과 이미 왜성으로 바뀐 씨족을 합친다면 그 수는 훨씬 더 늘어날 것이다.

다음으로 일본인의 '이중구조모델'을 주장하는 동경대학의 인류학자 하니하라(埴原和郞) 명예교수는 "현대 일본인에게는 많은 북아시아계 집단이 가지고 있는 특징, 예컨대 한 까풀 눈(一中瞼), 가는 눈(細眼), 적은 수염과 체모, 건조한 귀지[耳垢] 등은 다른 곳에선 보기 드문 독특한 특징이라 할 수 있는데, 이러한 특징은 일본 열도의 환경 속에서 만들어졌다고 보기는 어렵고, 도래인의 유전자가 일본인 집단 속에 농후하게 침투한 결과일 가능성이 높다. 거기에서 나는 어떻게 해서든 도래인의 수를 추정할 방법은 없을까 생각하기 시작했다."[16] "이 문제를 풀기 위해서는 문헌 이외의 데이터에 의존하는 수밖에 없다고 생각하여 궁리해낸 것이 야요이시대의 급격한 인구증가와 일본인의 두개골이 빠른 속도로 변화했다고 하는 사실에 착안하여, 인구증가와 두개골의 변화를 바탕으로 하는 두 가지 모델을 사용한 시뮬레이션을 시도하게 된 것이다."[17]라고 하여, 그를 바탕으로 일본인 전체와 그 중 도래인의 증가를 추계하고 있다.

여기에서 '인구증가모델' 만을 살펴보기로 하겠다. 小山修三[18]는 죠몽시대에서 초기 역사시대에 이르는 약 1,000년간의 인구증감을 유적의 수와 그 규모를 바탕으로 컴퓨터 시뮬레이션을 해본 결과, 죠몽시대 중기의 일본열도의 인구는 약 26만이었으나 후기에 들어서면 약 16만, 만기에는 7만 5천명으로 급감하는데, 그 까닭은 기후의 한랭화에 따른 식량자원의 확보가 어렵게 된 점이 주된 원인이라 한다. 그러나 야요이시대에 들어서면 인구는 급격히 증가하는 추세로 바뀌는데, 이러한 경향은 서일본에서 특히 뚜렷이 나타난다. 그의 추정치를 보면 죠몽시대 전체를 통하여 인구증가는 일부 예외는 없지 않으나 연 0.1% 이하, 또는 마이너스였으나, 죠몽 만기로부터 야요이시대에 이르면 동일본에서는 0.2% 전후, 서일본에선 0.3%에서 0.4% 정도로 높았다. 그 결과 야요이시대의 전국인구는 약 60만, 그것이 고훈시대에 이르면 540만 명으로 급증한다.

한편 맥게베디(C.McEvedy)와 죤스(R.Jones)의 초기농경단계의 인구증가율에 관한 추계에 의하면 유럽, 아프리카, 아시아, 아메리카 등 여러 지역에서 추정해 본 결과 평균 0.04%였고, 가장 높은 잉글랜드에서도 0.1%에 불과했다[19]고 한다. 이러한 사실을 감안하면, 0.4%라는 일본의 야요이시대 인구증가율은 이상하리만큼 높은 것이었다. 따라서 자연증가만으로는 설명할 수 없고, 무엇인가 특수요인을 찾지 않으면 도저히 그 까닭을 설명할 수 없게 된다.

그러면 특수요인이란 무엇이었을까? 그 기간 중에 끊임없이 건너 온 도래인의 증가 이외에는 따로이 그 이유를 찾을 수 없다. 요컨대, 1천 년간에 도래한 인구는 총 150만 명 정도, 그리하여 7세기 초, 죠몽계와 도래계인구의 총 수는 약 540만 명, 그중 도래계가 484만 명, 죠몽계는 약 56만 명이니, 그 비율은 1대 8.9에 달한다고 한다. 이러한 사실들을 감안한 인구증가 모델에 의한 추계치를 보면 다음 표와 같다.[20] 다만 여기에서 우리가 주의해야 할 일은 이들 수치는 어디까지나 시뮬레이션의 결과로, 그 절대치에 너무 얽매여서는 아니 될 것이라는 점이다.

인구 초기치 (BC 3세기)	연 증가율(%)	1천 년 후의 인구(7세기, 초기 역사시대)		
		죠몽계	도래계	전체
75,800 (죠몽 만기)	0.2	560,000 (10.4%)	4,839,800 (89.6%)	5,399,800 (100.0%)
〃	0.3	1,522,485	3,877,315	〃
〃	0.4	4,138,540	1,261,260	〃
160,300 (죠몽 후기)	0.2	1,184,466	4,215,334	〃
〃	0.3	3,219,712	2,180,088	〃

(출전: 埴原和郎, 1996, 『日本人の成り立ち』, 人文書院, 274쪽)

한편, 야요이시대에서 고훈시대에 걸쳐 인구가 특히 크게 증가한 지방은 중국지방(혼슈 서부지방인 岡山, 廣島, 山口, 島根, 鳥取의 5현)으로 약 14배, 전국 평균치인 약 9배보다 훨씬 높다.[21] 이것은 도래인들이 한반도에서 대한해협-현해탄을 건너와 세도나이가이를 거쳐 기나이지역으로 동진해 가는 도중, 일차적으로 이 지방에 많이 정착하였음을 말해준다고 하겠다.

그런데 여기에서 말하는 도래계란 한반도에서 직접 건너갔거나 그들의 후손을 포함하는데, 도래인들은 부부가 함께 건너가는 사람도 없지 않았지만 그들은 소수요, 단신 남자가 대부분이어서 그들은 현지의 여인과 결혼하여 가정을 꾸리고 후손을 보게 되어 인구가 늘어났을 것이다. 생산성이 높은 벼농사가 그들 늘어나는 인구를 부양할 수 있게 해준 것은 더 말할 나위가 없다.

도래계 인구의 증가와 관련해서 세끼 교수의 다음 얘기는 매우 의미심장하다고 생각한다. "선조의 수를 계산해보면 쉽게 알 수 있는 일인데, 현대의 우리들, 한 사람 한 사람은, 모두 천 수백 년 전에 생활하고 있었던 일본인 거의 전부의 피를 받고 있다고 해도 과언이 아닐 것이다. 우리는 고대 귀화인들의 피를 10%~20%는 받고 있다고 생각하지 않으면 아니 된다. 흔히 우리 선조들이 귀화인을 동화시킨 것처럼 말하지만 그렇지 않고, 귀화인이 우리의 선조인 것이다."[22] 오늘날의 일본인은 농도의 차는 있으나 모두 도래인의 피를 받고 있음을 강조하고 있는 것이다. 그러니 그 절대 수나 비율을 추산해내지 않아도 고대일본의 국가형성기에 도래인이 수행한 역할과 그 비중이 어떠했으리라는 것은 짐작하기에 어렵지 않다 할 것이다.

3. 도래씨족의 형성과 그들의 활동 거점지역

1) 도래의 단계와 활동 거점지역

일본열도에는 죠몽시대 이전, 구석기시대부터 사람들이 살았지만 한반도에서 사람이 본격적으로 건너가기 시작한 것은 죠몽시대의 후기 또는 만기부터 시작하여 헤이안시대 초기까지라는 게 일반적인 견해이다. 그러나 대대적인 도왜는 야요이시대부터였다. 이와 관련해서 교토대학의 우에다(上田正昭) 명예교수는 도래(왜)의 물결을 다음 4단계로 나누고 있다.

제1단계는 야요이 전기(기원전 2세기경)에 시작되며, 제2단계는 4~5세기의 응신·인덕조를 중심으로 조정에 의한 지배가 궤도에 오르기 시작할 무렵이었다. 이 시기부터 한반도 및 대륙에의 외교가 활발해진다. 제3단계는 5세기 후반에서 6세기 초에 이르는 기간으로, 많은 수공업 기술자들이 한반도로부터 이주해 간다. 이들은 이마기노데히도(今來才伎)라 하는데, 그들은 제1~2단계에 건너온 초기의 도래인[古來才伎]보다 훨씬 최신의 기술과 지식을 지니고 있었다. 이들 중에는 고구려의 남침에 의해 백제가 웅진에로 천도하게 된, 정치정세의 동요에 따른 백제인(마한·백제)의 도왜가 많았다는 것이 특징이라 할 수 있다. 제4단계는 천지조를 중심으로 하는 7세기 후반이었다. 이 시기에는 백제와 고구려가 멸망하여 두 나라, 그중에서도 백제의 많은 망명객이 집단으로 건너간다.

한편 가토(加藤謙吉)씨는 ①4세기 말에서 5세기 초두, ②5세기 후반에서 말기, ③7세기 후반으로 3분하고 있으며, 세끼 교수는 '초기의 귀화인'과 '후기의 귀화인'으로 양분하고, 초기 귀화인의 대표적인 인물은 왕인(王仁-'西文'의 祖)을 비롯하여 아야(漢)씨의 선조라 전해지는 아지노오미(阿知使主)를 들고, 후기의 귀화인의 대표적인 인물로 왕진이(王辰爾)와 그 일족, 그리고 추고조 이후 군주제 강화 속에서 특수기능을 가지고 불교계와 손잡고 활동한 구라쓰구리(鞍作)씨와 이마기노아야히도(新漢人), 그리고 대화개신(大化改新)의 주역인 민법사(旻法師)와 다가무고노구로마로(高向玄理) 등을 들고 있다.[23] 필자는 7세기 후반의 백제 망명자들도 여기에 포함시켜야 할 것으로 생각한다.

<마한·백제계 도래인>

한반도에서 사람들이 일본(왜)으로 건너간 중요한 이유의 하나가 대륙을 포함한 한반도의 정치정세의 변화에 의한 것이었다. 일반적으로 백제와 왜와의 접근이 적극화된 것은 개로왕(재위 455~474)대 이후이다. 이 무렵부터 백제의 고구려 및 북위와의 관계가 급속히 악화되고 남조와의 접근이 시작된다. 장수왕의 백제 침략에 대비코자 고구려를 견제해달라는 백제의 요청을 북위가 거절했기 때문이다. 마침내 백제는 475년(문주왕 원년), 수도를 한성에서 웅진으로 옮기지 않을 수 없었다.

한편 이 무렵의 왜왕은 웅략대왕(雄略大王, 21代)이었다. 이와 같은 국제 정세의 변화 속에서 그간 백제를 통해서 중국과 외교관계를 유지해오던 왜의 대중국외교는 5세기 이후 완전히 두절되고, 거의 백제만을 경유해서 남조문화의 수입을 도모하지 않을 수 없는 형편이었다. 이리하여 백제와 왜와의 관계는 그만큼 더 긴밀해지게 된다. 이와 같은 국제정세 속에서 왜는 백제로부터 많은 도래인을 받아들이게 된 것이다. 그들이 이른바, '이마기노아야도(今來漢人)'라 부르는 새로운 지식과 기술을 지닌 도래인 그룹이었다. 이들이 백제계임은 더 말할 나위가 없다. 따라서 이들이 가와찌노 후미(西文-河內)씨와 아야(漢-大和)씨의 휘하에 모이게 된 것은 당연한 일이었다.

웅략기(雄略記)에 의하면, 구레노오비누이(吳衣縫) 그룹은 아지노오미(阿知使主-東漢直의 祖)의 휘하에, 스에쓰구리(陶部), 니시고리(錦部), 구라쓰구리(鞍部) 등의 기능보유자들은 야마토노아야노아다이쓰가(東漢直澍)의 휘하에 들어가 야마토 다게지군(大和高市郡) 일대에 정주케 되었으며,[24] 아쓰가기누이(飛鳥衣縫部) 그룹은 히노구마노다미노쓰가이하가도쿠(檜隈民使博德)의 휘하에 들어갔다고 한다.[25]

그간 하다(秦)씨를 중심으로 가야·신라계가 주로 야마시로(山背-山城, 훗날의 교토일원) 일대에서 활동한 것과 대조적으로 이 시기에 도래한 백제계는 야마토(大和)의 아야(東漢)씨와 가와찌노 후미(西文, 西漢)씨를 중심으로 기나이의 가와찌정권의 중심영역인 가와찌호(河內湖: 大阪平野) 주변지역에서 활동하게 된다. 그리하여 훗날 도래인을 아야(漢氏)와 하다(秦氏)로 크게 양분할 때, 그들은 모두 아야(漢)씨에 편성되는 것이다.

이들 신참 백제계 도래인들은 4세기 말~5세기 초에 먼저 도래한 왕인박사 일행이 닦기 시작한, 시라이시(白石太一郞)씨가 말하는 이른바, '응신·인덕조의 왜의 문명화와 대국화사업'-미즈노(水野正好)씨는 이 사업을 「오사카만안개발사업」[26]이라 부른다-에 중요한 역할을 한 사람들이라 할 수 있다. 필자는 그러한 사업이야말로 다름 아닌 일본의 고대국가 형성사업, 좁은 의미에선 가와찌정권의 형성사업이라 생각한다.

신참 도래인들 가운데 대표적인 사람을 한 사람만 든다면 흠명기에 등장, 민달조에 크게 활동하는 왕진이(王辰爾)를 들 수 있다. 우리나라에서는 왕인(5세기 초)박사와 왕진이(5세기 말~6세기 초)를 혼돈하여 오히려 왕인박사의 전승을 왕진이의 소전을 도용한 것이라고 보는 경우도 없지 않는데, 이는 이미 필자가 밝히고 있는 바와 같이[27] 선후를 혼돈하고 있는 것이다. 즉 일본에서 가장 오래된 한시집이라 할 수 있는 『회풍조 서(懷風藻 序)』(751)에 "왕인이 오진조에 몽매한 나라를 가루노시마(왕인박사가 활약한 河內의 古市일대를 지칭하는 지명)에서 깨우치기 시작하여, 진이가 민달조에 오사다(大和高市郡일대?)에서 가르치는 일을 마치었다(王仁始導蒙於經島-經島明宮, 經島終敷敎於譯田-敏達朝)"고 명기하고 있는 것을 보면 알 수 있다.

<왕인과 왕진이를 혼동하는 이유>

앞에서 한 가지 유의해야 할 사실은 왕인(王仁)은 성명이 함께 밝혀져 있는 데 반하여, 진이(辰爾)는 이름만 적혀 있다는 사실이다. 그에 관해서는 뒤에서 살펴보겠지만 왕인박사와 왕진이를 혼돈하는 이유에 대해서는 여기서 잠깐 살펴보고자 한다. 『續日本紀』 연력 9년 9월 17일조에 쓰노무라지 진도(津連眞道)가 환무천왕에게 올린 상표문을 보면 다음과 같은 요지의 기사가 보인다. 즉, 자기들 씨족은 응신천황대에 아라다와께(荒田別)를 백제에 파견하여 유식자를 초빙하자, 백제 귀수왕이 그에 응하여 자신의 종족 중에서 진손왕(辰孫王)을 골라 입조케 하였었다. 천황은 기쁘게 생각하여 그를 태자의 사부로 삼았다. 이로 인하여 개국 이래 처음으로 서적이 전래되고 크게 문교가 발흥하게 되었다. 인덕조에는 진손왕의 장자 태아랑왕(太阿郞王)이 천황을 가까이 모시게 되었는데, 그 후 태아랑의 손 오정군(午定君) 때에 태어난 세 아들, 미사(味沙), 진이(辰爾), 마로(麻呂)가 각각 맡은 직에 따라 후지이(葛井), 후네(船), 쓰(津)의 시조가 되었다. 그런데도 아직 '왕화(王化)의 씨족'에 들지 못하고 백제 왕실이 파견한 왕족의 지위, 즉 '객(客)'의 신분에 머물러 있으니, 이제 자신들의 신분에 합당한 씨성(氏姓)을 내려달라는 내용이다.

이에 대하여 왕인의 후예에 관한 연구가 깊은 동경대학의 이노우에 미쓰사다(井上光貞) 교수는 "진도(眞道)가 주장하는 계보가 역사적 사실인지에 관해서는 크게 의문이며, 그 일족은 흠명조 무렵에 도래한 왕진이를 시조로 하는 이마기(今來) 집단의 일족으로 추정된다."[28]고 하는 한편, "그들이 개국 이래 처음으로 서적을 전래하여 크게 유풍을 일으키고 문교를 발흥시켰다고 하는 사실은 『일본서기』의 아직기와 왕인에 관한 소전(所伝)의 가모(假冒)에 지나지 않다."고 말하고 있다. 또한, 나오기 고지로 교수는 "진사(津史)의 후예 진련진도(津連眞道) 등이 낸 상표에 제시하고 있는 계보는 작위가 많으며, 오정군 이전의 계보는 거의 신용할 수 없다. 귀수왕의 손자 진손왕이 응신천황 황자의 스승이 되었다고 하는 것 등은 왕인이 응신천황의 태자 토도치랑자(菟道稚郞子)의 스승이 되었다고 하는 전승의 모방일 것이다."[29]라고 말한다. 한편 최근의 연구자, 예컨대 前田晴人 교수도 "진도의 상소 내용은 왕인의 소전을 표절, 혹은 교묘하게 도절한 것이라 단정할 수 있다."[30]라고 잘라 말하고 있는 형편이다.

사실이 이러한데도 왕인박사와 왕진이를 동일시하거나, 오히려 왕인의 전승이 왕진이의 소전을 자신의 것처럼 꾸민 것이라 주장하게 만든 근본

사유는 어디 있는 것일까? 이에 관하여 이노우에 교수의 다음 이야기는 시사하는 바가 크다. 즉, 왕인과 왕진이, 두 사람은 비록 피는 다르나 같은 백제계 도래인이요, 더욱 그들의 일본에서의 생활 근거지가 가와찌의 관부 근방(古市의 西琳寺를 중심으로 반경 20정 이내)이라고 하는 지연적 관계를 연(緣)으로 하고, 거기에 그들이 본래 백제라는, 같은 문화권의 출신이라는 문화적 공통성이 인(因)이 되어 혼연히 결합되었던 것으로 보고 있는 것이다.[31]

요컨대, 초기 도래인을 대표하는 왕인(王仁)은 5세기 초에 응신천황의 초청으로 도왜, 처음에는 북부규슈에 기착하였다가 응신천황이 가와찌로 진출함에 따라 기나이로 옮겨와 응신천황의 고대국가 형성의 기틀이 되는, 문자를 비롯한 문화의 진흥, 국가의 운영에 필요한 행정조직, 특히 조세(공부) 등에 관한 제도를 정비하고 집행(기록)하는 후미히도(史), 요즘말로 표현하면 테크노크라트의 구실을 하는 한편 치수, 치도와 같은 산업의 하부구조의 축조에서부터 베를 짜고 쇠를 다루며, 심지어는 술을 만드는 기능에 이르기까지 국가운영과 일상생활의 모든 부문의 기틀을 닦았다.

이와는 달리 5세기 후반 고구려의 남침으로 백제가 한성에서 웅진으로 천도하지 않을 수 없었던 정치적 격변 속에서 도래한 것으로 추정되는 진이(辰爾)는 처음에는 야마토의 동한(東漢) 씨족의 휘하에서 고시군(高市郡) 쪽에 일시 머물렀다가, 가와찌로 옮겨와 흠명천황 때 선부(船賦) 작업에 참여하여 능력을 인정받아 선사(船史)의 가바네를 사여받게 된다. 또한 동생 우(牛)는 진사(津史)의 가바네를 사여받았고, 조카 단진(胆津)이 백저사(白猪史, 후에 후지이로 바꿈)의 가바네를 사여받았다. 이들 3씨는 후미히도(史)로서 조정에서 재정, 호적, 그 밖의 기록을 담당하는 기술적 관인으로서 활동하게 되었던 것이다. 그러던 중, 왕진이가 고구려왕으로부터 보내온 까마

귀 깃털에 적은 국서를 다른 후미히도들이 판독하지 못하자 새로운 기술을 이용하여 판독해 냄으로써 왕의 총애를 받게 되었던 것이다.

이리하여 초기에 건너 온 가와찌의 문씨(西文: 왕인의 직계후예의 분가)와 새로 도래한 아야씨(漢氏: 진이 일족), 즉 동서 아야씨(東西漢氏)는 6세기 이후, 지금껏 도모노미얏고(伴造)·도모(伴)의 체계에 머무러 있던 내정적(內廷的)인 관인제 기구를 확대·조직화하여 많은 하급호족들의 직무를 분장케 한다. 이것이 이른바 백팔십부(百八十部: 모모야소노도모)이다. 한편 도래계 기술자를 중심으로 생산기구를 분화, 충실화시켜 그것을 시나베(品部: 시나지나노도모)라 불러 외정(外廷)의 조직화도 이룬다. 이와 같은 내정과 외정의 조직화와 그 충실화를 통해서 이른바 야마토(大和) 통일정권이 성립되었던 것이다.[32] 여기에서 히라노 교수가 야마토의 통일정권이라 칭한 것은 좁은 의미의 야마토를 포함한 가와찌정권의 성립을 의미하는 것으로 필자는 생각한다. 다음에 언급하겠지만 가와찌와 야마토를 포함하는 기나이지역은 정치사적으로 하나의 정치영역이었으며, 그중에서도 5세기 이후에는 가와찌야말로 야마토 정권의 원영역이었던 것이다. 거대고분 축조의 지역변천사가 그것을 말해준다.

이와 같이 가와찌정권의 성립, 즉 일본의 고대국가 형성에는 백제계 도래인, 그중에서도 동서 아야씨(東西漢氏)의 몸(지식과 기술을 간직하고 있는 '도구상자')과 땀이 절대적으로 큰 구실을 하였던 것임은 아무리 강조해도 지나침이 없다 할 것이다. 그리고 그들의 활동의 본거지는 위에서도 언급한 바와 같이 응신·인덕조의 관부였던 가와찌의 가루시마(經島)에서 야마토의 오사다(譯田)에 이르는 지역, 즉 기나이의 셋쓰(攝津), 가와찌(河內), 이즈미(和泉), 야마토(大和) 일원이었던 것이다. 이곳은 나니와노쓰(難波津)를 통해서 대외로 통교하는 관문일 뿐 아니라, 국내적으로도 동국(東國)에로 나아가는 요로에 위치하고 있었고, 가와찌호(河內湖) 일대의 습지는 아직 대대적인 관개시설을 정비할 수 없었던 당시의 기술수준에서는 쉽게 경지를 확장하여 늘어나는 인구를 부양할 생산력의 확충에도 안성맞춤일 뿐 아니라, 일본열도의 동서를 맺어주는 결절점 구실을 할 수 있는 지역이었던 것이다.

2) 도래씨족의 형성과 그 의의

신·구 도래인의 노력으로 조정의 편제를 어느 정도 정비한 조정(가와찌 정권이 야마토로 옮긴 제2차 야마토조정)은 5세기 말~6세기 초에 이르자 왕권과 이들 도래집단과의 지배복속관계를 확인·정립하는 사업을 본격적으로 착수하여, 도래인들로 하여금 조정의 여러 직무활동에 봉사케 하고, 그 위계에 따라 성씨를 부여하는 체제를 정비하게 된다. 그것이 이른바 도모노미얏고(伴造), 도모(伴), 베(部)로 이어지는 체계를 갖는 부민제(部民制)이다. 이 제도는 백제의 12부사(部司) 제도를 모방한 것이다. 이때부터 도래인은 씨족별로 집단화되는데, 이때의 씨족은 반드시 같은 피를 나눈 순수한 혈연집단은 아니었고, 다분히 정치적 색채가 짙었다. 아무튼 5세기 후반~6세기 중엽에 이른바 '도래씨족'이 형성된 것이다.

이들 도래인들의 씨족화가 갖는 의미는 작지 않았는데 무엇보다 큰 의의는 씨족이라는 혈연을 유대로 하는 사회관계를 이용해서 앞 세대가 지니고 온 기능과 지식을 다음 세대에 전하는 재생산조직으로 기능하게 되었다는 사실이라 할 것이다. 이와 같은 도래의 기능을 재생산하는 조직이 가와찌, 이즈미를 포함하는 광의의 야마토 지역에 등장하게 됨으로써,[33] 지방의 수장들과는 달리 「야마토의 왕권」은 5세기 후반에서 6세기, 기능인을 지속적, 안정적으로 확보해서 궁정 공방을 착실하게 운영할 수 있었고, 그에 따라 지방의 수장들에 대한 맹주권을 더욱 강화할 수 있었던 것이다.

이처럼 도래씨족의 조직화를 추진하는 과정 중에 일본의 씨족제도도 기틀이 짜이게 되었던 것이니, 도래씨족의 조직화는 일본의 씨족제도의 성립에 크게 기여하였음[34]은 물론 야마토 왕권 강화에 매우 큰 역할을 하게 되었다.

<가바네(姓), 우지(氏) 제도>

일본의 '가바네(姓)'나 '우지(氏)' 제도는 도래씨족을 이해하는 데 도움이 될 뿐 아니라, 그것들이 대화개신(大化改新) 전과 후는 크게 달라지고, 그에 따라 도래인에 대한 의식과 태도로 달라진다.[35]

가바네는 처음에는 고대호족이 정치적, 사회적 지위를 나타내기 위해서 세습한 사적 존칭으로, 오미(臣), 무라지(連), 미얏고(造), 기미(君), 아다이(直), 후비도(史), 아가다매시(縣主), 수구리(村主) 등 수십 종에 이르렀다. 이와 같은 가바네는 당초에는 사적으로 붙여 부르는 존칭이었으나, 야마토 조정의 지배력이 강화되면서 조정(대화개신 후에는 천황)이 그것을 관장하게 되었고, 그 무렵에는 오미(臣)와 무라지(連)가 최고의 가바네가 된다.

대화개신 후 684년, 천무천황이 황실을 중심으로 이른바, 야구사노가바네(八色姓)로 재편한다. 여덟 가지의 가바네는 마히도(眞人)를 최고위로 하여 순차적으로 아소미(朝臣), 스구네(宿禰), 이미기(忌寸), 미지노시(道師), 오미(臣), 무라지(連), 이나기(稻置) 순이었는데, 천무천황이 시행 2년간에 실제로 수여한 가바네는 상위 4성뿐으로, 그 서열은 각 씨의 선조와 황실과의 친소에 따라 정해지는 게 일반적이었다. 대화개신 전, 야마토 조정 시절에 가장 높은 위계에 있던 오미(臣)와 무라지(連)가 야구사노가바네(八色姓)에서는 제6위와 7위로 밀려났다.

한편, 우지는 혈연관계에 있는 가족군으로 구성된 집단을 의미하지만,

실제로는 씨족이라 의제(擬制)하면서 실은 제사, 거주지, 관직 등을 통해서 결합된 정치적 집단이었다. 그 내부는 가바네를 달리하는 가족군으로 나뉘어 상급의 가바네를 갖는 가족군이 하급 가바네를 갖는 가족군을 지배하였으며, 최하층에는 부민(部民)과 노비(奴婢)가 있었다.

도래인은 여러 부침을 거쳐 8세기 후반에 이르면 마침내 그 존재가 마지막 단계에 이르러, 보통 일본인과 별 차이가 없게 된다. 대화(大化) 이후에 새로 귀화한 사람들의 씨성(氏姓)은 처음부터 일본식이었다. 그리하여 9세기 초(平安時代)에는 마침내 종말기를 맞게 되는데, 대표적인 인물을 든다면 801년(延歷20), 제3차 애비스(아이누족) 정벌의 대장군으로서 무쓰오 정벌에 나서 이자와(胆澤)의 땅을 확보하여 이자와성을 축성, 진수부를 그곳으로 옮김으로써 동북지방을 크게 평정한 사가노우에노무라마로(坂上田村麻呂)를 들 수 있지 않을까 한다.

다시 말하면 여러 단계를 거쳐 그 때마다 새로운 지식과 기술을 지니고 건너온 도래인들은 그저 문화와 행정, 기능에만 능했던 것이 아니고 무용(특히 기마병)에도 특출하여 아야(漢)씨나 하다(秦)씨, 그리고 서문(西文, 왕인의 직계 본가후예)씨는 일족 중에서 언제든지 수 십 명에서 2백 명 이상에 이르는 기마병을 출동시킬 수 있을 정도로 무예 방면으로 진출한 사람들이 적지 않았다고 한다.

그리하여 740년(天平12), 성무천황(聖武天皇)이 규슈의 다자이후에서 후지하라노히로쓰구(藤原廣嗣)가 반란을 일으켰다는 소식을 듣고 평성경(平城京)을 출발하여 이세(伊勢)로 향했을 때, 동서사부(東西史部: 漢氏)와 하다이미기(秦忌寸)에서 기병 4백 명이 징발되어 호위를 맡았다고 전한다.[36] 이와 같은 기병 분야에서의 뛰어난 무술이 훗날 사가노우에와 같이 크게 무공을 세운 도래인이 나올 수 있었던 배경이며, 동시에 야마토 왕권이 지방의 수장들을 누르고 맹주로서 대왕에서 천황으로 격상되어가는 배경이 되었던 것이라 할 수 있을 것이다.

<왕인의 후예의 분족, 지족화>

화두를 잠깐 돌려 왕인의 후예들은 어떻게 분족(分族), 혹은 지족화(枝族化) 되었으며, 그들은 어떤 일을 했고, 어느 정도의 품계까지 올랐던 것인가를 살펴보기로 하겠다. 이 문제는 왕인후예들의 개성(改姓)과 자료부족으로 선명하게 밝히기는 대단히 어렵지만 이에 관한 일본학자들의 소견을 중심으로 정리해보고자 한다.

왕인후예에 관한 연구에 조예가 깊은 이노우에(井上光貞) 교수는, 본래 왕인의 직계후예는 도래 후에 '가와찌노 후미(西文=本家)'라 칭하여 하내국부(河內國府) 근방(현 羽曳野市 古市 일대)에 거주하고 있었으나, 홍인(弘仁: 『신찬성씨록』의 편찬시기) 연대에 이르면 5~6족으로 나누어진 것 같다고 한다. ①右京諸蕃의 '栗栖首', ②左京諸蕃의 '武生宿禰(처음에는 馬史)', ③'櫻野首', ④河內國諸番의 '古志連', ⑤和泉國의 '古志連', ⑥『속일본기』에 나오는 '藏首' 등이 그것이다. 즉 가와찌의 '고시무라지'와 이즈미의 '고시무라지'를 한 족으로 본다면 5족이요, 그들을 나누어 본다면 6족이 될 것이다.

그러나 이 밖에도 많은 분족, 재분족이 생겨 각처로 흩어져 살고 있으며, 6세기경에는 가모씨족(假冒氏族)도 나타나는데, 그 대표적인 것이 '쓰노무라지진도(津連眞道)'의 일족인 후지이씨(葛井氏, 처음에는 白猪氏: 味沙의 후예), 후나씨(船氏: 王辰爾의 후예), 쓰씨(津氏: 辰爾의 아우 牛의 후예)가 대표적이다. 이들은 위에서 얘기한대로 선박과 선세 및 진세와 항만 등, 주로 수운과 주행(舟行)에 관한 업무를 관장하면서 서문(西文)씨의 본가(문필과 기록 관장)와 무생(武生, 육운 관장), 장(內·大·齊藏 등 三藏 관장)씨 등과 연합하여 소가(蘇我)씨의 관리 하에서 조정의 핵심적인 신료로서 구실했다. 그리하여 이노우에 교수는 이들 6씨를 합하여 왕인의 후예로 취급하고 있는 것이다.[37] 이들이 피를 나눈 씨족이 아니요, 도래 연대도 다른데도 강한 유대를 간직할 수 있었던 것은 본거지를 함께 한다는 것이 연(緣)이 되고, 같은 백제계 도래인이라는 문화적 공통성이 인(因)이 되었다는 이노우에 교수의 견해는 앞에서 언급한 바와 같다.

그러면 이들의 품계는 도대체 어느 정도까지나 올랐던 것일까? 처음에는 수(首)나 사(史)에서 시작하여 차츰 올라가 무라지(連), 이미기(忌寸), 마침내는 후미노수구네(文宿禰: 從3位)까지 올랐다. 더욱 연력(延曆) 10~16년 사이에는 후미노수구네(文宿禰)의 전부, 또는 중심적인 일부는 정야(淨野)로 개명되었다고 한다.[38]

<고대 일본 사람들의 이름 표기법>

모리(森浩一) 교수에 의하면 고대 일본인의 이름 표기 방법에는 세 가지가 있었다. 하나는 '白鳥村主牛養(시라도리노 수구리 우시가이)'와 같이, 제일 위가 우지(氏)의 이름인 시라도리(白鳥), 다음이 가바네(姓)인 수구리(村主), 마지막이 개인 이름인 우시가이(牛養)가 된다. 이와 같이 씨(氏), 성(姓), 명(名) 순으로 구성된다. 둘째는 '土師知足(하지노 도모다리)'의 경우처럼, 가바네가 없이 씨와 명만으로 구성되는 경우, 셋째는 씨나 성이 없이 이름만 있는 경우로 이는 대체로 여인이나 신분이 낮은 남자였다고 한다. 물론 스님의 경우는 法興, 行尊과 같이 법명만을 사용하는 게 일반적이었으며, 여승의 경우는 善智尼, 信藏尼와 같이 니(尼)가 붙는 게 일반적이었다.[39]

3) 도래씨족의 분족, 화이和邇와 왕인王仁

도래씨족의 조직화의 과정에서 많은 분족(分族)과 지족(枝·支族)이 태어났고, 그들은 서로 자기 씨족의 위상을 높이고자 서두는 바람에 혼란과 암투를 야기한다. 그와 같은 혼란을 조정하고 씨족들의 정치적 자격과 서열을 고정시키기 위해 편찬한 것이 바로 『신찬성씨록』이다. 『신찬성씨록』의 내용에 관한 자세한 검토는 필자의 능력 밖의 일이므로 씨족제도의 정비과정에서 나타난 사건들 중, 우리와 관련이 깊은 두 가지 사건에 대해서만 살펴보기로 하겠다.

하나는 위에서 말한 환무천황 때의 쓰노무라지마미찌(津連眞道)의 상표문의 내용이요, 다른 하나는 왕인박사를 『고사기』(712)에선 화이길사(和邇吉師)라 표기하고, 문수(文首)라 하여 학문을 포함하는 보다 넓은 의미의 문화의 시조라는 이미지를 풍기고 있는 데 반하여, 『일본서기』(720)에서는 왕인(王仁)으로 표기되고 서수(書首: 뒷날 왕인의 후예가 네 번째 서열인 이미기에 오르자 다시 文首로 바뀜)라 기록하여 그의 역할 내지 기여도를 좁게 평가하고 있지 않나 하는 느낌을 떨쳐버릴 수 없게 한다.

화이(和邇, 和爾, 和珥, 和仁, 丸邇 등)나 왕인(王仁), 모두 일본어 발음으론 '와니'이니 상관없다고 가볍게 넘길 수 있으나 그렇지 않다. 왜냐하면 오늘날 일부 일본의 사학계에선 '왕인'과 '화이'는 그 선조가 전혀 다르다고 보고 있으며, 『신찬성씨록』에서는 '和(邇)'는 황별 혹은 신별에 넣고 있음에 반하여, '王仁'은 제번(諸蕃)으로 분류하고 있다. 이에 관하여는 다음에 기회가 있으면 좀 더 자세히 천착해보고자 하거니와, 우선 잠정적인 견해를 얘기한다면, 왕인 및 그 후예는 백제로부터 도래한 제번(諸蕃)이요, 화이족은 제5대 효소천황(孝昭天皇)의 장자 아메다라시히고구니오시노 미고도(天足彦國押人命)의 후손으로 '황별'에 드는 귀족이라는 것이다.

그런데 『고사기』 효소천황조를 보면 아메다라시히고구니오시노미고도(天足彦國押人命)는 가스가노오미(春日臣), 오노오미(小野臣) 등 16 가바네[40]의 시조라 적고 있는데, 거기에는 화이(和邇, 和爾, 和珥, 和仁 등)라는 성씨는 보이지 않는다. 이에 반하여 『일본서기』에는 아메다라시히고구니오시노미고도(天足彦國押人命)는 와니노오미(和珥臣) 등의 시조라 짧게 적고 있다. 불과 8년 사이에 어떤 일이 일어난 것일까? 현재, 필자로서는 명확한 해답을 내릴 수 없다. 다만 하나의 추리를 얘기해본다면, 왕비(주로 후비)를 다수 배출하여 황통을 잇게 한 화이(和邇, 分族 포함)씨를 번국(蕃國)에서 귀화해 온 왕인(王仁)의 후예에서 분리하고자 하는 일종의 차별의식이 왕권의 강화, 국풍문화의 대두와 같은 사회적 분위 속에서 나타나, 씨족제도를 정비하는 차제에 '화이'와 '왕인'을 구별하여, 전자는 중앙 귀족으로, 후자는 번국에서 귀화해온 제번 속에 포함시킨게 아닌가 추측할 뿐이다.

한편 응신천황이야말로 최초의 실존한 천황으로서 가와찌정권이라는 신왕조를 열었던 인물이라 주장하는 나오기(直木孝次郎) 교수는 『고사기』(神代~宣化 천황까지)에 선조 계보가 기록되어 있는 씨족 중, 자기 선조의 출현이 어느 천황대인지를 조사해본 결과 모두 204씨에 이르는데, 그중 200씨족이 응신천황 이전의 왕을 선조로 들고 있다는 것이다. 나머지 4씨족은 응신 후의 안강(安康)에 1족, 선화(宣化)에 3족이 그 선조를 두고 있어 신뢰할 수 있으며, 응신대에 그 선조가 있다는 9씨족 중에서도 아지길사(阿知吉師)를 시조로 하는 아직사(阿直史)와 화이길사(和爾吉師)를 시조로 하는 문수의 계보는 어느 정도 신뢰할 만한 소전이나, 그들을 제외한 나머지 씨족의 대부분은 확실한 증거가 없다는 것이다.[41] 이로 미루어 보아도 우리는 '和爾(邇)'씨가 제6대 효소천황의 손이라 주장하는 것은 매우 신뢰성이 없는 주장이라 하지 않을 수 없다.

이러한 추측을 뒷받침하는 것이 다음 두 가지 사실이다. 그 하나는 환무천황 때, 야마토아소미이에마로(和朝臣家麻呂, 환무천황의 처조카)가 처음으로 쥬나곤(中納言, 太政官의 차관으로 職掌은 大納言과 같아, 정무의 기밀에 참획할 수 있는 조정의 고관)에 임명되었을 때, 『일본후기(日本後記)』는 "인품은 조용하나 재학(才學)은 없었다. 제(帝)의 외척이라서 특히 발탁, 영진했다. 번인이 상부(相府)에 입각한 것은 이로부터 시작된다. 사람은 넘치고 천작(天爵)은 모자라다."[42]라고 적어, 어딘가 못마땅해 하는 기색이 뚜렷하다. 여기에서 말하는 번인이란 귀화인을 말하며, 상부란 대신을 당나라식으로 호칭하는 것으로, 요즘 식으로 표현하면 내각이라 할 수 있다. 이와 같이 '화(和)'씨는 본래 번인, 즉 귀화인에 속했음이 명백하며, 환무천황이 등극하기 이전에는 암묵리에 차별을 받아 온 것임을 뚜렷이 알 수 있다.

다른 하나는 환무천황의 어머니는 본래 백제 무령왕의 후손으로 일찍이 귀화하여 야마토에 본거를 둔 '和新笠'이었으나, 왕비가 되자 곧바로 '高野新笠', 즉 왜성으로 바꾸었었다. 이 또한 위에서 말한 사회상의 한 반영이라 할 수 있을 것이다. 위와 같은 사실들로 미루어 볼 때, 우리는 '和'씨가 귀화씨족으로 和邇(왕인의 본래의 명)의 후예임을 확인할 수 있으며, 동시에 '和'씨의 소생인 환무천황이 귀화인의 중용정책을 실시하기 이전, 적어도 7~8세기, 일본 고대국가의 형성 마무리 시기에는 일본식 성으로 개성하지 않는 귀화인은 차별받고 있었음을 짐작할 수 있다.

이와 같은 사회적 분위기를 반영한 듯 8세기 후반에 이르면 귀화인 중에 일본 재래의 씨성으로 고쳐 일본화 되는 사례가 빈번했다. 이와 같이 왜성으로의 개성이 일반화된 계기는 757년(天平勝宝 9년) 4월에 천황이 고려·백제·신라의 귀화인으로서 일본의 성을 받고자하는 자는 지체치 말고 허가하라는 조서를 내렸기 때문이다. 이와 같은 조서가 내리자, 많은 귀화인이 새로운 성을 신청하여, 761년(天平宝字 5년) 3월에만도 백제인 1씨가 기미성(公姓), 9씨가 무라지성(連性), 12씨가 미야꼬성(造成), 고(구)려인 6씨가 무라지성(連性), 4씨가 미야코성(造成), 신라인 2씨가 미야코성(造成), 한인(중국인) 1씨가 무라지성(連性), 본거가 불분명한 다른 하나의 성씨가 미야코성(造成)을 받았다고 한다.[43] 그 후에도 이와 같은 현상은 계속되었으리라 짐작된다.

이와 같은 정치, 사회적 분위기는 8세기에 편찬된 『고사기』나 『일본서기』에서도 엿볼 수 있지 않을까 한다. 『고사기』나 『일본서기』는 나라시대 이전의 고대국가 형성사를 고찰하는 데 중요한 자료임은 틀림이 없으나, 그것은 어디까지나 7세기 말~8세기의 천황을 중심으로 하는 기나이 왕권의 지배나 통치의 정당성을 주장하는 것을 최대의 목적으로 편찬된 것이며, 7세기 후반에 일단 완성을 본 율령제 고대국가의 지배자층의 국가형성사관을 기술한 데 불과하다[44]는 점을 감안한다면, 저간의 사정을 이해하는 데 도움이 되지 않을까 생각한다.

더욱 『일본서기』는 '日本'이라는 국호를 정식으로 사용한 최초의 정사이니, 입지가 굳어진 중앙귀족의 도래인에 대한 차별의식이 보다 뚜렷이 반영되는 것은 어쩌면 당연하다고 할 수 있을 것이다. 예컨대, 늘 화제가 되고 있는 신공황후(神功皇后)에 관한 기사를 예로 들어보면, 『고사기』에서는 부군이라고 하는 중애천황(仲哀天皇)조에 함께 기술하고 있음에 반하여, 『일본서기』에는 '卷第九'를 따로 설정하여, 늘어난 지면은 '신라 출병', '신라 재정(再征)', '백제 조공' 등, 우리는 물론 일본의 사학자들도 믿지 않는 사실들로 메우고 있다.

그에 대해서는 오늘날 많은 일본의 정통사학자들, 예컨대 津田左右吉, 直木孝次郎, 次田眞幸 등이 신공황후의 기사는 물론, 위에서 살펴본 바와 같이 응신천황, 특히 숭신천황 이전의 신대요, 응신천황이 실존했던 최초의 왕이었다는 사실을 주장하고 있는 학계의 흐름을 제대로 읽을 필요가 있다. 이와 같은 사실을 감안하면 『일본서기』의 편자의 속내를 엿볼 수 있으며, 여기에서 우리는 '和邇(혹은 和珥 등)'가 '王仁'으로 바뀐 사연도 추정해 볼 수 있을 것이다. 이 경우 『고사기』가 『일본서기』보다 편자의 자의성이 덜 보인다는 나오기 교수의 의견은 충분히 음미해 볼 만한 가치가 있다고 생각한다.

<『고사기』의 '和邇吉師'가 『일본서기』에서 '王仁'으로 바뀐 사연>

『고사기』의 '和邇吉師'가 『일본서기』에서 '王仁'으로 바뀐 사연에 대해 결론부터 말하자면 '王仁(와니: ワニ)'의 본래의 성명은 '和邇(와니: ワニ)'라는 유승국선생이나 남석환씨의 의견은 매우 사실에 가깝다고 생각한다.[45] 즉 왕인박사의 본래의 성은 和요 이름은 邇였다. 그런데 위에서 언급한 바와 같이 7세기 말 이래 일본의 천황중심의 국가형성 사관과 중앙귀족의 차별의식이 굳어지면서 비를 많이 배출하여 황통을 이어가게 한 和(邇,珥) 가문은 황별에, 그렇지 못한 가문(支族)은 王씨로 바꿔 제번 속에 넣은 것으로 여겨진다. 『일본서기』의 편자는 和邇나 王仁, 모두 일본 음으로는 '와니(ワニ)'라 부르기 때문에 별로 문제될 것이 없다고 생각했는지도 모르겠다.

그러면 왜 和씨를 王씨로 바꾼 것일까? 田中史生 교수에 의하면, 왕인보다 훨씬 후에도 백제에서 모셔온 박사나 '후미히도(史)'계 씨족에게는 그 본래의 성은 제쳐두고 '王'씨로 개성해 부른 사례가 적지 않다는 것이다. 王辰爾의 경우가 대표적인 사례의 하나라 할 수 있을 것이다. 주지하는 바와 같이 辰爾는 도래 이후의 행적은 기록에 뚜렷하나, 그 출자에 대해서는 아무런 전거를 찾을 수 없는 형편이다. 앞에서 인용한 바 있는 『懷風藻序』(751)

에도 王仁은 성명이 함께 적혀 있는데 반하여 辰爾는 성은 없이 이름만 있다. 왜 그랬을까? 숙고해 볼 사실이라 하지 않을 수 없다.

辰爾의 사례 외에도 흠명기 15년 2월조에 백제에서 많은 박사와 승려를 보내주었는데, 그들 중에 훗날 일본에서 쓰인 이름은 「五經博士王柳貴」, 「易博士施德王道良」, 「曆博士固德王保孫」, 「醫博士奈率王有懮他」 등,[46] 王씨로 개성된 이름으로 기록되어 있다. 유독 후미히도(史) 계통의 사람(박사)들에게 '크다는 뜻'을 가진 '王'성을 붙인 것은 그들이야말로 일본의 문명화와 강대화에 결정적 구실을 한 큰 선생들이라 믿었기 때문이었을 것이다. 이렇게 볼 때 왕인은 '큰 선생님'이라는 뜻으로 해석된다.

이와 같이 和邇와 王仁이 비록 글자는 다르나 같은 사람이라는 사실을 방증해주는 것은 현재 남아 있는 기나이지역의 왕인박사 관계 초기 유적들은 거의 모두 和邇(爾)라는 이름으로 전해오고 있으며, 王仁으로 된 유적은 8세기 이후에 만들어진 것으로 보여진다. 이를테면 현 오사카부 히라가카시(枚方市)에 있는 '(傳)王仁墓'를 '爾墓'라 부르고 있는 것을 전자의 좋은 사례라 한다면, 본래 와니신사(鰐大明神)이던 곳은 훗날 '王仁天滿宮'이라는 작은 석비를 합사한 규슈의 간시키시 다까와라의 '와니신사'는 후자의 좋은 예라할 것이다.

다시 말하면 왕인박사의 본래의 성명은 和邇(爾)요, 王仁은 7세기 후반 이래 일본의 천황 중심의 국가형성 사관과 중앙귀족의 차별의식이 굳어지면서 왕비를 많이 배출하여 황통을 잇게 한 귀족 중의 귀족, 和씨 혹은 和邇(爾)씨와 구별하기 위해서 붙여진 것으로 보인다. 그렇게 본다면 『동국여지승람』 월출산조 김극기(金克己)의 시에 보이는 '邇翁(邇翁貿貿忽訪我)'도 王仁일 가능성을 배제할 수가 없으며 영암 구림의 옛이름을 爾林으로 불렀을 개연성도 마찬가지라 생각한다. 요컨대 우리는 『고사기』나 『일본서기』에 和

邇와 王仁이 동일인으로 다루어진 것과 같이, 오늘날 일본에 남아 있는 和邇(爾, 珥, 仁 등)족은 왕인의 피가 흐르고 있는 도래씨족으로 보는 것이 옳다고 생각한다. 「ワ二氏族에 關한 基礎的 考察」의 저자 岸俊男씨가 그의 논문에 '和邇(爾)'나 '王仁' 한자를 일부러 피하고 'ワ二'라 표기한 데는 그만한 연유가 있었던 것으로 짐작된다.

끝으로 왕인박사의 후예들은 어떻게 되었을까? 그에 대한 명쾌한 답을 줄 수 있는 자료가 매우 희소하기 때문에 모든 왕인후예들의 동향을 상세히 파악할 수 없다. 다만, 直木孝次郎 교수의 저서를 통해 7~9세기 초, 후예들의 동태를 보면, 그들의 가바네의 격도 올랐고, 거처도 본거라 할 수 있는 하비기노시 후루이찌(羽曳野市 古市)에서 천황을 따라 새 수도인 평안경(平安京, 현 京都)으로 옮겨갔던 것으로 보인다. 가바네가 승격된 상황을 보면, "왕인후예(文首)는 天武12년(683)에 '連(무라지)'의 성을 사여 받았으며, 2년 후인 天武14년(683) 6월에는 '忌寸(이미기: '八色姓'의 제4위로 주로 도래인들에게 많이 수여되었음)'을, 延曆10년(791) 4월에는 '宿禰(스구네: '八色性'의 제3위)'를 사여받아, 815년에 편찬된 『신찬성씨록』에는 '文(書)首'의 직계는 '文宿禰'로, 그 지파인 武生은 '武生宿禰', 櫻野는 '櫻野宿禰'라 적고 있다. 또한 栗栖首와 古志連도 모두 文宿禰와 同祖라 적고 있다."[47] 이와 같이 왕인의 직계 후예들은 후미히도(文首)로서 응분의 예우를 받았던 것 같으며, 한편 비를 많이 배출한 和邇(爾) 일파는 황별의 반열에 올라 귀족으로 예우받았던 것 같다.

4) 고대국가 형성을 마무리한 백제 망명 엘리트들

잘 아는 바와 같이 660년, 나당연합군에 의해서 백제가 패망하자 왕과 왕자는 당으로 호송되고, 남은 신하들은 일본에 구원을 요청한다. 이에 일본의 제명천황은 백제부흥을 위해 대군을 보냈다. 하지만 원정군은 663년, 백촌강에서 패배하였고, 그 후 얼마 되지 않아 고구려도 신라에 병합되었음은 익히 알고 있는 사실이다. 이와 같은 정치적 격변은 많은 망명자를 낳는다. 그들 가운데는 일반 농민들도 없지 않았으나, 여자신(余自信)을 비롯한 왕족과 귀실집사(鬼室集斯)를 비롯한 고급관료도 상당히 많았다. 주지하는 바와 같이 백제의 관위는 좌평, 달솔, 은솔 등 16계로 나누어져 있었는데, 망명자 중에는 달솔 이상이 약 70명이나 있었다고 하니(『일본서기』 천지천황 10년 정월조), 저간의 사정을 짐작할 수 있을 것이다.

천지천황 4년(665)에는 이렇게 몰려든 망명자(백제 남녀 400여 명)를 오미 간사끼군(近江 神前郡)에 이주시켜 전답을 주어 안치시켰고, 다음해에는 그동안 관식(官食)을 지급해오던 백제의 승속 남녀 2천여 명을 동국(東國)으로 이주시켰으며, 동 8년(669)에는 여자신, 귀실집사 등 남녀 700여 명을 오미 가모군(近江 蒲生郡)에 안치하였다고 『일본서기』는 전하고 있다. 고급관료 70여 명 중에는 위에 든 귀실집사(훗날 學頭職에 임명됨) 외에도 沙宅昭明은 법관 대보에, 谷那晋首, 木素貴子, 億賴(祀)輻留, 答㶱春初 등은 병법과 축성에, 鬼室集信, 德頂上 및 그 아들 德自珍(의박사), 吉大尙 및 그 아들 吉宜(후에 吉田連宜) 등은 의약분야에 뛰어나서 그 방면에서 활동했고, 그들 중의 한사람인 億仁은 천무천황의 시의가 되기도 하였다. 都能(角)福牟는 음양도를 도입하여 천무천황 때에 음양도가 정비되고, 마침내 점성대가 만들어지게 된다. 許率母는 경서에 밝아 해당분야에서 중용되어, 그들은 모두 천지천황의 오쓰교(大津京) 주변에 안치되어 천황의 두뇌 구실을 하였다.

기술분야에서는 훗날 동대사(東大寺) 대불 주조의 기술지도를 담당, 고심 끝에 주조에 성공함으로써 기술자로서는 최고위직인 종4위에 오른 國中連公麻呂(구니나까노무라지 기미마로)의 조부는 이때 망명해온 國骨富(구니

노고쓰후)였다. 그와 동시에 일본 최초로 무쓰오(陸奥)에서 금광개발에 성공하여 황금 900냥을 헌금함으로써 대불의 도금에 결정적인 기여를 한 무쓰오진수부장군(陸奥鎭守府將軍) 경복(敬福: 혹은 百濟王敬福)은 의자왕의 현손이었다. 그리고 대승정으로 추대되어 탁월한 리더십을 발휘하여 동대사 건립에 결정적 기여를 한 행기(行基) 스님은 왕인의 직계 고시무라지(古志連)의 후손이었다. 이들 세 사람의 절묘한 조화가 없었다면 아마도 동대사의 건립은 이루어지기 어려웠을 것이다.

무쓰오진수부장군의 이야기가 나왔으니, '백제왕'씨에 대해서 몇 마디 첨언해두기로 하자. 백제왕족, 곧 余씨는 천무천황 2년(673)에 '百濟王'씨라는 성씨를 일본왕으로부터 사여받는다. 그리하여 남자는 역대 무쓰오진수부장군 등의 요직에 임명되었고, 그 집안의 많은 여인들이 후궁으로 들어가, 황실과 밀접한 관계를 유지하여, 그 거처를 오미(近江)에서 가와찌 가다노군(河內 交野郡)으로 옮겨 모여 살도록 하였던 것이다. 가와찌 가다노군은 왕인박사의 묘지가 있는 히라가타(枚方市 藤阪東町)에서 가까운 거리에 자리하고 있는 곳이다. 일본 조정은 그들을 백제계 도래인의 활동 본거지 가까이에 안주하도록 배려를 아끼지 않았던 것으로 생각된다. 한 가지 사족을 붙인다면 오사카 북동쪽, 현재의 히라카타시 근방을 여행하다 보면 '백제왕사지'를 비롯하여 '백제왕'이라는 이름이 붙은 유적들을 보게 되는데, 그곳은 망명한 '백제왕(余)'씨의 유적이지, 패망 이전의 백제 왕실과는 관계가 없음을 유의해야 할 것이다.

그러면 7세기 후반 백제 패망과 더불어 집단적으로 망명해온 이들 도래인들의 역할을 어떻게 평가할 수 있을까? 7세기 말은 율령국가의 건설기로 대륙적인 제도와 기구의 정비, 곧 율령국가의 확립이 최대의 급선무였다. 하지만 일본은 대륙(唐)과의 국교가 상당기간 단절되어 있던 시기였음으로 이들 망명 엘리트들의 지식과 기능은 율령제 국가의 여러 제도를 확립하는 데 절대적으로 필요했던 것이다.[48] 그리하여 천무 10년(681)에는 호적에 입적한 '귀화인'에게는 10년간 세금을 면제해주는 우대조치를 취하기도 하였다.[49] 그러한 우대는 호적에 입적한 '귀화인'에 한정된 것이었음을 유의해야 한다. 이렇게 볼 때 천무조는 도왜한 사람들이 '도래인'에서 '귀화인'으로 바뀌는 하나의 획기라 할 수 있다.

이와 같이 백제 망명객들은 단순한 유민이 아니라, 천지조에서 천무·지통조에 걸쳐 학문과 기예 등, 여러 방면에서 널리 활약한 엘리트로서 나라조(奈良朝) 문화 형성의 주요한 동량으로서 기여했던 것이다.[50] 돌이켜 보건대, 5세기 초 도래한 왕인 일행이 응신·인덕조에 걸쳐 일본의 문명화와 대국화–왕권강화와 통치기구의 편성–의 기틀을 닦아 훗날 아스카의 제2차 야마토 정권의 문화를 꽃피우게 하였다면, 백제에서 망명한 엘리트들은 율령국가의 형성을 마무리하여 '日本'이라는 새 나라를 탄생시키고, 나라조 문화를 피우게 한 산파역을 했다고 하여도 과언이 아닐 것이다.

한편 백제 패망과 함께 유망해 온 일반 농민들은 미노(美濃), 시나노(信濃), 스루가(駿河), 가이(甲斐), 무사시(武藏) 등, 이른바 동국으로 옮겨져, 반전농민(班田農民: 口分田 경작 농민)으로서 정책적으로 동국의 개발에 동원된 사람이 적지 않았다. 일본의 서국 개발이 초기 도래인의 힘에 의존한 바 컸다고 한다면, 동국의 개척에는 백제 패망에 따라 건너온 도래인의 땀방울이 밑거름이 되었던 것이다. 고구려의 유민들도 무사시(武藏)를 비롯한 사이다마(崎玉), 히다찌(常陸) 등 오늘날의 관동지방 개발에 투여되었었다.

<도래씨족의 큰 축을 이룬 하다(秦)씨>

『일본서기』에 의하면 하다씨도 위에서 살펴 온 아야씨(東四漢氏)와 마찬

가지로 응신천황대에 도래했다고 한다. 그 선조는 응신천황 14년에 "자기 나라 120현의 인민을 거느리고 오다가 신라인의 방해로 모두 가라국에 머물고 있다."고 말한 유쓰기노기미(弓月君)라고 전해지고 있으나 확실하지는 않다. '하다'라는 말의 본래의 뜻은 기직(機織)의 '하다(ハタ)'에서 연유한다 (일설에는 한국어 '바다'가 '하다'로 전음된 것, 즉 바다를 건너온 사람들이라는 설도 있음). 아무튼 그 성씨에 알맞게 그들은 견(絹), 면(綿), 사(糸)의 생산에 특화하여, 전국의 하다베(秦部)를 거느리게 되어 경제적 실력도 대단해서 긴메이조에는 정치, 사회적으로도 아야(漢)씨에 필적할 정도였다.[51]

그런데 하다씨의 시조는 위의 궁월군설 외에도, 현 경북 울진군 근방의 호족이 5세기 말에 도래한 것이 그 시조라는 설[52]도 있어, 그 출자를 밝히기가 쉽지 않다. 「인월군」의 경우는 『일본서기』에 백제에서 왔다고 적혀있는데, 울진의 한 호족이라 한다면 신라 출신이다. 그러나 당시 신라로서는 그렇게 많은 도래인이 한꺼번에 건너갈 상황이 아니었고, 설령 갔다고 하더라도 지리적으로 가까운 산음(山陰) 지방으로 직행할 일이지, 가야 쪽으로 와서 대마도-이끼섬-하가다를 거쳐 기나이지역으로 진출한다는 것은 바람과 조류, 해류 등을 고려할 때, 그 또한 쉬운 일이 아니라고 생각한다. 따라서 필자는 하다씨의 시조는 가야계로 보는 것이 합당하지 않을까 생각한다. 한반도에서 왜로 건너온 최초의 집단은 가야계요, 야마토(大和) 지역에로 맨 먼저 진출한 사람들도 역시 가야계였을 개연성은 매우 크다고 생각한다.

아무튼 훗날, 도래씨족이 집단화되면서 아야(東西漢)씨 외의 대표적인 씨족의 하나가 하다(秦)씨인 것은 확실하다. 이후 그들은 야마기(山城: 京都분지)를 중심으로 거주하면서 가도노대언(葛野大堰)을 축조하여 가모가와(鴨川), 가쓰라가와(桂川)의 범람평야를 개척, 농경·양잠·기직(機織) 등에 주력하여 식산적 호족으로서 성장하게 된 것이다. 그들은 5세기 말, 웅략조에는 하다노미얏고사가(秦造酒)가 "누에를 길러 명주를 짜서 궁전에 공납하여 그것이 산처럼 쌓였다."고 전해오며, 휘하에 '백팔십스구리베'(百八十勝部)를 거느려 조정에 용(庸)과 조(調)를 공납하여 '오구라'(大藏: 조정의 물품과 금전을 보관하고 출납하는 일을 맡는 곳)를 만들어 스스로 그 장관이 되고, 자기 씨족으로 하여금 오구라의 출납을 맡게 하였다고 한다. 그러나 대화개신까지 약 150년간 사료에 나타나는 하다(秦)씨의 이름은 하다오쓰지(秦大津父), 하다노미얏고가와가쓰(秦造河勝) 등 3명뿐이다. 그중 秦造河勝은 성덕태자로부터 불상을 양도받아 봉강사(蜂岡寺, 후에 廣隆寺)를 창건하여 다소 이름이 알려져 있으나, 전반적으로 볼 때 하다씨는 아야(漢)씨에 필적할 정도의 정치적 지위를 상정할 수 없다고 세끼 교수는 말하고 있다.[53]

한편, 하다씨는 여러 나라(지방)에 흩어져 있던 '秦씨 92부, 1만 팔천 6백 70인'을 거느리는 도모노미얏고(伴造)가 되었고, 흠명조에는, 『호적』에 등재된 '秦人 호수 7천53호'에 이른다고 할 정도로, 사방에 흩어져 있던 초기의 도래 집단을 그 휘하에 흡수, 공납민으로 조직화하면서 자신들의 씨족 조직을 확대하는 한편, 야마토 조정의 재무행정의 일익을 담당했던 것으로 보인다.

동서아야씨(東西漢民)들이 전국에 분산해 있는 초기 도래인 집단을 조직화하기보다는 조정에 직속하는 도시귀족으로서 그 동족조직을 유지, 발전시킨 흔적이 농후한 것과는 대조적으로, 그들은 토호 성격이 강했다. 하다씨의 씨족 구성이 야마기의 종족을 중심으로 전국에 분산된 피라밋형 토호의 전형을 보이고 있는 데 반해서, 동서아야씨(漢씨·文씨)는 관인귀족으로서 야마토와 가와찌에 집중하여 동족 각 씨의 병립형을 보이고 있는 것은 이와 같은 성격의 차에서 유래한 것이라는 것이 하라노 교수의 주장이다.[54]

4. 가와찌정권의 형성과 마한·백제계 도래인

앞에서 죠몽만기~야요이시대에 시작하여 7세기 중엽 백제의 패망에 이르기까지 약 1천년에 걸쳐 건너간 도래인의 물결과 그들의 규모와 그들의 일본 민족형성에서의 비중, 도래인의 증가와 더불어 자연적으로 형성된 도래씨족과 그들의 주 활동 무대에 관해서 살펴보았다. 그러면 일본의 고대국가, 특히 초기의 가와찌정권 형성의 기틀을 닦은 도래계 집단은 도대체 어느 지역 출신들이었을까?

이 문제에 접근하기 위해서는 일본 고대국가의 기초를 닦은 가와찌정권의 원조라 할 수 있는 응신천황의 출자에 관해서 먼저 살펴보아야 한다. 응신천황은 일본의 도처에 할거하고 있던 수장들을 제압하고 그 연합맹주로서 일본의 대국화와 문명화의 기틀을 닦은 일본 역사상 최초의 실존했던 대왕이었기 때문이다.[55] 그로 하여금 그러한 꿈을 실현케 하는데 각 방면에서 중요한 역할을 다한 사람들이 바로 와니(和爾·王仁)를 비롯한 마한·백제계 도래인들이었다.

1) 가와찌정권 탄생에 관한 약간의 검토

필자는 일본의 고대국가는 가와찌정권으로부터 시작된다고 하는 의견에 동의한다. 일반적으로 가와찌정권은 4세기 말에서 5세기에 걸쳐 攝津·河內·和泉 지역, 즉 河內平野(혹은 大阪平野)에 본거를 둔 정권으로 응신천황을 필두로 仁德·履中·反正·允恭·安康·雄略 천황에 이르기까지를 지칭하나, 협의로는 5세기 중엽, 윤공천황대에 가와찌평야에서 나라분지로 천도하기 이전 4대, 약 1세기간을 의미한다.

그런데 흔히 이 정권이 문제가 되는 것은 그 성격 때문이다. 가와찌정권은 그 이전에 이미 존립하던 정권(제1차 야마토정권)이 가와찌로 천도해서 만들어진 것이 아니고, 응신천황이 새로운 왕조를 세운 것이라는 사실에 주목해야 한다. 그 이전은 神代요, 응신은 '神의 子'라는 설을 펴는 사람도 없지 않지만 응신천황이 그 이전까지의 천황(엄밀한 의미에서는 왕)들이 연약한 수장들의 맹주의 역할을 크게 벗어나지 못했던 것과는 달리, 규슈나 제3의 지역에서 나니와(難波)로 진출하여 훗날 일본이라 부르게 되는 나라의 문명화와 대국화의 기틀을 닦은 대왕이었다고 보는 견해가 일반적이다.

가와찌정권론의 연구자인 나오기(直木孝次郎)씨는 "4세기 말에서 5세기에 걸쳐 일본에 새로운 정권이 탄생한다는 생각은 많은 사람들이 논하고 있는 바와 같이 에가미나미오(江上波夫)씨가 「일본 민족문화의 원류와 일본 국가의 형성」(1949)에서 발표한 수렵 기마민족의 일본 정복설에서 영향을 받았다고 하여도 좋을 것이다"라고 말하고 있다. 또한 그는 "대륙의 기마민족이 4세기경 조선반도를 남하해서 북규슈에 침입, 4세기 말 무렵에는 기나이지역으로 진출하여 정복국가를 수립했다"는 에가미씨의 설[56]을 그대로 받아들이는 것은 아니지만, 4세기 말에서 5세기에 걸쳐 나니와를 거점으로 신왕조 가와찌정권의 탄생설을 제창하면서 그 논거로서 5가지를 들고 있다.[57]

미즈노(水野裕)씨나 이노우에(井上光貞)씨도 응신·인덕에 의해서 세워진 가와찌정권은 앞선 왕조의 계승·발전이 아니라, 새로운 왕조가 시작된다고 하는데 대체로 의견을 같이하고 있다.[58] 이 경우, 만세일계를 주장하는 『記紀』의 천황가의 계보는 어떻게 될 것인가? 이노우에씨는 여자를 중심으로 이어지는 것으로 설명하고, 응신천황은 경행천왕의 증손녀 나가노히메(仲姬)와 결혼하여 인덕천황이 출생함으로써 황통계보가 이어진다는 의견을 제시하고 있다.[59]

이와 같은 생각은 나오기나 미즈노, 이노우에씨에 국한되지 않고 林屋反次郎도 응신·인덕에 의해서 일본에 비로소 왕조가 성립했다는 입장을 취하고 있다. 그 논거로서 나라시대 후기에 만들어진 역대 천황의 중국식 시호를 중시하고 있는데, 그 논지는 다음과 같다. 일본의 역대 천황의 시호에 '神' 자가 붙은 것은 神武(초대), 崇神(10대), 應神(15대)뿐인데, 그것은 불교의 불신관에 法·報·應 삼신이 본래 일체라는 사상을 모방해 지은 것으로, 응신은 부처에 대응하는 신, 즉 皇祖神의 응신의 뜻으로 실재가 인증되나, 신무나 숭신은 응신의 사적의 일부를 이상화한 인격으로 실재하지 않았고, 응신이야말로 유일한 肇國天皇이라는 것이다.[60]

『일본서기』에는 무열천황이 자행한 폭학기사와 그에 대응하는 인덕의 성덕기사 및 응신의 신비적인 탄생과 그 성행에 관한 기사가 있다. 『일본서기』 즉위 전기에 의하면 응신은 「幼而聰達, 玄監沈遠, 動容進止, 聖表有異焉」이라 표현하여 최대의 찬사를 보내고 있으며, 인덕에 대해서도 만다노쓰스미(茨田堤)의 조영과 나니와의 굴강 개삭 등, 요도가와의 치수에 성공해 홍수를 막고 수운을 편하게 하였을 뿐 아니라 백성들에게 3년간 과세를 면하는 등, 어진 정치를 베풀어 聖天子라 칭송하고 있다(直木孝次郎, 2007, 54쪽). 응신에 대해서 「聖表有異」라는 표현을 쓴 것은 그가 '聖天子'라는 관념이 없었다면 쉽게 쓸 수 있는 표현이 아님은 새삼 거론할 필요가 없다.

이와 같은 내용들은 모두 중국에서 夏, 殷, 周 등의 왕조 초에는 천명을 받은 현자가 나타나서 왕조를 창시하여 성천자가 되나, 왕조의 종말에는 폭악스런 천자가 나타나 천명을 잃어 나라가 망한다는 정치사상, 역사이론에 연유하는 것이라 하겠다. 예컨대 殷은 성천자 湯으로 시작되어 악천자 傑에 의해서 망하며, 商은 紂로 인해 망한다. 이러한 사상을 가진 『記紀』의 편자들이 위에서 본 바와 같이 응신과 인덕을 성천자로 칭송하고 있음은 역시 응신천황이 신왕조를 열었음을 방증하는 하나의 사실이라[61] 보고 있는 것이라 하겠다.

응신천황이 일본 최초의 실존 왕이라는 데는 이론이 없으나 그 출자에 관해서는 수수께끼에 쌓여 있음이 사실이다.[62] 『기기』가 전하는 바와 같이 응신천황이 중애천황과 신공황후의 사이에서 태어난 아들로, 중애천황을 계승하였다면 간단하다. 그러나 그의 잉태와 탄생에 관한 이야기들은 상식으로는 쉽게 받아들이기 어려운 점이 한 두 가지가 아니다. 하물며 중애천황 이전은 신대요, 응신이 실존했던 첫 대왕으로서 새 왕조를 열었다는 입장에서 본다면 더욱 그러하다고 할 것이다. 따라서 가와찌정권의 성립에 관한 일본 연구자들의 학설을 살펴볼 볼 필요가 있는데 대표적인 학설은 다음 4가지로 정리할 수 있다.

첫째, 야마토에 있던 정권이 4세기 말 이후 가와찌로 옮긴 것으로 보이나, 그것은 일시적인 진출이지 4~5세기의 정권에 단절은 없었다고 하는 설(河內政權否定設)

둘째, 대륙의 수렵기마민족이 북규슈를 경유해서 4세기 말경 오사카평야로 상륙하여 정복국가를 건설했다는 설(狩獵騎馬民族說)

셋째, 규슈지방의 유력자가 4세기 말 무렵 오사카평야로 진출하여 새로운 정권을 수립했다고 하는 설(네오 狩獵騎馬民族說 등)

넷째, 오사카평야를 기반으로 하는 호족이 세도나이가이의 제해권을 장악하여 강대해져 새로운 정권을 창설했다는 설(自生的河內政權設)

이와 같은 학설들의 대표적인 제창자를 살펴보면, 첫째 설은 종래부터 있었던 설이요, 둘째 설은 江上波夫, 셋째 설은 水野裕·井上光貞, 넷째 설은 直木孝次郎, 岡田精司, 上田正昭 등이다.[63] 이 가운데 가장 신뢰할 만한 설을 선별하기는 쉽지 않지만 첫째 설은 아니라고 믿는다. 앞에서 살펴온 바와 같이 일본의 고대사에서 4세기 말~5세기 초에 커다란 변화가 있었고, 그것은 응신천황이 주역이 되어 가와찌정권을 오사카 평야에 세워, 군림하게 되자 그간 야마토를 중심으로 세력을 펼쳐온 제1차 야마토정권은 일본열도의 맹주로서의 세력을 점차 잃어가고 있기 때문이며 거대고분의 축조상황이 그러한 사실을 뒷받침한다고 생각한다.

필자의 입장을 굳이 든다면 제3설에 가까운데, 그것은 북부규슈에서 세력을 키운 응신이 엘리트 도래인들과 함께 세도나이가이를 거쳐 오사카평야의 관문인 나니와로 진출, 가와찌호 주변(훗날의 河內·大阪平野)의 저습지를 개발하면서 주변 각처의 포구를 정비하고, 동시에 나니와에서 가와찌에 이르는 육로(훗날의 竹內街道와 長尾街道)를 개발하는 등, 교통망을 확충하면서 말을 기르는 데 힘을 쏟아 군사력도 키워가는 한편, 동시에 문자를 비롯한 문화의 흥융과 그를 바탕으로 하는 대외교류의 추진, 공부제도를 비롯한 행·재정제도의 정비, 그리고 도기·직포·야철을 비롯한 산업기술의 진흥에도 힘을 집주하였음이 여러 고고학적 자료와 문헌사료들이 입증하고 있기 때문이다.

응신대왕으로 하여금 대국화, 문명화라는 대업을 이루어 '새 왕조의 시조'가 되도록 한 원동력은 말할 나위도 없이 새로운 문물을 몸에 지니고 건너오는 도래인들이요, 그들의 협력을 제대로 이끌어 낸 응신대왕의 리더쉽이라 할 수 있다. 그런데 그들 도래인들은 일과성으로 밀려온 것이 아니다. 그들은 지속적으로 대륙의 새로운 지식과 문화와 기술을 몸에 지니고 도래해 올 뿐 아니라, 현지에 정착하여 가족과 씨족을 이루어 그러한 지식과 기술을 재생산하여 그것을 가와찌정권 형성에 안정적으로 공급하였었다. 이 일이야말로 응신으로 하여금 새 정권의 형성이라는 대업을 이루는 데 결정적인 구실을 하였던 것으로 필자는 믿고 있다. 이에 관해서는 뒤에서 자세히 다루고자 한다.

2) 가와찌정권의 성립과 도래인의 역할

기나이지역에 커다란 세력을 가지고 있지 못했던 응신, 인덕대왕이 국가형성에 필요한 기틀을 닦을 수 있었던 데에는 무슨 힘이 그 밑바탕에 있었던 것일까? 여러 요인들을 들 수 있겠지만, 가장 결정적인 힘은 도래인을 통해서 새로운 문물을 지속적, 안정적으로 지원받을 수 있었던 국제적인 네트워크의 힘이었다.

앞에서 언급한 바와 같이 도래의 물결은 크게 네 차례, 작게 보아도 세 번의 파도를 헤아릴 수 있다. 그때마다 도래인들은 많은 집단을 형성하거나, 이미 세력을 굳힌 호족의 휘하에 편입되어, 마침내 그들은 크게 아야(漢)와 하다(秦)씨로 양분되었다. 그들의 씨족별 활동 중심지역을 보면, 먼저 북부규슈나 산음지방에 기착하여 일부는 그곳에 정주하고, 대부분은 기나이지역으로 진출하여 야마토(大和), 가와찌(河內), 야마기(山城)를 중심으로 활동하였다. 야마토지역에는 동한(東漢)씨, 가와찌지역에는 서한(西文, 혹은 西漢)씨, 야마기지역에는 하다(秦)씨가 거점지역으로 삼았던 것임은 위에서 지적한 바와 같다.[64]

그중에서도 도래인들이 가장 밀집해 거주한 지역은 요도가와(淀川)와 야마토가와(大和川)의 중간 저습지역인 가와찌지방이었다. 이곳은 4세기 말에서 5세기 초에는 왕인박사와 그 일행, 즉 초기의 학자(西文, 혹은 西漢)와 기능자들[古來才伎]이 와서 문자를 전수하고 그를 바탕으로 일본말의 문자창안에 기여하였을 뿐 아니라, 마침내는 미려한 외교문서를 작성, 훗날의 이른바 왜5왕(倭五王)의 대중국 교섭을 가능케 하였었다. 대내적으로는 각종 공부제도(貢賦制度)의 틀을 마련하고 그 출납과 기록을 담당함으로써 왕권을 행·재정적으로 정비하는 한편, 각종 생산기술과 수리·치도 등 하부구조에 관한 기술을 전수하거나, 혹은 직접 축조함으로써 가와찌정권을 강화시켜 왜의 정치적 중심을 야마토에서 가와찌로 이동케 하였을 뿐 아니라, 나아가선 고대국가 형성의 기틀을 닦는 데 결정적 역할을 하였던 것으로 생각된다.

5세기 말에는 백제의 웅진 천도와 함께 도왜한, 이른바 신참 도래인[今來才伎: 東漢]이 가와찌로 이동해 와서 선부(船賦)와 진세(津稅) 등 그간 미처 손을 대지 못하였던 부분에까지 조세제도를 정비하는 한편, 주행(舟行) 등 수운에 관한 새로운 기술을 전수함으로써 가와찌왕권을 더욱 강화시켜, 그간 '왕'으로 칭해오던 야마토정권의 수장, 곧 웅략(雄略: ワカタケル: 倭五王의 武에 比定됨)을 처음으로 '대왕', 혹은 '치천하대왕(治天下大王)'이라 부르게 되었다. 이는 사이다마현의 이나리야마고분(稻荷山古墳)과 구마모토현의 에다후나야마고분(江田船山古墳)에서 출토된 철검의 명문이 잘 말해주고 있다.[65]

가와찌왕권의 강화상은 이 무렵부터(4세기 말~5세기 초, 곧 응신조) 가와찌의 후루이찌고분군(古市古墳群) 및 모스고분군(百舌鳥古墳群) 이외의 지역에서는 대왕의 상징이라 할 수 있는 분구 길이 200m 이상의 대형고분의 축조는 보이지 않는 반면, 이 지역에서는 계속 거대고분이 만들어지고 있었다는 사실[66]이 잘 말해주고 있다. 또한 5세기경에는 應神의 나니와오스미노미야(難波大隅宮), 仁德의 나니와다가쓰노미야(難波高津宮), 反正의 다지히시바가기노미야(多治比柴垣宮) 등, 왕궁도 오사카평야에 조영되었다고 전한

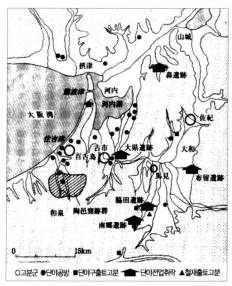

다. 더욱 왕권의 경제적 기반을 말해주는 왕권의 공방이 오사카평야에 집중되고 있다[67]는 사실 또한 당시 야마토왕권의 중심이 바로 후루이찌(古市)를 중심으로 하는 가와찌호(해) 주변으로 옮겨왔음을 말해주는 것이라 할 것이다.

그러면 응신은 오래도록 야마토(협의) 지역에 터전을 잡고 있던 수장들을

〈그림 1〉 오사카 연안부 궁정공방 분포도

제압하고 어떻게 가와찌 지역에서 세력을 키울 수 있었을까? 이에 대하여 고분 연구에 조예가 깊은 지가쓰아스카박물관(近つ飛鳥博物館)의 시라이(白石太一郎) 관장은 "고분은 일본 고대국가의 형성과정을 추구하는 데 가장 좋은 자료"라 말하고, "일본열도의 광역에 걸친 정치세력의 연합체가 야마토정권이며, 그 중심인 기나이지역 수장연합의 맹주가 바로 야마토왕권이라 칭한다"고 말한 다음, "3세기 중엽에서 6세기 후반에 이르는 300여 년간, 초기 야마토정권 내지 야마토정권의 맹주묘가 조영되는 곳은 금성총고분(金城塚古墳) 한 곳만을 제외하곤 모두 야마토천 유역의 야마토(大和)와 가와찌(河內)에 집중되었다. 이 (두)지역은 지세적으로 어떻든, 정치사적으로는 하나의 정치영역이었다. 다시 말하면 야마토와 가와찌야말로 야마다이국 이래 야마토정권의 원영역(原領域)이었다. 이것은 5세기 이르러 야마토정권의 맹주묘가 가와찌에 나타나는 문제를 생각함에 있어서 매우 중요

하다."[68]고 말하고 있다. 야마토와 가와찌야말로 야마다이국 이래 야마토정권의 원영역이었기 때문에, 처음 가와찌호 주변에 세워진 가와찌정권도 5세기 말 이후 점차 야마토지역, 구체적으로는 도오쓰아스카(遠飛鳥 일대)로 옮겨, 그 후 제2차 야마토정권으로 발전, 장차 나라시대(奈良時代)→헤이안시다(平安時代)로 이어지게 된다. 그 사이에 이른바 문화개신을 통해, 이른바 고대국가로 발전케 되는 것임은 새삼 지적할 필요가 없다.

다시 이야기를 본줄기로 되돌려 가와찌정권의 성립과정에 대해서 살펴보자. 4세기 말~5세기 초두에 이르면 야마토정권(제1차 야마토정권)의 맹주묘가 나라분지의 사기(佐紀) 고분군에서 오사카평야의 후루이찌(古市), 모스(百舌鳥) 고분군 지역으로 옮겨온다. 이와 같은 맹주묘의 이동은 무엇을 의미하는 것일까? 한마디로 기나이 남부의 정치연합 내부에서 그 맹주권이 야마토 세력에서 가와찌 세력으로 이동했을 가능성이 크다는 것이 시라이씨의 주장이다.[69] 그는 고분은 본래 그 세력의 본거지에 조영하는 것이 원칙이기 때문에 일본에서 손꼽히는 거대고분들이 오사카평야의 가와찌지방에서만 조영된다는 사실은 야마토 맹주권이 새로운 맹주에로 이동했으리라는 사실 이외에는 설명할 길이 없다고 한다. 이러한 사실을 뒷받침이나 하듯, 5세기에 들어서면 위에서 말한 바와 같이 왕궁들도 오사카평야에 세워진다. 고분이 왕권을 상징하는 것이라면 왕궁은 왕권이 집행되는 정치의 센터라 볼 때, 협의의 야마토지역에서 가와찌지역으로 권력 이동이 있었음은 확실하다고 추정할 수 있다. 즉 5세기에 들어서면 가와찌정권이 일본열도의 정치연합의 맹주권을 확보했음을 말해주는 것이다. 이를 가와찌정권의 성립이라 할 것이다.

그간 북부규슈에서 시작하여 중국지방, 기나이지역에 이르기까지 넓은 영역에 걸쳐 군림하던 많은 수장들이 왜 4세기 말~5세기에 들어와 가와찌의 맹주를 중심으로 연합하게 된 것일까? 다시 말하면 그간 현해탄 영역이 독점하고 있던 철자원을 비롯한 선진문물 입수 루트의 지배권 탈취를 목적으로 기나이 각지와 세도나이가이 연안 각지의 여러 세력들이 무슨 까닭으로 야마토와 가와찌에 기반을 둔 세력을 중심으로 연합하게 되었던 것일까?

그것은 첫째로 야마토와 가와찌가 세도나이가이 항로의 종점이면서, 동시에 광대한 동일본으로 통하는 교통로의 기점이라고 하는 지리적 우위성이 가장 중요한 이유라는 데 이견이 없다. 다시 말하면 이 지역은 전면에 세도나이가이라는 동아시아세계로 통하는 해상교통의 대동맥을, 배후에는 동일본이라는 넓은 후배지를 간직하고 있다. 이와 같이 야마토의 원영역(原領域 = 협의 大和+河内)이 지니고 있는 지리적인 우위성이야말로 그들로 하여금 광역정치연합의 맹주가 될 수 있게 한 최대의 요인이었다는 게 시라이씨의 설명이다. 거기에 필자의 추정을 덧붙인다면, 북부규슈에서 태어나 세력을 키운 응신천황은 선진문물을 몸에 지닌 도래인들과 더불어 나니와로 진출하여 세력을 키우면서 점점 동남방의 가와찌쪽으로 진출하여 가와찌정권을 세워, 훗날 일본의 고대국가 형성의 기틀을 닦았을 것이다. 그의 최종 목표는 새나라, 즉 훗날 일본의 문명화와 대국화, 달리 표현하면 고대국가의 형성이었을 것이다. 그런데 이 대업에는 새로운 지식과 기술, 그걸 집행할 수 있는 테크노크라트와 군사력이 절대로 필요했을 것이요, 그가 왕인박사와 함께 산업관계의 기능인을 초청하고 가와찌호의 둔덕 여러 곳에서 말을 키운 이유가 바로 여기에 있었던 것이 아닌가 추정한다.[70]

둘째로, 응신천황이 새로운 정치의 중심을 나라분지의 야마토(협의)가 아닌 오사카평야의 후루이찌 근방으로 이동하여 왕권의 강화에 성공한 것은, 위에서 말한 지리적 우위성 외에도 자신의 새로운 정치에선 야마다이

(히미고) 이래의 전통처럼 묵수해오던 정치에서의 종교성, 주술성에서 벗어나 신지식과 기술 및 철을 비롯한 중요자원의 입수의 용이함, 거기에 날로 늘어나는 인구부양을 위한 넓은 저습지평야, 그리고 대국화(군사력의 증강과 교통망 확충)에 필요한 말의 조달과 번식에 유리한 지역으로서 가와찌호 주변만큼 적당한 곳이 없다고 하는 현실 인식도 정치의 중심지를 여기에 잡았고 그 결과 성공케 된 중요한 이유라 할 수 있을 것이다.

셋째로, 시라이씨가 지적한대로 가와찌는 본래 나라분지와 함께 '야마토의 원영역'의 일부이니, 기존 정치세력의 협력을 얻는 데도 용이했을 것이라는 점을 들 수 있을 것이다.

여기에서 가와찌호 주변의 지정학적 위치에 대해서 좀 더 부연해서 살펴보기로 하자. 우선 가와찌호 주변은 저습지라서 수리가 편하여 당시의 관개, 수리 기술 수준 하에서는 벼농사에 아주 편했던 것이다. 다만 주기적으로 다가오는 홍수의 피해를 피하기 위하여 그들은 오사카만의 복잡한 만구를 인덕천황 때 굴강(堀江)함으로써 물을 쉽게 오사카만으로 흘려 보내는 한편, 만다노쓰쓰미(茨田堤)를 비롯한 크고 작은 제언들을 만들어 그러한 난제들을 해결하는 한편, 나니와쓰(難波津), 다가쓰(高津), 니이쓰(新津), 사카이 오쓰(堺大津) 등 많은 포(浦)와 진(津)을 정비하여 세도나이가이를 통해 대외로 나가는 통로와 요도가와, 야마토가와를 거쳐 일본열도의 프론티어라 할 수 있는 동국에 이르는 수운을 원활히 할 수 있었던 것이다.

요도가와와 야마토가와의 둔덕은 말을 기르는 데 편한 곳이라고 동지사대학의 모리(森浩一) 교수는 지적하고 있다.[71] 즉 가와찌호에 접하고 있는 '모수(母樹)' 지역과 시조나와데시(四條畷市)의 시도미야(蔀屋)에도 목장이 생겨 많은 말이 사육되기 시작한다.[72] 필자는 2011년 시조나와데시의 개발현장에서 말의 뼈를 고스란히 수습하여 전시하고 있는 패널과 말에게

먹이기 위한 소금을 만드는 제염단지를 보고 놀란 적이 있다. 아마도 이곳에 말을 사육하기 시작한 것은 『일본서기』에 나오는 아직기(阿直岐)가 백제에서 양마 두 필을 가져와 가루노사카(輕坂)에서 키운 것이 그 단초가 되었을 것으로 생각된다. 가와찌호 주변의 편리한 수운은 여기에 그치지 않는다. 한반도의 서남부, 즉 백제로부터 덩이쇠를 비롯한 선진문물을 가져오는데 중요한 구실을 하게 된다. 철은 그저 농기구를 개량시켜 농업생산력을 증대시키는 데 머물지 않는다. 철을 사용함으로써 새로운 도구와 무기가 만들어지고 기마병이 탄생하며, 기마계층(훗날의 武士)이라는 새로운 사회적 계층을 탄생시킨다. 마침 가와찌호 주변에는 말의 양육에 좋은 입지여건을 가지고 있었으니 자연조건은 안성맞춤이라 할 수 있을 것이다.

가와찌의 새 정권은 이와 같이 중요한 철을 어디서 가져온 것일까? 물론 처음에는 한반도, 그중에서도 낙동강하류의 가야지역이었을 것이다. 그러나 신라가 점점 강성해지고 고구려의 남하정책이 현실화되면서 김해 일원에서 철을 가져오는 것이 어려워진 반면, 한반도의 서남부, 즉 마한·백제지역으로부터의 반입루트는 안정적으로 유지되었음은 덩이쇠가 5세기 이후 서산, 서천, 공주, 대전, 부여 등 충청도 서남지역과 영광, 영암, 해남 등 전라도의 서남해안에서 발굴되고 있는 사실[73]을 통해 알 수 있다. 이 지역에서 일본, 즉 당시의 응신·인덕조의 가와찌정권으로 철의 반출이 지속적으로 이루어졌을 개연성을 말해주는 것이라 할 것이다.

이와 같이 가와찌호(만) 주변은 정치와 경제, 문화의 중심지가 되기에 매우 알맞을 뿐 아니라, 장차 동국에의 진출에도 적합한 곳이라는 자연 지리적 조건을 갖추고 있었고, 그러한 지리적 이점을 활용하여 선진문물의 '상자'라 할 수 있는 도래인을 영산강이라는 결절점을 통해서 마한·백제로부터 지속, 안정적으로 공급받을 수 있는 국제적 네트워크를 형성할 수 있었다는 사실이야말로 가와찌정권으로 하여금 다른 수장들을 누르고, 일본 고대국가의 기틀을 닦을 수 있게 하는 데 무엇보다도 중요한 요인이었다고 생각한다. 이에 대하여 나라대학 미즈노 명예교수는 "조선반도의 기술이 도래인의 손으로 일본에서 활발하게 전개, 개화된 시기가 바로 응신·인덕천황조였고, 이 시대는 대단한 시기였다."[74]고 말하고 있다. 그의 "대단한 시기"라는 말 속에 일본의 고대국가 형성기에 영산강유역 도래인들이 지속적, 안정적으로 새로운 문물을 가지고 건너 와 쏟은 노고와 기여가 결정적인 구실을 하였음을 함축하고 있는 것으로 필자는 해석코자 한다.

우리가 기억해야 할 사실은, 가와찌정권의 성립에 기여한 도래인은 초기의 도래인[古來才技]이나 5세기 말에 건너온 후기의 도래인[今來才技]만이 아니었다고 하는 사실이다. 일찍이 건너와 세력을 굳힌 도래계 호족들도 가와찌정권 형성의 기반 구실을 한 것이었다. 대표적인 씨족은 요도가와 수계의 와니(和邇, 和珥)씨와 야마토수계의 가스라기(葛城)씨를 들 수 있다. 전자는 왕인의 후예들이라 할 수 있는데, 주로 이 집안에선 왕비 또는 후비(8명)를 많이 배출하여 왕실과 도래인 간의 가교의 구실을 하였고, 가스라기씨는 소쓰히고(襲津彦)의 후예들인데, 소쓰히고(曾都毘古)은 『일본서기』신공황후 62년조에 나오는 「百濟記」의 사지비궤(沙至比跪)와 동일인이다. 인덕천황은 그의 딸 이와노히메(磐之媛)를 황후로 맞아 이중(17대), 반정(18대), 윤공(19대)의 세 천황을 낳았으며, 윤공의 아들 웅략은 일본 최초의 대신이라 전하는 가쓰라기노쓰부라대신(葛城圓大臣)의 여식 가라히메(韓媛)를 비로 맞아 시라가노미고도(白髮妃, 후에 22대 淸寧天皇)를 낳았으니, 가와찌정권은 그들에 의해서 이어졌다고 할 수 있다. 이와 같이 가와찌 정권은 안팎으로 도래인의 지혜와 피로 이루어진 정권이라 하여도 과언이 아닐 것이다.

3) 가와찌정권 형성에 기여한 도래인의 고향

이상에서 4세기 말~5세기 초에 나니와를 기점으로 후루이찌에 이르는 오사카평야에 응신·인덕을 중심으로 새로운 정권이 세워지는데, 그 정권이야말로 실존하는 최초의 정권으로서 일본 고대국가의 기초를 쌓은 가와찌정권이라는 사실과 그 정권의 성립에 도래인들이 기여한 역할에 대해서 정리해보았다. 그러면 새로운 터전에서 고대일본의 국가형성의 기틀을 닦는데 중요한 역할을 한 사람들은 한반도의 어느 지역 출신들이었을까? 결론을 먼저 말한다면 마한·백제계, 특히 넓은 의미의 호남 출신들이었을 것으로 추정된다. 이와 같은 우리들의 추정은 다음 두 일본인 학자의 설명이 잘 뒷받침해주고 있다.

첫째는 2006년, 지카츠아스카박물관(大阪府立近つ飛鳥博物館)의 『5세기 도래인의 족적』이라는 특별전의 책자(『河內湖周辺に定着した渡來人-5世紀渡來人の足跡』) 중의 다음 구절이다. "왜의 대왕들이 적극적으로 새로운 문화를 수용하여 권력의 증대를 꾀한 것은 쉽게 상상할 수 있는 일이었다. 가와찌에 새로운 세력기반을 가진 대왕이 등장하여 그 권력을 증대시킬 수 있었던 것은 도래인들이 가져온 가지가지의 문물을 잘 수용한 것, 그것 밖에 따로 까닭이 없다고 생각한다."고 말한 뒤, "그러면 이와 같이 가와찌호 주변에 정착하여 가와찌정권을 세운 주역들은 도대체 한반도의 어디서 건너온 사람들이었을까?"라고 자문한 다음, 백제, 특히 현재의 전라도 지역이었으리라는 사실을 강하게 시사하며, 그 증표로 현지에서 다수 발굴되고 있는 토기를 들고 있다. 또한 "그러면 가와찌호 주변, 도래인의 존재를 나타내는 토기는 어떤 토기일까? 그 안에 조족문이라 불리우는 타날문을 남긴 토기들이 있다. 이 토기는 한반도 중에서도 남서부, 현재의 전라도 지역에서 많이 볼 수 있는 것으로, 이 지역에 온 사람들의 고향이 백제 지역이었음

을 나타내는 것으로 보인다."고 설명하고, 그 옆에 아래의 사진을 게재하고
있다.[75]

鳥足文とよばれるこの種のタタキ目を残す
土器は、朝鮮半島のなかでも南西部の現在の
全羅道あたりに多くみられるもので、この地
にやってきた人々の故郷が百済地域であった
ことを示すものと考えられます。

(해석) 조족문이라 불리는 이런 종류의
타날무늬를 남기고 있는 토기는 한반
도 중에서도 남서부의 현재의 전라도
주변에서 많이 보이는 것으로 이곳에
온 사람들의 고향이 백제 지역이었음
을 나타내는 것으로 생각된다.

〈그림 2〉 가와찌호 주변 도래인의 고향을 전라도로 추정하게 하는 전시품

둘째는 문헌사 분야의 견해로서, 대륙의 선진지식과 기술을 일본열도로
가져 온 중심적 역할을 담당한 사람들은 도래인이지만, 지식이나 기술은 그
것 자체가 절로 운반되는 것은 아니요, 결국 도래인의 신체에 체화되어 전
달되는 것임으로, 도래인의 신체는 선진기술과 지식을 운반하는 '상자'라고
평가해 온, 관동학원대학의 다나가(田中史生) 교수는 "5세기 후반 고구려의
남하 정책에 따라 한반도의 정세가 긴박해지자, 한반도 남부, 특히 가야 남
부의 지역들과 일찍부터 독자적으로 관계를 강화하여 스에키(須惠器)나 철
을 생산해온 지방의 수장들이 쇠퇴한 데 반하여, 오사카평야의 왕권 공방만
은 사정이 달라, 오히려 증강되어 그것을 이용하여 각지의 수장들에 대한
영향력을 강화하게 된다."고 한다. 예컨대 "5세기 후반 가와찌에는 기나이
최대의 대장간 마을이라 평가 받아온 오사카부 오아가다유적(大縣遺迹)이
철기의 생산을 크게 증대함은 물론, 철소재의 생산까지도 개시했으리라는

가능성이 지적될 만큼 번창했다.

한편 5세기 초 가야 남부의 공인들을 초빙해 스에키 생산을 시작한 스에무라(陶邑)는 왕권의 공방이었으나, 이 공방의 스에키 가마가 각지에 영향력을 미치기 직전, 국제적인 네트워크(가야쪽과의 교류)에 문제가 생겨 순조롭게 진전되지 못하자 5세기 중엽부터 제휴선을 한반도 서남부 영산강유역의 공인들에로 돌려, 그들이 참여하게 됨으로써 정상화되었다는 것이다.[76] 영산강유역은 왜와 백제간의 교류의 결절점이 되는 지리적 위치에 존재할 뿐 아니라, 왜왕이 남조에 보낸 선박도 이곳을 경유하여 중국 산동반도로 건너간 것으로 보인다. 제(濟)·흥(興)·무(武) 등의 왜왕들은 백제와의 연대 강화와 중국 남조 송나라의 지지를 배경으로 지방의 유력 수장들을 누르면서 왜왕이 지니고 있는 대외적 우위성을 보다 직접적으로 도래계의 기술과 문화의 집중, 편성, 재생산에 활용할 수 있게 된 듯하다."[77]

또한 다나까 교수는 "이들 왕권의 공방이 배치되어 있는 오사카만 연안부도 왕권이 세도나이가이로 통하는 요지로서 왜의 왕권과 서일본 및 한반도를 연결하는 결절점이었던 것이다. 그리하여 5세기의 왕권은 많은 도래인을 이용, 이 지역의 개발을 계속 하였던 것인데, 그중에서도 5세기 후반경 요도가와 하구부에 펼쳐있는 가와찌호 주변의 치수와 가와찌호의 물을 오사카만으로 흘러보내는 굴강(堀江) 개척에 성공한 의미는 커서, 기나이의 여러 지역들은 하천을 통해 내려와 이 굴강 부근에 개설된 항구(難波津)를 통해서 세도나이가이로 쉽게 출입할 수 있었던 것이다. 이리하여 오사카만 연안부는 지정학적 요지가 된 것이다."[78]고 한다.

요컨대 일본의 고대국가의 기틀을 닦은 가와찌왕권은 일찍이는 왕인박사 일행의 문자와 경전의 전수, 조세·행정기구의 정비와 같은 상부구조의 축조에서부터 시작하여, 새로운 기능인[今來才伎]들이 계속 도래하여, 철기 및 경질토기 생산 등과 같은 생산부문, 가와찌호 주변의 저습지 개발, 말의 사육과 도로 개척 및 군사력 강화, 오사카만 연안부의 굴강 설치와 항구 정비 등, 하부구조의 개발에 이르기까지 국가형성에 필요한 거의 모든 부문을 갖추어 7세기의 율령국가의 기초를 닦았음은 거의 확실하다고 할 수 있다. 거기에는 5세기 초 왕인을 비롯한 후루기노대히도(古來才伎)→5세기 말의 왕진이를 비롯한 이마기노대히도(今來才伎)→7세기 후반의 백제의 망명 엘리트로 이어지는 도래인들, 특히 한반도의 결절점인 영산강 유역을 출발하여 지속적, 안정적으로 건너 온 마한·백제계 도래인의 역할이 무엇보다도 컸다.

5. 맺음말

지금까지 죠몽 만기로부터 약 1천여 년간, 왜로 건너 가 일본의 고대국가 형성, 특히 그 기초를 닦은 가와찌정권의 형성에 크게 기여한 도래인들이 다방면에 걸쳐 수행한 역할과 그들의 씨족별 거점지역을 중점적으로 살펴보았다. 그 결과 가와찌정권의 형성에 크게 기여한 주인공들은 마한·백제계 도래인들이요, 그들이 왜와 교류하는 결절점의 구실을 한 곳이 바로 영산강유역이었을 것임을 일본 고고학자와 문헌사학자들도 인정하고 있다는 사실을 구명해 보았다.

일본열도에 먼저 진출한 가야계가 5세기 후반 이래 신라의 강성과 고구려의 남하정책이라는 정치정세의 격변으로 지속적, 안정적으로 새로운 지식과 기능을 보유한 도래인을 보낼 수 없게 되자, 그들에 의지했던 여러 지역의 수장들이 점차 쇠퇴한 것과는 대조적으로 마한·백제계, 곧 영산강유역의 도래인을 지속적, 안정적으로 확보한 가와찌정권은 마침내 일본의 문명화와 대국화, 즉 고대국가 형성의 기틀을 성공적으로 닦을 수가 있었던 것이다.

고대 일본의 국가 형성에 도래인들이 기여했던 역할에 대해서는 이를 가장 집약적으로 표현한 동북대학의 세끼(關晃) 교수와 관동학원대학의 다나까(田中史生) 교수의 견해를 소개하는 것으로 이 글을 맺고자 한다.

세끼 교수는 대륙과 반도에서 도래한 사람들의 기술과 지식이 고대 일본을 낳았다고 하였고, 그들의 존재가 중요성을 갖는 이유는, 첫째로 그들이 대륙이나 한반도에서 가져온 가지가지의 기술과 지식 및 문물이 당시의 일본사회의 진전과 문화의 발달에 결정적인 역할을 하였기 때문이요, 둘째는 그 수가 많아, 그들이 한 일은 일본인을 위해서가 아니고, 그들이 일본인이 되어, 일본인 스스로가 한 일이었기 때문이라고 말하고 있다.[79] 다시 말하면 일본인을 위해서 한 것이 아니요, 그들 스스로가 일본이라는 새 국가의 중요한 한 축이 되어 일본인으로서 행했다는 것이다.

다나까 교수는 도래한 문물이나 기술은 왜인사회의 생산의 문제와 직결됨으로 이것이 왜인들을 국제사회에 끌어들이는 흡인력이 되었고, 또한 그를 위요하고 왜국의 역사도 움직이게 되었다. 이러한 문물과 기술을 열도에 가져온 중심적인 역할을 한 사람들이야말로 도래인이었다. 그런데 지식이나 기술은 그것 자체로선 운반될 수 없고, 그들의 신체가 그것을 운반하는 '상자'의 기능을 하게 되는 것이라고 한다.[80] 도래인을 지식과 기술·기능을 모두 담고 있어 필요한 곳에서는 언제나 활용할 수 있는 도구 상자에 비유하면서, 거기에 머물지 않고 그것들을 능동적으로 활용하고 혁신할 수 있는 주체로 평가하여, '사람들 자체'의 도왜의 중요성을 높이 평가하고 있다. 도래인은 국가형성과 운영에 필요한 지식과 기술을 담고 운반해 온 '상자'

라는 말 속에 모든 문제가 함축되어 있는 것으로 필자는 생각한다.

앞에서 여러 차례 강조한 바와 같이 가와찌정권의 기초를 쌓은 도래인의 주류는 영산강을 결절점으로 하는 마한·백제계였을 개연성이 매우 높다. 그 개연성을 역사적 사실로 정립시키기 위해서는 지속적인 문헌사료의 발굴과 고고학적 자료의 발굴, 그리고 그 일을 수행할 수 있는 인재의 육성일 것이다.

이 글은 2013년 (사)왕인박사현창협회에 제출된 고 박광순 왕인문화연구소장의 조사보고문(「고대 일본의 국가형성과 마한·백제계 도래인」)을 재정리한 것임(편집자).

〈주석〉

1) 直木孝次郎, 2007, 『古代河內政權の硏究』, 塙書房, 132쪽.
2) 直木孝次郎, 위의 책, 131쪽.
3) 直木孝次郎, 위의 책, 131쪽.
4) 關晃, 2009, 『歸化人』, 講談社學術文庫, 3쪽(머리말).
5) 井上滿郎, 1999, 『古代の日本と渡來人』, 明石書店, 68~69쪽.
6) 直木孝次郎, 2007, 『古代河內政權の硏究』, 塙書房, 49쪽.
7) 上田正昭, 1974(초판 1965), 『歸化人』, 中公新書, 35쪽.
8) 上田正昭, 위의 책, 36쪽.
9) 李進熙, 1994, 『韓國と日本の交流史(古代·中世篇)』, 明石書店, 5쪽.
10) 平野邦雄, 1971, 「歸化人の役割」, 竹内理三編, 『古代の日本, 第一卷 要說』, 角川書店, 128쪽.
11) 天皇号의 성립을 둘러싸곤 일본 학계에서도 여러 의견이 있지만, 推古朝에서 天武朝 사이에 성립했다는 데는 의견의 일치를 보이고 있다. 그러나 오늘날에는 天武朝 成立說이 보다 유력하다. 1998년 奈良縣 明日香村의 飛鳥池유적에서 「天皇」이라 쓰여 있는 木簡이 발견되었는데, 그 연대는 天武朝로 추정되고 있기 때문이다(吉村武彦, 2012, 『ヤマト王權』, 岩波新書, 1~2쪽). 한편 『三國史記』 新羅本紀 제6, 文武王 10년(670) 12月条에는 「倭가 국호를 고치어 日本이라 하였다」고 적고 있다(신호열 역해, 『삼국사기』, 동서문화사, 150쪽).
12) 平野邦雄, 1971, 「歸化人の役割」, 竹内理三編, 『古代の日本』(第1卷 要設), 角川書店, 129쪽.
13) 大脇 潔, 1997, 「渡來系氏族の古墳·寺院硏究の現狀」, 『季刊 考古學』 第60号, 雄山閣, 16쪽.
14) 李進熙, 위의 책, 41쪽.
15) 井上滿郎, 1999, 『古代の日本と渡來人』, 明石書店, 60~61쪽.
16) 埴原和郎, 1996, 『日本人の成り立ち』, 人文書院, 270쪽.
17) 埴原和郎, 위의 책, 271쪽.
18) 小山修三, 1984, 『繩文時代-コンピュータ-考古學による復元』, 中公新書.
19) McEvedy, C. and Johnes, R., Atlas of World Population History, Penguin Books Ltd, 1978; 埴原和郎, 위의 책, 272쪽에서 재인용.
20) 埴原和郎, 위의 책, 274쪽.
21) 埴原和郎, 위의 책, 282쪽.

22) 關晃, 2009(초판, 1966), 『歸化人―古代の政・經・文化を語る』, 至文堂, 12쪽.

23) 關晃, 위의 책 제1편 및 제2편 참고.

24) 이런 연유로 당초에는 古市郡을 今來郡이라 불렀다고 한다(欽明朝 참조).

25) 『日本書紀』 雄略天皇條 및 平野邦雄, 위의 논문, 140쪽.

26) 水野正好, 2008, 「古代灣岸開發と仁德天皇」, 上田正昭외 『東アジアの巨大古墳』, 大化書房, 52쪽.

27) 박광순·정성일, 2012, 『증보 왕인과 천자문』, (사)왕인박사현창협회, 7쪽.

28) 井上光貞, 1943, 「王仁の後裔氏族と其の佛教-上代佛教と歸化人の關係に就ての一考察-」, 『日本古代思想史の研究』, 『史學雜誌』, 所收, 岩波書店, 146쪽 및 (註) 27 참조.

29) 直木孝次郎, 2007, 『日本古代の氏族と國家』, 吉川弘文館, 40~41쪽.

30) 前田晴人, 2009, 「阿直岐·阿知使主·王仁·弓月君-被來人から渡來氏族へ」, 『日出づる國の誕生』, 清文堂, 35~36쪽.

31) 井上光貞, 위의 논문, 421쪽.

32) 平野邦雄, 위의 책, 141쪽.

33) 田中史生, 위의 책, 70쪽.

34) 前田晴人, 위의 책, 45쪽.

35) 왜의 도래인에 대한 우월감(?)은 이른바 무왕(武王)이 宋에 서작을 요구하는 상표문에 자신을 한반도의 왕들보다 상위에 올려달라고 한 데서 그 싹이 트기 시작한 것으로 보인다(井上滿郞, 위의 책, 58쪽).

36) 關晃, 위의 책, 193~194쪽.

37) 井上光貞, 위의 논문, 421쪽.

38) 井上光貞, 위의 논문, 415쪽.

39) 網野善彦·森浩一, 2010, 『馬·船·常民』, 講談社學術文庫, 247쪽.

40) 16성씨는 春日臣, 大宅臣, 栗田臣, 小野臣, 柿本臣, 壹比韋臣, 大坂臣, 阿那臣, 多紀臣, 羽栗臣, 知多臣, 牟耶臣, 都怒山臣, 伊勢의 飯高君, 壹師君, 近淡海國造量를 지칭한다(『古書記』 孝昭天皇條).

41) 直木孝次郎, 위의 책, 41~42쪽.

42) 平野邦雄, 위의 책, 144쪽 및 關晃, 위의 책, 205쪽.

43) 關晃, 위의 책, 205~206쪽.

44) 白石太一郎, 『古墳とヤマト政権-古代國家はいかに形成されたか』, 文藝春秋, 14~15쪽.

45) 柳承國, 2011, 「백제박사 왕인 渡東에 관한 문헌적 고증과 그 의의」, 『대한민국

학술원 논문집 인문·사회과학편』 및 南碩煥, 1996,「日本國內의 王仁博士關聯遺跡」,『문화사학』 5호, 韓國文化史學會, 31~51쪽.

46) 田中史生, 2009,「王辰爾」,『古代の人物① 日出づる國の誕生』, 淸文堂, 155쪽.

47) 直木孝次郎, 2005,『日本古代の氏族と國家』, 吉川弘文館, 34~35쪽.

48) 田中史生, 2005,『倭國と渡來人』, 吉川弘文館, 208쪽.

49) 田中史生, 위의 책, 208쪽.

50) 關晃, 위의 책, 161~162쪽.

51) 關晃, 위의 책, 108쪽.

52) 山尾幸久, 1977,『日本國家の成立』, 岩波書店, 43~44쪽.

53) 關晃, 위의 책, 116쪽.

54) 平野邦雄, 위의 책, 134쪽.

55) 그 이전의 천황들의 所伝에 관해서는『記紀』편자의 萬世一系 사상이 만들어낸 傳承으로 보는 학자들이 많다. 초대천황인 神武天皇과 10대 崇神天皇의 所伝은 중복되는 점이 적지 않다.

56) 直木孝次郎, 위의 책, 3쪽.

57) 直木孝次郎, 위의 책, 59~61쪽.

58) 水野裕, 1954,『日本古代王朝史論序說』, 小宮山書店(直木孝大郎, 2007, 위의 책에서 재인용).

59) 直木孝次郎, 위의 책, 25~26쪽에서 재인용.

60) 林屋友次郎, 1946,「天皇制の歷史的根據」(上)(直木考次郎, 2007, 위의 책, 4~5쪽에서 재인용).

61) 直木孝次郎, 위의 책, 4~5쪽.

62) 『古書記』와『日本書紀』에는 응신천황의 탄생지로 3곳이 언급되어 있는데, 두 곳은 한자(字美/字瀰)는 틀리나 모두 '우미'라 발음 되는 곳이다. 또한『筑柴風土記』에도 '우미노(芋湄野)'라 적혀 있다. 다만 일본서기의 응신천황조에는 '가다(蚊田)'에서 탄생하였다고 한다. '우미'는 '낳는다'는 뜻과 '바다'라는 뜻을 아울러 가지고 있다. 또한 '가다'는 瀉(가다, 히가다)로 통하니, 그의 탄생지는 바다와 관련이 깊은 곳이거나, 아니면 바다를 건너 온 사람인지도 모르겠다. 金容雲교수는 '응신'은 웅진(熊津)에 통함을 들어 웅진에서 태어났을 가능성을 제기하고 있다(金容雲, 2011,『日本=百濟說』, 三五館, 117쪽).

63) 直木孝次郎, 위의 책, 62~63쪽.

64) 平野邦雄, 위의 책, 159~160쪽,

65) 白石太一郎, 위의 책, 77쪽.

66) 白石太一郎, 위의 책, 79쪽 및 150쪽.

67) 田中史生, 위의 책, 67쪽.

68) 白石太一郎, 위의 책, 77쪽.

69) 白石太一郎, 위의 책, 123쪽.

70) 박광순 외, 2011, 『日本 畿內地域 馬韓關聯 資料의 集成과 硏究』, (사)왕인박사현 창협회, 19쪽.

71) 森浩一씨는 오사카만으로 흘러가는 兩岸, 호숫가에 河內牧과 攝準牧이 집중되어 있었다고 한다(網野善彦·森浩一, 위의 책, 33쪽). 한편 直木씨에 의하면 古市의 藏의 근방에는 馬谷, 馬馬脇, 馬馬崎 등 말과 관련된 지명이 많이 남아 있으며, 古市郡에서 大和川의 연변을 따라 難波津까지 통하는 '攝河道'가 있어 말을 이용한 육운이 6~7세기에는 활발히 이루어졌고 그 일을 馬史(武生)씨가 맡았을 것이라 추정하고 있다(直木孝大郞, 2005, 『日本古代文化の民族と國家』, 吉川弘文館, 44쪽).

72) 水野正好, 2008, 「古代灣岸開發と仁德天皇陵」, 上田正昭 外編, 『東アジアの巨大古墳』, 大和書房, 53쪽.

73) 국립문화재연구소, 2001, 『한국고고학사전』, 286쪽.

74) 水野正好, 위의 논문, 53쪽.

75) 박광순 외, 2011, 『日本 畿內地域 馬韓關聯 資料의 集成과 硏究』, (사)왕인박사현 창협회, 19~20쪽.

76) 영암 시종 "만수리 2호분 출토품은 가장 이른 시기로 추정되는 陶邑 ON231 출토품과 동체의 형태, 문양구성, 크기에 있어서 가장 유사하며"라고 하는 서현주 교수의 지적은 이와 관련하여 시사하는 바가 크다고 생각한다(徐賢珠, 2006, 『榮山江流域 古墳 土器 硏究』, 學硏文化社, 87쪽).

77) 田中史生, 위의 책, 68쪽.

78) 田中史生, 위의 책, 68~69쪽.

79) 關晃, 위의 책.

80) 田中史生, 2009, 『越境の古代史-倭と日本をめぐるアヅアソネットワーク』, ちくま新書, 64쪽.

〈참고문헌〉

〈단행본〉

국립문화재연구소, 2001,『한국고고학사전』.

김부식, 신호열 역해, 2007(2판),『삼국사기』, 동서문화사.

『古事記』(上中下), 次田眞幸 全譯注, 2001, 講談社學術文庫.

『日本書記』(上下), 宇治谷孟, 全現代語譯, 1996, 講談社學術文庫.

박광순·정성일, 2012,『왕인과 천자문』, (사)왕인박사현창협회.

박광순·임영진·정성일 편저, 2013,『王仁博士硏究』, 주류성.

박광순 외, 2009,『동아시아의 고대포구와 상대포(上台浦), (사)왕인박사현
     창협회.

박광순 외, 2010,『고대 서남해안—일본 간의 항로와 왕인의 뱃길연구』,
     (사)왕인박사현창협회.

박광순 외 2011,『日本幾內地域 馬韓 관련 資料의 集成과 硏究』, (사)왕인박
     사현창협회.

徐賢珠, 2006,『榮山江 流域 古墳 土器 硏究』, 學硏文化社.

임영진 외, 2008,『고대영산강유역과 일본의 문물교류』, (사)왕인박사현창
     협회.

江上波夫, 1991(改版),『騎馬民族國家-日本古代史へのアプローチ』, 中公新書.

關晃, 2009,『歸化人-古代の政治·經濟·文化を語る』, 講談社學術文庫.

國分直一, 1991,『北の道, 南の道-日木文化と海上の道』, 第一書房.

近つ飛鳥博物館, 2006,『河內湖周邊に定着した渡來人』.

金容熙, 2011,『日本=百濟說-原型史觀 でみる日本事始め』, 三五館.

網野善彦, 2012,『日本とは何か』, 講談社學術文庫.

門脇禎二, 1977, 『飛鳥 その古代史と風上』(新版), NHKブックス.

白石太一郎, 2008, 『古墳とヤマト政権-古代國家はいかに形成さたか』, 文
　　藝春秋.

白石太一郎, 2009, 『考古學と古代史のあいた』, ちくま學藝文庫.

山口 敏, 1990, 『日本人の祖先』, 德間文庫.

山尾幸夫, 1977, 『日本國家の形成』, 岩波書店.

上田正昭 外, 2008, 『東アジアの巨大古墳』, 大和書房.

上田正昭, 1965, 『障化人-古代國家の成立をめぐって』, 中公新書.

上田正昭, 1991, 『古代學とその間辺』, 人文書院.

小山修三, 1984, 『縄文時代-コンピュ-タ-考古學による復元』, 中公新書.

水野 裕, 1992, 『日本古代史論序説』(新版), 早稲田大學出版部.

植原和郎, 1995, 『日本人の成り立ち』, 人文書院.

植原和郎編, 1993, 『日本人と日本文化の形成』, 朝倉書店.

李進熙, 1994, 『韓國と日本の交流史(古代·中世篇)』, 明石書店.

熊谷公男, 2012, 『大王から天皇へ』, 講談社學術文庫.

雄山閣出版株式會社, 1997, 『李刊考古學』第60号.

田中史生, 2005, 『倭國と渡来人-交錯する「内」と「外」』, 吉川弘文館.

田中史生, 2009, 「王辰爾」, 『古代の人物① 日出づる國の誕生』, 清文堂.

井上光貞, 1960, 『日本國家の起源』, 岩波新書.

佐々木高明, 1993, 『日本文化の基層を探る』, NHKブック.

池田次郎, 2001, 『日本人のきた道』, 朝日選書.

志賀町史編集委員合, 2004, 『造隨使 小野妹子』.

志賀町史編集委員合, 2006, 『志賀町史 第一巻』.

直木孝次郎, 2005, 『日本古代の氏族と國家』, 吉川弘文館.

直木孝次郎, 2007, 『古代河内政權の研究』, 塙書房.

〈논문〉

吉田第鮮, 1987, 「行基の出自」(第一), 『行基と律令國家』, 吉川弘文館.

南碩煥, 1996, 「日本國內의 王仁博士關聯遺跡」, 『文化史學』 5호, 韓國文化史學會.

林屋辰三郎, 1964, 「古事記とその時代」, 『古典文化の創造』, 東京大學出版會.

岸後男, 1965, 「ワニ氏に開する基礎的考祭」, 『日本古代政治史研究』, 埼書房.

田中史生, 2009, 『越境の古代史-後と日本をめぐるアジアンネットワー
　　ク』, ちくま新書.

井上光貞, 1943, 「王仁の後裔氏族と其の佛教」, 『史學雜誌』 54-9.

津田左右吉, 1947, 『蕃別の家の系譜について』, 『日本上代史の研究』, 岩波書店.

川副武胤, 1952, 「古事記の考察」, 『史學雜誌』 61-1, 平凡社.

平野邦雄, 1961, 「秦氏の研究(一, 二)」, 『史學雜誌』 70-3・4

平野邦雄, 1965, 「畿内の歸化人」, 『古代の日本』(坪井清足 外編, 第5卷 近畿),
　　角川書店.

平野邦雄, 1971, 「歸化人の役割」, 『古代の日本』(竹内理三編, 第1卷 要說), 角川
　　書店.

〈그림 출전〉

〈그림 1〉田中史生 2009
〈그림 2〉近つ飛鳥博物館 2006

제II장
고대 호남-규슈지역
교류 고고학

고대 호남지역과 규슈지역의 대형옹관

전용호_문화재청

1. 머리말

대형전용옹관(이하 대형옹관)은 호남지역에서 마한 문화를 대표하는 중심 매장시설로 채택되어 왔다. 일본에서도 호남지역과 비교되는 대형옹관이 중심 매장시설로 사용되는 대표적인 곳이 바로 규슈(九州)지역이다. 고대부터 양 지역은 오래 전부터 활발하게 문화교류를 해왔던 것으로 알려져 왔다.

한국의 호남지역과 일본의 규슈지역에서 완전하게 동일한 형태의 대형옹관이 발견되지 않았고, 시기적으로 서로 공존한 양상도 명확하지 않다. 그렇지만 이 두 지역은 일상용 토기를 매장의례의 관으로 사용하는 것이 아니라 오로지 관으로 사용하기 위하여 대형의 전용옹관을 제작하여 중심

매장시설로 활용하고 있다는 공통점을 지니고 있다.

이에 양 지역의 '대형옹관'을 비교 검토함으로써 호남지역 대형옹관의 특성을 파악하며, 마한 사회에서 차지하는 의미를 찾아보고자 한다. 더 나아가 '대형옹관'이란 매장 문화를 통해서 양 지역의 고대 문화교류의 양상도 미력하게나마 논의하고자 한다.

2. 기존 연구 검토

1) 고대의 옹관[1]

옹(甕)은 옛날부터 생활용으로 사용하다가 어린 아이가 죽으면 관(棺)으로 다시 사용되어 왔다. 그런데 영산강유역에서는 성인의 관으로 사용하기 위해서 옹관을 별도로 제작하였다. 특히 옹관의 크기가 2m 이상, 무게 도 300㎏ 이상으로 대형화하였다.

옹관(甕棺)은 흔히 사람의 시신(屍身)을 안전하게 잘 두거나 뼈를 담아두는 토기(土器)를 말한다. 넓게는 형태와 상관없이 시신이나 뼈를 담아 두기 위하여 흙으로 빚어 구운 그릇을 의미하기도 한다.

옹관묘(甕棺墓)는 일상용의 질그릇이나 널로만 쓰기 위하여 특별하게 만든 큰 항아리(甕)에 시신을 안전하게 잘 두거나 뼈를 담아 두는 무덤(墓)을 말한다.

대형옹관(大形甕棺)은 대형의 전문화된 옹관으로 높고 큰 규모의 분구를 쌓아 만든 고분의 매장시설로 사용하였다. 이처럼 대형옹관을 사용한 매장 풍습은 영산강유역의 고대사회를 특징짓는 핵심적인 요소이다.

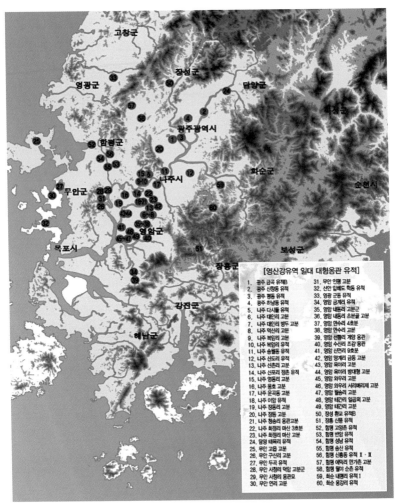

[영산강유역 일대 대형옹관 유적]

1. 광주 금곡 유적B	31. 무안 인평 고분
2. 광주 신창동 유적	32. 신안 압해도 학동 유적
3. 광주 평동 유적	33. 영광 군동 유적
4. 광주 하남동 유적	34. 영암 금계리 유적
5. 나주 다시들 유적	35. 영암 내동리 고분군
6. 나주 대안리 고분	36. 영암 내동리 초분골 고분
7. 나주 대안리 방두 고분	37. 영암 만수리 4호분
8. 나주 덕산리 고분	38. 영암 만수리 고분
9. 나주 복암리 고분	39. 영암 선황리 계양 옹관
10. 나주 복암리 유적	40. 영암 수산리 조감 옹관
11. 나주 송월동 유적	41. 영암 신연리 9호분
12. 나주 신도리 유적	42. 영암 양계리 금동 고분
13. 나주 신촌리 고분	43. 영암 옥야리 고분
14. 나주 신풍리 정촌 유적	44. 영암 옥야리 방대형 고분
15. 나주 영동리 고분	45. 영암 와우리 고분
16. 나주 용호 고분	46. 영암 와우리 서리매리재 고분
17. 나주 운곡동 유적	47. 영암 월송리 고분
18. 나주 이암 유적	48. 영암 태간리 일곱메 고분
19. 나주 정촌리 유적	49. 영암 태간리 고분
20. 나주 정동 고분	50. 장성 통로 유적
21. 나주 청송리 옹관고분	51. 장흥 신동 유적
22. 나주 화정리 마산 3호분	52. 함평 고양촌 유적
23. 나주 화정리 마산 고분	53. 함평 반암 유적
24. 담양 태목리 유적	54. 함평 성남 유적
25. 무안 고읍 고분	55. 함평 송산 유적
26. 무안 구산리 고분	56. 함평 신흥동 유적 I · II
27. 무안 두곡 유적	57. 함평 예덕리 만가촌 고분
28. 무안 사창리 덕암 고분군	58. 함평 월야 순촌 유적
29. 무안 사창리 옹관묘	59. 화순 내평리 유적1
30. 무안 연리 고분	60. 화순 용강리 유적

〈그림 1〉 호남지역의 대형옹관 주요유적

2) 호남지역의 대형옹관[2)]

호남지역에서는 경기·충청지역의 마한 문화권과 달리 높은 분구를 만
든 후에 그 위에 대형옹관을 설치하는 독특한 매장 양상이 보인다. 대형옹

관은 크기나 무게로 보아 상당히 고도화된 토기 제작 기술에 의하여 만들어진 것으로 생각된다.

호남지역에서 대형옹관을 사용한 이유에 대해서는 다양한 견해들이 제기되어 왔다. 먼저 가족장적인 다장(多葬) 풍습에서 시신이 훼손되지 않은 방법으로 대형 항아리를 쓰게 되었다는 견해가 있다. 다음으로 목관은 포장된 흙이 얇아 발생하는 자연훼손 이외에 동물에 의한 피해가 있어 주검을 영속적으로 보존하기 위하여 독널을 만들고, U자형 합구식 옹관은 알과 같고 삼각거치문·음각원문, 주칠로 보아 재생과 부활을 기원하는 의미로 보는 축조집단의 사생관과 연결시키는 견해도 있다. 마지막으로 옹관 속에 구부려 안치된 피장자를 마치 알 속에 자리 잡은 태아의 모습으로 난생을 연상시켜 옹관은 피장자가 현세로의 재탄생을 기원하는 재생관념(再生觀念)이 투영된 것으로 보는 견해가 있다.

호남지역에서 대형옹관은 일제강점기부터 알려졌으나, 제대로 된 조사와 연구는 1980년대 국립광주박물관에 의하여 이루어졌다. 이에 참여하였던 대표적인 옹관 연구자인 성낙준은 영산강유역에서 옹관의 분포와 구조적인 특징을 밝혔으며, 이를 마한 잔존 집단의 지배층 무덤으로 파악하였다.

대형옹관에 대한 형식분류와 편년은 서성훈·성낙준에 의하여 처음으로 시도된 이후에, 이정호, 서현주, 김낙중, 오동선 등에 의하여 이루어져 왔다. 서성훈·성낙준은 영산강유역의 옹관을 6단계의 발전 과정으로 설명하였다. 이는 선황리식(3세기 전반), 신산식(3세기 중반), 송산식(3세기 후반), 내동리식(3세기 말~4세기 전반), 반남식(4세기 중엽~5세기 초), 수산리식(5세기 전반)으로 구분된다. 이정호는 옹관의 속성 중에서 4개의 핵심 속성(전체적인 기형, 거치문의 위치, 구순부의 형태, 저부의 형태)을 추출하여 옹관의 형식을 분류하고, 이를 매장 형태와 분구 형태와 비교하여 그 변화

<표 1> 호남지역의 대형옹관 형식분류[3]

서성훈·성낙준(1986)	이정호(1996)	서현주(2006)	김낙중(2007)	오동선(2008)		본고
선황리식 (3세기 전반)		A형식 (3세기 중·후반)	1형식 (3세기 중반 ~후반)	I식 [발생기옹관] (3세기 전·중반 ~3세기 중·후반)	IA 형식	I 형식
					IB 형식	
					IB' 형식	
					IC 형식	
신산식 (3세기 중반)	I유형 (3세기 후반 ~4세기 전반)	B형식 (4세기 전·중반)	2형식 (3세기 후반 ~4세기 전반)	II식 [발전기옹관] (3세기 후반 ~5세기 전반)	IIA 형식	II형식
송산식 (3세기 후반)					IIA' 형식	
					IIB 형식	
내동리식 (3세기 말 ~4세기 전반)	II유형 (4세기 전반 ~5세기 전반)	C1·2형식 (4세기 후반 ~5세기 중반)	3A형식 (4세기 전반 ~4세기 후반)	III식	[성행기옹관] (5세기 중반 ~6세기 초반)	IIIA1 형식 IIIA1' 형식 IIIA2 형식	III형식
반남식 (4세기 중반 ~5세기 초)	III유형 (상한: 5세기 전반 하한: 5세기 후반 ~6세기 전반)	C1·2·3 (5세기 후반 ~6세기 전반)	3B형식 (4세기 후반 ~6세기 중반)			IIIB 형식	
수산리식 (5세기 전반)		C3형식 (6세기 중반 ~6세기 후반)			[쇠퇴기옹관] (6세기 전반 ~중반)	IIIC 형식 IIID 형식	

상을 파악하였다. 김낙중은 나주 복암리 3호분 발굴조사를 통해서 밝혀진 층서 관계를 기초로 하여 기존 옹관 형식분류를 재검토하였으며, 옹관의 명목 속성(전체적인 형태, 구경부와 동체부의 연결관계, 구순부의 형태, 어깨돌기의 유무 거치문의 위치 등)과 계측 속성(옹관의 크기, 대소옹의 길이 및 구경 차이 등)을 기준으로 옹관을 3가지 형식(Ⅰ형, Ⅱ형, Ⅲ형)으로 분류하여 옹관묘의 변천양상을 설명하였다. 서현주는 옹관의 형태적 특징과 공반 유물을 비교분석하여 옹관의 형식분류와 변천과정을 파악하였다. 오동선은 옹관이 매장용 기물로서 시간의 흐름에 따라 용도에 맞게 변화되어 간다는 점에 착안하여 옹관을 형식분류하였으며, 이를 옹관의 합구관계와 출토유물, 유구중복관계 등을 통해 검증하였다.

대체로 호남지역의 대형옹관은 크게 선행기 옹관과 U자형 옹관으로 구분하는데, 다시 선행기 옹관은 2개의 형식으로 세분된다. 이런 점으로 보아 대형옹관은 총 3가지의 형식으로 구분한다. 대형옹관의 사용 시기는 기원후 3세기 중·후반에서 6세기 중반까지 보고 있다.

국립나주문화재연구소는 2008년부터 현재까지 대형옹관 제작에 대한 고대 기술을 복원하는 프로젝트를 추진해 오고 있다. 한국 이외에 중국이나 일본, 베트남 옹관에 대한 기초자료조사와 분석도 이루어졌다. 그리고 옹관 가마 발굴조사, 태토·성분분석 등 다각적인 자연과학적 분석을 통하여 옹관의 특성을 분석하여 옹관성형과 가마제작, 소성을 통한 제작실험을 통하여 고대의 옹관을 재현하고 있다. 다시 여기에서 밝혀진 성과들을 환류시켜 고대의 대형옹관 제작기술을 한층 구체화시키고 있다. 그리고 옹기장과의 협업을 통해 고대 제작 기술에 깃들여져 있는 의미를 찾으려고 하였다. 여기에서 한걸음 더 나아가 옹관 제작에 대한 기술 전수를 통해 옹관을 고고학자가 직접 만드는 체계를 구축하기에 이르렀다. 아울러 지역 주민과 함께 하는 다양한 옹관 체험 프로그램도 운영하고 있다.

또한, 옹관 연구자마다 다른 형식분류와 용어 사용에 따른 혼란을 피하기 위하여 옹관의 속성을 코드화하여 정리하였으며, 이를 기초로 하여 옹관에 대한 통일된 명칭 및 분류안도 제시되기도 하였다.

최근에는 호남지역 대형옹관의 발생을 기술적, 경제적, 문화적 3가지 요인으로 설명하려는 견해가 새롭게 제기되었다. 이미 한반도 중서부 지역에서는 2세기 후반경부터 파주 주월리 유적, 서울 풍납토성 등에서 곡물 저장용 대옹이 등장하였다. 중서부 지역의 대옹은 3세기대 영산강유역의 대형옹관에 비해 기술적으로 크게 뒤지지 않았다. 즉 기원후 2세기대부터 한반도 내에서 영산강유역의 대형옹관과 같은 대형토기를 생산할 수 있는 기술력이 존재하고 있었다. 다음으로 경제적인 요인으로는 대형옹관 생산 비용이 백제, 신라, 가야의 목관묘와 목관묘, 석곽묘, 석실묘 등에 비해 훨씬 적었다는 점을 들 수 있다. 마지막으로 문화적인 요인으로는 가족장이 성행한 점을 고려해 볼 수 있다. 특히 가족장은 분구의 수평적, 혹은 수직적 확장을 통해 더욱 더 대규모화하는 경향을 보인다.

한편, 호남지역역에서 대형옹관의 유통망에 대한 논의도 조금씩 이루어지고 있다. 나주 오량동 요지에 대한 조사와 연구가 진행됨에 따라 여기에서 생산된 대형옹관이 어디까지 유통되었는지에 대한 관심이 높아지고 있다. 즉 대형옹관의 유통 범위는 옹관을 제작한 지역 정치체의 세력 범위와 관련된다. 영산강유역에서 출토된 대형옹관에 대한 재료과학적 특성 분석 결과에 따르면, 대형옹관은 크게 5개의 그룹으로 구분되었다. 여기에 당시 대형옹관의 운송 공력과 도로상황 등을 종합적으로 고려하여, 호남지역에서는 나주 오량동 이외 복수의 유통망 시스템이 존재할 가능성이 제기되었다. 이와 달리 나주 오량동 요지와 호남지역의 고분에서 출토된 대형옹관의 저부 음각원문 표식을 비교 검토하여, 나주 오량동 요지에서 생산된 옹관의 유통범위를 영산강 중하류의 본류와 지류, 더 나아가 서해안 일부 지역(무안)까지도 넓었을 가능성이 높다는 견해도 제기되었다. 이처럼 호남지역 대형옹관의 유통망에 대해서는 상당히 다양한 견해들이 제기되고 있다. 향후 다각적인 논의를 통하여 호남지역의 대형옹관에 대한 유통망을 좀 더 구체적으로 파악할 수 있기를 기대해 본다.

3) 규슈지역의 대형옹관[4]

일본에서 북부 규슈를 중심으로 분포하는 옹관묘는 2000년대 말까지 약 3만 기에 달하는 것으로 알려졌다. 대체로 일본 규슈지역의 옹관묘는 가라쓰(唐津)에서 후쿠오카(福岡) 평야를 거쳐 사가(佐賀), 구마모토(熊本) 평야 북부를 중심으로 하여 넓게 퍼져 있다.

일본의 북부 규슈에서 야요이(彌生)시대에 성행한 대형옹관은 80~120㎝ 정도이며, 한국의 영산강유역과 마찬가지로 관을 목적으로 전문적으로 제작한 대형의 옹관이다. 일부는 140㎝를 넘는 것도 있다. 크기에 비하여 기벽 두께가 3~5㎜ 전후로 얇아 상당히 고도의 토기제작기술을 지닌 전문 도공에 의하여 만들어진 것으로 보인다.

반면에 분포 지역은 지역적으로 한정되어 있으며, 시기적으로도 야요이시대 중기에 집중되는 양상을 하고 있다. 기원전 2세기대 이미 100㎝ 전후한 대형의 전용옹관이 등장하였다. 기원전후나 늦어도 기원후 2세기대에는 더 이상 대형옹관은 만들어지지 않는다.

야요이시대 대형옹관을 제작할 때, 회전대의 사용이나 타날 성형기법이 확인된다. 후쿠오까현 이토시마(糸島)시 니조(二丈) 오쓰보(大坪) 유적 10호 옹관 본체관은 높이 80.5㎝의 KIa식의 대형옹관인데, 이 저부에 소형의 타날흔이 관찰된다.

이외에 야요이시대 대형옹관에서 지역적 차이를 보이는 속성으로는 태토에 포함된 사립, 색조와 함께 형태적 차이를 들 수 있다. 형태적 차이에서는 전체적인 형태나 구연의 형태, 기벽의 두께, 저경의 크기와 저부의 두께, 기면조정 등이 있다. 야요이 사회에서 옹관묘는 배치나 매장 방식의 측면에서 사회적 지위나 계층도 보여준다. 분구를 갖는 수장층의 묘역은 열을 짓거나 불규칙하게 밀집되어 있는 일반인들의 공동묘지와는 확연하게 구분된다. 일본 규슈지역에서 옹관이 더 이상 만들어지지 않은 이유에 대해서는 아직까지 확실하지 않다. 다만 한정된 묘역 내에서 옹관끼리 중복되는 상황을 피하기 위하여 토광묘 등 다른 매장법이 점차적으로 유행한 데서 그 이유를 찾으려는 견해가 제기된 바가 있다.

일본 규슈지역의 야요이시대 대형옹관과 관련해서 가장 뜨거운 논쟁은 AMS법에 의한 야요이시대 연대론을 들 수 있다. 일본 국립역사민속박물관의 하루나리(春成), 이마무라(今村), 후지오(藤尾) 등은 2003년 5월에 야요이시대의 시작 연대를 기원전 1,000년으로 올렸으며, 전기와 중기의 경계를 기원전 400년으로 설정할 수 있다는 견해를 피력하였다. 이에 대해서는 일본 연구자들 사이에서 많은 논란이 있다. 가장 문제가 되는 시기는 중국계 유물이 출토되지 않은 야요이시대 중기 전반 이전이다. 야요이 중기 전반 이전을 대폭적으로 끌어 올리는 것은 야요이시대 옹관의 형식분류와 변천에 기반을 둔 당시 문화상으로 설명함에 있어 많은 문제를 제기하고 있다.

일본 규슈지역의 대형옹관의 제작기술에 대해서는 사하라 마코토(佐原眞), 다카시마 추헤이(高島忠平), 하시구치 타츠야(橋口達也) 등에 의하여 논의되어 왔다. 일본 야요이시대에 옹관이 성행한 이유에 대해서는 옹관이 목관이나 석관에 비하여 제작하기 쉽고 비용도 절약된다는 견해가 제기되었

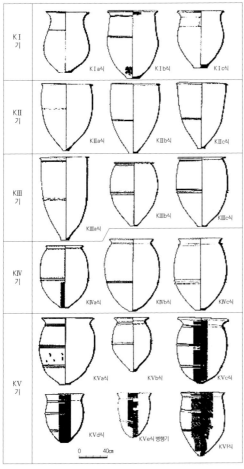

다. 또한 옹관묘가 한 분구를 공유하면서 밀집하여 분포되어 있는 양상은 연령이나 계층의 차이를 넘어서 묘제의 공유를 통해 부족 내 이념을 통합하며 부족 간 교류를 심화시키는데 쉽다는 점도 들고 있다.

이와 달리 옹관묘가 격감하는 이유로는 부족 내 혹은 부족 간 이념 공유 의식이 희박해지면서 새로운 장송이념이 필요했던 데에서 찾으려는 시도도 있다. 달리 말하면, 소평야를 단위로 하여 분포

〈그림 2〉 규슈지역의 옹관 편년도

하는 부족 중에서 광범위한 영역을 통치하는 맹주가 등장하면서 옹관은 더 이상 매력적인 매장방식으로 받아들이지 않았다.

최근에는 일본 규슈지역의 야요이시대 대형옹관에 대해서 형식분류나 편년 이외에 다양한 과제에 대한 연구가 이루어지고 있다. 대형옹관의 제작 기술과 관련한 도공 집단을 밝히려는 논의가 주목된다. 먼저 일본 북부 규

슈의 야요이 중기 후반의 옹관에 형태적, 기술적으로 9가지의 지역차가 존재하였고, 이를 도공 집단과 관련시켜 살펴보았다. 그리고 대형옹관의 형태적, 기술적 차이를 야요이시대의 친족조직과 연관시켜 살펴본 연구도 있다. 특정 지역의 집단이 외부의 옹관을 받아들이면서 중국동경이나 남해산 조개팔찌가 들어오게 된 것일 가능성을 제기하기도 하였다. 또한 일본 규슈지역의 야요이시대 대형옹관의 묘지 구성이나 제사 형태를 통하여 당시 장송의례와 풍습의 배경, 더 나아가 당시 야요이 사회를 복원하거나, 사자(死者)에 대한 야요이인들의 사생관(死生觀)까지도 살펴보는 시도도 있었다.

3. 양 지역의 대형옹관 비교

1) 양 지역의 주요 대형옹관

(1) 호남지역

호남지역의 대형옹관은 크게 형태에 따라 3가지 형식으로 구분된다.[5] I형식은 소위 '선황리식 옹관'으로 불리는 형태이다. 좁고 둥근 저부에서 위로 올라가면서 크게 벌어진다. 견부에는 유두형 돌기가 부착되기도 하며, 저부에는 원형 돌기가 달려져 있다. II형식은 둥근 저부에서 완만하게 벌어져 올라가는 형태를 하고 있다. 견부에 약하게 강조도가 형성되어 있다. 구연의 길이는 짧아지고, 그 외반도도 줄어든다. 구연부와 동체부의 두께는 거의 동일하다. 견부에 유두형 돌기는 없어지며, 저부에도 원형 돌기는 대부분 없어진다. III형식은 U자형 혹은 캡슐형을 하고 있다. 저부는 원저를 이루며 구연으로 거의 수직에 가깝게 올라간다. 경부의 구분이 거의 없을 정도로 전체적인 형태가 거의 통형에 가깝다. 특히 구연부의 두께가 동체부에 비하여 아주 심하게 두꺼워지며, 저부에 음각원문이 시문된다. 거치문은 Ⅰ~Ⅱ형식과 마찬가지로 경부에 시문된다. Ⅲ형식과 비교하여 Ⅰ형식과 Ⅱ형식을 합쳐 '선행기 옹관'이라고 부르기도 한다.

호남지역의 대형옹관은 시간에 따라 변화되어 왔다. 이런 변화에 대해서는 연구자마다 조금씩 다르게 용어를 사용하여 설명한다. 그렇지만 호남지역의 대형옹관의 변화에 대해서 큰 흐름은 분명히 존재한다. 일상 생활에서 사용하였던 토기가 아니라 무덤의 관으로 사용하기 위한 목적으로 크게 만든 대형옹관은 호남지역에서는 대체로 기원후 3세기경에 만들어졌다. 시간이 지남에 따라 대형옹관의 형태도 조금씩 변화되어 왔다. 이에 대해서는 크게 발생기(기원후 3세기경), 발전기(기원후 4세기경), 성행기(기원후 5세기경), 쇠퇴기(기원후 6세기 전반)로 구분할 수 있다.[6] 지금까지 호남지역의 대형옹관 중에서 시기나 지역에 따라 중요한 유적을 중심으로 하여 간략하게 살펴보고자 한다.[7]

① 발생기의 대형옹관
기원후 3세기에 들어서 일상용이 아니라 무덤에 사용하기 위한 전문적인 옹관(전용옹관: 專用甕棺)이 호남지역에서 등장한다. 초기의 대형옹관은 아가리가 나팔처럼 벌어지고 목은 좁으며 동체부는 다시 넓게 벌어지는 등 부위에 따라 굴곡이 상당히 심한 편이다.

가. 영암 금계리 유적
영암 금계리 유적은 3세기대로 전라남도 영암군 학산면 금계리 1258-5번지에 위치한다. 유적은 상음적산(上陰跡山: 해발 392.2m)에서 뻗어 내린 남동쪽 끝자락으로 해발 15~20m 정도의 낮은 구릉 사면에서 동-서 방향으로 길게 자리하고 분포하고 있다.

유구로는 옹관묘 10기를 비롯하여 주구토광묘 26기, 토광묘 5기 등이 있다. 옹관묘 10기는 단독으로 존재하는 1호 옹관묘를 제외하고 모두 주구토광묘의 주구나 대상부 가장자리에 위치한다. 결합방식은 단옹식인 1호를 제외하곤 모두 합구식이다. 옹관으로는 선황리식 옹관(Ⅰ형식)과 일상용 토기가 사용되었다. 내부에서 호형토기, 발형토기, 옥 등이 출토되었다.

7-2호 옹관묘는 7호 주구토광묘 동쪽 장변의 중앙에서 확인되었다. 3옹식으로 선황리식 전용옹관인 주·부옹의 구연을 맞대어 잇는 구조를 하고 있었으며, 부옹 저부는 일상용 토기(원저호)로 막혀 있었다. 주옹은 황갈

② 7-2호 옹관묘의 주옹과 부옹

① 영암 금계리 유적 전경

③ 8-2호 옹관묘의 주옹과 부옹

〈그림 3〉 영암 금계리 유적의 대형옹관

색 연질이며, 외면은 격자문으로 타날되어 있다. 바닥에 원형돌기가 있다. 부옹의 동체부에는 유두형 돌기가 달려 있다.

나. 나주 용호 고분군

나주 용호 고분군은 3세기 후반~4세기 전반으로 전라남도 나주시 공산면 금곡리 산 24-1 일대에 위치한다. 유적은 구릉성 산지의 능선과 사면부를 따라 분포하고 있다.

유구로는 옹관묘 24기를 비롯하여 목관묘 11기 등이 있다. 결합방식은 대부분 합구식이다. 이외에 3옹식으로는 18호분, 단옹식으로는 1-2호 옹관, 직치옹으로는 1-3호 옹관과 14-2호 옹관이 있다. 옹관으로는 선황리식

① 나주 용호 고분군 조사 전경

② 18호분 옹관묘 전경

③ 18호분 옹관묘 주옹

④ 18호분 중간옹과 부옹

⑤ 18호분 옹관묘 출토 평저호

〈그림 4〉 나주 용호 고분군의 대형옹관

옹관(Ⅰ형식)과 일상용 토기가 사용되었다. 내부에서 호형토기, 완, 조형토기, 철모, 옥 등이 출토되었다.

18호분 옹관묘는 대상부 동쪽 중앙에서 확인되었다. 3옹식으로 선황리식 전용옹관인 주·부옹의 구연을 맞대어 잇는 구조를 하고 있었다. 주옹은 황갈색 연질이며, 외면은 격자문으로 타날되어 있다. 거치문 아래로 원형 돌기가 부착되어 있다. 부옹은 황갈색 연질로 사격자문이 타날되어 있다. 결합한 전체 길이는 242㎝에 달한다.

다. 함평 월야 순촌 유적

함평 월야 순촌 유적은 3세기로 전라남도 함평군 월야면 월야리 답 278

② A-32호 옹관묘

③ A-39-1호 옹관묘

④ A-32호 옹관묘
주옹과 부옹

⑤ A-32호 옹관묘
출토 유물

① 함평 월야 순촌유적 조사 전경

⑥ A-39-1호 옹관묘 주옹과 부옹

〈그림 5〉 함평 월야 순촌 유적의 대형옹관

·216번지 일대에 위치한다. 유적은 해발 50m 내외인 비교적 낮은 구릉의 능선과 사면에 위치한다.

유구로는 옹관묘 14기를 비롯하여 주구토광묘 44기, 토광묘 5기, 석개 토광묘 등이 있다. 옹관묘의 결합방식은 대부분 합구식이다. 옹관으로는 선행기 옹관을 비롯하여 U자형 옹관과 일상용 토기가 함께 사용되었다. 옹관 내부에서는 이중구연호, 발형토기, 광구호, 철부, 철모, 옥 등이 출토되었다.

A-32호 옹관은 호남지역에서 확인되지 않은 독특한 형태를 하고 있다. 특히 주옹과 부옹의 결합을 쉽게 하기 위해서 부옹의 동체 윗부분을 개배의 드림부처럼 만들었고 동체부 상단 바닥에 하트 모양의 구멍을 뚫어 놓았다.

라. 함평 예덕리 만가촌 고분군

함평 예덕리 만가촌 고분군은 3세기 중반~4세기 후반으로 전라남도 함평군 월야면 예덕리 산 170-13 일대에 위치한다. 유적은 월암산에서 남동쪽으로 내려오는 구릉 능선상에 위치한다.

유구로는 옹관묘 13기를 비롯하여 목관묘 28기, 주거지 7기, 토기가마 2기 등이 있다. 결합방식은 대부분 합구식이다. 옹관으로는 선행기 옹관과 일상용 토기가 함께 사용되었다. 내부에서 원저단경호, 평저직구호, 철도자, 옥 등이 출토되었다.

12-7호 옹관묘는 선행기 전용옹관의 구연을 맞대어서 만들었다. 주옹과 부옹 모두 저부에서 완만한 'V'자형을 그리다가 동체 최대경 부근에 원형돌기가 있다. 합구한 전체 길이는 195㎝이다. 내부에서 심발과 원저호가 출토되었다.

② 12-4호 옹관묘의 주옹과 부옹

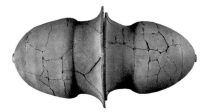

① 함평 예덕리 만가촌 고분군 조사 전경 　③ 12-7호 옹관묘의 주옹과 부옹

〈그림 6〉 함평 예덕리 만가촌 고분군의 대형옹관

② 발전기의 대형옹관

기원후 4세기대에는 원형이나 방형 분구에 옹관묘가 목관묘와 함께 중심적인 매장시설로 사용된다. 옹관의 형태도 밖으로 벌어진 아가리의 바닥에는 돌기가 달려 있다.

가. 무안 고읍 고분

무안 고읍 고분은 4세기 전반~4세기 중반으로 전라남도 무안군 해제면 신정리 고읍마을 산 56-1번지 일대에 위치한다. 유적은 봉대산에서 동쪽으로 뻗어내린 산자락 남사면에 자리하고 있다.

유구로는 옹관묘 1기가 확인되었다. 결합방식은 합구식이다. 옹관의 형태는 다음과 같다. 저부는 둥글고 동체부는 완만한 V자형을 그리며 올라가

① 무안 고읍 고분 조사 전경

③ 무안 고읍 고분 옹관묘의 주옹과 부옹

② 무안 고읍 고분 옹관묘 노출 상태

④ 옹관 바닥 세부(좌: 부옹, 우: 주옹)

〈그림 7〉 무안 고읍 고분의 대형옹관

다 거치문을 지나면서 구연부까지 급한 경사를 보이며 외반되어 있다. 특히 동체부에 원형 돌기가 사라지고 저부 중앙에 음각 원문이 새겨져 있다. 내부에서 철도자와 두개골이 출토되었다.

나. 영암 옥야리 고분

영암 옥야리 고분군은 3세기 후반~4세기 후반으로 전라남도 영암군 시종면 옥야리 597-1번지 일대에 위치한다. 유적은 옥야리 상촌 마을 북편 해발 23m 내외의 구릉에 자리하고 있다.

28기의 고분이 분포되어 있는데, 이 중에서 6호분과 14호분이 조사되었다. 6호분에서는 4기, 14호분에서 2기, 추정 토성의 트렌치에서 1기, 총 7기의 옹관이 확인되었다. 옹관으로는 선행기 전용옹관(II형식)과 U자형

② 14-1호 옹관묘의 주옹과 부옹

① 영암 옥야리 고분군 조사 전경

③ 출토 유물

〈그림 8〉 영암 옥야리 고분군의 대형옹관

전용옹관이 사용되었다. 6호분의 평면 형태는 장타원형이며, 규모는 길이 30m, 너비 23.5m, 높이 2.5m이다. 출토유물로는 광구호, 철도자, 옥 등이 있다.

14-1호 옹관묘는 14호분 분구의 중앙에서 확인되었다. 결합방식은 모두 선행기 전용옹관(II형식)을 사용한 합구식이다. 주·부옹의 바닥에는 직경 9㎝의 원형 돌기가 달려져 있다. 주옹 길이는 138㎝, 부옹 길이는 114㎝, 합구길이는 246㎝이다. 내부에서는 토기편, 철도자, 옥류가 출토되었다.

　　다. 영암 와우리 고분

　　영암 와우리 고분은 3세기 후반~4세기 전반으로 전라남도 영암군 시종면 와우리 산 37·89번지 일대에 위치한다. 유적은 우정마을 남쪽과 남동쪽

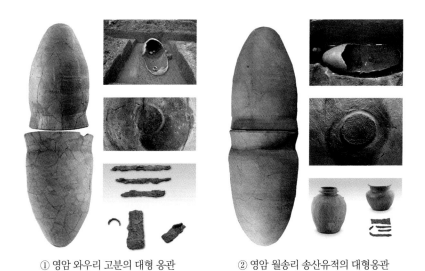

① 영암 와우리 고분의 대형 옹관
(6호 옹관묘, 출토유물 등)

② 영암 월송리 송산유적의 대형옹관
(옹관묘, 출토유물 등)

〈그림 9〉 영암 와우리 고분과 월송리 송산 유적의 대형옹관

에 있는 구릉상에 자리하고 있다.

영암 와우리 고분은 2개의 고분군으로 이루어져 있는데, 가군에 6기, 나군에 5기의 옹관묘가 분포하고 있다. 사용된 옹관은 선행기 옹관(2형식)이며, 결합방식은 합구식이다. 가군의 1·6호분의 2기의 옹관에서는 모두 저부에 원형 돌기가 달려 있으며, 나군의 1호분 옹관의 저부에는 음각 원문이 새겨져 있다. 가군 1호분의 옹관의 주옹 길이는 138㎝, 부옹 길이는 130㎝, 합구 길이는 253㎝이다. 출토유물로는 호, 광구호, 철도자, 철겸, 철부 등이 있다.

라. 영암 월송리 송산 유적

영암 월송리 송산 유적은 3세기 후반~4세기 전반으로 전라남도 영암군 시종면 송산마을에 위치한다. 유적은 송산마을 서쪽 구릉의 정상부에 가까운 동북사면에 자리하고 있다.

주민들의 제보에 의하여 옹관묘 1기가 확인되었다. 분구 평면 형태는 원형이며, 규모는 지름이 12m, 높이가 1.5~2m이다. 옹관은 선행기 옹관(2형식)이며, 결합방식은 합구식이다. 옹관의 저부 중앙에는 원형 돌기가 달려 있다. 옹관의 주옹 길이는 127㎝, 부옹 길이는 113.5㎝, 합구 길이는 230㎝이다. 출토유물로는 이중구연호, 완, 직구단경호, 장경호, 철대도 등이 있다.

③ 성행기의 대형옹관

기원후 5세기대에는 옹관고분이 전성기를 맞는 시기로 영산강유역을 중심으로 하여 고유한 지역색을 띤 2m에 달하는 U자형 전용옹관이 중심적인 매장주체시설로 사용된다. 나주 반남 지역에서는 수평 혹은 수직으로 확장에 의한 거대한 분구가 만들어진다. 특히 신촌리 9호분에서는 전형적인 U자형 옹관을 사용한 매장시설의 내부에서 금동관, 금동신발, 장식대도 등 위세품이 출토되어 당시 옹관고분 축조 세력의 정치적 위상을 짐작하게 한다.

가. 영암 내동리 고분군

영암 내동리 고분군은 4세기 전반~5세기 전반으로 전라남도 영암군 시종면 내동리 산 6-3번지에 위치한다. 유적은 내동리 뒤편에서 와우리 방향으로 뻗어내려온 낮은 구릉 사면에 자리하고 있다.

영암 내동리 고분군의 유구로는 2기의 고분에서 옹관 6기와 토광묘 3기가 확인되었다. 옹관으로는 일상용 토기와 U자형 전용옹관이 사용되었

② 5-1호 옹관묘의 주옹과 부옹

① 영암 내동리 고분군의 5호분 옹관묘

③ 출토유물

<그림 10> 영암 내동리 고분군의 대형옹관

다. 결합방식을 알 수 있는 5기는 모두 합구식이다. 1호분은 동서 33m, 남북 15m 크기의 제형분이다. 출토유물로는 단경호, 양이부호, 원저호, 철도자, 옥 등이 있다.

1-2호 옹관묘는 동쪽 분구에서 약간 서쪽에 치우쳐 위치한다. 장축은 동서 방향이다. 옹관은 U자형 전용옹관이며, 결합방식은 주·부옹을 황백색 점토를 밀봉한 합구식이다. 주옹의 길이는 126㎝, 부옹 길이는 117㎝, 합구 전체 길이는 231.0㎝이다. 내부에서는 석부와 옥편, 원저호와 평저호가 출토되었다.

나. 나주 신촌리 고분군

나주 신촌리 고분군은 5세기 전반~6세기 전반으로 전라남도 나주시 반남면 신촌리 일대에 위치한다. 유적은 자미산 북동쪽과 동쪽에 자리하고 있다.

일제강점기인 1917~1918년에는 9호분이, 1939년에는 6~7호분이 조사되었다. 1999년에는 정비목적으로 9호분에 대한 재조사가 이루어졌다. 조사가 이루어진 3기 고분 중 6호분에서 6기, 7호분에서 1기, 9호분에서 11기로 총 18기의 옹관묘가 확인되었다. 옹관으로는 7호분에서만이 일상용 토기가 사용되었고 대부분은 U자형 전용옹관이 사용되었다. 결합방식을 알 수 있는 옹관 중에서 단옹식인 6호분 정관(丁棺), 9호분 무관(戊棺)·신관(申棺)·임관(壬棺)을 제외하고 모두 합구식의 옹관이다. 출토유물로는 을관(乙棺)에서 출토된 금동관 및 금동신발을 비롯하여 광구호·양이부호·단

② 9호분 을관의 주옹과 부옹

① 9호분 갑·을·병관 출토상태(상)와
을관 부장유물(하)

③ 9호분 을관 출토유물(금동관과 금동신발)

〈그림 11〉 나주 신촌리 고분군의 대형옹관

경호·개배·토제원통 등의 토기류와 금환·금제방울·이식·장식대도 등의
금류, 철촉·철부·대도 등의 철기류, 그리고 다량의 옥 등이 있다.

나주 신촌리 고분군은 분구의 수직 확장을 보여주는 대표 사례이면서
금동관 및 금동신발을 비롯한 유물을 통하여 당시 마한 사회를 이해함에
있는 귀중한 자료로 평가받고 있다.

다. 나주 화정리 마산 고분

나주 화정리 마산 고분은 4세기~5세기로 전라남도 나주시 왕곡면 화정
리 산 134-6번지에 위치한다. 유적은 마산(정촌) 마을의 구릉 말단부에 자
리하고 있다.

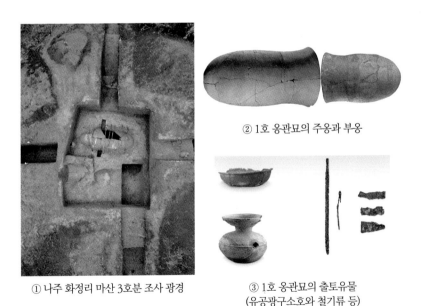

② 1호 옹관묘의 주옹과 부옹

① 나주 화정리 마산 3호분 조사 광경

③ 1호 옹관묘의 출토유물
(유공광구소호와 철기류 등)

〈그림 12〉 나주 화정리 마산 고분의 대형옹관

4기의 옹관고분에서 8기의 옹관묘가 확인되었다. 옹관으로는 선행기 옹관(Ⅰ~Ⅱ형식)과 함께 U자형 전용용관이 사용되었다. 결합방식은 단옹식인 4-2호 옹관을 제외하곤 모두 합구식이다. 출토유물로는 유공광구소호, 철검, 철모, 철촉, 금동제이식, 옥 등이 있다.

라. 해남 원진리 농암 옹관묘

해남 원진리 농암 옹관묘는 4~5세기로 전라남도 해남군 삼산면 원진리 농암 578번지에 위치한다. 유적은 농암마을의 병풍산 서북쪽으로 내려오는 구릉 말단부에 자리하고 있다.

옹관은 3기가 확인되었다. 옹관은 모두 U자형 전용용관이 사용되었다.

주옹 바닥 세부

① 해남 원진리 농암 3호 옹관묘의 노출상태

② 해남 원진리 신금 옹관묘의 주옹과 부옹, 노출상태

〈그림 13〉 해남 원진리 농암, 신금 옹관묘의 대형옹관

특히 대옹의 저부에는 직경 15㎝의 구멍이 뚫려 있다. 결합방식은 합구식이다.

출토유물로는 컵형토기, 호편, 환두대도, 철정, 철부, 옥 등이 있다.

④ 쇠퇴기의 대형옹관

기원후 6세기대에는 옹관고분이 쇠퇴하는 시기로 옹관이 중심적인 매장시설로 더 이상 사용되지 않는다. 오히려 중심적인 매장시설로 석실이 주로 만들어진다. 영산강유역도 마한이 아닌 백제의 직접적인 지배 영역으로 편입된다. 옹관도 전형적인 U자형 전용 옹관에서 변형된 형태들이 만들어진다.

가. 나주 복암리 3호분

나주 복암리 3호분은 3세기 후반~6세기 중반으로 전라남도 나주시 다시면 복암리 471번지 일원에 위치한다. 유적은 거마산(해발 125m)에서 다시천 및 영산강쪽으로 완만한 경사를 이루는 평야지대에 자리하고 있다.

나주 복암리 유적에는 4기의 고분이 남아 있는데, 이 중에서 3호분이 조사되었다. 옹관은 총 42기가 조사되었는데, 옹관묘는 37기, 석실 내 옹관은 4기, 석곽옹관묘는 1기이다. 옹관으로는 일상용 옹관과 전용옹관(선행기옹관, U자형 전용옹관)이 사용되었다. 결합방식은 단옹식 13기, 합구식 28기, 3옹식 1기이다.

출토유물로는 광구호, 개배, 병, 철도자, 철부, 철겸, 옥 등이 있다. 나주 복암리 3호분은 고대 영산강유역 묘제의 다장·복합묘적 성격 연구에 획기적인 자료로 평가받고 있다.

② 7호 옹관묘의 주옹과 부옹

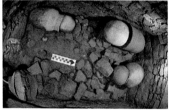

③ 11호 옹관묘의 주옹과 부옹

① 나주 복암리 3호분 조사 전경(상),
96 석실 내 전경(하)

④ 96 석실묘 2호, 3호 옹관묘

〈그림 14〉 나주 복암리 3호분의 대형옹관

나. 무안 구산리 고분

무안 구산리 고분은 5세기 후반 이후로 전라남도 무안군 몽탄면 구산리
일원에 위치한다. 유적은 신성봉에서 서쪽으로 흐르는 사면부에 자리하고
있다. 유구로는 옹관묘 6기, 석곽묘, 석실묘가 각각 1기씩 확인되었다. 옹관
으로는 일상용 토기와 U자형 전용옹관을 사용하였다. 결합방식은 단옹식
2기, 합구식 4기이다.

출토유물로는 호형토기, 장경호, 발형토기, 고배, 배, 철제대도, 철모, 철
도자, 옥 등이 있다.

② 5호 옹관묘의 주옹과 부옹

① 무안 구산리 고분군,
4~6호 옹관묘 조사 광경

③ 4~5호 옹관묘의 옹관
(좌: 4호 옹관묘, 우: 5호 옹관묘)

〈그림 15〉 무안 구산리 고분의 대형옹관

(2) 규슈지역

일본에서 옹관은 북부 규슈지역을 중심으로 야요이시대에 성행하였다. 분포도 북부 규슈지역에 집중되어 있으며, 시기도 야요이시대 전기 중반 무렵에서 후기 전반까지를 중심으로 하고 있다. 특히 야요이시대 중기에 가장 많이 만들어졌다. 일본 규슈지역의 옹관에 대한 형식분류 및 편년은 여러 연구자에 의하여 이루어져 왔다.

일본에서 가장 대표적인 옹관 연구자인 하시구치 타츠야는 먼저 옹관을 크게 5기(KⅠ~KⅤ)로 구분하였으며, 다시 각 시기별로 세부 특징에 따라 구분하여 총 18형식을 설정하였다. 반면에 쓰네마쓰 미키오는 옹관을 13개의 형식으로 구분하였고, 이노우에 야쓰히로는 북부 규슈지역에서 옹관 도공 집단의 성격을 밝히기 위하여 야요이 중기 후반의 옹관을 형태, 기술적으로 9개의 지역형으로 나누기도 하였다.

일본 규슈지역의 옹관에 대해서 쓰네마쓰 미키오의 형식분류안에 따라 일본 규슈지역의 옹관을 살펴보고자 한다.[8] 옹관의 형식에 옹관 출토 유적

1. 가네노쿠마 K-103
2. 마쓰노키 K-6
3. 요시타케타카기 K-125
4. 요시타케
5. 나카 · 테라오 K-02

6. 아리타 86차 K-3
7. 요시타케 6차 K-6
8. 히에 37차
9. 히에 37차
10. 하쿠겐샤 K-82
11. 아리타 86차
12. 다무라 1차

13. 요시타케타카기 K-116
14. 이타즈케 K-27
15. 요시타케오이시 K-45
16. 가르벨 수도원
17. 이타즈케 K-27
18. 요시타케타카기 K-116
19. 죠센지

20. 시노하라신대데 K-73하
21. 혼손고고리 K-58
22. 시노하라신대데 K-73상
23. 시노하라신대데 K-81하
24. 후지사키 1차
25. 시노하라신대데 K-81상
26. 시노하라신대데 K-202

27. 요시타케오이시 K-53
28. 히에 6차 K-28
29. 후지사키 1차 K-12
30. 후지사키 1차 K-88
31. 후지사키 1차 K-12
32. 하카다 48차

33. 요시타케히와타시 K-77
34. 니시잔마치 2차 K-10
35. 요시타케히와타시 K-75
36. 니시잔마치 2차 K-11
37. 후지사키 8차 K-1
38. 다카라다이

39. 요시타케히와타시K-62
40. 미루모 미나미쇼지K-2
41. 히에 9차
42. 니시잔마치 2차K-13
43. 후지사키 7차K-13
44. 나카 23차

45. 마루오다이
46. 니시잔마치 2차 K-19
47. 몬넨 K-24
48. 니시잔마치2차 K-19
49. 니시잔마치2차 K-19
50. 미쿠모쓰카마와리

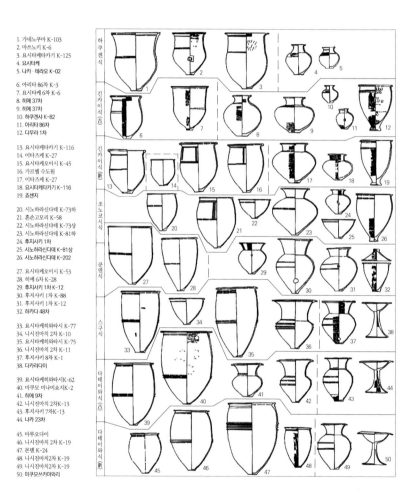

〈그림 16〉 규슈지역 옹관의 형식분류 1

이 포함되어 있어 형태적, 지역적 특성을 함께 파악하기 좋기 때문이다.

① 하쿠겐伯玄식 옹관

대형옹관의 성립기에 해당한다. 하시구치 타츠야의 형식분류로는 K1a

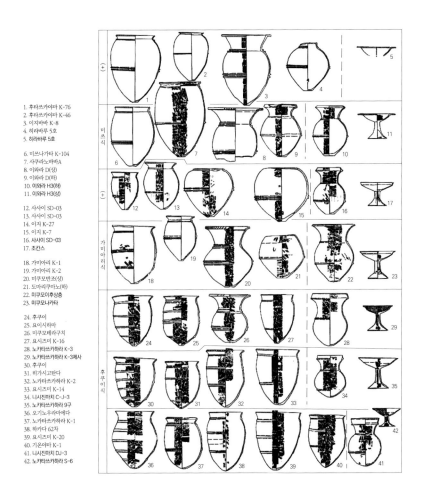

1. 후타쓰카야마 K-76
2. 후타쓰카야마 K-46
3. 이지바바 K-8
4. 히라바루 5호
5. 히라바루 5호

6. 미쓰나가타 K-104
7. 사쿠라노바바A
8. 이와라 D(상)
9. 이와라 D(하)
10. 이와라 H3(하)
11. 이와라 H3(상)

12. 사사이 SD-03
13. 사사이 SD-03
14. 이지 K-27
15. 이지 K-7
16. 사사이 SD-03
17. 조칸스

18. 가미아리 K-1
19. 가미아리 K-2
20. 미쿠모반조(상)
21. 도마리쿠마노(하)
22. 미쿠모이후상층
23. 미쿠모나카타

24. 후쿠이
25. 요이시하라
26. 미쿠모테라구치
27. 요시즈미 K-16
28. 노카타쓰카하라 K-3
29. 노카타쓰카하라 K-3제사
30. 후쿠이
31. 히가시고탄다
32. 노카타쓰카하라 K-2
33. 요시즈미 K-14
34. 니시진마치 C-J-3
35. 노카타쓰카하라 9구
36. 오기노우라마에다
37. 노카타쓰카하라 K-1
38. 하카다 62차
39. 요시즈미 K-20
40. 기온야마 K-1
41. 니시진마치 DJ-3
42. 노카타쓰카하라 S-6

〈그림 17〉 규슈지역 옹관의 형식분류2

| ① 가네노쿠마 유적의 유구 분포도 | ② K13호 옹관 등 |

<그림 18> 가네노쿠마 유적의 옹관

형식에 해당된다. 대표적인 유적으로는 후쿠오카현 하쿠겐사 유적과 가네노쿠마 유적을 들 수 있다. 좁고 편평한 저부에서 완만하게 올라가다가 목 부분에서 심하게 좁아드는 호형토기의 특징을 지니고 있다. 구연은 외반하고 있다. 출현시기는 야요이시대 전기이다.

　　가네노쿠마(金隈) 유적은 야요이시대 전기~후기로 후쿠오카시의 남동편에 위치한다. 유적은 미타사강과 평행하는 쓰키쿠마 구릉의 남쪽, 표고 30m 부근에 입지한다. 남북 방향으로 긴 구릉의 높은 능선상에 유구가 분포하고 있다. 유구로는 옹관묘가 348기, 토광묘가 119기, 석관묘 2기가 확인되었다. 103호 옹관에서는 남해산 조개팔찌가 출토되었다. 야요이시대 전기부터 후기에 걸쳐 옹관이 출토되었기 때문에 옹관의 선후관계를 파악할 수 있는 표지적인 유적으로 평가되고 있다.

　　② 긴카이金海식(古단계) 옹관
　　하시구치 타츠야의 형식분류로는 KIb형식에 해당된다. 호형토기의 잔재가 남아 있으나 구연부 안쪽에 폭이 좁은 점토대를 돌렸다. 밑부분이 펑

퍼짐한 인상을 준다. 구연 아래와 견부에 2~3조의 침선이 돌려져 있다. 기벽은 두껍고 저부는 크다.

③ 긴카이金海식(新단계) 옹관

하시구치 타츠야의 형식분류로는 KIc형식에 해당된다. 옹관의 중심이 동체 중앙에서 위로 올라가는 단계이다. 구연부의 안쪽에 전단계에 비하여 두꺼운 점토대가 돌려 있다. 동체 상반에 종횡의 침선문이 시문되어 있다. 긴카이식이란 명칭은 한국 김해 패총의 옹관에서 유래한 것이다.

대표적인 유적으로는 요시카케타카기(吉武高木) 유적이 있다. 연대는 야요이시대 전기~중기에 해당한다. 유적은 사와라 평야를 흐르는 무로미강 중류 좌안에 펼쳐진 선상지에 위치한다. 제6차 조사에서는 야요이시대 전

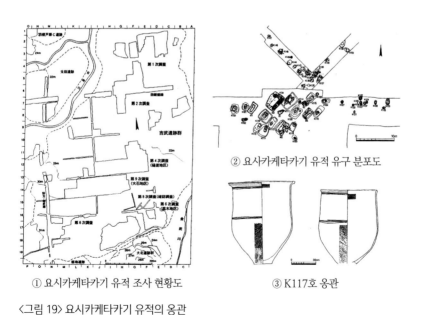

① 요시카케타카기 유적 조사 현황도

② 요시카케타카기 유적 유구 분포도

③ K117호 옹관

〈그림 19〉 요시카케타카기 유적의 옹관

기 말에서 중기 전반대에 이르는 3군의 옹관묘가 확인되었다. 이 중에서 조사지역의 남서부에 위치한 제1군에서 긴카이식 옹관묘가 32기 이상 발견되었다.

④ 조노코시城ノ越식 옹관

하시구치 타츠야의 형식분류로는 KIIa형식에 해당된다. 동체부는 계란을 거꾸로 세운 모양을 하고 있으며, 구연부는 역L자형으로 튀어나온 형태를 하고 있다. 동체 상반부의 침선문은 점차적으로 간략화된다. 시문이 없는 동체부에 돌대가 돌려지는 형식도 등장한다. 이와 함께 옹관으로 사용하는 일상용 토기로는 발형토기와 호형토기가 있다. 발형토기는 단면삼각형의 점토대를 붙인 구연을 하고 있으며, 호형토기는 평탄하면서도 안쪽으로 완만하게 돌출된 구연을 하고 있다.

대표적인 유적으로는 사가현의 혼손고모리(本村籠) 유적을 들 수 있다. 혼손고모리 유적은 야요이시대 전기 말~중기 중반으로 사가현 사가시 야마토정 오아자이케가미에 위치한다. 유적은 세후리 산맥에 근원을 두는 가

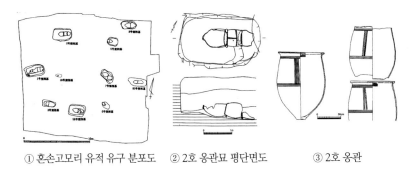

① 혼손고모리 유적 유구 분포도   ② 2호 옹관묘 평단면도   ③ 2호 옹관

〈그림 20〉 혼손고모리 유적의 옹관

세강 하류 범람원 위 표고 7~8m의 낮은 언덕에 입지한다. 유구는 옹관묘 53기를 비롯하여 토광묘 5기가 확인되었다. 출토유물로는 다뉴세문경, 청동제 창, 벽옥제 관옥 등이 있다. 이런 점으로 보아 혼손고모리 유적은 당시의 유력자의 거점일 가능성이 높다.

⑤ 쿤덴汲田식 옹관

하시구치 타츠야의 형식분류로는 KIIb형식에 해당된다. 구연부는 안쪽으로 돌출하고, 동체부의 최대경이 구연부 바로 아래에 놓인 형태를 하고 있다. 전체적으로 크기가 커지면서 기벽은 얇아진다. 이와 함께 옹관으로 사용하는 일상용 토기로는 광구호, 옹형토기, 호형토기가 있다. 특히 호형토기의 구연부에는 편평하면서도 안쪽으로 단면삼각의 돌출부가 만들어져 있다.

대표적인 유적으로는 후쿠오카현의 히에(比惠) 유적(제6차 조사)을 들 수 있다. 히에 유적은 야요이시대 중기 전엽~후기 초두경으로 후쿠오카현

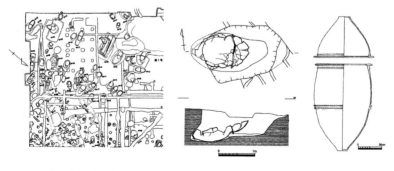

① 히에 유적 유구 분포도   ② SK23호 옹관묘 평단면도   ③ SK23호 옹관

〈그림 21〉 히에 유적의 옹관

후쿠오카시 하카타구 히에에 위치한다. 유적은 하카다 만으로 들어가는 미카사강 왼쪽 기슭 홍적단구 선단, 표고 7m 내외에 위치한다. 제6차 조사에서는 옹관묘 44기를 비롯하여 다양한 유구가 확인되었다. 중기전엽의 옹관묘 4기 중, SK28옹관묘는 4.2m×2.2m인 묘곽 장축과 직교하는 방향으로 길이가 각각 88㎝, 87㎝인 대형관을 삽입하는 합구식이다. 출토유물로는 세형동검 등이 있다. 상당히 지위가 높은 유력자의 무덤으로 보고 있다.

⑥ 스구須玖식 옹관

하시구치 타츠야의 형식분류로는 KIIIa형식에 해당된다. 규슈지역의 대형옹관 중에서 가장 대형화가 된 것으로 성인관 완성기로 볼 수 있다. 구연 바로 아래에 단면 삼각, 동체부에 2조의 돌대가 돌려져 있다. 구연의 상면은 편평한 형태와 함께 살짝 밖으로 경사진 형태도 있다. 이와 함께 옹관으로 사용하는 일상용 토기로는 단도마연이 보이는 옹형토기, 호형토기 등이 있다.

대표적인 유적으로는 후쿠오카현의 스구오카모토(須玖岡本) 유적, 하루(原) 유적, 모로오카(諸岡) 유적을 들 수 있다. 스구오카모토 유적은 야요이시대 전기 말~후기로 후쿠오카현 가스가시 오카모토 7번지에 위치한다. 유적은 마사카강과 나카강 사이의 충적평야인 가스가 구릉 북단에 자리하고 있다. 유구로는 옹관묘 105기, 토광묘 15기, 석개토광묘 1기가 확인되었다. 아직 조사되지 않았거나 파괴되었던 것을 감안하면, 매장유구는 300기 이상이 될 것으로 보고 있다. 출토유물로는 기봉경, 증권사유엽문경, 방격시유엽문경, 내행화문경 등 30점의 청동경을 비롯하여 세형동검, 동과, 철과 등이 있다. 이런 점으로 미루어 스구오카모토 유적은 나국(奴國) 왕묘로 추정하고 있다. 후쿠오카 평야를 중심으로 하는 나국 세력과 북부 규슈의 야

 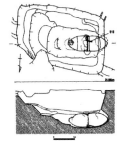 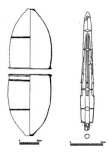

① 스구오카모토 유적의 조사현황도　② 15호 옹관묘 평단면도　③ 15호 옹관묘의 옹관
및 출토유물

〈그림 22〉 스구오카모토 유적의 옹관

요이시대를 복원하는 데 핵심적인 유적으로 보고 있다.

　모로오카(諸岡) 유적은 야요이시대 중기 중엽~후기 초두로 후쿠오카현 후쿠오카시 하카타구 모로오카에 위치한다. 유적은 하카타 만으로 흐로는 마타사강 지류인 모로오카강의 좌안에 위치한 독립구릉에 표고 24m 전후의 구릉 서쪽 사면에 자리하고 있다. 소아옹관 3기, 성인옹관 6기가 확인되었다. 구연부를 서로 맞댄 합구식 2호 옹관에서는 우측 팔뼈에 8점의 조개

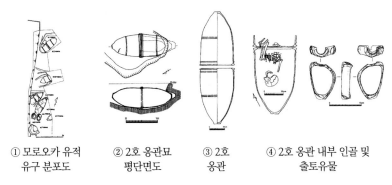

① 모로오카 유적　　② 2호 옹관묘　③ 2호　　　④ 2호 옹관 내부 인골 및
유구 분포도　　　　평단면도　　옹관　　　　출토유물

〈그림 23〉 모로오카 유적의 옹관

팔찌를 착용한 중년의 남성 인골이 발견되었다. 대옹의 길이는 104.4㎝, 소옹의 길이는 100.5㎝이다.

⑦ 다케이와立岩식(古단계) 옹관

하시구치 타츠야의 형식분류로는 KIIIb형식에 해당된다. 구연부와 동체부의 돌대가 'ㄷ'자형의 단면을 하고 있다. 스구식과 마찬가지로 옹관의 크기는 높이, 구경 모두 커진다. 이런 형식의 옹관을 사용한 매장시설에서 전한경과 장신구가 다량으로 출토되기도 한다. 이에 특정가족묘적인 매장시설이 형성되면서 계층분화가 이루어진 것으로 판단된다.

대표적인 유적으로는 후쿠오카현의 미쿠모 미나미쇼지(三雲南小路) 유적이 있다. 미쿠모 미나미쇼지 유적은 야요이시대 중기 후반으로 후쿠오카현 이토시마시 미쿠모 아자미나미쇼지에 위치한다. 유적은 하카타 만으로 흐르는 즈이바이지강 우안의 선상지 단구의 표고 42m 전후에 입지한다. 길이 4.2m, 너비 3.6m 정도의 말각장방형 묘광 내에서 옹관편과 함께 중권채화경 편, 시유뇌문경 편 등 다량의 전한경이 출토되었다. 본체용 옹관

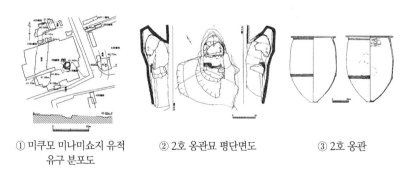

① 미쿠모 미나미쇼지 유적
유구 분포도

② 2호 옹관묘 평단면도

③ 2호 옹관

〈그림 24〉 미쿠모 미나미쇼지 유적의 옹관

의 높이는 122㎝, 구경 90㎝, 동최대경은 89㎝이다. 덮개용 옹관의 높이는 106㎝, 구경 83㎝, 동최대경은 87㎝이다. 분구 내에 2기의 옹관 조성, 다량의 전한경과 벽옥, 금동제 사엽좌 금구의 출토로 중국의 전한과 교류를 하였던 이토국의 왕묘로 추정된다.

⑧ 다케이와立岩식(新단계) 옹관

하시구치 타츠야의 형식분류로는 KIIIc형식에 해당된다. 전체적인 형태는 '역L'자형을 하고 있다. 동체부는 구연부로 갈수록 더 내경하면서 약간 통통한 편이다. 구연은 외반한다. 동체에 부착된 돌대는 더욱 커지면서 더 많아진다. 특히 단도마연된 기종에서 손질조정흔이 지우지 않고 그대로 남아 있는 경우도 늘어난다. 특정가족묘적인 매장시설이 더욱 늘어난다.

대표적인 유적으로는 후쿠오카현의 몬덴(門田) 유적의 기타다이치(北台地)가 있다. 몬덴 유적은 야요이시대 전기 말엽~후기 후반으로 후쿠오카현 가스가시 오아자카미시로우즈 아자쓰시타에 위치한다. 유적은 하카타 만으로 흐르는 나카강 우안의 중위 하안단구의 정상부, 표고 33m 부근 및 사

 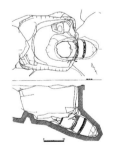 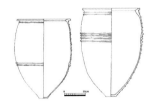

① 몬덴 유적 유구 분포도　② K24호 옹관묘 평단면도　③ K24호 옹관

〈그림 25〉 몬덴 유적의 옹관

면의 표고 26m 정도에 입지한다. 야요이시대 중기 후반~말엽의 옹관묘 27
기를 비롯하여 토광묘, 목관묘 등이 확인되었다. A군의 24호, 27호 옹관묘
는 모두 3㎡ 이상의 넓이를 갖는 묘광 바닥에 횡혈을 파고 본체관과 덮개관
을 잇대어 만들었다. 24호 옹관의 본체관은 구경 88㎝, 높이 120㎝의 초대
형에 속하며, 덮개관은 구경 75㎝, 높이 108㎝이다. 본체관과 덮개관의 내
부는 모두 주칠이 되어 있다. 24호 옹관묘는 중기 후반에서도 약간 늦은 단
계의 것으로 스구오카모토 유적의 후장묘를 정점으로 하는 나국을 구성하
는 소단위 집단의 수장묘로 추정된다.

⑨ 미쓰三津식 옹관

하시구치 타츠야의 형식분류로는 KIVc형식에 해당된다. 다케이와식에
비하여 동최대경이 동체 중간쯤에 위치한다.

대표적인 유적으로는 사가현의 사쿠라노바바(櫻馬場) 유적이 있다. 사
쿠라노바바 유적은 야요이시대 후기 후반으로 사가현 가라쓰시 사쿠라노
바바에 위치한다. 유적은 가라쓰 만에 인접한 사구상에 입지한다. 2기의 합
구식 옹관이 발견되었고, 이 내부에서 동경(후한경), 파형 동기, 철도자, 유
리옥 등이 출토되었다. 규슈지역에서 후한경이 출토된 사례는 후쿠오카현
이토시마시 이와라야리미조 유적밖에 없어 한식경 연구 및 그 연대론을 살
피는 데 중요한 유적으로 평가받고 있다.

⑩ 가미아리神在식 옹관

하시구치 타츠야의 형식분류로는 KVa와 KVb형식에 해당된다. 옹관은
약간 둥그스름하게 외반하는 구연을 지니고 있다. 경부, 동체부 중위, 동체
부 하위에 각 2조의 폭이 넓은 돌대가 붙어 있다. 저부는 평저이다. 기면은

빗질 후 물손질로 마감처리되어 있다. 기벽은 매우 두껍고 소성은 경질로 적갈색을 띤다. 이와 달리 동체부가 계란형을 띠며, 저부가 환저화의 경향이 두드러진 옹관도 함께 등장한다.

⑪ 후쿠이福井식 옹관

하시구치 타츠야의 형식분류로는 KVc~KVf형식에 해당된다. 여러 조의 돌대와 지워지지 않은 기면 손질흔을 가지고 있다. 종말기의 옹관으로 불려진다.

2) 대형옹관의 제작기법

(1) 호남지역

그동안 호남지역의 대표적인 문화유산인 대형옹관의 제작 기술에 대한 실험고고학적 연구를 통하여 상당히 의미 있는 성과들이 도출되었다.[9] 호남지역 대형옹관은 "태토준비→성형→가마제작→소성"의 과정을 거쳐 만들어진다. 이는 "문헌조사+고고학적 조사+자연과학적 분석"을 토대로 한 실험고고학적 연구를 통해 밝혀졌다. 무엇보다도 호남지역 고대사회의 실체를 밝힐 수 있는 핵심적 키워드인 대형옹관에 대하여 많은 정보를 학계와 연구자에게 제공하였을 뿐만 아니라 한국의 실험고고학적 방법론의 발전에도 기여한 점도 있다. 이런 성과를 정리하면 다음과 같다.

① 태토 특성

대형옹관은 일반적인 토기에 비하여 크고 무겁기 때문에 태토에서 비짐의 함량이 비교적 높아야 한다. 이 비짐의 함량은 점토 자체에 함유된 비짐 함량에 따라 차이도 있다. 특히 점토 자체의 점력이 좋으면 점토:비짐의 비율이 9:1, 8:2, 7:3이어도 옹관 성형에 문제가 없음이 확인되었다.

대형옹관 성형에 적합한 점토는 구릉성 산지의 기저부에 퇴적된 점토, 비짐도 구릉성 산지에서 풍화된 석영이 적합한 것으로 밝혀졌다. 이런 결과는 태토조성 및 배합실험, 성분분석에서도 밝혀졌다. 태토의 수비는 투입되는 시간과 노동력에 비하여 그 효과가 크지 않아 별도의 수비 공정은 없을 것으로 판단된다.

② 성형 방식

호남지역의 대형옹관은 크고 무겁기 때문에 일반적인 토기와는 전혀 다른 방식으로 만들었다. 전체를 한꺼번에 쌓지 못하고 한번에 직경 4~5㎝인 점토띠를 3~4단 올린 후에 건조하면서 위로 쌓아 성형해야 한다는 것을

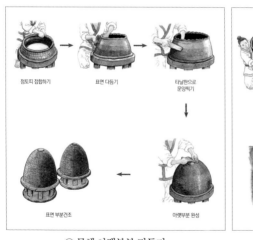

① 몸체 아랫부분 만들기

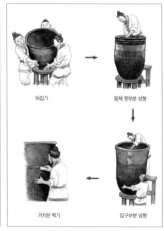

② 몸체 윗부분 만들기

〈그림 26〉 호남지역의 대형옹관 성형과정 복원도

확인했다. 이런 이유로 대형옹관에서는 분할성형흔, 손누름흔, 타날흔 등이 나타남을 알게 되었다.

대형옹관을 성형하는 기법도 대형옹관 성형실험을 한 바에 의하면, 도치 후 정치성형이 가장 적합한 방식임을 밝혀냈다. 이는 저부에서 나타나는 원형 투공, 음각원문, 타날흔과 함께 구연 내·외면의 정면처리흔 등 영산강 유역 대형옹관에서 나타나는 특징에서 알 수 있었다. 특히 옹관 바닥면의 원형 투공은 성형과정에서 바닥면을 완전하게 메우지 않아 성형하기 쉬울 뿐만 아니라 중심축의 역할을 하고, 바닥면 내부를 건조시키는 데도 유용할 것으로 추정된다.

③ 가마 구조

나주 오량동 대형옹관 가마에 대한 발굴조사 성과(1호·4호 가마)를 토대로 하여 2차례에 걸쳐 가마를 제작하여 대형옹관 가마의 연소·소성·연도부의 형태와 구조를 복원하였다. 특히 발굴조사에서 발견된 타원형 수혈과 아궁이와 굴뚝 직경 사이의 관계를 통하여 굴뚝의 형태를 복원하였다. 이런 과정과 함께 소성부 바닥면의 굴광흔과 탄목흔(21호 가마), 연소부의 목주흔(4호 가마) 등 가마 천장 결구 구조와 아궁이 측벽에 대한 자료, 연소부 천장부 벽체편에 대한 탄화유기물 분석 결과 등을 종합하여 가마를 제작 및 복원하였다.

가마는 지하로 130~140㎝ 굴착한 후에 내부에 지지목을 세운 후에 대나무를 엮은 후에 그 위에 띠풀을 올려 아치 형태로 만든 후에 볏짚을 섞은 진흙을 발라 만들었다. 이런 과정을 통하여 일반적인 토기 가마와는 다른 대형옹관 가마만의 특징이 밝혀졌다. 가마 안에서 옹관을 재임하는 방식과 관련하여 선행기옹관과 달리 U자형 전용옹관은 대부분 저부 중앙 혹은 살

① 나주 오량동 옹관 가마터 2012-7호 가마

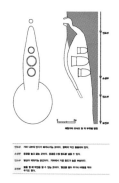
② 복원가마 모식도 및
각 부위별 명칭

<그림 27> 호남지역의 대형옹관 가마와 국립나주문화재연구소의 복원가마 제작실험

짝 한쪽으로 치우친 상태로 흑반이 확인되어 거의 정치하였을 것으로 추정된다.

따라서 대형옹관 가마는 2m에 가까운 옹관을 똑바로 세우기 위해서는 소성부 천장 높이가 2m 이상으로 높은 구조를 하고 있어야 한다. 이런 구조로 인하여 옹관을 가마 안에 놓거나 꺼낼 때는 연소부 및 소성부 일부 벽면 및 천장을 뜯어내어야 한다. 이는 연소부의 축조기법과도 관련된다.

연소부는 일반적인 토기 가마와 달리 요전부를 굴착할 때 함께 굴착한 후에 다시 점토로 쌓아 만들어진 구조를 하고 있었다. 왜냐하면, 옹관을 가마 안으로 넣을 때에 연소부의 벽면과 천장이 완전하게 만들어져 있지 않아야 하기 때문이다. 그리고 한 번의 소성시에 가마 내부에 옹관을 넣을 수 있는 개수는 소성부의 길이(약 500㎝), 옹관의 구경(약 100㎝)과 함께 연소부와의 관계를 통하여 볼 때, 정치할 경우에는 3개, 횡치 혹은 사치할 경우에는 2개 정도 재임했음을 실험고고학적으로 밝혀냈다.

④ 소성 방식

대형옹관에 대한 육안관찰 및 고고학적 조사, 성분분석 등을 통해 밝혀
낸 사실들을 가마의 구조와 옹관의 재임방식 및 위치를 동일한 조건 하에
서 소성방식을 달리하여 4차례 소성실험을 통하여 옹관을 제작하기에 적
합한 소성 분위기 및 메커니즘을 확인하였다. 특히 옹관의 흑반을 비롯한
옹관 색상의 변화상 및 요인, 균열, 수축률 등 대형옹관의 소성 과정에서 나
타날 수 있는 요소들의 형성원인을 밝혀냈다.

호남지역 대형옹관의 소성온도는 선행기 옹관 및 U자형 옹관 모두 700

| ① 대형옹관 소성실험 광경 | ② 대형옹관 소성실험 중 가마 | ③ 대형옹관 소성실험(완료) |

〈그림 28〉 국립나주문화재연구소의 대형옹관 소성실험

| ① 대형옹관 소성실험(소성온도 측정결과) | ② 복원옹관 (산화소성) | ③ 복원옹관 (환원소성) |

〈그림 29〉 국립나주문화재연구소의 대형옹관 소성실험 결과

① 태토준비　　　　② 성형　　　　③ 가마 제작

〈그림 30〉 국립나주문화
재연구소의 대형옹관 복
원실험 작업과정

④ 옹관 재임　　　　⑤ 소성

~1,150℃로 동일한 범위를 가진다. 구조적으로 열효율이 상당히 떨어지는
옹관가마를 제작하여 중저화도(700~900℃) 산화 및 환원, 고화도(900~
1200℃) 환원 소성 방식에 따라 옹관묘에서 출토된 실제 옹관과 흡사한 색
상을 띤 대형옹관을 복원하였다. 이에 따르면 대형옹관에서 색상의 차이는
소성 온도 및 방식, 태토에 의하여 주로 결정되었다. 특히 흑반은 가마 내부
에서 불완전 연소에 의하거나 다른 옹관이나 벽면 및 바닥에 접하여 나타
나는 현상인데, 이는 대형옹관의 재임방식과 소성온도에 따라 색상이나 형

태가 달라짐을 확인하였다. 다만 복원 옹관이 실제 옹관과 색상이나 환원도에서 약간 차이가 났다. 이에 대해서는 매장 및 퇴적환경의 차이이거나 소성 방식에 대한 보완이 필요하다.

(2) 규슈지역

① 태토 특성

일본의 대형옹관은 태토 만들기, 성형, 조정, 시문, 건조, 소성의 과정을 거쳐 만든다.[10] 제작 공정이 복잡하고 고도의 지식과 다년간의 경험을 필요로 한다. 대형옹관은 크고 무겁기 때문에 한꺼번에 쌓아 올릴 수 없기 때문에 도중에 일정 시간 동안 건조키는 과정을 거쳐야 한다.

대형옹관의 태토에는 다른 소형 토기와 비교해 장석, 석영을 비롯한 많은 사립과 금운모편이 포함되어 있다. 특정 지역에서 검출되는 성분들이 포함되어 있기도 한다. 예를 들면, 미사카강 유역의 옹관에는 타지역에 보이지 않는 다량의 '적색입자'가 포함되어 있다.

또한 대형옹관 하나에서도 부위에 따라 서로 다른 태토를 사용하여 제작된 특수한 사례도 있다. 오고오리시 기카무타유적 26호 옹관에서는 구연부 바로 아래에서 붙인 두 줄의 점토대 사이에서는 폭 50㎝의 적갈색을 띤 부분이 보이는 반면에 다른 지점에서는 황갈색을 띠고 있다.

② 성형 방식

호남지역역과 마찬가지로 규슈지역에서도 대형옹관을 성형할 때는 '점토대 쌓기 수법'이 확인된다. 대체로 폭이 6~8㎝ 정도가 많고 저부나 구연부 부근에서는 폭이 3~5㎝로 좁은 경우도 있다. 점토를 이어 붙일 때에는

동일한 폭의 점토띠를 쌓아올리거
나 혹은 내·외를 2차례에 걸쳐 이
어 붙이기도 한다.

　앞서 말한 바와 같이 점토띠는
한꺼번에 쌓지 않고 최소한 6단계
의 정지, 건조공정을 거치고 내면
조정흔도 관찰된다. 점토띠를 쌓은
후에 두드린 후에 물손질조정을 하
여 마무리한다.

　성형방법과 관련하여 상·하단
을 별도로 성형한 후에 접합하는
방식이나 점토판을 종방향으로 이

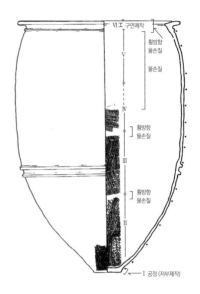

〈그림 31〉 규슈지역 옹관 성형공정

어붙이는 방식도 논의되었다. 하지만 일정시간 건조시키는 과정에서 상하
수축률의 차이를 동일하게 맞추기 어렵기 때문에 이런 방식들은 대형옹관
성형에 적합하지 않다.

　대형옹관의 성형에서 타날의 존재에 대해서는 일찍이 검토되었다. 타날
에는 길이 80~120㎜, 폭 13㎜ 전후에 3~4조가 한 단위를 이루는 것으로
확인되었다

　대형옹관의 내·외면은 빗질, 물손질 조정하여 처리한 것으로 보인다.
물손질은 횡방향, 종방향, 부정방향으로 이루어진다. 돌대는 동체부와 경부
에서 이루어진다. 돌대의 단면 형태는 'ㄷ'자형인 것, 삼각형을 이루는 것이
있다. 돌대의 개수도 경부 1조, 동체부 2조가 일반적이다. 돌대를 돌리는 이
유에 대해서는 성형 과정에서 토기가 갈라지는 것을 방지하기 위한 것이나
운반을 위한 것이라는 견해로 크게 나누어진다.

대형옹관을 성형하는 과정에서 가장 조심해야 할 것이 바로 건조 상태를 파악하는 것이다. 너무 건조시키면 점토띠를 위로 쌓아 올리기 어렵고, 너무 건조되지 않으면 무게를 견디지 못해 무너질 수 있기 때문이다. 일본에서도 근세에 대형의 옹기를 제작하는 과정에서 건조를 원활하게 하기 위하여 '불냄비 걸어두기'에 의한 내측의 건조 촉진 등도 옹관 제작에서도 사용되었을 것으로 추정된다.

③ 소성 방식

일본에서 야요이시대 토기는 500~1,000℃ 이내의 온도에서 소성되었을 것으로 보고 있다

대형옹관도 이와 비슷할 것으로 추정된다. 일반적으로 야요이시대 대형옹관의 소성 후 색조는 황백색, 황갈색, 갈색, 적갈색, 암적색, 다갈색 등을 띠고 있다. 이런 차이는 태토(점토 혹은 비짐의 차이)와 함께 소성 방식과도 관련된다.

옹관의 소성방식을 밝히는 데 중요한 단서는 흑반이다. 기존의 연구에 따르면, 흑반에는 세 가지 유형이 있다. 첫 번째는 조금 커다란 흑반이 좌우 대칭으로 동체 상부와 하부에 붙는 것이다. 두 번째는 거대한 흑반이 동체 상부에 2개 붙는 것이다. 세 번째는 위치나 분포가 불규칙하게 편재되어 있는 것이다. 흑반은 물제와 접촉하여 불완전연소에 의하여 생긴 것으로 소성 과정에서 옹관의 재임 방식을 살펴볼 수 있는 중요한 자료이다.

일본의 야요이시대 북부규슈에서 옹관에 대한 소성실험을 통하여 옹관의 소성 방식에 대하여 많은 것을 알 수 있었다. 야요이시대 전기 말~중기 초두, 동부 최대지름 부분이 둥그스름한 하쿠겐식과 긴카이식 옹관은 흑반으로 보아 옆으로 기울어진 상태로 소성된 것으로 보인다. 반면에 야요이시

대 중기 중엽의 군덴식에서 스구식이 되면 옹관은 45~60도 내외의 각도로 세워서 소성하였을 것으로 보인다. 야요이시대 중기 후엽~후기 전엽이 되면 동체부 상부에서 원형 흑반은 없어지고 설치각도도 다시 기울어지는 변화를 겪는다.

3) 대형옹관의 매장방식

(1) 호남지역

호남지역 대형옹관의 매장방식은 형태별, 시기에 따라 상당히 다른 양상을 하고 있다. 기원후 3세기대의 발생기의 대형옹관은 목관과 함께 사용되거나 함평 순촌, 나주 용호 고분군과 마찬가지로 단독으로 주매장시설로 사용되기도 한다. 대부분 주구묘의 주구나 분구의 상면, 매장시설의 유물부장공간 등에서 확인되었다. 다만 분형은 제형계이며, 분구의 규모도 대체로 낮은 편이다.

기원후 4세기대의 발생기의 대형옹관은 무안 고읍, 영암 옥야리, 와우리, 내동리 및 금계리 일대 등에 분포한다. 발생기의 옹관과 마찬가지로 제형계의 저분구에 주로 사용된다. 다만 영암 옥야리에서는 옹관만을 매장시설로 하는 양상을 하고 있으며, 분형도 제형 이외에 원형과 결합하기도 한다.

기원후 5세기대의 성행기의 대형옹관은 나주 신촌리나 화정리, 영암 내동리 초분골이나 만수리, 신연리 등에 집중적으로 분포한다. 영산강 중하류역과 삼포강유역의 직경 20㎞ 내외의 범위에 자리하고 있다. 이런 점에서 영암의 시종면과 나주 반남면 일대는 나주 복암리와 무안 사창리 일대와 함께 호남지역에서 대형옹관의 중핵지대임을 알 수 있다.

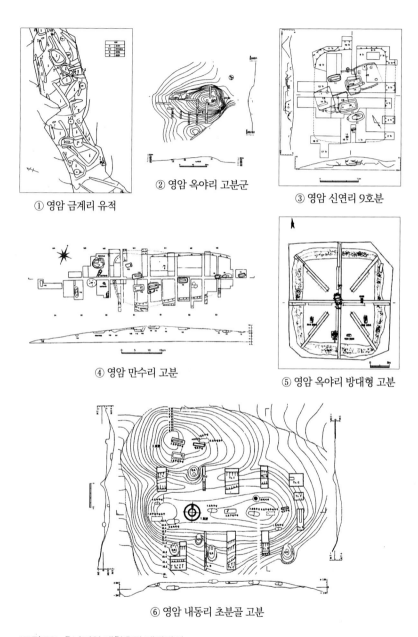

① 영암 금계리 유적

② 영암 옥야리 고분군

③ 영암 신연리 9호분

④ 영암 만수리 고분

⑤ 영암 옥야리 방대형 고분

⑥ 영암 내동리 초분골 고분

〈그림 32〉 호남지역 대형옹관 매장방식

성행기의 대형옹관은 영암지역에서는 목관과 공반되는 제형계 분구묘를 비롯하여 옹관 전용의 원대형, 혹은 방대형 분구묘에서 사용된다.

기원후 6세기대의 쇠퇴기의 대형옹관은 나주 복암리, 무안 구산리 등에 분포한다. 성행기의 옹관과 마찬가지로 방대형이나 원형의 분구에 사용된다. 대형옹관이 더 이상 중심적인 매장시설로 사용되지 못하고 대부분 석실이 그 자리를 차지하고 있다.

(2) 규슈지역

일본의 규슈지역에서 확인된 옹관묘는 묘지구성에 따라 열상매장묘, 군집묘, 구획묘로 구분된다. 열상매장은 2열 또는 복수의 묘열을 형성하는 묘지로 전장 수백 미터를 넘는 대규모도 있다. 이런 묘역의 중앙에는 묘도를 연상시키는 공백지가 형성되어 있기도 하다. 이런 열상매장은 야요이시대 전기 말이나 중기 초두에 시작되어 중기 후반까지 이어진다. 군집묘는 많게는 수백 기까지 밀집한 양상을 하고 있다. 중기 전엽부터 중기 말의 옹관묘 최성기에 형성되고 후기 초두 혹은 접엽까지도 이어진다. 구획묘는 낮은 높이의 분구를 갖는 것으로 다시 계열배치형과 밀집형, 특정집단묘, 단독묘 등으로 구분되기도 한다.

계열배치형의 구획묘는 중앙부의 옹관을 중심으로 방사상으로 배치시킨 것이다. 밀집형의 구획묘는 묘역 중축선을 끼고 바깥쪽으로 묘역을 형성하는 군집묘이다. 특정집단묘의 구획묘는 요시타케히와타시 분구묘나 요시노가리 분구묘(제14묘), 스구오카모토 분구묘(7차) 등으로 확실한 분구를 갖는 특정집단의 묘지이다. 요시타케히와타시 분구묘는 동서 25m×남북 27m, 높이 2.5m의 장방형 분구를 하고 있으며, 분구 내에서 30여 기의 옹관묘가 조성되었다. 옹관 내부에서는 전한경, 환두대도, 동검, 검파두식,

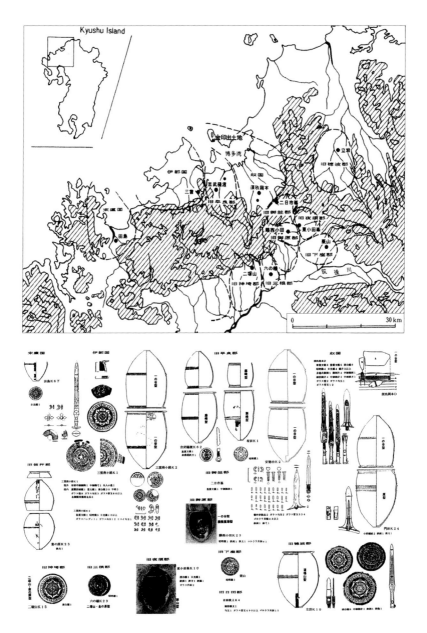

<그림 33> 규슈지역의 제국(諸國)과 수장묘 및 출토유물

철검 등이 다량으로 출토되었다. 이와 격차를 두는 100기가 넘는 군집묘가 분구묘 주변에서 발견되었다. 여기에서는 분구도 없고 부장품도 발견되지 않았다.

단독묘의 구획묘로는 스구오카모토 유적 D지점묘와 미쿠모미나미쇼지 유적 1, 2호묘가 있다. 단독으로 조성되어 있으며, 여기에서는 동경 30점 이상을 비롯해 동모, 동검, 동과, 벽옥, 유리제곡옥 등 많은 부장품이 출토되었다. 스구오카모토 유적 D지점묘는 나국왕, 미쿠모미나미쇼지 유적 1, 2호묘는 이토국의 왕과 왕비묘로 추정하고 있다. 분구의 유무는 불명확하지만 당시에 분구가 존재할 것으로 보인다. 최근 미쿠모 미나미쇼지 유적 1, 2호묘 주변 조사에서 주구가 확인되었으며, 동서 32m, 남북 31m 범위에는 옹관이 존재하지 않아 묘역을 독점한 단독묘로 보고 있다.

4. 양 지역의 문화교류

한국의 호남지역과 일본의 규슈지역의 대형옹관은 형태적, 시간적, 매장방식에서 많은 차이를 보이고 있으면서도 서로 유사한 점도 함께 나타난다.

동아시아에서 일본의 규슈지역을 비롯하여 중국, 베트남에서는 기원전 500년을 전후로 하여 전용옹관이 등장하면서 그 크기도 대형화하는 과정을 밟았다가 기원후 200년을 전후로 하여 옹관은 다시 작아지고 일상용 토기로 대체되어 나갔다. 하지만 호남지역에서는 일본의 규슈지역, 중국, 베트남에서 대형옹관이 거의 사라지는 기원후 200년을 전후로 한 시점에 대형옹관이 본격적으로 만들어진다.

호남지역에서 발견된 초기의 대형옹관(Ⅰ형식 대형옹관)은 형태적으로
는 일본 규슈지역보다는 한반도 서남부지역뿐만 아니라 한강유역, 금강유
역 및 중부 서해안지역 등에서 발견되는 옹관이나 옹형토기를 더 닮았다.
거치문의 형태 등에서 약간 차이는 있으나 전체적인 형태나 바닥의 형태,
타날 등은 거의 동일하다. 대표적인 유물로는 풍납토성 경당지구 101호 유
구, 공주 하봉리유적의 8호분 주구, 남양주 장현리유적의 27·42호 주거지,
공주 하봉리 8호 주구묘, 익산 율촌리 5호 분구묘 등에서 출토된 옹관이나
대옹 혹은 옹형토기를 들 수 있다. 대옹 혹은 옹형토기는 처음에는 저장용
기로, 나중에는 공주, 익산 등에서 주구의 매장시설로 사용되어 왔다. 그러
다가 영산강유역에서는 대형의 전용옹관으로 중심 매장시설로 정착하기에
이르렀다. 이런 변화는 마한 자체의 점진적인 변화로 볼 수 있다.

　　호남지역에서 대옹 혹은 옹형토기와 유사한 대형옹관을 중심 매장시설
로 채택하는 방식은 매장 의례의 관점에서 검토할 수 있다. 호남지역의 마
한 세력은 자신들만의 정체성을 강화하기 위하여 대옹 혹은 옹형토기와 유
사한 대형옹관을 매장 의례에 사용하였을 가능성을 고려해 볼 수 있다. 이
런 양상은 일본 규슈지역과 유사하리라 판단된다.

　　먼저 호남지역의 대형옹관은 시기에 따른 형태 변화에서 규슈지역과
닮았다. 옹관의 크기가 점점 더 커지다가 마지막에는 일상용 토기 관으로
변화한다. 좁은 밖으로 부푼 동체와 발달된 경부(頸部)→포탄형의 동체와
경부의 간략화→다시 호형토기로 변화가 확인된다.

　　그리고 호남지역과 규슈지역의 대형옹관은 분구를 갖추고 있으며, 주구
가 돌려져 있는 특징을 모두 지니고 있다. 특히 주구에 토기를 의도적으로
깨드려 장기간에 걸쳐 제사를 하는 의례 행위도 확인된다. 일본 사가현의
요시노가리 유적에서도 유적 북쪽의 가장 높은 능선상에 조성된 분구묘의

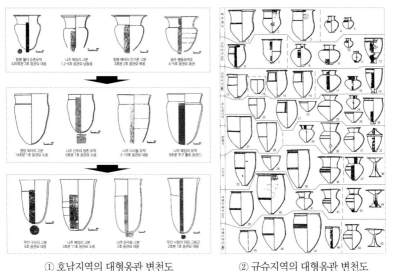

① 호남지역의 대형옹관 변천도
(상: Ⅰ형식, 중: Ⅱ형식, 하: Ⅲ형식)

② 규슈지역의 대형옹관 변천도

〈그림 34〉 호남지역과 규슈지역의 대형옹관 비교자료

우측에서는 제사와 관련된 토광이 조성되어 있었다. 분구묘의 중앙에는 쿤
덴식~스구식의 옹관묘 14기가 발견되었는데, 이 중에서 분구 중앙에서 약
간 서쪽에 치우친 1002호 옹관묘의 본체관 내부에 주칠이 칠해져 있었다.

후쿠오카현의 마쿠모 미나미쇼지 유적에서는 한변의 길이가 약 30m의
분구를 폭 4~7m의 주구가 돌려져 있었으며, 주구의 서·북부에 제사유구
가 설치되어 있었다. 주칠은 거울, 유리제품 등과 함께 중국에서 도래한 것
으로 보고 있는데, 이는 야요이인에게는 죽은 자의 소생 기원을 담은 것으
로 이해되고 있다. 규슈지역에서 주칠은 주로 수장묘와 왕묘의 옹관 내면에
칠해져 있다.

호남지역의 대형옹관을 매장시설로 사용한 고분에서도 분구를 만든 후
에 가장자리에 주구가 돌려있다. 특히 주구에서는 옹관묘가 설치되거나 깨

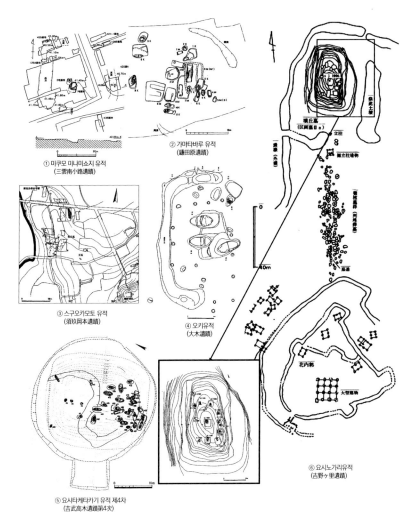

① 미쿠모 미나미쇼지 유적
(三雲南小路遺蹟)

② 가마타바루 유적
(鎌田原遺蹟)

③ 스구오카모토 유적
(須玖岡本遺蹟)

④ 오키유적
(大木遺蹟)

⑤ 요시타케타카기 유적 제4차
(吉武高木遺蹟第4次)

⑥ 요시노가리유적
(吉野ヶ里遺蹟)

〈그림 35〉 규슈지역 대형옹관 관련 중요 유적(분구 확인)

진 토기편이 다량 발견된다. 주구 내에서 의례 행위도 있었을 것으로 보인
다. 물론 호남지역의 대형옹관에서도 내면의 주칠흔이 다수 확인된다.

　　하지만 양 지역의 대형옹관은 저부의 형태, 경부의 거치문, 정면처리수

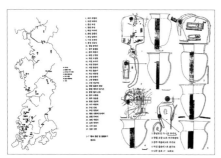

① 한국 중서부, 남부 대옹 출토 유적과 주요 대옹

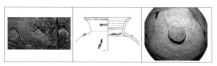

② 한국 중서부, 남부 대옹 관련 자료
[좌: 견부 압인문(서울 풍납토성 196호 유구 대옹),
중: 견부 꼭지(대전 구성동 유적 대옹), 우: 저부 굽
(서울 풍납토성 196호 유구 대옹)]

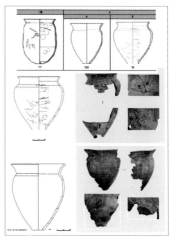

③ 나주 복암리 유적 구상유구 출토 대옹
[상: 대옹분류, 중: 7호 구상유구 대옹
(잔존높이 76.3cm, 구경 61.6cm), 하: ①
13호 구상유구 대옹(높이 99.9cm, 구경
80.9cm, 저경 19.6cm)]

〈그림 36〉 한국 남부지역의 대옹 비교자료

법 등에서 차이도 있다. 호남지역의 대형옹에서는 저부는 약간의 차이는 있으나 대체적으로 원저에 가깝고, 경부의 윗부분은 타날흔을 지운 후에 거치문이 시문되어 있다. 반면에 규슈지역의 대형옹관에서는 거의 후기를 제외하고는 대체적으로 좁은 평저이며, 구연 바로 아래나 동체부에 1조 혹은 2조의 돌대가 돌려져 있다. 무엇보다도 호남지역에서는 외면을 격자문, 혹은 조족문 등을 타날하여 외면 조정한 반면에 규슈지역에서는 타날 후 물손질로 정면처리하고 있다. 즉 호남지역에서는 경부에서 타날을 지운 후 거치문을 시문하는 방식이 중요시된 반면에 규슈지역에서는 물손질로 타날을 완전히 지운 후 돌대를 돌리는 방식이 중요시된다.

한편, 나주 복암리 유적에 대한 7차 발굴조사에서 새로운 형태의 대옹이 출토되었다. 7호 구상유구에서 출토된 대옹은 잔존높이가 76.3㎝이고, 구경은 61.6㎝이었다. 13호 구상유구에서 출토된 대옹은 높이가 99.9㎝이고, 구경은 80.9㎝, 저경은 19.6㎝이었다. 형태는 선행기의 대형옹관과 상당히 닮았다. 하지만 매장시설이 아닌 생활용기로 사용된 것으로 추정된다. 편평한 저부나 타날하지 않고 물손질로 처리된 정면수법에서는 일본 규슈지역의 야요이시대 대형옹관을, 경부와 구연의 형태에서는 한국 호남지역의 Ⅰ형식 대형옹관을 떠오르게 한다. 그러면서도 태토에 검은색을 띤 화산암으로 추정되는 알갱이가 혼입되어 있다. 이 알갱이는 주구에서 출토되는 다른 토기에서는 확인되지 않았다. 이런 태토나 형태에서 유사한 대옹 혹은 옹형토기가 제주도에서 확인된 바가 있다. 또한 해남 군곡리 패총에서 출토된 대옹도 나주 복암리 유적과 많이 닮은 것으로 보고된 바가 있다.

나주 복암리 유적과 해남 군곡리 패총에서 출토된 대옹의 제작 시기에 대해서는 기원전 1세기~기원후 2세기로 추정된다. 이런 유물이 외부에서 유입된 것인지 혹은 자체적으로 현지에서 생산된 것인지 아직 확실하지 않다. 다만 호남지역에서 대형옹관이 등장하는 3세기대에 대형의 토기에 대한 욕구가 주변 지역과의 활발한 문화교류를 기반으로 하여 다양한 양상으로 표출된 것만큼은 분명해 보인다.

기원후 3세기부터 호남지역의 마한 사회는 외부와의 문화교류를 통하여 마한권역에서 자신들만의 정체성을 본격적으로 드러내면서도 새로운 활로를 모색하고자 하였다. 이런 결과물이 바로 대형옹관을 중심 매장시설로의 활용으로 볼 수 있다. 당시 한반도 남부지역에서 일상용으로 사용하였던 '대옹 혹은 옹형토기' 제작기술과 옹관묘 매장 방식을 결합하여 독특한 대형옹관이 등장하였다. 4세기부터 6세기 전반에 걸쳐 호남지역의 대형옹관은 일본의 규슈지역을 비롯하여 중국, 베트남과 같이 대형옹관을 공유하

① 호남지역의 대형옹관	② 규슈지역의 대형옹관
(국립나주박물관)	(요시노가리 유적전시관)

〈그림 37〉 호남지역과 규슈지역의 대형옹관

였던 지역과는 더욱 차별화된 모습으로 발전하였다. 궁극적으로 대형옹관은 마한 문화를 대표하는 상징으로 자리매김하게 되었다.

5. 맺음말

이상으로 호남지역의 마한 사회를 대표하는 '대형옹관'을 통하여 한국의 호남지역과 일본의 규슈지역 사이의 문화교류에 대하여 살펴보았다.

양 지역의 대형옹관은 시기적으로 많은 차이가 있음에도 불구하고 형태적 특징이나 매장 방식에서 많은 유사성을 지니고 있다. 호남지역에서는 기원후 3세기대에 대형의 전용옹관이 등장하였으며, 다른 지역과는 비교하지 못할 정도로 큰 발전이 있었다. 이는 호남지역에서의 자체적인 토기 제작 기술의 발전이 있지 않은 이상 불가능하였다.

그러면서도 호남지역의 마한 사회는 '마한권'에서 자신들만의 정체성을 보여주기 위해서는 여타의 '마한' 정치체와는 차별화된 무엇인가가 필요했다. 이런 차별화된 활로를 모색한 결과물의 하나가 바로 대형옹관이라고 볼 수 있다.

호남지역은 고대부터 육로나 해로를 통하여 외부와 활발하게 교류하면서 마한의 문화를 꽃피웠다. 그러면서도 외부의 문화를 그대로 받아들이지 않고 나름대로의 정체성을 유지하려고 노력하였다. 이런 모색은 대형옹관에서도 엿보인다. 호남지역의 대형옹관은 한반도 남부의 '대옹이나 옹형토기'의 제작기술에서 등장하였고 규슈지역의 대형옹관과 유사한 형태 변화의 과정을 겪었다. 하지만 이들과는 2m에 달하는 크기나 저부의 형태, 경부의 거치문, 정면처리수법 등에서 다른 특징도 확인되기 때문이다.

아직까지도 호남지역의 대형옹관이 지니고 있는 의미를 완벽하게 알지 못하고 있다. 호남지역의 대형옹관을 형태적, 재료학적 특성 등에서 몇 개의 그룹으로 구분하는 작업이 가능하리라 짐작된다. 이를 구체화하면 당시 도공집단, 더 나아가 마한 소국(小國)의 문제까지도 접근할 수 있지 않을까 싶다.

이 글은 2018년 (사)왕인박사현창협회 주최 학술회의(『고대 호남-큐슈지역의 교류와 왕인박사』)에서 발표한 필자의 발표문(「대형옹관을 통해 본 영암지역과 큐슈지역의 고대 문화교류」)을 보완한 것임.

〈주석〉

1) 고대의 옹관의 개념과 정의에 대해서는 다음과 같은 자료를 참고하였다.
   국립나주문화재연구소, 2010,『영산강 유역의 고분 I 옹관』; 국립나주문화재연구소, 2013,『옹관의 일생-가마에서 무덤까지-』; 국립나주문화재연구소, 2018,『다시 태어난 옹관-대형옹관 제작기술의 기록-』.
2) 호남지역의 대형옹관에 대한 기존 연구에 대해서는 다음과 같은 자료를 주로 참고하여 정리하였다. 이외는 참고문헌을 참고하시기 바란다.
   국립나주문화재연구소, 2009,『한국의 고대 옹관』, 학연문화사; 국립나주문화재연구소, 2010,『영산강 유역의 고분 I 옹관』; 국립나주문화재연구소, 2010,『동아시아 옹관묘 1~4』.
3) 국립나주문화재연구소, 2015,『영산강유역 대형옹관 분류표준화 방안연구』.
4) 규슈지역의 대형옹관에 대한 기존 연구에 대해서는 다음과 같은 자료를 주로 참고하여 정리하였다. 이외는 참고문헌을 참고하시기 바란다.
   국립나주문화재연구소, 2010,『동아시아 옹관묘 6』.
5) 호남지역의 대형옹관에 대한 형식분류에 대해서는 다음 자료를 따랐다.
   국립나주문화재연구소, 2015,『영산강유역 대형옹관 분류표준화 방안연구』.
6) 호남지역의 대형옹관 변천단계는 다음과 같은 자료를 참고하였다.
   국립나주문화재연구소, 2010,『영산강 유역의 고분 I 옹관』.
7) 호남지역의 주요 대형옹관에 대해서는 다음과 같은 자료를 요약하여 정리하였다.
   국립나주문화재연구소, 2010,『동아시아 옹관묘 3』; 국립나주문화재연구소, 2010,『영산강 유역의 고분 I 옹관』.
8) 규슈지역의 주요 대형옹관에 대해서는 다음과 같은 자료를 참고하였다.
   국립나주문화재연구소, 2010,『동아시아 옹관묘 6』.
9) 대형옹관에 대한 실험고고학적 연구 성과에 대해서는 다음과 같은 자료를 참고하였다. 이외는 참고문헌을 참고하시기 바란다.
   국립나주문화재연구소, 2012,『대형옹관제작 고대기술 복원 프로젝트 종합보고서』; 국립나주문화재연구소, 2017,『대형옹관제작 고대기술 복원 프로젝트 종합보고서 II』; 국립나주문화재연구소, 2018,『다시 태어난 옹관-대형옹관 제작기술의 기록-』.
10) 규슈지역의 대형옹관 제작기법과 관련해서는 다음 자료를 참고하였다.
   이노우에 야쓰히로, 2010,「북부큐슈의 옹관제작집단과 장송의례로부터 본 배경」,『동아시아 옹관묘 6 : 일본의 옹관묘』, 국립나주문화재연구소.

〈참고문헌〉

〈단행본〉

국립나주문화재연구소, 2009, 『한국의 고대 옹관』, 학연문화사.

국립나주문화재연구소, 2010, 『영산강 유역의 고분Ⅰ 옹관』.

국립나주문화재연구소, 2010, 『동아시아 옹관묘 1~6』.

국립나주문화재연구소, 2012, 『대형옹관제작 고대기술 복원 프로젝트 종합보고서』.

국립나주문화재연구소, 2012, 『영암 옥야리 방대형고분-제1호분-』.

국립나주문화재연구소, 2013, 『옹관의 일생-가마에서 무덤까지-』.

국립나주문화재연구소, 2014, 『영암 옥야리 방대형고분Ⅱ-제1호분발굴조사보고서- [분구]』.

국립나주문화재연구소, 2015, 『영산강유역 대형옹관 분류표준화 방안연구』.

국립나주문화재연구소, 2015, 『동아시아 옹관묘 7-전라남도 Ⅱ-』.

국립나주문화재연구소, 2016, 『동아시아 옹관묘 8-베트남의 옹관묘-』.

국립나주문화재연구소, 2017, 『대형옹관제작 고대기술 복원 프로젝트 종합보고서Ⅱ』.

국립나주문화재연구소, 2018, 『다시 태어난 옹관-대형옹관 제작기술의 기록-』.

국립나주문화재연구소, 2022, 『羅州 伏岩里遺蹟Ⅲ-7·8차 발굴조사보고서-』.

국립나주박물관, 2020, 『고대 아시아의 독널문화』.

〈논문〉

기타노 히로시, 2012, 「일본에서의 토기소성기술의 실험고고학적 연구와 옹관의 소성」, 『대형옹관제작 고대기술 복원 프로젝트 종합보고서』, 국립나주문화재연구소.

김낙중, 2005, 「榮山江流域 甕棺古墳의 發生과 그 背景」, 『文化財』第三十七 號, 국립문화재연구소.

김낙중, 2009, 「영산강유역 대형옹관묘의 성립과 변천과정」, 『한국의 고대 옹관』, 국립나주문화재연구소.

서성훈·성낙준, 1986, 『영암 내동리 초분골고분』, 국립광주박물관.

서현주, 2006, 「영산강유역 삼국시대 토기 연구」, 서울대학교대학원 박사 학위논문.

성낙준, 1983, 「영산강유역의 옹관묘 연구」, 『백제문화』 15, 공주대학교 백제문화연구소.

오동선, 2008, 「호남지역 옹관묘의 변천」, 『호남고고학보』 30집, 호남고고학회.

이노우에 야쓰히로, 2010, 「북부큐슈의 옹관제작집단과 장송의례로부터 본 배경」, 『동아시아 옹관묘 6 : 일본의 옹관묘』, 국립나주문화재연구소.

이용욱, 2016, 「백제 대옹의 특징과 변화과정」, 공주대학교대학원 석사학위논문.

이정호, 1996, 「영산강유역 옹관고분의 분류와 변천과정」, 『한국상고사학보』 22, 한국상고사학회.

이지영, 2017, 「옹관의 생산과 유통-나주 오량동유적을 중심으로-」, 『영산강 옹관의 한성 나들이』, 2017 겨울특별전시회 도록, 한성백제박물관·

나주복암리고분전시관.

임영진, 2017, 「영산강유역 옹관의 발생배경 시론」, 『영산강 옹관의 한성
　　나들이』, 2017 겨울특별전시회 도록, 한성백제박물관·나주복암리고분
　　전시관.

최성락·한옥민·한미진, 2004, 『영암 금계리유적』, 목포대학교박물관·영암군.

쓰네마쓰 미키오, 2010, 「옹관묘의 분포와 그 배경」, 『동아시아 옹관묘 6 :
　　일본의 옹관묘』, 국립나주문화재연구소.

하시구치 타츠야, 2010, 「일본 야요이시대 옹관연구의 현황과 과제」, 『동아
　　시아 옹관묘 6 : 일본의 옹관묘』, 국립나주문화재연구소.

<그림 출전>

<그림 2> 하시구치 타츠야 2010
<그림 16~17> 쓰네마쓰 미키오 2010
<그림 26~30> 국립나주문화재연구소 2018
<그림 31, 33> 이노우에 야쓰히로 2010
<그림 32, 35> 국립나주문화재연구소 2010
<그림 34> 국립나주문화재연구소 2015; 쓰네마쓰 미키오 2010
<그림 36> 국립나주문화재연구소 2022; 이용욱 2016
<그림 37> 국립나주박물관 2019, 요시노가리 유적전시관 2019

고대 호남지역과 규슈지역의 주거지

전형민 _ (재)호남문화재연구원

1. 머리말

고대사회 교류의 규모는 선사시대에 비해 인구와 영역의 확장 및 사회 복합도의 증가에 따라 크게 확대되었으며 교류가 이루어지는 구체적 배경은 정치적 관계에 따라 다양해진다. 고대 호남지역과 규슈지역의 관계에 대해서는 관련된 문헌자료를 찾아보기 어렵기 때문에 고고자료를 통해 일반적인 교류를 주제로 연구가 이루어지고 있다. 이러한 고고학자료의 이동 배경은 특산품의 교역, 위세품의 사여, 의무적인 공납, 강압적인 약탈, 주민의 이주, 기술의 전수, 혼인 등 다양하다.

고대 호남지역과 규슈지역은 야요이시대(彌生時代)부터 밀접한 관계를 유지해 왔다. 규슈지역에서 확인된 고대 호남지역과의 교류관련 자료 중 주민의 이주 관련 자료로서 대표적인 예는 주거지를 들 수 있다. 규슈지역과 호남지역에서는 고분시대에 다양한 위상으로 교류가 이루어졌으며 이러한 교류의 증거는 고고학자료인 주거지를 통해 확인되고 있다. 규슈지역 주거지에서 호남지역 주거지의 특징적인 요소인 부뚜막시설이나 배수구시설 등이 확인되고 있으며 또한 호남지역 마한 토기들도 다수 출토되고 있다. 이는 호남지역과 규슈지역이 상당히 밀접한 관계를 유지하면서 이주 및 기술·문화의 전파를 통해 사회에도 영향을 주었을 것으로 생각된다.

따라서, 이 글에서는 규슈지역에서 확인되는 호남지역 마한 주거지와 유물들을 검토하면서 두 지역의 교류양상을 파악해보고자 한다.

2. 고대 호남지역과 규슈지역 주거지 검토

1) 호남지역 주거지

호남지역 주거지의 대표적인 형식은 방형계의 사주식(四柱式) 주거지로 수혈주거지 내부에 4개의 주공이 있는 주거지를 가리킨다. 사주식 주거지는 천안 이남의 마한계 주거지로 백제계 주거지인 여자형(呂字形) 또는 철자형(凸字形), 육각형 주거지와 구별시켜 마한계 주거지로 규정되고 있으며 백제화가 진행되면서 점차 소멸되는 것으로 이해되고 있다.[1]

호남지역의 마한 주거지의 특징은 방형계, 4주식 주공, 벽구, 배수구, 점토로 축조한 부뚜막시설을 갖춘 주거지, 그리고 격자문이 대다수를 차지하는 연질토기, 장란형토기, 발형토기, 호형토기 등이 출토되는 주거지라 할 수 있다.

주거지의 입지는 크게 구릉과 평지로 구분할 수 있다. 전시기에 걸쳐 구

릉 사면에 가장 많이 확인되는데 이는 구릉사면이 주거 또는 취락이 조성
되기 가장 유리한 입지이기 때문으로 보인다. 전반적인 입지 변화양상은 구
릉 상부에서 하부로 내려가며, 점차 평지로 내려오는 경향이 확인된다. 늦
은 시기의 주거지가 평지의 충적지에 입지하는 이유는 논농사가 활발해지
면서 이에 따른 생산 경제의 변화에 따른 것으로 보기도 한다.

평면형태는 상부구조와 지붕형식을 파악하기 위한 중요한 요소임과 동
시에 주거 내부의 생활방식에 크게 영향을 미치는 속성이기 때문에 각 지
역 집단의 전통성이 반영되는 것으로 파악된다. 주거지는 크게 평면형태에
따라 방형계와 원형계로 나눌 수 있으며 방형계는 방형과 장방형, 원형계는
원형과 타원형, 장타원형으로 세분할 수 있다. 주거지의 평면형태는 호남
서부와 동부지역이 상이한 양상으로 보인다. 서부지역은 방형계가 일찍부
터 주를 이루고, 동부지역은 원형계가 주를 이룬다.[2]

부뚜막[3]은 주거지마다 설치되었던 것으로 판단되며 점토로 만든 부뚜
막과 솥받침·지주(支柱)·연도 등이 이 시기 취사시설의 기본 구성 요소로
파악된다. 부뚜막은 연도부의 형태에 따라 '一'자형, 'ㄱ'자형, 'T'자형으로 세
분된다.

이러한 연도는 연기를 집 밖으로 내보내는 기능 외에도 난방을 겸하였

'一'자형	'ㄱ'자형	'T'자형
광주 오선동 223호	함평 소명 75-3호	담양 태목리 I-4호

<그림 1> 호남지역 부뚜막 평면형태

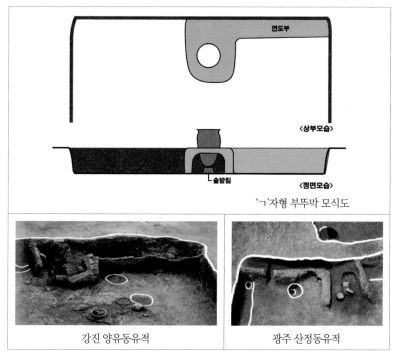

‘ㄱ’자형 부뚜막 모식도

| 강진 양유동유적 | 광주 산정동유적 |

〈그림 2〉 ‘ㄱ’자형 부뚜막과 모식도

을 것으로 생각된다. 축조재료는 점토만을 이용하여 만든 부뚜막이 압도적 다수를 차지한다. 점토를 주재료로 사용하였던 부뚜막은 점차 석재로 노벽을 세우고, 솥받침을 시설하는 등 판석형 부뚜막으로 변화하며 쪽구들형도 대부분의 구조를 석재로 축조하였다. 이러한 재료의 변화는 마한 주거지와 백제계 주거지를 구분하는 지표가 되기도 한다.

솥받침은 부뚜막 연소부에 시설되는 구조물로 조리시 부뚜막에 걸린 솥의 바닥부분을 받치는 역할을 한다. 솥받침은 석재나 토기를 부뚜막 연소부 중앙에 시설하는데 호남지역에서 솥받침이 발견된 주거지는 1,500여

 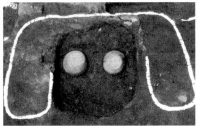

| 고창 교운리유적 | 나주 장등유적 |

〈그림 3〉 호남지역 토제 솥받침

곳에 이르며 호남지역의 마한 주거지에서는 석재보다는 토제 솥받침을 선호하였던 것으로 파악된다.

벽구는 주거 내에서 확인되는 도랑 중 수혈의 벽을 따라 돌려지는 것을 말하는 것으로 호남지역에서 80년대 후반 처음 '벽구'라는 용어를 사용하였다. 벽구는 주거지의 일부에만 시설된 것과 전면에 시설된 것이 있으며 주거지 외부의 배수구와 연결되는 등 다양한 형태로 확인된다. 이러한 벽구는 천안 이남의 마한계 주거지에서 일반적으로 나타나는 시설이다. 벽구는 벽체를 세우기 위해 또는 주거 내로 유입되는 물의 배수를 위해 설치한 것으로 이해되고 있으며,[4] 배수기능이 필요한 사주식 주거지에 꼭 필요한 것으로 보기도 한다.[5] 이러한 벽구가 확인되는 주거지의 경우 외부로 배수구가 이어지는 경우를 많이 확인할 수 있다. 배수구는 청동기시대부터 시작되어 삼국시대까지 지속되는데, 대체로 정형화되는 시점은 사주식 주거지의 등장과 관련되는 것으로 알려져 있다. 이러한 배수구가 부가된 주거지(이하 '배수구 부가 주거지'로 함)는 호남지역에서 가장 높은 비율을 보이고 있다.[6] 광주 하남3지구유적은 199기의 주거지 가운데 배수구가 확인된 주거지 99기로 50% 이상을 차지하고 있으며 광주 오선동유적도 96기로 50%

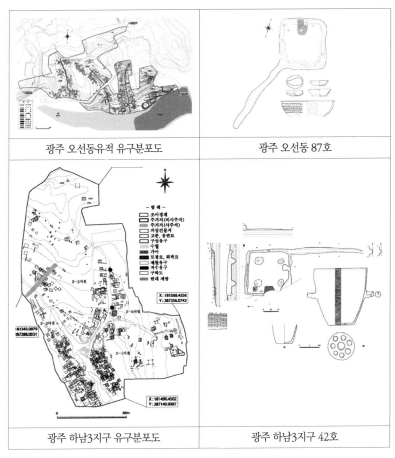

| 광주 오선동유적 유구분포도 | 광주 오선동 87호 |
| 광주 하남3지구 유구분포도 | 광주 하남3지구 42호 |

<그림 4> 호남지역 배수구 부가 주거지

이상을 차지하고 있다.

영산강유역 주거의 시기별 변화상은 연구자에 따라 3~5단계로 구분되고 있다. 이 글에서는 위에서 살펴본 주거 구조의 변천 양상과 출토유물을 통해 주거의 분기 및 편년을 3기로 구분 정리하였다.

(1) I 기 : 마한 주거의 형성기(~3세기 전반)

주거지의 평면형태는 방형계가 대부분을 차지하지만 일부 원형계도 확인된다. 취사시설은 노(爐)형과 점토로 만든 부뚜막이 있는데 부뚜막의 형태는 이후 단계에 비해 간단한 구조이다. 취사용기는 경질무문토기의 요소가 남아있으며 타날기법이 본격적으로 채용되기 시작하면서 격자문이 주로 확인된다.

(2) II 기 : 마한 주거의 성장기(3세기 후반~4세기 중엽)

주거 유적은 주로 구릉부에 입지하지만 담양 태목리, 광주 선암동유적 등과 같이 충적대지인 평지에서도 확인된다. 평면형태는 원형계가 사라지고 방형계 주거지가 대다수를 차지한다. 주거 구조의 속성이 발달하는 단계로써 점토벽체, 토제 솥받침, 지주가 있는 부뚜막이 갖추어지며 배연시설이 부가된다. 사주식 주거지가 등장하고 확산되면서 사주식의 기둥배치가 가장 성행하게 되는 단계이다. 취사용기는 경질무문계통에서 연질 타날문계통으로 변화가 확인된다. 취사용기 모두 구연부 형태에서 변화가 확인되는데 단순외반에서 경부가 형성된다. 시루의 경우 저부가 평저로 통일되고 증기공이 규칙적인 배치로 바뀌게 된다. 이 시기 영산강유역은 마한의 공통적 정체성이 공유·확산되고 지역적 차이가 드러나기 시작하며 다른 지역과의 교류지점으로서 다양한 요소들이 유입되기 시작한다.[7]

(3) III 기 : 마한 주거의 번성기(4세기 후엽~6세기 초)

취락의 경관이 가장 다양하게 완성되어 가는 시기로 주거의 입지는 구릉과 평지에 고르게 분포하는데, 오랜 기간 동안 조성된 대규모 취락의 경우 앞선 시기보다 구릉 하단부에 분포하는 경향을 보인다. 구릉부에 입지한

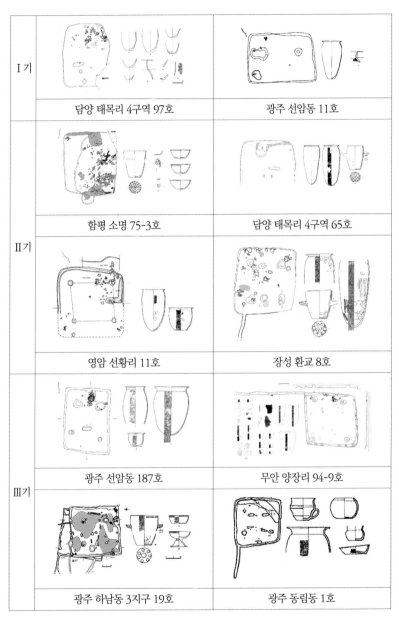

Ⅰ기	담양 태목리 4구역 97호	광주 선암동 11호
Ⅱ기	함평 소명 75-3호	담양 태목리 4구역 65호
	영암 선황리 11호	장성 환교 8호
Ⅲ기	광주 선암동 187호	무안 양장리 94-9호
	광주 하남동 3지구 19호	광주 동림동 1호

〈그림 5〉 호남지역 주거지 변천양상

주거지의 경우 사주와 함께 벽구가 가장 많이 나타나는 시기이기도 하다. 늦은 시기가 되면 백제계 주거지에서 확인되는 석재로 축조한 쪽구들이 등장하며 석재 솥받침도 다수 확인된다. 취사용기인 장란형토기와 심발형토기는 기고가 낮아지는 경향을 보이며 구연부의 단순외반에서 경부가 형성되면서 구순 단부를 강조하는 것으로 변화한다. 시루는 증기공 형태에 있어서 중앙 원공을 중심으로 증기공이 규칙적으로 배열된다. 5세기 중엽 이후 영산강유역권은 경질토기의 생산과 재지적 요소에 외래적(백제·가야·왜) 요소를 받아들임으로써 새로운 기종의 제작사용이라는 점에서 영산강양식 토기들이 확립되고 성행하는 시기이다.

호남지역 마한주거지에서 왜계유물이 확인된 주거지 중 대표적 유적으로 광주 동림동유적이 있다. 광주 동림동유적은 광주천이 인접하여 흐르고

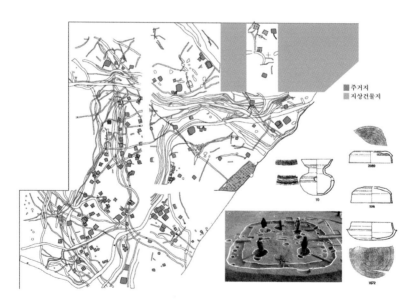

<그림 6> 광주 동림동유적 주거지 및 출토유물(왜계유물)

있는 강안 충적대지상에 위치한다. 조사결과 주거지 98기, 지상건물지 65기, 수혈 133기, 구상유구 235기, 보시설로 추정되는 목조구조물 등이 확인되었다. 주거지의 평면형태는 방형계로 내부에 점토를 재료로 한 'ㄱ'자형 부뚜막이 설치된 주거지와 배수구가 부가된 주거지들이 확인되었다. 유적의 동쪽에는 대형의 지상건물지군이 취락내에서 상징적인 건물로 위치하고 있다. 또한 여러 구상유구로 인해 주거공간, 창고공간, 생산·수리공간 등의 계획적인 배치를 보이고 있으며 재지계·백제계·왜계·소가야계 토기 등 다양한 유물이 출토되고 있다. 이러한 양상으로 보아 이 주거유적은 영산강 상류권을 대상으로 하는 물류의 거점 역할을 하면서 성장한 집단의 주거로 보여지며 창고로서의 지상건물지가 다수 분포한다는 것 역시 이를 반증하는 것으로 생각된다.

2) 규슈지역 주거지[8]

3세기 중엽에는 주거지 평면형태는 장방형으로 기둥은 2개가 내부 중앙에 세워진 주거지가 성행한다. 내부에는 단시설 (ベッド状施設)이 성행하며 주거지의 단변(短辺)을 따라서 양측에 설치된다.[9]

〈그림 7〉 오시노가리 유적 복원 주거지

4세기 후반에는 이전의 주거지 형태를 유지하며 2주식에서 4주식으로 변화한다. 단시설도 외주를 따라서 'ㄷ'자 모양으로 설치되는 것이 많아지며 바닥면의 중앙에 노를 설치하는 것이 일반적이다. 후쿠오카시(福岡市) 西

新町遺蹟에서는 한반도계의 유물과 초기 부뚜막이 설치된 주거지가 다수 확인된다. 부뚜막은 西新町遺蹟과 하카다(博多湾) 연안의 일부 유적에 한정되어 확인된다.

5세기가 되면 일반적으로 평면형태는 방형으로 사주식이 주를 이루고 단시설은 사라진다. 또 이 단계에 하카다만 연안 이외의 유적에서 부뚜막시설이 출현하고, 북부규슈 전체에서는 5세기 말까지 널리 보급된다. 5세기 중엽에 부뚜막시설이 출현한 치쿠고지역(筑後地域)에서 방형의 사주식 주거지가 확인되며 중앙에 노시설을 갖춘 구조에서 부뚜막이 설치되는 구조로 변화한다. 푸젠지역(豊前地域)의 池ノ口遺蹟에서도 부뚜막이 출현하는데 연도가 벽가를 따라 길게 뻗어 모퉁이 부분에서 연기를 배출하는 구조의 Ⅱ형식의 부뚜막('ㄱ'자형 부뚜막)이 다수 확인된다.

부뚜막시설이 보급된 5세기 중엽 이후에는 평면형태 방형의 사주식 주거지 한쪽 벽 중앙에 부뚜막을 설치하는 구조(Ⅲ형식)가 일반적이다. 부뚜막형태는 치쿠젠(筑前)·치쿠고지역과 푸젠지역에서는 Ⅲ형식이 다수를 점하고 있으며, 푸젠지역에서는 Ⅱ형식도 일부 확인된다.

6세기 이후에는 주거지의 규모가 소형화된다. 부뚜막은 치쿠젠·치쿠고지역에서는 여전히 Ⅲ형식이 일반적이지만 Ⅰ형식과 Ⅱ형식도 어느 정도

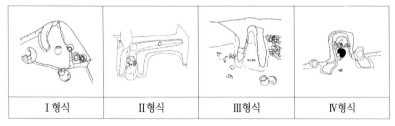

| Ⅰ형식 | Ⅱ형식 | Ⅲ형식 | Ⅳ형식 |

〈그림 8〉 규슈지역 부뚜막 평면 형태

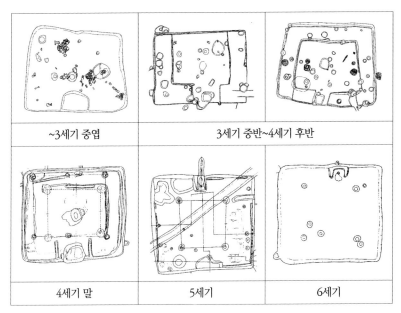

| ~3세기 중엽 | 3세기 중반~4세기 후반 | |
| 4세기 말 | 5세기 | 6세기 |

<그림 9> 규슈지역 주거지 변천 양상

확인된다. 푸젠지역에서는 II형식이 비교적 많이 확인되며 I 형식도 증가한다.

3. 규슈지역의 마한계 주거지[10] 검토

호남지역과 규슈와의 관계에 대해서는 여러 고고학 자료들을 통해 많은 연구자들이 언급하고 있다. 주거지를 통해 이들의 관계를 파악하고자 할 때 규슈지역 주거지에서의 'ㄱ'자형 점토 부뚜막 시설과 주거지에 배수구가 부가되는 요소들을 가지고 있는 주거지를 마한계 주거지로 보고 있으며 이러한 주거지에서 한반도계의 토기들이 다수 출토되고 있다. 이러한 부뚜막과 배수구가 부가되는 요소들이 확인되는 주거지는 호남지역의 마한 주거지로 주민의 이주 및 기술·문화의 전파와 깊게 연관되며 고대 일본의 주거지 구조에도 영향을 주었을 것으로 생각된다.

1) 3세기 후반~4세기 후반

주거지는 이토시마(絲島)반도~하카타연안에 집중되어 나타나고 있다.

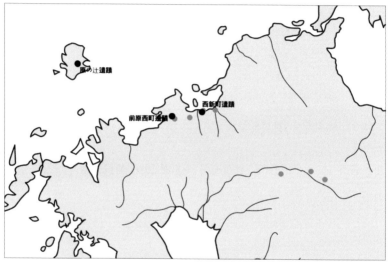

〈그림 10〉 3세기 후반~4세기 후반 마한계 주거지 분포도

(1) 西新町遺蹟

西新町遺蹟에서는 일본의 일반적인 취락의 경우 주거지 내에 전통적인 노(爐)를 사용하는 데 비해 부뚜막을 갖춘 주거지가 확인되었다. 부뚜막이 확인되는 주거지는 전체의 약 20%로 106기의 주거지에서 부뚜막이 확인되었다. 주거지에서는 양이부호, 이중구연토기, 타날문의 원저단경호, 난형호,

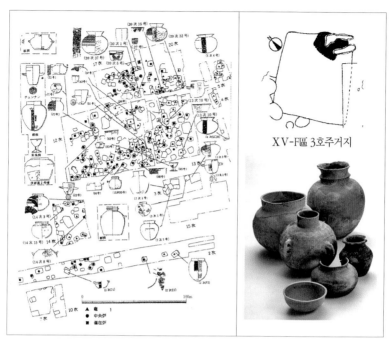

XV-F區 3호주거지

<그림 11> 西新町遺蹟(左)과 原の辻遺蹟(右) 주거지와 출토유물

시루, 주구토기, 유리거푸집 등 출토되었으며, 이러한 토기들은 고창, 영광, 함평 등 호남지역의 서해안 일대와 관련된 유물들로 생각되어지고 있다.[11] 이는 교역을 목적으로 상당수의 마한계 사람들이 건너왔던 사실을 보여준다. 특히, 각지의 토기와 함께 철 소재인 판상철부와 송풍관, 유리제 환옥의 주형 등이 출토되는 것으로 보아 교역과 생산활동에 종사한 공인집단의 이주를 상정해 볼 수 있다.[12]

(2) 原の辻遺蹟

나가사키현 壱岐의 原の辻유적은 4세기대의 초기 부뚜막이 확인된 유

적으로 낙랑토기, 가야계의 도질토기와 함께 마한계 토기가 출토되었다. X
V-F區 3호주거지는 방형의 주거지로 부뚜막이 오른쪽에 치우쳐 위치하며
점토로 축조되었다. 대외교류의 거점지였을 것으로 여겨지는 西新町遺蹟에
서는 많은 수의 마한계 주거지가 확인되었으나 原の辻遺蹟에서는 확인된
주거지의 수가 그리 많지 않아 이주보다는 생산활동에 종사한 공인집단이
나 교역의 중계지로서의 역할이 컸을 것으로 생각되어진다.

(3) 前原西町遺蹟

3~4세기 취락유
적으로 이토시마반도
의 끝자락에 위치해
있다. 주거지에서는
초기 부뚜막이 확인되
었다. 부뚜막은 북벽
중앙에 아궁이가 부착
되어 있다. 주거지 내
부에서는 상부에 승석
문타날 후 침선을 돌
리고 하부에는 격자문
이 타날된 연질 호, 평
행타날 경질토기 등이
출토되었다. 고분시대

〈그림 12〉 前原西町遺蹟 주거지와 출토유물

전기의 일본에서 부뚜막이 보급되지 않은 시기에 한반도의 부뚜막이 확인
되는 유적 중의 하나이다.

2) 4세기 말~5세기 후반

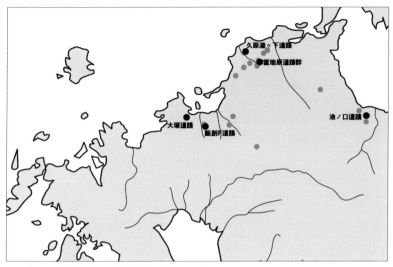

久原瀧ヶ下遺蹟
富地原遺蹟群
池ノ口遺蹟
大塚遺蹟
飯創片遺蹟

〈그림 13〉 4세기 말~5세기 후반 마한계 주거지 분포도

(1) 大塚遺蹟

단야공방과 활석제 옥류의 생산공방, 아궁이가 있는 주거지 등 고대의 제철관련 유구들이 확인되었다. 주거지 7기, 수혈 3기에서 마한계 유물이 출토되었다. 평저의 연질시루, 격자타날 옹과 시루는 저부 바닥에 다수의 원형의 증기공이 뚫려 있는 평저 시루로 호남지역 마한계 시루로서 호남지역 마한인들이 이 지역에 이주하여 생활을 하였을 것으로 여겨진다. 1호 주거지에는 다량의 철조각이 출토된 점에서 단야공방을 겸한 주거지로 파악되고 있다.

〈그림 14〉 大塚遺蹟 14 · 15차 조사 1호 주거지와 출토유물

(2) 三雲 · 井原遺蹟

후쿠오카시(福岡市) 이토시마반도의 끝자락에 위치한다. 야요이시대 후
기를 대표하는 취락으로 낙랑계 토기가 다수 출토되었으며 4~5세기 주거
지에서는 가야계 도질토기와 함께 조족문토기 등 마한계 토기가 출토되었
다. 출토유물을 통해 보았을 때 바다를 매개로 대외교역이 지속적으로 이루
어진 것으로 파악된다. 또한 시루나 연질 발 등 취사용 토기들이 출토되고

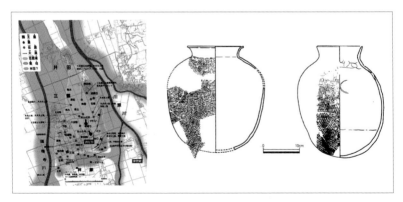

〈그림 15〉 三雲 · 井原遺蹟 유구 분포와 출토유물

있어 유물이 반입되었을 뿐만 아니라 주민의 이주와 정착이 상정된다.

(3) 池ノ口遺蹟

오이타현(大分県)
과의 경계에 흐르는 야
마쿠니강(山国川)의 하
류 서쪽 대지에 위치하
는 취락유적으로 세토
우치해(瀬戸内海)에 접
해 있다. 5세기 전엽에

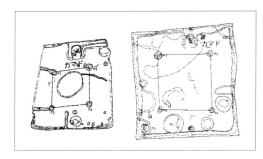

<그림 16> 池ノ口遺蹟 주거지(左: 24호, 右: 27호)

사주식 주거지가 확인되고 있어 북부규슈에서도 세토우치해에 접한 지역
에서는 사주식 주거지로 빠르게 출현했음을 알 수 있다.[13] 池ノ口유적에서
는 5세기 중엽이 되면 사주식 주거지가 주를 이루는데 주로 대형인 경우가
많으며 'ㄱ'자형 부뚜막이 확인된다.

(4) 久原瀧ヶ下遺蹟

후쿠오카현 무나카타시(宗像市)의 동남부인 츠리(釣)강 중류역 구릉에
위치하며 주거지와 수혈, 지상건물지가 조사되었다. 4세기대 속하는 주거
지에서는 판상철제품이 출토되었고 5세기 중엽에 속하는 주거지 SC6에서
는 'ㄱ'자형 부뚜막이 확인되었으며 SC10과 SC12 주거지에서는 배수구가
부가되었다.

주거지 내부에서는 저부 일부가 움푹 패어있는 승석문이 타날된 옹과
파상문이 돌려진 파수부발이 출토되었다. 주거지에서 호남지역과 관련된
토기와 취사용 토기들이 다수 출토되었다.

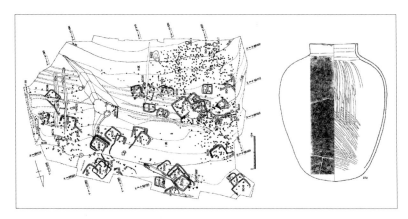

<그림 17> 久原瀧ヶ下遺蹟 주거지와 출토유물

(5) 富地原神屋崎遺蹟

무나카타시(宗像市)의 동남부인 츠리강 중류역의 구릉 사면에 위치한
다. 주거지의 대부분이 배수구 부가 주거지이며 주거지 내부에는 'ㄱ'자형
부뚜막이 확인되고 있다. 주거지 주변으로 창고로 사용되었을 것으로 생각
되어지는 지상건물지가 집중되어 확인된다. 주거지 내부에서는 조족문토
기와 타날문호 등 마한계 토기들이 다수 출토되었다.

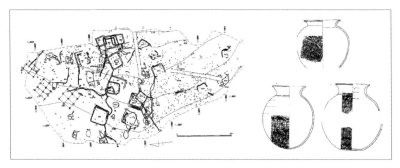

<그림 18> 富地原神屋崎遺蹟 주거지와 출토유물

3) 5세기 말~6세기

유적은 하카타만 연안을 넘어 동·남으로 분포가 확대된다.

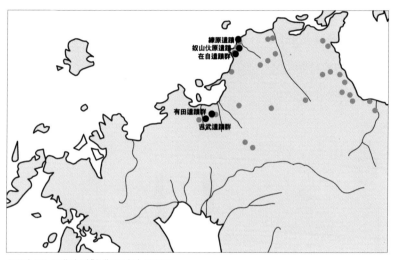

〈그림 19〉 6세기 마한계 주거지 분포도

(1) 吉武遺蹟群

후쿠오카시 사와라구(早良區) 사와라평야의 남서부에 위치한다. 유적에서는 단야공방을 겸한 주거지가 확인되고 있어 5세기 중반~6세기 후반에걸쳐 한반도에서 선진기술을 가진 이주민이 거주하면서 교역 거점으로서기능한 것으로 추정된다.

또한 유적의 제한된 구역에서 배수구 부가 주거지가 집중 확인되고 주거지 주변으로 창고로 사용되었을 것으로 생각되어지는 지상건물지가 집중되어 확인된다.

(2) 有田遺蹟群

하카타만에 접하는 사하라평야의 거의 중앙부에 위치한다. 제170차 SC01주거지에서 지석, 슬러그가 출토되며 벽에 방형 수혈을 설치한 단야 공방으로 추정되고 있다. 5세기 중엽 이후부터 'ㄱ'자형 부뚜막이 설치된 주거지들이 확인되었다.[14] 주거지 내부에서 다수의 한반도계 토기가 출토되고 있어 철기제작이라는 선진기술을 가진 한반도에서 이주한 이주민의 취락으로 추정되고 있다.

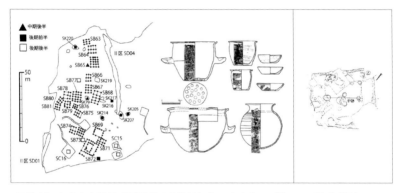

〈그림 20〉 吉武遺蹟群 주거지와 출토유물(左), 有田遺蹟群 170차 SC01 주거지(右)

(3) 津屋崎古墳群 주변 유적

후쿠오카시의 동쪽 후쿠쯔시(福津市) 아라지(在自)~가쓰우라(勝浦)에 걸친 해안사구 뒤쪽의 사호(潟湖)에 면한 완만한 사면에는 津屋崎古墳群으로 불리는 5~6세기의 전방후원분 등 대형고분군이 군집한다. 이들은 4세기 말 이후에 본격화한 오키노시마(沖ノ島)제사유적에서의 제사를 주관한 무나가타(宗像)씨 일족의 유력자의 고분으로 추측되어 해상교통과도 깊은 관련이 있을 것으로 추정된다.

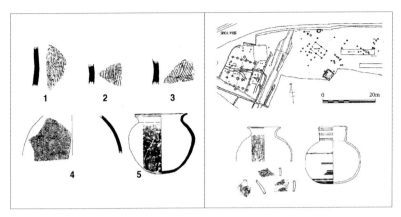

<그림 21> 在自上ノ原遺蹟(1-3)·在自下ノ原遺蹟(4·5)(左), 在自小田遺蹟(右)

이러한 고분군들 사이에 위치하는 취락유적인 후쿠오카현 후쿠쯔시 在
自遺蹟群(在自下ノ原遺蹟, 在自上ノ原遺蹟, 在自小田遺蹟), 生家釘ケ裏遺蹟, 奴
山伏原遺蹟 등에서는 마한지역과 관련된 자료를 포함한 한반도계 유물·유
구가 집중적으로 확인되었다. 5세기대의 한반도계 토기 자료가 많이 출토
되며 다른 지역에서는 별로 볼 수 없는 6세기대의 자료도 비교적 많이 출토
되었다. 조족문토기, 평저 천발, 평저 시루 등이 출토되며 'ㄱ'자형 부뚜막,
배수구 부가 주거지도 확인되고 있다.

① 在自遺蹟群
해상 교통의 거점지역으로 4세기 후반에서 6세기 후반까지의 거점취락
으로 한반도와 지속적인 교류를 하였다. SD-01주거지에서 조족문토기, 평
행타날 후 침선을 돌린 연질 호 등이 출토되었다. SC-015주거지는 'ㄱ'자형
부뚜막이 확인되었으며 유물로는 도질토기, 승석문 도질토기, 조족문 타날
도질토기 옹 등이 출토되었다. 在自下ノ原遺蹟에서는 SK-04 수혈에서 조

족문토기, 도질토기 등이 출토되었고 在自上ノ原遺蹟은 수혈에서 조족문토기, 도질토기 등이 출토되었다. 在自小田遺蹟에서는 대형 벽주건물이 확인되었는데 승석문, 조족문, 고령계 도질토기 등이 출토되었다.

② 生家釘ケ裏遺蹟

6세기 전반의 취락유적으로 SC188호 주거지에서 조족문 타날한 이동식 부뚜막이 출토되었으며 도질토기, 연질 평저발, 평저의 시루가 출토되었다.

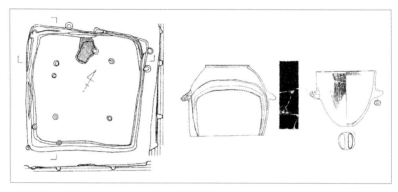

〈그림 22〉 生家釘ケ裏遺蹟 SC188호 주거지와 출토유물

③ 奴山伏原遺蹟

津屋崎古墳群 동쪽에 인접하여 위치한다. 취락유적으로 주거지는 배수구 부가 주거지와 'ㄱ'자형 부뚜막이 있는 주거지 등이 확인되었다. 특히, 'ㄱ'자형 부뚜막이 있는 주거지인 112호 주거지와 배수구 부가 주거지인 SC57호 주거지와 SC108호 주거지에서는 연질 옹과 승석문 도질토기편 등이 출토되었다.

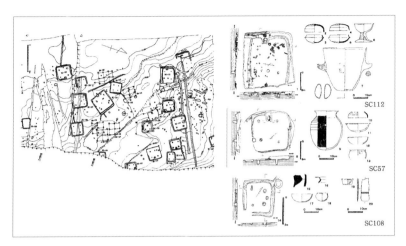

〈그림 23〉 奴山伏原遺蹟 주거지와 출토유물

④ 練原遺蹟

후쿠츠시 내륙의 완만한 경사면에 위치하고 있으며 주변에는 津屋崎古墳群이 위치한다. 고분시대 6세기 전반의 배수구 부가 주거지와 지상건물지가 조사되었다. 주거지 내부에서는 상부에 평행타날이 되고 하부에 격자문이 타날된 광구호와 격자문타날 경질토기 등 마한계 토기가 다수 출토되었다.

〈그림 24〉 練原遺蹟 주거지와 출토유물

4. 규슈지역의 마한계 주거지 전개양상

1) 부뚜막의 도입과 전개

일본에서 부뚜막의 출현은 한반도의 영향으로 보고 있으며 각지에서 출현하는 부뚜막은 한반도와의 관계 속에서 이해되고 있다.[15] 특히 부뚜막의 재료는 점토가 압도적으로 많으며 솥받침으로 심발형토기나 하지키 옹을 거꾸로 세워 쓰는 경우가 많아 호남지역 마한 주거지와 깊은 관련성을 갖고 있다고 인식되어 지고 있다.[16]

일본에서 부뚜막의 출현은 原の辻遺蹟과 西新町遺蹟 등 하카다만 연안에 한정되었으며 4세기에 해당한다. 이들 유적에서는 연질의 취사용토기를 포함한 한반도계 유물이 출토되고 있어 한반도에서의 직접적인 영향을 상정할 수 있다.[17]

이후 부뚜막은 장기간 지속되지 못하다 5세기 중엽 전후로 본격적으로 도입된다. 부뚜막 주거지가 급증하는 이 시기는 스에키의 출현, 횡혈식 석실분의 등장하는 시점이기도 하다. 일본 각지에 보급된 부뚜막의 대부분은 'ㅡ'자형의 부뚜막이 일반적이며 이 중 'ㄱ'자형 부뚜막은 규슈지역에 집중 출토된다. 부뚜막이 확인되는 주거지 내에서 한반도계 유물이 다량 출토되는 점으로 보아 한반도의 영향으로 설치되었을 가능성이 높으며[18] 특히 조족문 타날의 연질토기가 다수 출토되고 있는 점 등을 통해 한반도 중에서도 호남지역과의 관계가 깊은 것으로 여겨지고 있다.[19] 5세기 말~6세기에는 'ㄱ'자형 부뚜막은 하카타만 연안을 넘어 동·남으로 그 분포가 확대되는데 주로 츠리강변의 무나카타지역~온가강 하구에서 집중적으로 확인된다. 이러한 주거지들은 치쿠젠지역에서는 초기 스에키를 생산한 朝倉古窯跡群이 위치하고 있으며 부젠지역은 주변의 고분 등에서 마한·백제계 유물이 출토되고 있어 이지역과 한반도와의 관계를 상정해 볼 수 있을 것으로 생각된다.

2) 배수구 부가 주거지 출현과 전개

수혈주거지에서 옥외로 배수하기 위해 배수구가 부가된 주거지는 일본에서는 그 사례가 적어 한국으로부터 들어온 요소로 보고 있다. 이러한 배수구 부가 주거지는 마한 주거지의 특징 중의 하나로 호남의 서부지역 주거지에 집중 확인되고 있다. 규슈지역에서 5세기 중엽 이후에 주거지 밖으로 배수구가 설치된 배수구 부가 주거지가 증가하는데 호남지역 마한의 유물이 함께 출토되고 있다는 점에서 이 시기 호남지역과 깊은 관련성을 갖고 있는 것으로 여겨지고 있다.[20]

배수구가 설치된 주거지는 후쿠츠시와 무나카타지역~온가천 하구, 부젠지역 북부에 분포하며 6세기 이후 배수구 부가 주거지는 분포지역이 주변으로 확산되는 모습을 보인다. 무나카타지역 후쿠츠시의 練原遺蹟·奴山遺蹟·在自遺蹟群에 배수구가 설치된 주거지가 집중되며 마한·백제계 토기도 많이 출토되고 있다. 이러한 배수구가 부가된 주거지는 일부 'ㄱ'자형 부뚜막시설도 확인되며 그 시기의 마한계 토기의 분포와 중복되어 마한으로부터의 이주를 상정할 수 있다. 또한 吉武遺蹟群에서 배수구가 설치된 마한계 주거지들이 일부 지역에 집중되어 확인되고 있는데 이는 마한인들이 취락 안에서도 집단을 유지하면서 거주하고 있었다는 것을 말해준다고 할 수 있다. 더욱이 6세기 이후 주변으로 확산되는 양상을 확인할 수 있어 마한계의 이주민들이 정착하여 주변으로 분포를 넓혀갔다고 생각되어지고 있다.[21]

5. 규슈지역의 마한계 주거지를 통해 본 교류관계

4세기에 들어 규슈 북부지역에서는 한국계 부뚜막이 성행하고 호남지역과 관련된 토기가 다수 출토되었다. 西新町遺蹟에서 출토된 한국계 토기들은 고창, 영광, 함평 등 호남지역과 관련된 것으로 인식되고 있으며 5세기 중후반부터 6세기 전반까지 호남지역과 관련된 토기는 꾸준히 증가한다.

호남지역과 규슈지역은 西新町遺蹟 등을 통해 3~4세기대부터 교류관계를 형성하였다. 양이부호를 중심으로 소수의 기종에 국한되고 그 분포 지역 역시 이토시마반도에서 하카다만에 이르는 북부규슈지역의 후쿠오카 등지에 집중되어 있다. 양이부호는 한반도에서도 대체로 영산강유역을 중심으로 하는 마한지역에 처음으로 등장한 것으로 이해되고 있다. 이러한 양이부호의 출현을 통해 당시 지역 간 물자 유통이 비교적 활발하였던 상황을 상정할 수 있다. 규슈지역에서 출토된 한반도계 유물에는 반송용 호분만이 아니라 시루와 옹 등 생활용기들도 포함되어 있다. 이러한 유물은 교역 종사자들이 西新町遺蹟으로 대표되는 교역항 주변에 이주하여 생활하였을 것으로 생각되어진다.

고대 일본에서 이루어진 생활문화의 변화 가운데 가장 대표적인 것은 주거지 내부의 부뚜막과 조리용기라 할 수 있다. 특히 西新町遺蹟에서 확인된 부뚜막은 야요이시대 이후 가옥의 난방체제를 새롭게 바꾸었으며 다양한 조리용기는 음식문화에 커다란 변화를 주었다. 西新町遺蹟에서 확인된 3세기 후반경의 점토 부뚜막은 호남지역 토기와 함께 출토되고 있어 이는 이 지역 마한인의 교역을 위한 이주를 포함한 교류가 이루어졌던 것으로 파악할 수 있다.

4세기 말~5세기 초에 들어오면 이토시마지역의 三雲·井原遺蹟을 중심으로 교역망이 변동되는 양상이 확인되고, 동시에 이전과 달리 시루와 같은 취사용 토기가 확인되어 마한·백제계 교역 종사자가 현지에 정착하는 모습이 나타난다.

5세기 중엽~5세기 후반에 규슈지역에 호남지역 주거지가 증가하는 것은 한성백제의 멸망과 백제의 마한병합 과정으로 인한 일본으로의 이주를 말해주고 있다.[22] 5세기 중엽 이후 영산강유역을 비롯한 서남해안에서 북부 규슈지역의 묘제가 확인되고 있는데 이는 서남해안 마한-규슈 북부 정치체의 교섭망의 작동과 관련 있을 것으로 생각된다. 5세기 중엽 이후 증가하는 규슈지역의 마한 이주민들은 한반도와 교섭을 주도하는 현지 수장의 정치적 비호 속에서 새로운 취락을 형성하고 정착하였고 이들의 주거지가 'ㄱ'자형 부뚜막과 배수구 부가 주거지로서 호남지역에서 다수 발견되고 있다.

후쿠오카시 津屋崎古墳群은 무나가타씨 일족의 묘지로 추정되는데 이 일대에서 'ㄱ'자형 부뚜막과 배수구 부가 주거지를 비롯한 마한계 자료들이 많이 확인되고 있어서 마한인의 이주에 따른 것으로 추정되고 있다.[23]

후쿠오카시 吉武遺蹟群에서는 유적의 제한된 구역에서 배수구 부가 주거지가 집중 확인되고 있는데 이는 마한인이 취락 내에서 집단을 유지하면서 거주하고 있었다고 말 할 수 있다. 또한 주거지 주변에는 창고로 이용되었을 것으로 생각되는 지상건물지가 집중 확인되고 있다. 이는 취락 내에 마한 이주민이 창고 관리에 관련되었을 것으로 생각된다. 호남지역에서도 5세기 중엽이후 창고로 사용되었을 것으로 생각되어지는 지상건물지를 취락의 일부에서 집중해서 운영한 유적들이 광주를 중심으로 발견되고 있다. 이는 마한 사람들이 창고 운영 등 고도의 행정적 지식을 일본에 전했을 가능성을 보여준다고 할 수 있다.[24]

6. 맺음말

호남지역은 규슈지역과 청동기시대부터 밀접한 교류를 유지해 왔으며 다양한 위상으로 교류가 이루어졌다. 3~4세기대 주민의 이주를 포함한 교류는 유적이나 주거지 분포로 보아 간헐적이며 해안지역이 중심이 되었던 것으로 추정된다. 특히 西新町遺蹟 등을 통해 교류관계를 형성하였는데 유적에서는 한반도계 토기가 다량 출토되었으며 부뚜막이 확인되었다. 부뚜막은 주로 방형의 사주식 주거지에서 확인되며 축조재료는 점토가 압도적으로 많고 솥받침으로 토기를 거꾸로 세워 쓰는 경우가 많아 호남지역 주거지와 깊은 관련성을 갖고 있다고 이해되고 있다. 이후 5세기 중엽 이후가 되면 호남지역과 관련된 토기의 종류와 수량도 많아지고 마한계 주거지로 인식되는 'ㄱ'자형 부뚜막이 설치된 주거지와 배수구 부가 주거지들이 다수 확인되고 있다. 이는 호남지역에서의 이주를 통한 기술·문화의 전파와 깊게 연관되었을 것으로 생각된다. 또한 5세기 중엽 이후 증가하는 규슈지역의 마한 이주민들은 한반도와 교섭을 주도하는 현지 수장의 정치적 비호 속에서 새로운 취락을 형성하고 정착하였고 이러한 주거양식은 고대 일본의 주거양식에도 영향을 주었을 것으로 생각된다.

이 글은 2018년 (사)왕인박사현창협회 주최 학술회의(『고대 호남-큐슈지역의 교류와 왕인박사』)에서 발표한 필자의 발표문(「삼국시대 영산강유역과 九州 지역 주거지 비교」)을 보완한 것임.

〈주석〉

1) 金承玉, 2004,「全北地域 1~7世紀 聚落의 分布와 性格」,『韓國上古史學報』44.

2) 鄭一, 2006,「全南地方 四柱式住居址의 構造的인 變遷 및 展開過程」,『韓國上古史學報』54.

3) 부뚜막에 대한 연구 성과는 상당량 축적된 상태이나 연주자들이 분류한 속성 기준과 분류 방식에 있어서 차이가 큰 편이다.

4) 이영철, 1997,「전남지방 주거지의 벽구시설 검토」,『박물관연보』6, 목포대학교 박물관

5) 金垠井, 2007,「全北地域 原三國時代 住居址 硏究」,『湖南考古學報』26.

6) 임동중, 2013,「호남지역 사주식주거지의 변천과정」, 전남대학교 대학원 석사학위논문.

7) 서현주, 2019,「마한 문화의 전개와 변화 양상」,『湖南考古學報』61.

8) 重藤輝行, 2012,「九州に形成された馬韓・百濟人の集落—福岡縣西新町遺蹟を中心として—」,『마한 백제인들의 일본열도 이주와 교류』중앙문화재연구원 학술총서 4를 참고하여 정리하였다.

9) 寺井誠, 1995,「古墳出現前後の竪穴住居の変遷過程—北部九州の事例を基に—」,『古文化談叢』第34集.

10) 규슈지역의 마한계 주거지는 후쿠오카현・사가현을 중심으로 한 규슈 북부를 대상으로 한다.

11) 徐賢珠, 2003,「三國時代 아궁이틀에 대한 考察」,『韓國考古學報』50.

12) 武末純一, 2000,「北部九州地域の百済土器—4・5世紀を中心に—」,『福岡大学総合研究所報』240.

13) 寺井誠, 1995,「古墳出現前後の竪穴住居の変遷過程—北部九州の事例を基に—」,『古文化談叢』第34集.

14) 西新町유적에서는 전기부터 마한지역을 중심으로 한 한반도의 존재를 추정할 수 있는 부뚜막이 설치된 주거지가 다수 발견되었지만, 有田遺蹟群에서 부뚜막이 일반화되는 시기는 아직까지 5세기 중엽 이후이다. 이것은 武末純一도 지적하였듯이 西新町유적의 부뚜막은 有田遺蹟群 등 주변의 지역으로 확산되지 않았다는 것을 보여준다.

15) 高久健二, 2016,「竈」,『季刊 考古學』第137號.

16) 重藤輝行・吉田東明, 2012,「日本列島北部九州地域における馬韓・百済系竪穴建物の檢討」,『옹관고분사회 주거지』, 국립나주문화재연구소.

17) 高久健二, 2016, 「竈」, 『季刊 考古學』第137號.

18) 亀田修一, 2005, 「地域における渡来人の認定方法—豊前上毛郡地域を例として—」, 『九州における渡来人の受容と展開』第8回九州前方後円墳研究会資料集.

19) 重藤輝行, 2012, 「九州に形成された馬韓·百濟人の集落—福岡縣西新町遺蹟を中心として—」, 『마한 백제인들의 일본열도 이주와 교류』, 중앙문화재연구원 학술총서 4, 서경문화사.

20) 桐生直彦, 2015, 「排水溝のまつ竪穴建物」, 『季刊考古學』第131號.

21) 龜田修一, 2017, 「일본열도 古墳時代의 마한계 취락」, 『마한의 마을과 생활』마한연구원 총서5, 학연문화사.

22) 임영진, 2000, 「마한의 소멸과정에 대한 고고학적 고찰」, 『湖南考古學報』12.

23) 重藤輝行, 2012, 「九州に形成された馬韓·百濟人の集落」, 『마한·백제 사람들의 일본열도 이주와 교류』, 국립공주박물관·중앙문화재연구원·백제학회.

24) 권오영, 2018, 「큐슈지역 마한-백제 유적과 유물」, 『일본 속의 百濟-큐슈지역-』해외백제문화재 자료집3, 충청남도.

〈참고문헌〉

〈단행본〉

대한문화재연구원, 2018, 『광주 오선동유적』.

목포대학교박물관, 1997, 『무안 양장리 유적』.

목포대학교박물관, 2004, 『영암 선황리유적』.

전남대학교박물관, 2003, 『함평 소명 주거지』.

전남문화재연구원, 2010, 『강진 양유동유적』.

충청남도역사문화연구원, 2018, 『일본 속의 百濟-큐슈지역-』 해외 백제문화
　　　재 자료집 3, 충청남도.

한강문화재연구원, 2017, 『광주 하남3지구 유적』.

호남문화재연구원, 2002, 『고창 교윤리 유적』.

호남문화재연구원, 2007, 『담양 태목리유적 I』.

호남문화재연구원, 2008, 『광주 산정동유적』.

호남문화재연구원, 2007, 『나주 장등유적』.

호남문화재연구원, 2007, 『광주 동림동유적 I·II·III』.

호남문화재연구원, 2010, 『장성 환교유적 I』.

호남문화재연구원, 2010, 『담양 태목리유적 II』.

호남문화재연구원, 2012, 『광주 선암동유적 II』.

加藤良彦編, 2004, 『吉武遺迹群』 XVI飯盛, 吉武圃場整備關係調査報告書 10(古
　　　墳時代生活遺構編 1) 福岡市埋藏文化財調査報告書 第831集.

加藤良彦, 2005, 『吉武遺迹群』 XVII 飯盛, 吉武圃場整備關係調査報告書 11(古
　　　墳時代生活遺構編 2) 福岡市埋藏文化財調査報告書 第911集.

江野道和, 2003, 『前原西町遺迹 II』, 前原市埋藏文化財調査報告書 第84集, 前

原市教育委員會.

岡部裕俊, 1987, 『井原遺迹群』 前原町文化財調査報告書 第25集.

牟田華代子·岡部裕俊 編, 2002, 『三雲·井原遺迹 Ⅱ』, 前原町文化財調査報告書 第78集.

福田一志·中尾篤志 編, 2005, 『原の辻遺迹總集編 Ⅰ』, 原の辻遺迹調査事務所 調査報告書 第30集, 長崎縣教育委員會.

白木英敏編, 1996, 『富地原神屋崎』, 宗像市文化財調査報告書 第41集.

宗像市教育委員會, 2000, 『久原瀧ヶ下』, 宗像市文化財調査報告書 第48集.

安武千里ほか, 1998, 『勝浦北部丘陵遺迹群』, 津屋岐町文化財調査報告書 第13集.

森本幹彦, 2010, 「今宿五郎江遺迹の成立とその背景」, 『福岡考古』 第22号.

森本幹彦, 2011, 『大塚遺迹 4』, 福岡市埋藏文化財調査報告書 第1111集, 福岡市教育委員會.

池ノ上宏·安 武千里 編, 1994, 『在自遺迹群 Ⅰ』, 津屋岐町文化財調査報告書 第9集.

池ノ上宏·安 武千里 編, 1995, 『在自遺迹群 Ⅱ』, 津屋岐町文化財調査報告書 第10集.

池ノ上宏·安 武千里 編, 1996, 『在自遺迹群 Ⅲ』, 津屋岐町文化財調査報告書 第11集.

池ノ上宏·安 武千里 編, 1998, 『生家釘ケ裏遺迹』, 津屋岐町文化財調査報告書 第14集.

池ノ上宏 編, 2002, 『奴山伏原遺迹』, 津屋岐町文化財調査報告書 第18集.

池ノ上宏, 1999, 『練原遺遺迹』, 津屋岐町文化財調査報告書 第15集.

橫山邦継, 2006, 『吉武遺迹群』 ⅩⅧ飯盛, 吉武圃場整備關係調査報告書 12(古墳時代生活遺構編 3) 福岡市埋藏文化財調査報告書 第831集.

〈논문〉

金承玉, 2004, 「全北地域 1~7世紀 聚落의 分布와 性格」, 『韓國上古史學報』 44.

金垠井, 2007, 「全北地域 原三國時代 住居址 研究」, 『湖南考古學報』 26.

徐賢珠, 2003, 「三國時代 아궁이틀에 대한 考察」, 『韓國考古學報』 50.

서현주, 2019,「마한 문화의 전개와 변화 양상」,『湖南考古學報』61.

이영철, 1997,「전남지방 주거지의 벽구시설 검토」,『박물관연보』6, 목포
　　대학교박물관.

임동중, 2013,「호남지역 사주식주거지의 변천과정」, 전남대학교 대학원
　　석사학위논문.

임영진, 2000,「마한의 소멸과정에 대한 고고학적 고찰」,『湖南考古學報』12.

鄭 一, 2006,「全南地方 四柱式住居址의 構造的인 變遷 및 展開過程」,『韓國上
　　古史學報』54.

高久健二, 2016,「竈」,『季刊 考古學』第137號.

亀田修一, 2005,「地域における渡来人の認定方法—豊前上毛郡地域を例と
　　して—」,『九州における渡来人の受容と展開』第8回九州前方後円墳研究
　　会資料集.

龜田修一, 2017,「일본열도 古墳時代의 마한계 취락」,『마한의 마을과 생활』
　　마한연구원 총서5, 학연문화사.

桐生直彦, 2015,「排水溝のまつ竪穴建物」,『季刊考古學』第131號.

武末純一, 2000,「北部九州地域の百済土器—4·5世紀を中心に—」,『福岡大
　　学総合研究所報』240.

武末純一, 2016,「墓らす·葬る」,『季刊 考古學』第137號.

寺井誠, 1995,「古墳出現前後の竪穴住居の変遷過程—北部九州の事例を基に
　　—」,『古文化談叢』第34集.

重藤輝行, 2012,「九州に形成された馬韓·百濟人の集落—福岡縣西新町遺蹟
　　を中心として—」,『마한 백제인들의 일본열도 이주와 교류』중앙문화
　　재연구원 학술총서 4, 서경문화사.

重藤輝行·吉田東明, 2012,「日本列島北部九州地域における馬韓·百濟系竪穴

建物の檢討」, 『옹관고분사회 주거지』, 국립나주문화재연구소.

重藤輝行, 2013, 「古墳時代の4本主柱 竪穴住居と渡來人-北部九州を 事例
　　로-」, 『주거의 고고학』 제37회 한국고고학전국대회 자료집.

重藤輝行, 2019, 「九州の馬韓關連資料の性格-北部九州における馬韓關連資
　　料と波及背景を中心に-」, 『영산강유역 마한문화 재조명』 전남문화재연
　　구소 연구총서 5, 학연문화사.

〈그림 출전〉

〈그림 8, 9〉 重藤輝行·吉田東明 2012(일부 수정)

〈그림 11〉 武末純一 2016(좌)

〈그림 20〉 重藤輝行 2019(좌), 土田純子 2018

〈그림 23〉 龜田修一 2017

고대 호남지역과 규슈지역의 석실묘

신흥남 _ (재)호남문화재연구원

1. 머리말

석실묘는 돌방무덤으로 돌을 쌓아 방을 만들고 그 안에 시신을 안치하는 무덤이다. 출입시설이 있어 추가장이 가능한 구조적 특징을 가지고 있다. 석실묘는 삼국시대부터 사용되기 시작하여 통일신라시대와 고려시대에 널리 사용되었으며 조선 중기에는 왕실을 중심으로 제한적으로 사용되다가 사라진다.

호남지역에 석실묘가 등장하기 시작한 시기는 5세기 말부터인데 특히 영산강유역을 중심으로 6세기 초까지 축조된 초기의 대형 석실묘는 이 지역의 기존 묘제인 옹관묘를 곧바로 대체하는 것이 아니라 그 전통을 계속 유지했던 것으로 이해되고 있다.[1] 이는 전남지역 옹관묘 사회가 4세기 중엽 근초고왕대 백제에 병합된 이후 5세기 후반경부터 백제에서 파견된 관리들에 의해 직접지배로 전환되면서 석실묘가 축조되었다는 기존의 견해와는 다른 새로운 견해로 백제의 마한 병합 시기 대해 새로운 논쟁을 야기하였다. 이러한 초기 석실묘에 대한 계통을 이해하는 데 있어서 백제계로 보는 견해[2]와 비백제계로 보는 견해[3]로 대별되는데 현재는 비백제계, 특히 왜계 석실의 영향으로 등장하는 것으로 보는 견해가 일반적이다.

1990년대에 들어서 이 지역 석실묘에 대한 종합적인 연구가 이루어지기 시작하였다. 1990년에는 당시까지 전남지역에서 확인된 석실분 중 그 구조와 규모가 파악되는 것들을 선정하여 변천과정을 살펴보고 초기의 석실분들은 입지, 출토유물, 장축방향 등 다양한 면에서 기존의 묘제인 옹관묘의 전통을 잇고 있기 때문에 초기 석실묘의 피장자들은 백제에서 파견된 관리가 아닌 기존의 옹관묘를 사용했던 토착세력자였다는 새로운 견해가 제시되었다.[4]

1997년에는 중소형의 백제식석실묘와는 구분되는 영산강유역의 대형 석실묘를 영산강식석실로 규정하고 5세기 말부터 6세기 초에 축조되었으며 이른 시기에 축조된 석실묘는 기존 묘제인 옹관묘의 전통을 유지하고 있던 것으로 6세기 초까지 이 지역은 백제와는 무관한 독립세력으로 존속하고 있었던 것으로 이해하였다. 또한 복암리 3호분 횡혈식설실묘의 상대 편년과 영산강유역 횡혈식석실묘의 출토유물 등의 검토에 따른 상대 편년을 기준으로 영산강유역권 전체의 횡혈식석실묘의 편년안이 제시되었으며 일본 열도와의 관계 검토를 통해 영산강유역권과 밀접한 관계를 유지하였던 북부 규슈지역이 이와이 세력에 의해 병합됨으로써 영산강유역권이 자연스럽게 백제와의 관계 개선의 필요성을 인지하였고 무리한 전쟁보다는 평화적인 방법을 택하여 기득권을 유지하려 하였을 것이라는 견해가 발표

되었다.[5]

2000년대에는 영산강식석실묘의 계통에 대한 연구가 진행되기 시작하였다. 2002년에는 영산강식석실묘를 일본 규슈석실묘와 관련된 것으로 보고 직접연관형과 발전형으로 구분하였으며, 직접연관형을 북부규슈형계와 히고형계로 세분하는 견해가 발표되었다.[6]

2006년에는 영산강식석실 가운데 북부규슈형은 5세기 4/4분기에서 6세기 1/4분기에 걸쳐 있고 히고형석실은 6세기 2/4분기에 해당하는 점, 5세기 4/4분기는 규슈 아리아케카이(有明海) 일대의 이와이(磐井) 세력이 북부규슈로 세력을 확대하였던 시기이고 6세기 1/4분기는 이와이 세력이 기나이(畿內)의 야마토(大和)정권에 통합되었던 시기라는 점을 감안하여 영산강유역권의 북규슈형 석실의 주인공들은 5세기 4/4분기에 이와이의 침략을 피해 망명한 북규슈지역의 세력자로 추정되고, 히고형석실의 주인공들은 6세기 2/4분기에 야마토정권의 지배를 피해 망명한 아리아케카이 지역의 세력자로 추정된다는 견해가 발표되었다.[7]

2008년에는 영산강유역 초기대형석실을 영산강유형과 웅진계유형으로 구분하고 영산강유형은 벽석 석재, 연·묘도의 형태, 평면형태 등을 기준으로 조산식, 장고봉식, 월계동식, 영천리식으로 세분하고 있다. 이러한 영산강유형은 북부규슈의 영향을 받았으며 백제, 현지, 가야의 요소가 축조집단인 현지세력의 다양한 선택에 의해 도입형, 현지발전형, 창출형으로 복잡하게 나타난다고 보았다. 웅진계유형 역시 백제계를 기본으로 영산강유역 및 왜의 요소가 가미되어 호남 서남부지역에만 보이는 하나의 새로운 유형이 된다는 견해가 제시되었다.[8]

이처럼 영산강유역권에서 확인되는 초기 석실은 일본의 규슈지역과 밀접한 관계가 있는 것으로 파악된다. 영산강식석실은 북부규슈형과 히고형으로 나눌 수 있는데 본고에서는 영산강유역의 초기 석실묘를 살펴보고 규슈지역 석실묘와의 비교 검토를 통하여 당시 양 지역의 관계를 살펴보고자 한다.

2. 영산강식석실묘 검토

1) 영산강식석실묘란?

전남지역 횡혈식석실묘에 대한 과거의 견해는 백제 석실묘의 영향으로 축조되기 시작되었다는 것이 일반적인 견해였다. 그렇지만 전남지방의 석실묘는 입지, 석실의 위치, 구조, 장축방향 등의 속성에 따라 영산강식, 남해안식, 백제식으로 구분되고[9] 영산강식석실이 가장 이른 시기에 등장한다고 이해하는 것이 일반적이다.

영산강식석실묘는 강이나 대하천을 끼고 있는 낮은 구릉 위에 주로 분포하고 대부분 단독으로 존재한다. 문의 양쪽에 기둥으로

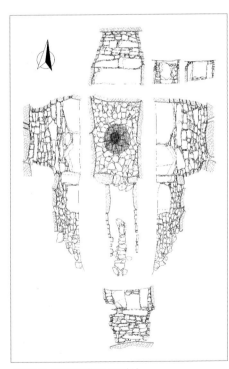

〈그림 1〉 복암리3호분 96석실

세우는 문주석, 문주석 아래에 가로로 댄 문지방석, 문주석 위에 가로로 댄 문미석, 그리고 현문 등의 시설을 비교적 잘 갖추고 있는 특징이 있다. 백제식석실묘와 구분되는 가장 큰 차이점은 석실묘의 위치이다. 백제식석실묘는 지하에 석실이 위치하고 지상에 봉분을 쌓아 축조하는 데 반해 영산강식석실묘는 지상에 분구를 쌓고 석실이 분구의 중간에 위치하는 지상식 석실묘이다.

가장 이른 시기에 등장하는 영산강식석실은 일본 규슈지역과의 관련성이 언급되어 왔다. 규슈지역의 5~6세기대 석실묘는 북부규슈형과 히고형으로 대별되는데 영산강식석실묘 역시 양자로 구분할 수 있다.

2) 북부규슈형 석실묘

일본에서 북부규슈형석실묘의 특징은 현실의 평면형태가 장방형이고 조임식 천장에 연도는 중앙에 위치하며 판석으로 현문을 폐쇄하고 전벽과 연도의 천장이 없는 형태이다.[10] 영산강유역에서 확인되는 북부규슈형석실은 나주 복암리3호분 96석실, 함평 신덕1호분, 광주 월계동1·2호분, 광주 명화동고분, 해남 월송리 조산고분, 해남 방산리 장고봉고분 등이 있다.

(1) 나주 복암리3호분 96석실

나주 복암리3호분 96석실은 연도와 묘도를 갖추고 있으며 전체적인 평면형태는 연도가 우측으로 치우친 우편甲자형이다. 현실의 평면형태는 제형에 가깝고 바닥에는 할석을 빈틈없이 깔았다. 현실 벽의 하단에는 큰 판상석을 세우고 그 위에 작은 할석을 쌓았는데 조금씩 내경하게 쌓다가 천장부에서 급격히 내경한다. 비교적 긴 연도와 묘도를 가지고 있으며 연도와 묘도에는 배수시설이 확인되었다. 현실 내부에는 4기의 옹관묘가 안치되어 있었고 관대 시설도 확인되었다.[11] 석실의 연대는 1호옹관에서 출토된 유공광구소호를 통해 5세기 4/4분기로 보고 있다.[12]

(2) 함평 신덕1호분

함평 신덕1호분은 옆에서 보았을 때 우리나라 전통 악기인 장고를 닮은 장고분으로 석실의 전체적인 평면형태는 상당히 긴 연도와 묘도를 가지는 중앙卄자형이다. 현실의 평면형태는 장방형이지만 입구 반대쪽 벽인 후벽이 전벽에 비해 약간 긴 편이다. 현실의 벽은 아래에 대형의 판석을 세우고 그 위에 할석을 쌓은 형태인데 상부로 갈수록 내경하게 쌓았다. 현실 입구 양쪽에 문주석을 세우고 그 위에 문미석을 올렸다. 현실 내부에서는 왼쪽으로 약간 치우쳐 관대시설이 확인된다.[13] 석실의 연대는 출토되는 개배와 마구류로 보아 6세기 2/4분기로 보는 것이 일반적이다.[14]

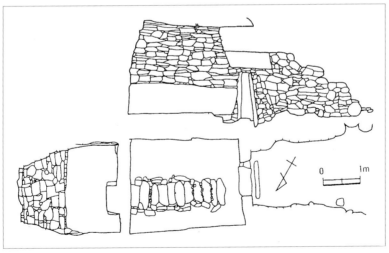

〈그림 2〉 함평 신덕1호분 석실

(3) 광주 월계동1·2호분

광주 월계동1호분은 장고분으로 석실의 평면형태는 중앙에 연도가 있는 중앙뙤자형이다. 현실의 평면형태는 장방형이고 현실 벽은 판상할석을 눕혀서 내경하게 쌓았다. 입구에는 대형 판석을 이용하여 전벽을 겸한 문비석을 세우고 그 위에 문미석을 두었으며 현문 바닥에는 문지방석을 놓았다. 현실의 후벽쪽에 인접하여서는 상자식 석관이 확인되었다. 현실 바닥은 큰 판석 4매를 중앙에 두고 가장자리는 작은 판석으로 깔았다.[15]

석실의 연대는 나주 복암리3호분 96석실보다 약간 선행하거나 병행할 것으로 보고 있다.

월계동2호분은 장고분으로 도굴로 인해 석실의 상당부분이 파괴되었다. 잔존하는 석실의 전체적인 평면형태는 중앙뙤자형이다. 현실의 평면형태는 방형이며 잔존하는 벽면은 판상할석을 눕혀서 쌓았다. 바닥에는 판상할석을 전면에 깔았다. 석실의 연대는 월계동 1호분보다 한단계 늦은 6세기 1/4분기로 추정되고 있다.[16]

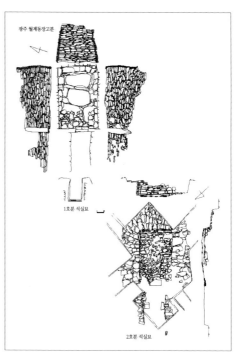

〈그림 3〉 광주 월계동1·2호분 석실

(4) 해남 월송리 조산고분

해남 월송리 조산고분은 원분으로 석실은 짧은 연도를 가졌으며 전체적인 평면형태는 우편甲자형이다. 현실의 평면형태는 장방형이며 벽면의 하단에는 큰 판석을 세우고 그 위에 할석을 살짝 내경하게 쌓아 올라간다. 전벽은 판석 2매를

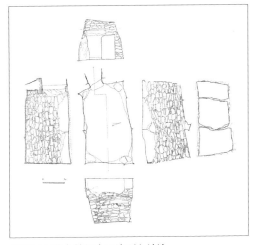

〈그림 4〉 해남 월송리 조산고분 석실

세워 입구를 마련하였고 문지방석과 문미석이 확인된다. 현실 바닥에는 대형의 판석을 둔 후 비어있는 네 모서리쪽은 작은 할석으로 채웠다. 석실의 연대는 유공광구소호 등의 출토유물로 보아 6세기 1/4분기로 보고 있다.[17]

(5) 해남 방산리 장고봉고분

해남 방산리 장고봉고분의 석실은 긴 연도를 가지고 전체적인 평면형태는 중앙甲자형이다. 현실의 평면형태는 장방형으로 후벽이 전벽에 비해 긴 편이다. 전벽을 제외한 세 벽의 하단에는 큰 판석을

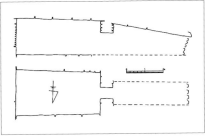

〈그림 5〉 해남 방산리 장고봉고분 석실

세우고 그 위에 작은 할석으로 쌓아 올라갔다. 단벽은 수직에 가깝게 쌓아 올라가고 양 장벽은 조금씩 내경되게 쌓아 올렸다. 현실은 전체적으로 주칠을 하였다. 석실의 연대는 6세기 전반으로 보고 있다.[18]

3) 히고형석실묘

일본에서 히고형석실묘의 특징은 5세기대와 6세기대로 나누어질 수 있다. 5세기대의 초기 횡혈식석실은 방형의 평면에 궁륭형(돔)천장의 석실로 석실 안은 석장(石障)을 둘러서 내부를 구획한다. 6세기대에서는 방형의 평면에 복실(複室) 구조의 석실로 궁륭형 천장, 이시야형(石屋形), 벽화 장식 등이 특징이며 5세기에서 6세기의 경계쯤에는 석장이 해체되는 양상이 보이기도 한다.[19] 영산강유역에서 히고형석실은 장성 영천리고분, 화순 천덕리 회덕고분군 3호분, 해남 용두리고분 등이 있다.

(1) 장성 영천리고분

장성 영천리고분은 원형분으로 석실의 전체적인 평면형태는 중앙甲자형이다. 현실의 평면형태는 전벽의 모서리가 둥근형태의 방형에 가깝고 후벽과 측벽은 판상할석을 눕혀 내경되게 쌓았는데 천장부에서는 모줄임이 확인된다. 현문부에는 2중의 문주석이 확인되고 그 사이에 문지방석이 놓여 있다. 석실의 연대는 6세기 2/4분

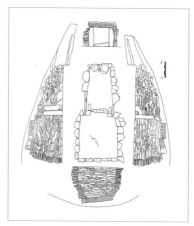

〈그림 6〉 장성 영천리고분 석실

기로 보고 있다.[20]

(2) 해남 용두리고분

해남 용두리고분은 장고분
으로 석실의 전체적인 평면형
태는 연도가 왼쪽으로 치우친
좌편甲자형이다. 현실의 평면
형태는 장방형으로 벽석 하단
은 판상석을 세우고 그 위로
할석을 눕혀 쌓았다. 단벽은 거
의 수직으로 쌓았으나 장벽은
내경시켜 쌓았다. 네벽 모서리
에서는 벽의 뚜렷한 경계가 보
이지 않고 모줄임하며 만들었
고 천장석에 가까운 부분은 빗
각으로 처리하였다. 현실의 바

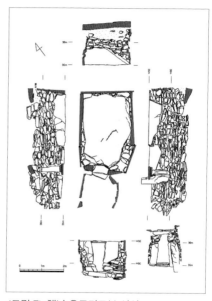

<그림 7> 해남 용두리고분 석실

닥은 대형 판석 1매를 깔고 모서리의 빈 공간은 작은 할석으로 채웠다. 현
문 입구 우측에는 2중으로 문주석을 세웠으며 문주석 사이에 문지방석이
확인된다. 석실의 연대는 출토되는 유물을 통해 6세기 전반경으로 비정하
고 있다.[21]

(3) 화순 천덕리 회덕고분군 3호분

화순 천덕리 회덕고분군 3호분은 원형분으로 석실의 전체적인 평면형
태는 연도가 좌측에 치우친 좌편甲자형이다. 현실은 전벽이 후벽보다 긴 방

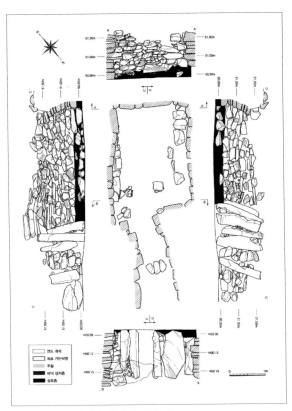

〈그림 8〉 화순 천덕리 회덕3호분 석실

형에 가까운 형태이다. 전벽을 제외한 세벽은 판상할석을 눕혀 내경되게 쌓았으며 전벽은 판상석을 세워 축조하였다. 현문 입구 양쪽에는 2중의 문주석을 세웠고 문지방석은 확인되지 않았다. 현실 내부 벽면에는 주칠흔이 확인되고 현실의 우측에 관대 시설이 확인된다.[22] 연도와 묘도 사이에는 양자를 구분하기 위해 바닥에 경계석을 시설하고 양쪽에 긴 장대석을 배치하였다.

3. 영산강식석실묘와 규슈지역 석실묘 비교

규슈지역에서는 4세기 후엽경부터 횡혈식석실묘가 출현하며 단위지역에 따라 구조적으로 다양한 변천 양상을 보인다. 규슈지역의 횡혈식석실묘는 북부규슈형과 히고형으로 구분되는데 북부규슈형은 장방형의 평면형태에 평천장을 갖는 것이고 히고형석실은 방형의 평면형태에 궁륭형천장과 석장이 있는 것이 가장 큰 특징이다.[23]

1) 북부규슈형석실묘

일본 열도에는 4세기 후엽에 횡혈식석실이 북부규슈에 출현한다. 초기의 북부규슈형석실은 주로 아리아케카이(有明海) 일대를 중심으로 분포한다. 장병형의 평면형태에 평천장을 갖는 북부규슈형석실은 5세기에 들어 급속하게 변화하며 파급되어 지역의 수장급 무덤으로 정착하는데 지역별로 복잡한 변화양상을 보인다. 여기에서는 호남지역의 초기 석실묘들과 연관이 있다고 생각되는 몇 가지 사례에 대해 살펴보고자 한다.

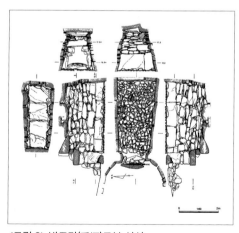

(1) 반즈카番塚고분

전방후원분으로 횡혈식석실은 후원부에서 확인되었다. 석실의 전체적인 평면형태는 중앙에 연도가 있는 중앙甲자형이

〈그림 9〉 반즈카(番塚)고분 석실

다. 연도는 짧게 '八'자형으로 벌어져 있다. 현실의 평면형태는 제형이다. 현실의 벽은 하단에 비교적 큰 괴석을 세우고 그 위에 작은 할석을 쌓았는데 조금씩 내경되게 쌓다가 천장부에서 급격히 내경한다. 현실의 벽에는 적색안료가 도포되어 있다. 현실 바닥은 작은 할석을 빈틈없이 깔았다. 현문에는 문주석과 문미석, 문지방석이 확인된다. 석실의 연대는 출토유물로 보아 5세기 후엽~6세기 초로 보고 있다.[24]

연도의 형태는 다르지만 현실의 평면형태와 벽의 축조 방법, 바닥 전면에 할석을 빈틈없이 까는 것은 복암리3호분 96석실과 유사하다.

(2) 세키교마루關行丸고분

전방후원분으로 횡혈식 석실은 후원부 중앙에서 서쪽으로 치우친 지점에서 확인되었다. 석실의 전체적인 평면형태는 연도가 가운데 위치하는 중앙甲자형이다. 현실의 평면형태는 장방형이지만 입구 반대쪽 벽인 후벽이 전벽에 비해 약간 긴 편이다. 현실의 벽은 아래에 대형의 판석을 세우고 그 위에 할석을 쌓은 형태인데 상부로 갈수록 내경하게 쌓았다. 현실 입구 양쪽에 판상의 거

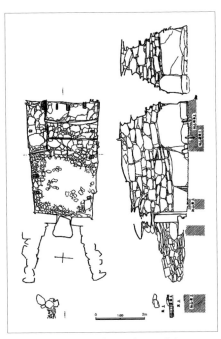

〈그림 10〉 세키교마루(關行丸)고분 석실

석을 문주석으로 세우고 그 위에 얇고 편평한 판석을 문미석으로 올렸다. 연도는 '八'자형으로 벌어지는 형태이다. 현실 뒷벽에는 판석을 이용하여 상식석관 모양으로 구분한 3개의 시상이 설치되어있다. 석실의 연대는 6세기 초로 추정하고 있다.[25]

현실 바닥 시설에는 차이를 보이지만 현실의 평면형태, 벽의 축조 방법, 문주석과 문미석이 시설되고 연도가 '八'자형으로 벌어지는 점, 시상대가 확인되는 것 등은 함평 신덕1호분의 석실과 유사하다.

(3) 가마즈카釜塚고분

대형 원분으로 분구 중앙에서 횡혈식석실이 확인되었다. 석실의 전체적인 평면형태는 연도가 가운데 위치하는 중앙甶자형이다. 현실의 평면형태

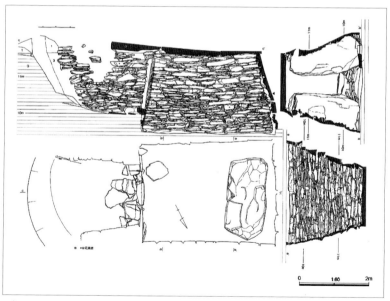

〈그림 11〉 가마즈카(釜塚)고분 석실

는 장방형으로 연도는 밖으로 살짝 벌어지는 형태이다. 벽체는 편평한 할석을 눕혀 쌓았는데 조금씩 내경되게 쌓아 올렸다. 앞벽은 좌우에 판석 1장씩을 세웠으며 문미석은 확인되지 않고 문지방석만 확인되었다. 현실 바닥 뒷벽쪽에는 큰 판석이 있는데 매장관의 일부로 보고 있다.

현실 벽면과 연도 일부에 적색 안료가 확인되는데 본래 석실 전체에 도포되었던 것으로 추정하고 있다. 석실의 연대는 5세기 전엽으로 보고 있다.[26] 시기에 있어 차이는 있지만 축조 방법에 있어 광주 월계동1호분의 석실과 유사하다.

2) 히고형석실묘

북부규슈형석실이 아리아케카이에 접한 지역에 분포하는 데 반해 히고형석실은 아리아케카이 인근 규슈 중앙에 주로 분포하고 있다. 히고형석실은 현실의 평면형태가 방형이고 돔형으로 높게 천장을 쌓은 것이 특징이며 비교적 짧은 연도를 가진 것이 일반적이다. 히고형석실묘는 5세기대와 6세기대로 나누어 살펴볼 수 있는데 여기에서는 古城史雄의 논고[27]를 중심으로 히고형석실묘의 전반적인 양상을 살펴보고자 한다. 히고형석실묘의 5세기대 특징은 방형의 평면에 궁륭형 천장과 석장[28]을 특징으로 볼 수 있는데 소수이지만 장방형의 평면형태를 가지거나 석장이 없는 예가 있다. 그러나 그러한 예외적인 석실에도 공통되는 특징은 돔형의 천장 구조를 가지고 있는 것이다. 다시 말해 석실의 양 벽에 모를 죽이기 위해 석재를 교차시키고, 네 귀퉁이를 둥글게 마감하는 특징이 있다.

5세기대 석실묘는 다음과 같이 크게 4가지 형태로 분류가 가능하다.

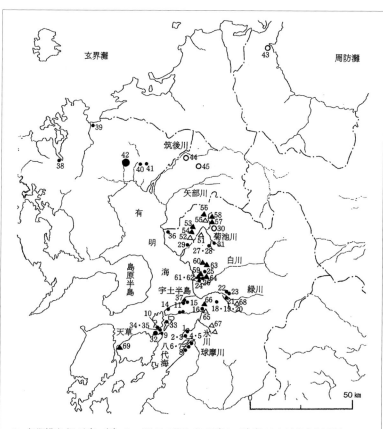

玄界灘　　　　　　　　　　　　　　　　　43　　　　周防灘

39

筑後川
42　　○44
38　　40 41　○45

矢部川
56
53　55△△58 57
54△　　　△30
36 52△　菊池川
29　　　51　31
27・28
60　59　白川
59・25
61・62　24 26
宇土半島　37　　22・23　緑川
14・1　15 66　21 △68
16・　18・19・20
10　33　65
34・35　　67
32　9 2・3 1　氷
69　　4・5　川
八　6・7
代　　球摩川
海　8

50 km

●：初期横穴式石室(1~45)　▲：6世紀の横穴式石室(51~68)(白ヌキは前方後円墳)
1：小鼠蔵1号，2：尾張宮，3：大鼠蔵西北麓2号，4：五反田，5：塩釜山第1号，6：長迫，
7：門前2号，8：田川内1号，9：大戸鼻北，10：長砂連，11：城1号，12：重盛山，13：児
島崎，14：小田良，15：ヤンボシ塚，16：鴨籠，17：三拾町板碑，18：将軍塚，19：り
ゅうがん塚，20：坂本，21：小坂大塚，22：井寺，23：石塚遺跡内古墳，24：千金甲1号，
25：富ノ尾1号，26：楢崎山5号，27：石川山8号，28：石川山7号，29：伝左山，30：銭
亀塚，31：長明寺坂1号，32：竹島5号，33：千崎5号，34：カミノハナ1号，35：カミ
ノハナ3号，36：別当塚東，37：城2号，38：夏崎，39：樋ノ口，40：五本黒木丸山，41
：丸山2号，42：円山，43：御所山，44：日輪寺，45：藤山甲塚
51：塚坊主，52：大坊，53：馬出，54：永安寺東，55：チブサン，56：臼塚，57：馬塚，
58：弁慶ヶ穴，59：楢崎山7号，60：釜尾，61：千金甲2号，62：千金甲3号，63：稲荷
山，64：二軒小屋，65：国越，66：宇賀岳，67：大野窟，68：今城大塚，69：大松戸

〈그림 12〉아리아케카이 지역의 히고형석실묘 분포

1류 : 방형의 평면에 석장이 있는 것

2류 : 방형의 평면에 석장이 없는 것

3류 : 장방형의 평면에 석장이 있는 것

4류 : 장방형의 평면에 석장이 없는 것

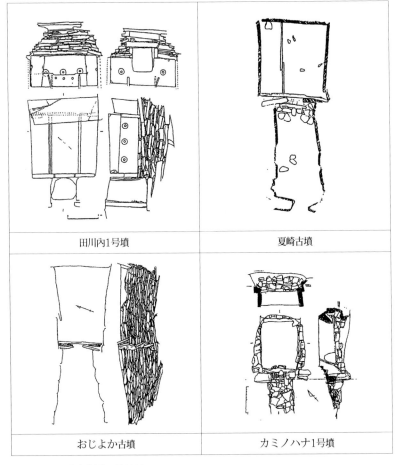

| 田川內1号墳 | 夏崎古墳 |
| おじよか古墳 | カミノハナ1号墳 |

<그림 13> 5세기대 히고형석실묘

5세기대 히고형석실묘는 1류가 주를 이루고 2류~4류는 소수이다. 전형적인 히고형석실은 궁륭형천장, 방형 평면형태에 석장을 가지는 것이다.

6세기대 히고형석실의 특색은 복실 구조와 벽화계 장식, 석옥형의 석관을 갖고 하천단위로 지역성이 나타나는 것이다. 지역별 특징은 다음과 같다.

기쿠치카와(菊池川)유역 : 복실양수형횡혈식석실+석옥형 석관+벽화계 장식

시라카와(白川)유역 : 단실방형평면+석옥형 석관+벽화계장식

히고남부 : 장방형평면+석옥형 석관·석붕

히고형석실에서 석장은 중간에 없어지지만 석실 내부를 구획하고 시신

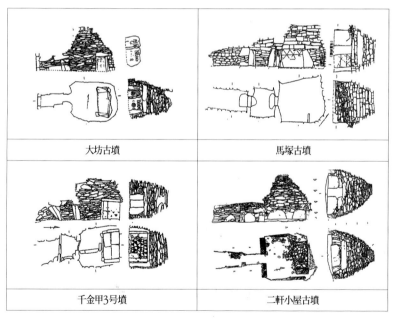

大坊古墳	馬塚古墳
千金甲3号墳	二軒小屋古墳

〈그림 14〉 6세기대 히고형석실묘

안치 장소를 마련하는 방법은 같다. 또 천장을 궁륭형으로 구축하는 것도 5세기대에서 6세기까지 이어진다.

영산강유역에서 히고형석실로 분류되는 것은 장성 영천리고분, 화순 천덕리 회덕고분군 3호분, 해남 용두리고분의 석실묘가 있다. 3기 모두 6세기 초엽에 해당하는 것으로 구조에 있어서 현실의 평면형태, 연도의 위치, 벽석 축조방법 등에 있어서 각기 다른 양상을 보이고 있다. 공통점을 찾는다면 2중 문주석과 벽석의 모줄임이 보인다는 점이다. 아리아케카이 지역의 6세기대 히고형석실에서 보이는 석옥형석관은 확인되지 않는다. 그렇지만 2중 문주석과 벽석의 모줄임은 6세기대 히고형석실에서 보이는 특징과 상통한다.

영산강유역의 히고형석실과 아리아케카이 지역의 히고형석실의 구조가 정확히 일치한 사례는 확인되지 않는다. 다만 몇 가지 구조적인 특징이 유사한 사례가 있어 살펴보고자 한다.

장성 영천리고분의 석실묘는 방형의 현실에 연도가 중앙에 위치하고 2중 문주석이 확인되며 할석을 쌓아 벽을 축조하고 천장부에서 모줄임이 확인된다. 이와 유사한 석실묘로 키쿠치카와 중류 지역의 우스츠카(臼塚)고분

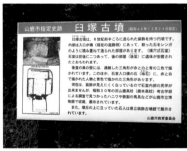
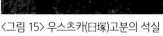

<그림 15> 우스츠카(臼塚)고분의 석실

이 있다. 현실 내부의 석관과 경계석을 제외한 나머지 구조적인 요소는 영천리고분의 석실묘와 유사한 편이다. 먼저 방형의 현실에 연도가 중앙에 위치한다. 또한 2중의 문주석이 확인되고 벽석은 할석을 쌓아 올렸으며 모줄임도 확인된다. 현실 내부의 석관을 제외하면 장성 영천리고분의 석실묘와 가장 유사한 형태로 추정된다.

화순 천덕리 회덕고분군 3호분의 석실은 평면 방형의 현실에 연도가 좌측으로 치우친 형태이다. 현실 벽은 할석을 이용하여 쌓았으며 모줄임이 관찰된다. 2중의 문주석이 확인되며 특히 연도와 묘도 사이의 벽에 장대석을

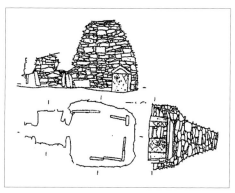

〈그림 16〉 츠브산(チブサン)고분의 석실

세우고 바닥에 경계석을 시설하여 양자를 명확히 구분하려는 의도가 보인다. 이러한 양상은 복실구조를 지향하는 것으로 보이는데 이와 유사한 석실로 키쿠치카와 중류 지역의 츠브산(チブサン)고분이 있다. 석실의 구조가 완전하게 동일하지는 않지만 방형의 현실에 연도가 좌측으로 치우쳐 시설되고 벽면은 할석을 이용해 쌓았으며 모줄임이 관찰된다. 또한 현문 입구 좌측에 2중의 문주석이 세워져 있고 연도와 묘도 경계 지점에 장대석을 세워 양자를 구분해 복실 구조를 지향하고 있다.

한편 해남 용두리고분의 석실묘와 구조가 유사한 석실묘는 찾아보기 어렵지만 2중의 문주석이 시설되고 벽석 축조에 있어 모줄임이 확인되는 점 등은 히고형석실의 구조적 특징을 반영하였다고 볼 수 있다.

4. 영산강유역 초기 석실묘의 등장 배경

앞에서 살펴본 바와 같이 영산강유역의 초기 석실묘 가운데 북부규슈형석실은 북규슈 지역과 연관이 있고 히고형석실이 등장한 배경은 석실의 구조적인 측면만 놓고 본다면 아리아케카이 지역 가운데 키쿠치카와 지역과 관계가 깊을 것으로 판단된다. 양 지역의 관계를 살펴보기 위해서는 영산강유역에서 확인되는 초기 석실묘의 피장자를 파악하는 것이 중요할 것이다.

영산강식석실묘 중 북부규슈형에 해당하는 석실이 대부분인 장고분의 피장자와 관련해서는 일본에서 망명한 왜인설, 일본이 파견한 왜인설, 토착세력자설, 백제가 파견한 왜인설 등이 있다. 이 중 당시 국제정세를 감안한다면 일본에서 망명한 왜인설이 가장 설득력 있는 견해라고 판단된다. 북부규슈의 왜인 일부가 내부 사정으로 인해 한반도로 이주했던 것인데 이주와 관련된 가장 특징적인 물질자료는 무덤인 것이다.[29]

5세기 4/4분기는 일본 규슈지역에서 아리아케카이 일대의 이와이 세력이 야마토 정권에 대응하기 위해 북규슈로 세력을 확장하였던 시기였고 따라서 영산강유역에 북부규슈형 석실의 주인공은 5세기 4/4분기에 이와이 세력의 북부규슈 진출로 인해 밀려난 북부규슈 지역의 망명객으로 추정된다는 것이다.[30] 영산강유역 북부규슈형 석실의 편년과도 대체적으로 일치하고 있다.

한편 영산강유역 히고형석실의 주인공들은 6세기 2/4분기에 야마토 정권의 병합에 밀려난 아리아케카이 지역의 망명객으로 보는 견해가 당시 정세를 생각하면 논리적이지만 여기에서는 다른 가능성도 한 가지 제시해 보고자 한다.

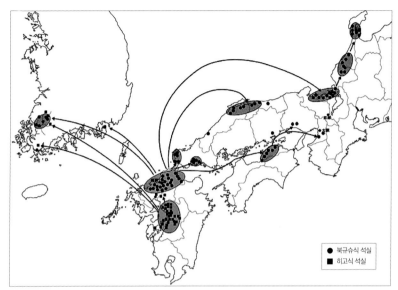

〈그림 17〉 북부규슈형석실과 히고형석실의 파급도

6세기대 히고형석실의 특징으로 볼 수 있는 석옥형석관과 벽화계 장식은 영산강유역의 히고형석실에서는 보이지 않는 요소이고 석실의 기본적인 구조만 도입되었다. 또한 석실의 구조를 보았을 때 영산강유역의 히고형석실은 아리아케카이 지역의 키쿠치카와 일대와 관계가 깊을 것으로 판단되는데 이지역은 초기의 횡혈식석실의 수가 적은 지역이다. 그리고 화순 천덕리 회덕고분 3호분은 단독으로 조성되지 않고 주변으로 원형분, 방형분이 군집을 이루고 있다.

이러한 양상은 영산강유역의 일부 토착세력이 키쿠치카와 일대와 지속적인 교류를 이어오면서 석실묘의 아이디어만 채용하였을 가능성도 전혀 배제하기는 어려울 것이다.

5. 맺음말

지금까지 영산강유역에서 확인되는 초기 석실묘와 일본 규슈지역 석실묘의 구조를 살펴보고 이를 통해 양 지역의 관계를 단편적으로나마 살펴보았다. 양 지역에서 모든 요소들이 동일한 석실묘는 확인되지 않았지만 석실묘의 구조만 놓고 보면 영산강유역의 초기 석실묘들은 일본 규슈지역과 연관이 있는데 특히 히고형석실묘는 아리아케카이 지역 중 키쿠치카와 일대의 석실묘와 관계가 있을 것으로 추정된다.

영산강유역에 규슈지역의 석실묘가 등장하게 되는 배경에 대해서는 당시 국제정세를 반영하는 망명왜인설이 가장 설득력 있는 견해로 판단된다. 이외에 일부 토착세력이 키쿠치카와 일대와의 교류관계 속에서 석실묘의 아이디어를 수용했을 가능성도 제시해 보았다. 그렇지만 양 지역의 관계를 살펴봄에 있어 단순히 석실묘의 구조를 비교하는 것은 분명히 한계가 있을 것이다. 망명은 집단의 이주를 의미하는 것인데 상호 우호적인 관계가 아니라면 이루어지기 어려운 것이다. 고대 호남지역과 규슈지역의 관계를 살펴보기 위해서는 당시의 국제정세를 파악하는 것도 중요하지만 석실묘 이외에 옹관묘, 생활유적, 생산유적, 출토유물 등의 검토 등 다각적인 연구가 진행되어야 할 것이다.

이 글은 2018년 (사)왕인박사현창협회 주최 학술회의(『고대 호남-큐슈지역의 교류와 왕인박사』)에서 발표한 필자의 발표문(「석실묘를 통해 본 영산강유역과 아리아케카이 지역의 관계」)을 보완한 것임.

〈주석〉

1) 林永珍, 1990, 「榮山江流域 石室墳의 受容過程」, 『全南文化財』 3, 全羅南道.
2) 이영문, 1991, 「전남지방 횡혈식석실분에 대한 고찰」, 『향토문화』 11, 향토문화 개발협의회; 박순발, 1998, 「4~6世紀 榮山江流域의 動向」, 『百濟史上의 戰爭』, 충남대학교백제연구소.
3) 林永珍, 1990, 「榮山江流域 石室墳의 受容過程」, 『全南文化財』 3; 임영진, 1997, 「호남지역 석실분과 백제의 관계」, 『湖南考古學의 諸問題』, 한국고고학회; 조근우, 1996, 「전남지방의 석실분 연구」, 『한국상고사학보』 21; 吉井秀夫, 1996, 「橫穴式石室墳의 收用樣相으로 본 百濟의 中央과 地方」, 『百濟의 中央과 地方』, 제8회 백제연구국제학술대회; 서현주, 2006, 『榮山江流域 三國時代 土器 研究』, 학연문화사.
4) 林永珍, 1990, 「榮山江流域 石室墳의 受容過程」, 『全南文化財』 3, 全羅南道.
5) 林永珍, 1997, 「全南地域 石室封土墳의 百濟系統論 再考」, 『湖南考古學報』 6, 湖南考古學會.
6) 柳澤一男, 2002, 「全南地域の榮山江型橫穴式石室の系譜と前方後圓墳」, 『前方後圓墳と古代日韓關係』, 同成社.
7) 林永珍, 2006, 「榮山江流域の橫穴式石室の編年」, 『日韓古墳時代の年代觀』, 國立歷史民俗博物館·釜山大學校博物館.
8) 김낙중, 2008, 「영산강유역 초기 횡혈식석실의 등장과 의미」, 『호남고고학보』 29.
9) 林永珍, 1997, 「全南地域 石室封土墳의 百濟系統論 再考」, 『湖南考古學報』 6, 湖南考古學會.
10) 東潮, 1995, 「栄山江流域と慕韓」, 『展望考古学』, 考古学研究会.
11) 국립문화재연구소·전남대학교박물관·나주시, 2001, 『羅州 伏岩里 3號墳』.
12) 임영진, 2007, 「장고분(전방후원형고분)」, 『백제의 건축과 토목』, 충청남도역사문화연구원.
13) 임영진, 1996, 「전남의 석실분」, 『전남의 고대 묘제』, 목포대학교박물관·전라남도.
14) 임영진, 2007, 「장고분(전방후원형고분)」, 『백제의 건축과 토목』, 충청남도역사문화연구원.
15) 林永珍, 1994, 「光州 月桂洞의 長鼓墳 2基」, 『韓國考古學報』 31, 韓國考古學會.
16) 임영진, 2007, 「장고분(전방후원형고분)」, 『백제의 건축과 토목』, 충청남도역사문화연구원.

17) 서성훈·성낙준, 1984, 『해남 월송리 조산고분』, 국립광주박물관·백제문화개발연구원.

18) 은화수·최상종, 2001, 『해남 방산리 장고봉고분 시굴조사보고서』, 국립광주박물관.

19) 古城史雄, 2009, 「肥後の横穴式石室」, 『九州系横穴式石室の伝播と拡散』, 北九州中國書店.

20) 임영진, 2007, 「장고분(전방후원형고분)」, 『백제의 건축과 토목』, 충청남도역사문화연구원.

21) 국립광주박물관, 2011, 『해남 용두리고분』.

22) (재)대한문화재연구원, 2019, 『화순 천덕리 회덕3호분』.

23) 土生田純之, 1983, 「九州の初期横穴式石室」, 『古文化談叢』 12.

24) 九州大学文学部考古学研究室, 1993, 『番塚古墳』, 九州大学文学部考古学研究室.

25) 佐賀県教育委員會, 1963, 『佐賀市関行丸古墳』, 佐賀県文化財調査報告書 第7集.

26) 前原市教育委員會, 2003, 『国史跡釜塚古墳-第3次発掘調査概要』, 前原市文化財調査報告書 第81集.

27) 古城史雄, 2009, 「肥後の横穴式石室」, 『九州系横穴式石室の伝播と拡散』, 北九州中國書店.

28) 현실 바닥에 판석을 세워 공간을 구분하는 시설.

29) 임영진, 2019, 「고대 호남-규슈의 관계」, 『고대 호남-규슈지역의 교류와 왕인박사』, (사)왕인박사현창협회.

30) 임영진, 2014, 「영산강유역권 왜계고분의 피장자와 '임나일본부'」, 『지역과 역사』 45, 부경역사연구소.

〈참고문헌〉

〈단행본〉

국립광주박물관, 2011, 『해남 용두리고분』.

국립문화재연구소·전남대학교박물관·나주시, 2001, 『羅州 伏岩里 3號墳』.

서성훈·성낙준, 1984, 『해남 월송리 조산고분』, 국립광주박물관·백제문화
　　개발연구원.

서현주, 2006, 『榮山江流域 三國時代 土器 硏究』, 학연문화사.

은화수·최상종, 2001, 『해남 방산리 장고봉고분 시굴조사보고서』, 국립광
　　주박물관.

林永珍·趙鎭先·徐賢珠, 2003, 『光州 月桂洞의 長鼓墳』, 全南大學校博物館.

全南大學校博物館, 1990, 『長成 鈴泉里 橫穴式石室墳』.

(재)대한문화재연구원, 2019, 『화순 천덕리 회덕3호분』.

九州大学文学部考古学研究室, 1993, 『番塚古墳』, 九州大学文学部考古学研究室.

前原市教育委員會, 2003, 『国史跡釜塚古墳-第3次発掘調査概要』, 前原市文化
　　財調査報告書 第81集.

佐賀県教育委員會, 1963, 『佐賀市関行丸古墳』, 佐賀県文化財調査報告書 第7集.

〈논문〉

김낙중, 2008, 「영산강유역 초기 횡혈식석실의 등장과 의미」, 『호남고고학
　　보』 29, 호남고고학회.

吉井秀夫, 1996, 「橫穴式石室墳의 收用樣相으로 본 百濟의 中央과 地方」, 『百
　　濟의 中央과 地方』, 제8회 백제연구국제학술대회.

박순발, 1998, 「4~6世紀 榮山江流域의 動向」, 『百済史上의 戰爭』, 충남대학

교백제연구소.

이영문, 1991, 「전남지방 횡혈식석실분에 대한 고찰」, 『향토문화』 11, 향토 문화개발협의회.

林永珍, 1990, 「榮山江流域 石室墳의 受容過程」, 『全南文化財』 3, 全羅南道.

林永珍, 1994, 「光州 月桂洞의 長鼓墳 2基」, 『韓國考古學報』 31, 韓國考古學會.

임영진, 1996, 「전남의 석실분」, 『전남의 고대 묘제』, 목포대학교박물관·전 라남도.

임영진, 1997, 「호남지역 석실분과 백제의 관계」, 『호남고고학의 제문제』, 한국고고학회.

林永珍, 1997, 「全南地域 石室封土墳의 百濟系統論 再考」, 『湖南考古學報』 6, 湖南考古學會.

임영진, 2007, 「장고분(전방후원형고분)」, 『백제의 건축과 토목』, 충청남도 역사문화연구원.

임영진, 2014, 「영산강유역권 왜계고분의 피장자와 '임나일본부'」, 『지역과 역사』 45, 부경역사연구소.

임영진 외, 2017, 「한국 장고분(長鼓墳)의 성격과 정체」, 『계간 한국의고고 학』 35, 주류성출판사.

임영진, 2019, 「고대 호남-규슈의 관계」, 『고대 호남-규슈지역의 교류와 왕 인박사』, (사)왕인박사현창협회.

조근우, 1996, 「전남지방의 석실분 연구」, 『한국상고사학보』 21, 한국상고 사학회.

古城史雄, 2009, 「肥後の横穴式石室」, 『九州系横穴式石室の伝播と拡散』, 北 九州中國書店.

東潮, 1995, 「栄山江流域と慕韓」, 『展望考古学』, 考古学研究会.

隈昭志, 1991,「チブサン古墳」,『図説 日本の史跡 第3巻 原始3』, 同朋舎出版.

原口長之, 1984,「臼塚古墳」,『熊本県装飾古墳総合調査報告書』, 熊本県文化財
　　調査報告 第68集.

柳澤一男, 2002,「全南地域の榮山江型横穴式石室の系譜と前方後圓墳」,『前方
　　後圓墳と古代日韓關係』, 同成社.

林永珍, 2006,「榮山江流域の横穴式石室の編年」,『日韓古墳時代の年代觀』, 國
　　立歴史民俗博物館・釜山大學校博物館.

土生田純之, 1983,「九州の初期横穴式石室」,『古文化談叢』12.

〈그림 출전〉

〈그림 1〉 국립문화재연구소·전남대학교박물관·나주시 2001

〈그림 2〉 임영진 1996

〈그림 3〉 林永珍·趙鎭先·徐賢珠 2003

〈그림 4〉 서성훈·성낙준 1984

〈그림 5〉 은화수·최상종 2001

〈그림 6〉 全南大學校博物館 1990

〈그림 7〉 국립광주박물관 2011

〈그림 8〉 (재)대한문화재연구원 2019

〈그림 9〉 九州大学文学部考古学研究室 1993

〈그림 10〉 佐賀県教育委員会 1963

〈그림 11〉 前原市教育委員会 2003

〈그림 12~14〉 古城史雄 2009

〈그림 16〉 隈昭志 1991

〈그림 17〉 임영진 외 2017

제4절

고대 호남지역과 규슈지역의 금동관과 금동신발

이범기 _ 전라남도문화재단 전남문화재연구소

1. 머리말
2. 금동관과 금동신발 출토 현황
3. 금동관과 금동신발의 계통과 의미
4. 고대 호남지역과 일본과의 관계
5. 맺음말

1. 머리말

인류는 금속을 발견하여 선사시대부터 衣食住를 위한 각종 도구와 생존을 위한 투쟁의 무기로 종교적 의기(聖物) 등으로, 그리고 인간정신을 구현한 예술품으로써 오랜 세월을 영유하여 인류문화의 발달과 함께 사용하였다. 고분 내에 부장되는 금속(철기)유물은 문헌자료가 절대적으로 부족한 고대사회에서 지역의 고분문화를 이해하는 중요한 자료가 되기도 한다.[1] 또한 주로 고분에서 출토되는 금속유물들의 경우 당시 사회지배층이 소유했던 유물로서 위세품의 성격이 강하며 희소가치가 매우 높기 때문에 당시 정치적·사회적 특징을 반영하는 경우가 많다. 특히 금속유물들의 특징은 토기에 비해 부피가 작고, 파손의 위험이 적으며 비교적 휴대하기 쉽기 때문에 국가 간의 이동 및 교류가 활발한 장점을 지니고 있다. 이와 함께 금속유물은 당시 신기술의 발전과 발달과정을 확인해주며 각국 간의 사여관계를 나타내주는 표지적인 유물인 즉 威勢品[2]로서 활용되기도 한다.

이런 이유로 고대 금속유물의 경우 당시 국가 간의 대외교류상이나 양자의 정치·사회적 관계를 표현하거나 구명하기 위한 자료로서의 가치가 매우 높다. 하지만 출토된 금속유물이 모두 위세품이라는 범주에 모두 포함되지는 않고, 부장품이 피장자와 부장된 성격에 따라 일상품, 위세품, 신분표상품으로 구분할 수 있다.[3]

이 글에서는 고대 영산강유역을 중심으로 호남지역에서 출토된 위세품이면서 신분표상품이기도 한 금동관과 신발을 중심으로 검토하였다. 특히, 이들 유물들은 매우 상징적인 성격이 강하고 정치적·문화적으로 백제와 고대 馬韓과 日本 간의 밀접한 관계를 보여주는 유물이기도 하다. 현재까지도 이 지역의 가장 대표적인 신촌리 계통의 금동관 제작지를 두고 현지제작[4]과 賜與에 의한 위세품[5] 등으로 보는 견해들이 상존하고 있다.

따라서 이러한 연구 목적을 가지고 지금까지 확인된 자료를 대상으로 이 지역의 고대 정치체로 대표되는 호남지역과 일본 규슈(마한-백제-왜)에서 출토되는 금동관과 신발을 비교·검토하고 그것이 시사하는 관계 변화와 문화상을 살펴보고자 한다.

2. 금동관과 금동신발 출토 현황

고대 마한세력과 관련이 깊은 일본 九州는 일본열도의 서남단에 위치하고 있으면서 북으로는 대마도를 거쳐 한반도로 향하고 남동 방면으로는 동

〈그림 1〉 일본 구마모토현(熊本縣) 에타후나야마(江田船山)고분 전경

중국해를 거쳐 중국대륙으로 통한다. 규슈는 일본열도의 중심부에서 살펴
보면 서남단에 치우친 변경지역에 속하지만 지정학적으로 한반도와 가깝
고 그 중간에 가교 역할을 하는 群島가 놓여 있어 일찍부터 해외의 선진문
화를 수용하는 데 유리한 조건을 갖추고 있다.[6] 특히, 아리아케카이(有明海)
인근 규슈 중심부에 위치하여 고고학적으로 고대부터 마한·백제지역 문화
의 영향을 받은 구마모토현(熊本縣)에 있는 에타후나야마(江田船山)고분을
가장 대표적인 유적으로 볼 수 있다.

이외에도 시가현(滋賀縣) 가모이나리야마(鴨稲荷山)고분, 야마구치현(山
口縣) 토노오(塔ノ尾)고분 등도 마한·백제지역 문화의 영향을 받았다. 에타
후나야마고분과 가모이나리야마고분은 영산강유역에서 확인되는 형태의
관모와 신발이 출토되어 예전부터 고대 한일관계, 특히 영산강유역의 마한
세력과 밀접한 관련이 있는 대표적인 유적이다.

여기에서는 주제와 관련 있는 고대 한일관계, 호남지역과 관련 있는 金銅冠과 금동신발을 대상으로 하여 지금까지 출토된 유물을 중심으로 비교 검토하여 살펴보겠다.

1) 금동관

(1) 冠(관)이란 무엇인가

冠은 생전에 착용자의 정치적·사회적 위치와 신분을 나타내주는 중요한 과시물이며 의복과 더불어 의관제로 제도화되었다.[7] 일반적으로 冠 또는 冠帽로 불리는 관모는 크게 冠과 冠帽로 분류하며, 그 어원을 정리하면 冠은 통상적으로 臺輪과 立飾이 조합된 것을 말하고 樹枝形冠, 草花形冠 등의 용례로 쓰였음을 알 수 있다.

그렇기 때문에 분류체계상 冠은 臺輪과 立飾이 조합된 冠의 형식명에 주로 적용되고 있다. 또한 冠이라는 단어를 접미어로 쓴 金冠, 寶冠, 花冠 등의 용어도 있으나 이들은 관용적 표현으로 볼 수 있다.[8]

冠帽는 일반적으로 쓰개를 통칭한 예와 특정한 종류를 지칭한 예로 구분된다. 통칭으로써 '冠帽'는 冠+帽의 의미를 지니며, 冠과 帽뿐만 아니라 모든 쓰개에 대한 관용적 의미로 사용되고 있다. 특정 쓰개를 지칭하는 관모는 백화수피나 비단 같은 유기질 및 금속으로 만든 고깔형태의 모자를 말하고, 冠 안에 부속된 모자[內冠]를 따로 지칭하는 의미로도 쓰인다. 따라서 정확한 의미는 金銅冠帽로 해야 하나 이미 오래전부터 금동관이라는 명칭이 관용적으로 쓰이고 있기 때문에 여기서는 금동관으로 통일하겠다.

표 1. 호남지역 출토 금동관 비교유적 현황표(이범기, 2018 수정)

출토 유적		매장 주체	문양			문양 기법	영락	비고
			臺輪	立飾	冠帽			
나주 신촌리 9호분 乙棺		옹관	點列文, 豆蟲文, 七葉花文	草花形, 突点花文	三葉文, 唐草文 打出點線文	타출	圓形 小玉	
영암 내동리 쌍무덤(1호)		횡혈식 석실	點列文, 草花形	草花形, 突点花文	.	축조	圓形 小玉	입식 편
함평 예덕리 신덕 1호분		횡혈식 석실	龜甲文, 五瓣花文	樹枝形(?)	波狀文	타출	圓形 小玉	일부 편
고흥 길두리 안동고분		수혈식 석곽	點列文, 鋸齒狀波狀紋	雙葉紋, 三葉紋	點列文, 波狀文	투조	圓形	
익산 입점리 1호분		횡혈식 석실	波狀文, 點紋文	山子形, 鳳凰文 八葉蓮花文	魚鱗文, 點列文	타출	圓形	
서산 부장리 5호분 1호 토광묘		토광묘 (목곽)	無文	點列文, 波狀紋	龜甲紋, 鳳凰文	투조	圓形	白樺樹皮
공주 수촌리 Ⅱ	1호	토광묘 (목곽)	點紋文	龍紋, 鳳凰文	鳳凰文	투조	·	
	4호	횡혈식 석실	點紋文	龍紋, 鳳凰紋	鳳凰文, 麒麟文	투조	·	
천안 용원리 9호		수혈식 석곽	不明	不明	不明	·	·	일부 편
日本 熊本縣 江田船山古墳		횡혈식 석실(石棺)	菱形文	寶珠形, 三葉文	波狀文, 火炎文	투조	有	
日本 滋賀縣 鴨稻荷山古墳		횡혈식 석실(石棺)	菱形文	寶珠形, 三葉文	波狀文, 火炎文	투조	有	

(2) 마한·백제지역

먼저 마한권의 중심지인 영산강유역에서 출토된 금동관은 나주 신촌리 9호분 乙棺, 함평 예덕리 신덕 1호분[9]이 있으나 외관과 내관의 형태를 알 수 있는 유물은 현재까지는 나주 신촌리 9호분 출토품이 유일하다. 최근에 조사된 영암 내동리 쌍무덤(1호분)의 석실에서도 비록 일부 편으로 출토되

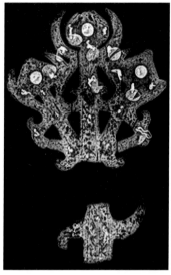

0   2.5   5cm

〈그림 2〉 영암 내동리 쌍무덤 금동관

었으나 형태와 제작기법을 확인할 수 있는 관의 입식(세움장식)에 해당되는 금동관이 출토되었다. 전체적인 형태는 나주 신촌리 9호분 출토품과 크기와 형태면에서 마치 쌍둥이 같이 동일하며 다만 입식의 가장자리에 장식된 구슬의 결합방식과 제작할 때 사용된 기법에서 차이를 보여준다.[10] 제작기법은 축조를 사용하였으며 장식구슬의 경우 코발트 색깔 구슬의 절반을 금동 도금처리하여 가장자리의 끝부분에 장식했다.

　참고로 신촌리 장식구슬의 연결기법은 절반정도의 반구 형태로 구슬을 감싸는 형태이다. 이 외에도 고흥 길두리 안동고분,[11] 익산 입점리 1호분[12] 등이 있다. 이 중에서 입점리 1호는 관모와 臺輪과 立飾편이 확인되고, 신덕 1호분도 도굴로 일부편만 남아 정확한 형태를 파악하기에는 어렵지만 관

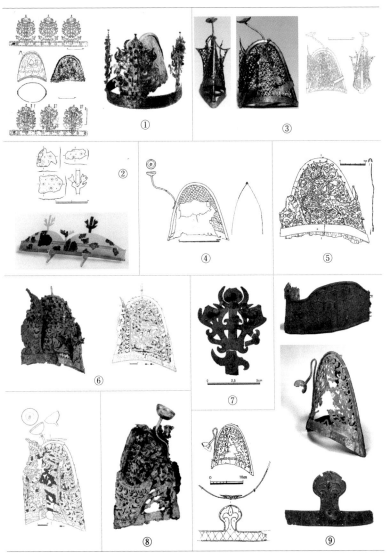

① 나주 신촌리 9호분 乙棺, ② 함평 예덕리 신덕 1호분, ③ 고흥 길두리 안동고분, ④ 익산 입점리 1호분, ⑤ 서산 부장리 5호분 1호 토광묘, ⑥ 공주 수촌리 Ⅱ지점 1호 토광묘, ⑦ 영암 내동리 쌍무덤(1호분), ⑧ 공주 수촌리 Ⅱ지점 4호 석실, ⑨ 日本 熊本縣 江田船山 古墳

<그림 3> 마한·백제지역 금동관(모) 비교

왕인박사 시기의 한·일 교류 고고학

모와 대륜과 입식이 존재했던 것으로 파악되었다. 출토된 매장주체부의 성격은 석실분(신덕 1호분, 입점리 1호분)과 석곽분(안동고분), 옹관고분(신촌리 9호) 등 매장주체부의 성격도 다양하다. 이외에도 백제권에서 확인된 유적은 천안 용원리 9호, 공주 수촌리 Ⅱ-1호·4호, 서산 부장리 5호분(1호) 등에서도 확인된다. 호남지역을 벗어나 확인된 금동관의 겨우 관모만 독립적으로 부장되었으며, 형태적으로도 투조로 제작된 기법이 비슷한 점이 관찰된다.

(3) 일본지역

다음으로 백제(마한)의 영향을 받아 제작된 일본에서 확인된 금동관은 가장 대표적인 유적으로 일본 구마모토현(熊本縣)에 있는 에타후나야마(江田船山)고분이다. 에타후나야마고분에서 출토된 금동관의 경우 고깔형태의 관모를 기본으로 하고 三枝形 前飾과 방패모양의 後飾, 그리고 꽃봉우리 모양의 首鉢裝飾으로 이루어져 있으며 관모는 형태적으로 공주 수촌리 4호분과 매우 흡사하며, 특히 대륜부와 입식의 경우 廣帶二山式冠 형태다. 제작은 각 평판의 가장자리를 구획한 후 외면에는 화염문을, 내면은 투조 기법으로 용봉문을 장식하였다. 이외에도 시가현(滋賀縣) 가모이나리야마(鴨稻荷山)고분 출토품도 동일한 형태로 제작되었다.

2) 금동신발

(1) 신발의 용도

금동신발은 銀이나 金銅과 같은 귀금속으로 만든 바탕에 龜甲文, 斜格子文 등 여러 가지 문양으로 장식한 것이다. 공주 수촌리에서 신발이 출토되기 전까지는 주인공의 사후를 위한 장송의례용으로 제작되어 다른 유물들과 함께 피장자의 권위를 나타내기 위해서 토기류 등과 함께 부장된 것으로 파악하였다. 하지만 공주 수촌리Ⅱ지점-1호분, 고창 봉덕리 1호분 4호 석실에서 출토된 신발에서 사람의 발뼈가 출토되어 고분에 안치된 피장자의 사후에 단순 부장이 아닌 착장형태로 부장된 유물임이 새롭게 밝혀졌다.

표 2. 호남지역 출토 금동신발 비교유적 현황표(이범기, 2016 : 수정)

출토유적		매장 주체	전장 (㎝)	문양		못 (개수)	영락	발등 각도	비고
				측판	저판				
나주 신촌리 9호 乙棺		옹관	29.7	斜格子紋, 凸狀圓圈	斜格子紋 四葉花紋	9	×	7˚ 전후	金銅 單板 사용
나주 복암리 3호분 96석실		횡혈식 석실	현 : 27.0	龜甲紋, 五葉花紋	龜甲紋, 五葉花紋	9 (잔존)	圓形 魚形	7˚ 전후	金銅 單板 사용
나주 복암리 정촌고분		횡혈식 석실	32	菱形紋, 五葉花紋 龍頭장식 등	鬼面紋, 蓮花紋 (透彫 線刻 기법)	24	×	7˚ 전후	金銅 單板 사용
고흥 길두리 안동고분		수혈식 석곽	30.6	凸字紋, T字紋	菱形紋, 方形紋	11	×	?	金銅 單板 사용
고창 봉덕리 1호분	4호 석실	수혈식 석실	?	凸字紋 (透彫기법)?	龜甲紋, 蓮花紋, 龍鳳紋, 人面鳥身, 方士像紋 (透彫기법)	18	×	?	金銅 單板 사용
	5호 석실		底片	결실	菱形紋 (透彫기법)	○?	×	?	金銅 單板사용(?)
익산 입점리 1호분		횡혈식 석실	30.1	斜格子紋, 三葉花紋	斜格子紋, 三葉花紋	9	×	22° 전후	金銅 單板 사용
공주 무령 왕릉	王	전축분	38.0	龜甲紋, 蓮花紋 鳳凰紋 (透彫기법)	龜甲紋, 蓮花紋, 鳳凰紋	10	圓形	?	銀板＋金銅板 사용
	王妃		35.0	忍冬唐草紋 龜甲紋, 鳳凰紋	忍冬唐草紋 龜甲紋, 鳳凰紋				

출토유적		매장주체	전장(㎝)	문양		못(개수)	영락	발등각도	비고
				측판	저판				
공주 수촌리 II지점	1호분	토광묘 (목곽)	29.5	凸字紋 (透彫기법)	菱形紋 (透彫기법)	10	×	22° 전후	金銅 單板 사용
	3호분	횡구식 석곽	31.6	凸字紋 (透彫기법)	蓮花紋, 龍紋, 雲紋 (透彫기법)	6	×	22° 전후	金銅 單板 사용
	4호분	횡혈식 석실	29.7	凸字紋, 龍紋 (透彫기법)	蓮花紋, 龍紋(透彫기법)	9	×	22° 전후	金銅 單板 사용
서산 부장리	6호분-6호	토광묘 (목곽)	일부片	凸字紋 (透彫기법)	龜甲紋, 蓮花紋, 龍鳳紋, 人面鳥身, 方士像紋 (透彫기법)	○(?)	×	?	金銅 單板 사용
	8호분-1호	토광묘 (목곽)	일부片	T字紋, 凸字紋 (透彫기법)	龜甲紋, 蓮花紋, 龍鳳紋, 人面鳥身, 方士像紋(透彫기법)	○(?)	×	?	金銅 單板 사용
日本 熊本縣 江田船山 古墳		횡혈식 석실 (石棺)	32.3	龜甲紋	龜甲紋	9	圓形	22° 전후	金銅 單板 사용
日本 滋賀縣 鴨稻荷山 古墳		횡혈식 석실 (石棺)	약: 28.0	龜甲紋	龜甲紋	×	圓形 魚形	5˚ 전후	金銅 單板 사용
日本 山口縣 塔ノ尾 古墳		횡혈식 석실	28.4	龜甲紋	六葉花紋	9	圓形 魚形	22~23°	金銅 單板 사용

(2) 지금까지 신발은 얼마나 출토되었나?

금동신발은 삼국을 통틀어 약 44점을 상회하고 있으며, 일본에서는 고분시대 출토품으로 약 16점이 출토되었다. 마한권 유적에서는 나주 신촌리 9호분 乙棺, 복암리 3호분 96석실, 복암리 정촌고분 1호 석실, 고흥 길두리 안동고분, 고창 봉덕리 1호분 4호 석실, 익산 입점리 1호분 등에서 각각 한 켤레씩 출토되었고 고창 봉덕 1호분 5호 석실에서는 저판부의 편만 확인된다.

이 외에도 백제권 지역에서는 공주(무령왕릉, 수촌리Ⅱ), 서산(부장리) 등에서 확인되었다. 일본에서는 마한·백제지역의 영향을 받아 제작된 대표적인 유적으로는 구마모토현 에타후나야마고분과 시가현 가모이나리야마고분, 야마구치현(山口縣) 토노오(塔ノ尾)고분에서 출토된 유물 등이 있다.

(3) 신발의 외형분류와 역사적 연구성과

현재까지 금동신발은 주로 우리나라와 일본의 5~6세기로 편년되는 고분에서 출토되고 있으며, 금관, 금동관, 장식대도 등과 더불어 피장자의 권위를 보여주는 威勢品으로 볼 수 있다. 금동신발에 대한 연구는 일인학자들에 의해 시작되었으며, 대표적 인물은 마노메 쥰이치(馬目順一)와 요시이 히데오(吉井秀夫)다.

먼저 마노메 쥰이치는 한반도와 일본에서 출토된 금동신발을 단계별로 설정하고 이에 따른 형식학적 분류를 시도하였다.[13] 요시이 히데요는 금동신발의 제작방법에 따라 발등 쪽 접합부가 하단부와 평행하지 않고 경사진 것과 발등 쪽 접합부가 하단부와 거의 평행한 것으로 두 가지 형식으로 분류하였다.[14] 호남지역 마한권에서 출토된 신발의 경우 제작방식에 있어 투조와 선각으로 구분할 수 있다. 먼저 투조는 나주 정촌고분 4호 석실, 고창 봉덕리, 고흥 길두리 안동고분이 있고 선각은 나주 신촌리 9호분, 복암리 3호분 96석실, 익산 임점리 1호분이 있다. 백제권에서 출토된 신발의 경우 무령왕릉 출토품을 제외하고 모두 다 투조로 제작되었다.

신발의 경우 금동관과 동일한 시기에 출현하지만 하한은 금동관과 다르게 나주 복암리 3호분 신발의 경우처럼 6세기 중반까지 제작된 것도 있다. 따라서 비교적 시기가 빠른 고분은 금동관과 같이 세트로 부장되는 경향이 있고 신발만 별도로 부장되는 경우도 있다.

(4) 마한·백제지역 신발 출토현황

먼저 복암리 3호분 96석실 신발은 문양을 먼저 시문한 후 제작하였다. 제작기법은 별도의 저판을 올려놓고 두 장의 측판을 발등 쪽과 뒤꿈치에서 겹쳐 고정하고 저판과 측판의 결합은 측판의 아래 부분을 접어 꿰맨 형식이다. 문양은 좌·우 측판과 저판에 정연하게 龜甲文이 시문되어 가장 최상위에 해당되는 문양으로 피장자의 신분을 알 수 있다. 이외에도 다른 금동신발과 다르게 독특하게 저판에 魚形裝飾具가 부착되었다. 魚形裝飾具는 현재까지는 주로 帶金具에 부착되는 장식구의 하나로 출토된 예는 있으나 신발에 부착된 예는 복암리 출토품이 처음이다.

(5) 일본 고분에서 확인되는 신발 현황

일본에서는 토노오고분, 가모이나리야마고분, 후지노끼 고분[15] 등에서 출토되었다. 복암리 정촌고분 4호 석실[16]과 고창 봉덕리 1호분 4호 석실에서 출토된 신발은 가장 완벽한 형태로 출토되었다. 특히 정촌고분 출토품이 주목되는 것 중의 하나는 발등 부분에 용 모양의 장식이 사실적으로 세밀하게 조각된 장식이 달려 있으며 이러한 용머리 장식은 현재까지 일본과 우리나라를 포함해서 최초 사례다.

3. 금동관과 금동신발의 계통과 의미

일본에서 출토되는 금동관과 신발은 형식학적인 면으로 살펴보면 분명히 한반도에서 그 제작기술과 형식 등이 전파 또는 제작기술이 유입된 것으로 볼 수 있다. 하지만 호남지방에서 확인되는 유물들의 경우 일본 출토

<그림 4> 일본 구마모토현 에타후나야마고분 출토 금동관·금동신발

품과의 계통과 성격을 확인하기에는 어느 정도의 제약이 존재한다.

다만 가장 대표적인 에타후나야마고분과 토노오고분 출토 금동관과 신발의 경우 형태학적으로나 제작기법상으로 호남지방 출토품과 연관성은 분명히 존재한다고 볼 수 있다. 문양에서 귀갑문을 채택한 점, 어형장식구가 부착된 점 등을 살펴보면 그 기원을 호남지방에서 출토된 유물에서 찾아 볼 수 있기 때문이다.

1) 금동관 계통과 성격

(1) 지금까지 금동관에 대한 연구 결과

호남지역 출토 금동관의 연구사적 검토는 일제강점기에 조사된 나주 신촌리 9호분 출토 금동관의 연구를 시작으로 현재까지도 연구가 진행되고 있다. 먼저 우메하라 스에지(梅原末治)에 의해 처음으로 신촌리 금동관에 대한 연구 이후,[17] 이토 아키오(伊藤秋男)는 신촌리 금동관의 입식이 무령왕릉 출토 관식보다 선행형태의 冠으로 인식하였다.[18] 아나자와 와코·마노메 준이치(穴澤咪光·馬目順一)는 이식, 신발, 환두대도 등의 공반유물의 형식 분류안을 바탕으로 무령왕릉보다는 한 단계 빠른 5세기 후반이라는 연대

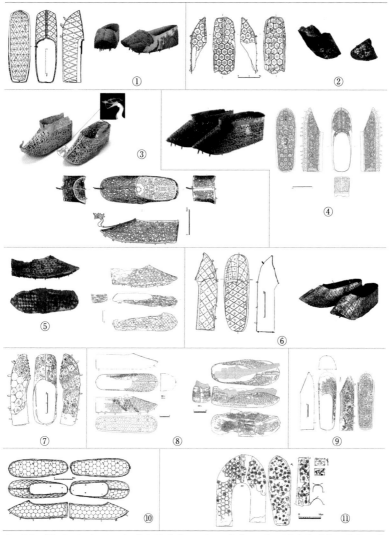

① 나주 신촌리 9호분 乙棺, ② 나주 복암리 3호분 96석실, ③ 나주 복암리 정촌고분 4호 석실, ④ 고창 봉덕리 1호분 4호 석실, ⑤ 고흥 길두리 안동고분, ⑥ 익산 입점리 1호분, ⑦ 공주 무령왕릉(王), ⑧ 공주 수촌리 Ⅱ지점 3호 석곽, ⑨ 공주 수촌리 Ⅱ지점 4호 석실, ⑩ 日本 熊本縣 江田船山 古墳, ⑪ 日本 滋賀縣 鴨稲荷山 古墳

〈그림 5〉 마한·백제지역 금동신발 비교

관을 제시하였다.[19] 이 외에도 우노마 사토시(宇野愼敏)는 입점리 1호분 출토 금동관을 백제관으로 인식하면서 이들은 山字形 立飾을 가지지 않는 형식으로 분류하였다. 이후 출토된 부장품과 무덤형태를 바탕으로 두 개 冠의 시기적 변천을 신촌리 冠(5세기 후반) → 입점리 冠(5세기 말~6세기 초엽)

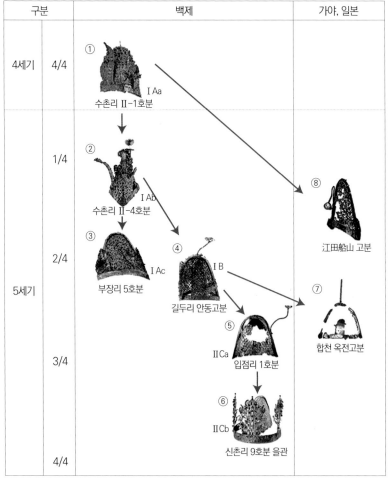

〈그림 6〉 마한·백제지역 금동관 편년 및 형식변화 모식도

의 상세한 연대관을 제시한다.[20]

우리나라에서는 신촌리 9호분 금동관을 도면화하면서 무늬 구성에서 熱點文과 橢圓文의 결합이 보이는 신촌리관을 波狀文과 熱點文으로 구성된 입점리 관보다 빠른 단계며, 현지에서 제작된 마한·백제의 冠 양식으로 보았다.[21] 이외에도 관을 장식하는 중요한 구성요소 중의 하나인 寶珠가 달린 三枝의 입식가지가 복합나선문이 주조로 장식되고 있다. 따라서 신라의 三山冠, 백제의 草花形冠飾보다는 가야의 冠과 매우 형태적으로 유사한 점과 부착된 영락과 유리장식 등에서 상당히 발전된 독자적 형태로 보았다.[22] 이처럼 신촌리 9호분과 입점리 금동관을 중심으로 비교 검토하는 연구가 진행되었다. 최근 2000년대에 들어서면서 공주 수촌리고분군을 시작으로 서산 부장리, 고흥 길두리 안동고분 등 다수의 금동관이 출토되고 과학기술의 발달로 다양한 방식의 분석 등이 진행되면서 새로운 연구성과도 확인된다.

(2) 새로운 시각으로 확인된 연구성과

현재까지 출토된 호남지역 금동관의 편년과 제작기술, 문양 등을 중심으로 확인된 최근 연구 성과는 금동관의 제작 시기는 사비시대 이전까지다. 즉, 한성기 말부터 웅진천도까지만 집중적이며 한시적으로 제작되었음을 알 수 있다.[23]

웅진기의 백제는 왕권의 미약과 더불어 잦은 왕들의 교체로 정국이 매우 불안전한 상태였다. 당시의 백제가 왕도로서는 협소한 웅진으로 천도할 수밖에 외부적인 요인 중의 하나가 한강 이남을 치열한 패권 다툼에서 상실하게 된다. 이처럼 영토 상실은 한성이라는 전략적 요충지인 수도를 급격하게 웅진으로 옮길 수밖에 없는 정치적 요인이 가장 크다고 할 수 있다. 이 시기의 정치적 혼란기는 약화된 왕권의 영향으로 각 지역의 수장층 세력들이 어느 정도의 독자적으로 활동할 수 있었던 여건이 조성된다. 그렇기 때문에 백제는 이러한 상황에서 왕권의 권위를 상징하는 정치적 도구인 금동관 등의 위세품이 한시적으로 백제권역으로 확산된다.

그러나 공주나 서산 같이 왕권의 영향력이 미치는 지역은 직접 제작한 관을 사여의 형태로, 마한권 지역 같은 왕권이 미치지 못하는 곳은 모방을 통한 현지에서 독자적인 제작품으로 추정된다. 이후 백제는 사비로 천도한 이후 이전 시기의 정치적인 혼란기를 극복하고 웅진기와는 다르게 왕권의

표 3. 호남지역 금동관·금동신발 공반유물(철기) 비교 양상

출토유적		매장 주체	유물 양상			비고
			금동관	금동신발	공반유물(철기)	
나주 신촌리 9호 乙棺		옹관	타출	타출	장식대도(용봉문환두도, 은장삼엽문환두도), 은장삼엽문환두도자, 금환, 금제수하이식 등	
나주 복암리 3호분 96석실		횡혈식 석실	·	타출	금은장삼엽환두도, 마구류(재갈, 행엽, 운주), 호등, 철제집게 등	
나주 복암리 정촌고분		횡혈식 석실	·	투조	소환두도(자도 2), 목병도, 마구류(재갈, 등자, 십금구), 성시구 등	
함평 예덕리 신덕 1호분		횡혈식 석실	타출	·	마구류(등자, 재갈, 운주), 대도, 꼰환두대도, 갑주(찰갑), 성시구 등	일부 片
고흥 길두리 안동고분		수혈식 석곽	투조	투조	방제경(연호문경), 갑주(판갑, 소찰병유차양주, 견갑), 환두도, 살포 등	
고창 봉덕리 1호분	4호 석실	수혈식 석실	·	투조	금제수하이식, 성시구, 청동탁잔, 원두대도, 중국자기(청자반구호) 등	
	5호 석실		·	투조	요대금구, 성시구(판상금구, 곡옥형 금구) 등	일부 片
익산 입점리 1호분		횡혈식 석실	타출	타출	마구류(재가, 등자), 금동제 안금구편, 금제이식, 통형장식구, 중국자기(청자사이호) 등	

강화와 함께 중앙집권적인 정치적 지배가 가능하게 되었다. 따라서 정치적으로 안정되면서 묘제의 변화와 함께 계층을 상징하는 은제관식으로 그 대상이 변화된 것으로 판단된다.

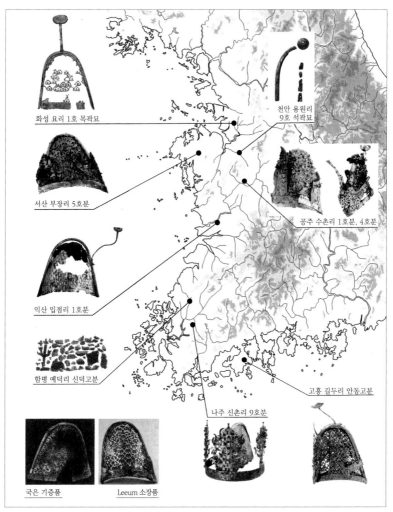

〈그림 7〉 마한·백제 금동관(모) 출토 현황

이러한 시대적 배경으로 호남지방에서 출토된 금동관의 주인공은 보는 시각과 연구자들마다 마한인, 백제인, 왜인 등으로 다양하게 보기도 한다. 또한 백제와 관련 있는 토착세력이나 이후 한성백제가 붕괴된 후 가야의 영향을 받은 것으로 해석하기도 한다.[24] 하지만 외관과 내관(관모)이 포함된 신촌리로 대표되는 완전한 형태의 금동관은 유일하게 호남지역 출토품(익산 입점리 1호분, 나주 신촌리 9호분, 함평 신덕 1호분, 영암 내동리 쌍무덤)에 국한되고 있다. 따라서 신촌리계통의 금동관 제작지와 출현배경에 대한 연구는 백제와의 정치적 관계 이외에도 다양한 연구가 필요하다.

(3) 마한·백제지역에서 확인되는 문양의 형태

현재까지 마한·백제지역에서 출토된 금동관의 경우 그 제작기법과 형태와 문양에 따라서 각 연구자들마다 龍鳳紋·草花紋(이한상), 鳥翼形·樹枝形·草花形(노중국), 투조와 타출(이훈) 등 명칭이 다양하다. 그러나 이러한 문양의 구분은 특별한 지역화를 확인할 수 없고, 당시에 유행하였던 문양이나 방식으로 제작했던 것으로 볼 수 있다. 다만 익산 입접리 관모에 시문된 魚鱗紋의 형태는 마한권에서만 확인되는 문양으로 현재까지는 호남지역(익산 입점리, 나주 신촌리 9호분)에서만 확인되고 있다.

2) 금동신발의 계통과 성격

(1) 금동신발의 제작방식에 따른 주장

금동신발을 형식학적으로 분류한 마노메 쥰이치는 바닥이 금속제이고 측면이 다른 소재로 제작된 것을 I群, 바닥과 측면이 동일한 소재로 제작된 것을 II群으로 분류하였다. II群은 다시 두 장의 側板이 발등 쪽과 발뒤꿈치 쪽에서 고정되게 제작된 것을 A형, 발등 쪽과 발뒤꿈치 쪽을 다른 판으로 제작되고 발 측면 쪽에 고정된 것을 B형, 그리고 발등 쪽이 다른 판으로 제작된 것을 C형으로 각각 분류하고 있다. 한반도에서 출토된 금동신발 중에 I群은 고구려와 신라, II-A형은 백제, 신라, 가야, 일본열도, II-B형은 신라와 가야 일부, II-C형은 일본에서 관찰된다.[25] 마노메 쥰이치의 분류안에 따르면 나주 신촌리 9호분, 복암리 3호분 96석실 등을 포함한 지금까지 호남지방에서 출토된 금동신발은 모두 II-A형에 해당된다.

요시이 히데요는 신발의 발등 쪽 접합부를 기준으로 제작방식에서 하단부가 경사진 부분과 평행한 부분으로 분류하고 있다. 전자의 형식은 경주 식리총, 공주 무령왕과 왕비, 나주 신촌리 9호분 乙棺, 익산 입점리 1호분, 일본 구마모토현 에타후나야마고분 등이 해당되고 발등에 평탄면이 있는 것이 특징이다. 후자의 형식은 일본 시가현 가모이나리야마고분, 야마구치현 토노오고분, 나라현 후지노끼고분 등 주로 일본에서만 관찰된다.

(2) 마한·백제지역에서 출토된 금동신발은 어떤 형태로 제작되었나?

두 학자들의 분류안을 기준으로 마한·백제지역에서 출토된 금동신발의 제작방법을 검토하면 다음과 같다. 먼저 신촌리 9호분 출토품은 2매의 금동판을 형태에 따라 자른 다음 앞뒤로 리벳팅하여 상판을 결합하고, 底板의 주연을 'ㄴ'자형으로 꺾어 구부린 후 側板과 이어 針金으로 리벳팅하였다. 신발의 側板 표면에는 두 줄의 점열로 斜格子 모양의 공간을 만들고 사격자 공간 내에는 凸狀圓文을, 底板의 사격자 내에는 四葉花文을 시문하였다. 전체적인 무늬 배치는 상판의 가운데 접합부분을 중심으로 좌·우 대칭을 이루고 있다. 측판의 아랫면에는 9개를 단면 방형의 못을 사용하여 박았으나, 일부 결실되고 현재 5개의 스파이크가 남아있다. 신발 내부의 저판에서는

麻布로 추정되는 布痕이 잔존한다.

　복암리 3호분 96석실 신발에 적용된 龜甲文은 거북의 등껍질과 유사한 육각형의 문양이다. 귀갑문은 주로 단독으로 쓰이기보다는 연속된 무늬로 반복되는 것이 특징으로 그 형태와 기원에 따라 두 가지로 구분된다. 먼저 I유형은 단순히 육각형 무늬로만 베풀어지며 그 기원은 중국 한대에 거북 등무늬의 표현에서 시작하여 대부분 거북형상의 공예품에 잘 나타난다. 제 II유형은 육각형의 꼭지점 부분에 점·원·꽃 등을 장식하고 귀갑문 내에 여러 가지 동물문이나 식물문을 시문하는 것이 특징이다. 우리나라의 경우는 제 II유형의 귀갑문이 발달하였고, 대부분 왕릉급 고분에서만 나타나는 문양으로 품격이 높은 공예품의 의장요소로 채용되었다. 호남지방을 제외한 금동신발에 귀갑문이 시문된 예는 공주 무령왕릉과 경주 식리총에서 확인되고, 일본은 구마모토현 에타후나야마고분 출토 신발부터 龜甲文이 확인되고 있다.

　복암리 정촌고분 4호 석실 신발의 제작기법은 우선 기본적으로 복암리 96석실과 비슷하다. 금동판으로 별도의 저판을 올려놓고 두 장의 측판을 발등 쪽과 뒤꿈치에서 겹쳐 리벳으로 고정하고 저판과 측판의 결합은 측판의 아래 부분을 접어 꿰맨 형식이다. 전체적으로 透彫와 線刻기법으로 제작되었으며 다만 저판의 경우 바닥 중앙에 연화문으로 장식된 연꽃 문양은 8엽의 꽃잎을 선각기법을 사용하여 삼중으로 배치하였다. 중앙에 선각기법으로 꽃술을 새겨 더욱더 도드라지게 돋보이도록 제작되었다. 연화문 하단에는 귀면문을 투조하였으며 형태는 부릅뜬 눈과 크게 벌린 입, 형상화된 몸체 등이 연화문을 중심에 두고 앞뒤로 2개씩 묘사하였다.

　고창 봉덕리 1호분 4호 석실 출토품의 경우 금동판으로 별도의 저판을 올려놓고 두 장의 측판을 발등 쪽과 뒤꿈치에서 겹쳐 리벳으로 고정하고 저판과 측판의 결합은 측판의 아래 부분을 접어 꿰맨 형식으로 추정된다. 다만 양 측판 상부(발목 덮개)에 1매의 금속판을 덧대어 제작된 나주 정촌 고분과 제작 기법이 동일하고 전체적으로 투조와 선각기법이 적용되었다. 그리고 5호 석실 출토품의 경우 저판만 일부 잔존하고 후대에 교란과 도굴로 인해 전체적인 제작기법과 형식은 알 수 없으나 4호 석실 출토품과 동일한 제작기법이 적용되었을 것으로 추정된다. 다만 저판에 4호 석실과는 다르게 능형문이 투조되어 문양은 동일하지는 않았던 것으로 판단된다.

마지막으로 고흥 길두리 안동고분에서 출토된 금동신발의 제작방식을 살펴보면, 좌우 측면판 하부를 'ㄴ'자 형태로 구부려 그 안에 별도로 제작한 바닥판을 얹었으며 동사로 꿰맨 구멍이 일부 확인된다. 측판은 발등 부분과 뒷축에서 각각 결합하였으며 발등 부분은 오른쪽 측판 위로 왼쪽 측판을 덧대어 동사로 꿰매었다. 문양은 측판은 T자형으로 투조하였고 바닥판은 전체적으로 능형문을 엇갈리거나 크기를 조정하여 투조하였다.

(3) 일본의 금동신발은 우리지역과 어떤 형태로 제작되었을까?

다음으로 일본출토 신발의 제작기법을 살펴보면 두 장의 금동 박판을 꼬부려 맞추어서 측면으로 하고 같은 박판을 바닥에 틀어박은 금동제의 신발로 어느 것이나 전면에 龜甲文을 점선으로 두들겨 내고 있는 것은 부장품으로 출토되는 금동관과 같다. 다만 세부적으로 에타후나야마 고분의 신발의 측면에는 원형 보주를 해 붙이고 가모이나리야마 고분에서 출토된 신발의 경우 측면에는 비단실의 꽃 모양과 유리구슬을 붙이고 밑바닥에는 원형이나 어형장식을 가미한 수법은 각기 그 관과 꼭 같고, 관과 신발이 한 조로서 만들어졌다는 것을 보여주고 있다. 대표적인 에타후나야마 고분의 신발 저부 바닥에는 단면 4각형의 못이 박혀 있는데 실용품으로는 볼 수는 없다.

다음으로 가모이나리야마고분 출토 신발의 경우 잔존상태가 일부만 남아 정확한 형상은 알 수 없으나 귀갑문 바탕 위에 남색의 옥과 백색장식품이 신발 측판에 부착되어 있고, 저판에는 어형장식구가 원형의 영락과 함께 부착되어 있다.[26]

호남지방의 마한권 지역에서 확인되는 신발은 분류상 II-A형으로, 이 형식에 속한 신발은 발등 각도의 변화가 시간적인 변천의 지표가 되고 있다.[27] 이러한 결과는 일본에서 출토된 II-A형에 속하는 금동신발의 발등 각도가 작아지고, 전체 길이는 길어지며, 바닥면의 스파이크가 없어지면서 바닥판 장식이 많아지도록 변화했다는 시간적인 흐름이 관찰된다고 하였다. 특히 마노메 준이치는 신발의 대형화와 스파이크가 없어진 점이 우리나라와 다르게 일본 출토 금동신발에 나타나는 큰 특징으로 인식하였다. 요시이 히데요는 전자에 속하는 제작방법은 후자의 제작방법보다 제작기술의 수준이 높고 우리나라 중에서 호남지역으로 포함한 백제고지 지역에서 출토비율이 높은 점으로 미루어 백제에서 제작되어 일본의 지방 유력 수장층들에게 수여된 威勢品으로 추정하였다.

(4) 독자적인 물고기모양 장식의 기원은 과연 어느 나라인가?

신발에 적용된 장식 중에서 가장 주목되는 魚形裝飾은 주로 일본에서 출토되는 장식으로 일본 고분 중에서 야마구치현 토노오고분 출토품이 복암리 출토품보다는 이른 시기로 편년되고 있다. 요시이 히데요의 제작방법을 적용하면 복암리나 신촌리 출토품과 같은 계통으로 분류되기 때문에 현지에서 제작되어 일본 재지세력들의 威勢品으로 사용되었을 가능성이 매우 높다. 魚形裝飾을 신발에 부착한 이유는 현재로서는 알 수 없으나 물고기가 사람을 보호한다는 神魚思想과의 연관성을 찾기도 한다.[28]

(5) 우리지역의 대표적인 나주 복암리고분 신발의 큰 특징

마한권의 가장 대표적인 복암리 96석실 출토품의 신발을 중심으로 살펴보면 제작기술 및 형태상으로 신촌리 9호분, 입점리 출토품과 동일한 것으로 판명되었지만 문양과 제작기법상에 있어서 세부적인 차이점이 나타난다. 즉, 신촌리 9호분과 입점리 출토품은 瓔珞이 없고 문양은 斜格子文을 채용하고 있다. 복암리 출토품은 주로 왕릉급에서 채용된 龜甲文을 사용하고 있고 원형의 영락이 존재한다는 점에서 신촌리와 입점리 출토품보다는 격식이 높고, 문양적으로도 무령왕릉 출토품과 가깝다. 영산강유역에서 출토되는 귀갑문을 채용한 금동신발의 스파이크의 수는 모두 다 9개 내외로 규격화된 모습이다. 이러한 현상은 일본의 초기 신발로 편년되는 에타후나야마고분, 토노오고분 등에서도 관찰되는 공통적인 현상이다. 그러나 늦은 시기의 고분 출토품은 초기 출토품보다 의장적인 면에서 격식이 떨어지고 점차 대형화현상이 나타나면서 초기 신발에 관찰된 제작기술의 정교함 등의 현상이 사라진다.

일본의 초기 신발은 제작기술적인 측면과 스파이크에 나타나는 못의 수로 보아 마한권의 중심지인 영산강유역을 포함한 백제고지의 영향을 받은 제품으로 볼 수 있다. 특히 어형장식구는 일본 신발의 독자성을 강조하

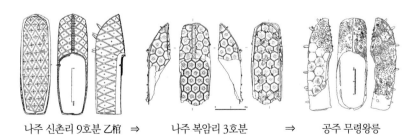

나주 신촌리 9호분 乙棺 ⇒   나주 복암리 3호분   ⇒   공주 무령왕릉

〈그림 8〉 호남지역 출토 금동신발 변천도

는 장식구의 하나였다.[29] 하지만 복암리 3호분 96석실에서 출토된 금동신발의 존재로 일본 초기 신발은 마한권 지역 즉 영산강유역 재지세력과의 관계를 추정할 수 있다. 이러한 결과를 토대로 금동신발의 시간적 순서는, 나주 신촌리 9호분 乙棺 → 나주 복암리 3호분 96석실 → 공주 무령왕릉과 같은 문양과 제작방식 및 형식으로 변천되었을 것으로 추정할 수 있다.[30]

금동신발은 삼국에서 공통적으로 제작된 유물이다. 하지만 제작기술적인 측면에서 뚜렷한 차이점을 보이고 있다. 먼저 신라지역의 출토품들은 신발의 앞코가 둥그스름하며 바닥판과 좌·우 측판이 함께 붙어 있는 특징을 지니고 있다. 이와는 반대로 영산강유역을 포함한 마한·백제지역 출토품들은 신라와는 다르게 앞코 모서리가 뚜렷한 각을 이루며 底板과 좌·우 측판을 따로 만들어 서로 釘金을 사용하여 서로 결합한 방식을 사용하고 있다. 이러한 마한·백제지역의 제작기술은 일본 고분시대에 출토되는 금동신발의 제작기술과 많은 유사성을 지니고 있는 마한(백제권역 포함)과 倭 사이의 문화적인 교류가 활발했음을 짐작해주는 고고학적 산물로 해석할 수 있다.

특히, 나주 정촌과 고창 봉덕 출토품은 투조를 기반으로 부분적으로 선각기법을 병행하여 문양 또한 정밀하게 제작되었다. 복암리 3호분 96석실과 신촌리 9호분의 경우 선각기법만 적용되었는데 아마도 이러한 조각 기법의 차이는 시기 차와 집단 간의 위계화를 반영해 주는 것으로 볼 수 있다. 선각 기법만 활용한 복암리 3호분과 신촌리 9호분의 경우 문양에 있어 사격자와 귀갑문이 적용되었다. 따라서 왕릉인 무령왕릉에 적용된 사례에서 살펴볼 때 비록 시기 차이는 있으나 귀갑문이 적용된 신발이 투조와 선각기법이 활용된 신발보다 후대지만 위계적으로 상위에 해당된다. 또한 무령왕릉 출토품을 기준으로 문양과 제작면에 있어서 귀갑문을 사용한 신발은 마한·백제지역 지역에서는 복암리 3호분 96석실을 제외하고 현재까지는 출토되지 않고 일본에서 발달한 양식으로 확인된다. 따라서 복암리에서 확인된 신발에서 채용된 귀갑문의 경우 일본에서 활발하게 제작되는 신발의 제작과 문양에 직접적인 영향을 주었을 것으로 추정된다.

신발에 투조기법이 유행한 시기는 한성기로 볼 수 있으며, 이러한 제작기법이 활용된 신발의 부장된 지역의 범위가 충남 공주, 서산, 전북 고창, 전남 나주, 고흥 등 범위가 광범위하게 확인된다. 따라서 한성기 백제가 각 지역의 지방 수장층들에게 賜與 내지는 互惠品의 개념으로 제작된 신발은 이른 시기에는 공주 수촌리와 고흥 안동고분에서 확인된 것처럼 투조기법을 바탕으로 T자문과 능형문 위주로 문양면에서 단순하게 제작된다. 이후 한성기 마지막 신발로 추정되는 나주 정촌고분이나 고창 봉덕 1호분 출토품에서 확인되는 것처럼의 투조기법으로 제작된 신발의 장식면에 있어서 지금까지 볼 수 없었던 화려한 문양을 투영하여 제작된다. 따라서 제작기법상 살펴보면 당시 한성기백제의 금속기술이 최고의 절정기일 때 제작되었던 것으로 추정할 수가 있다.

그러나 이 지역에서는 신촌리 9호분 출토품을 기점으로 제작기법의 변화양상이 확인된다. 한성기에는 투조기법이 주를 이루던 제작방식에서 공주 천도 이후에 제작된 신발의 제작방식이 점열문이 주를 이루는 彫金技法[31]으로의 변화가 시작되기 때문이다. 문양면에 있어서도 사격자문의 채택되고 이후에 추가로 귀갑문에 불교의 영향을 받아서 연화문계통이 채용되며 영락이 부착된다. 이러한 선각기법으로 제작된 금동신발의 경우 나주 복암리 3호분 96석실 신발에서 발전하여 절대연대가 확실한 공주 무령왕릉에서 제작방식에 있어서 그 절정을 맞이한다.

다만, 신발은 그 성격이 금동관과 다르게 제작지가 한정적이고 지금까

지도 내 라벨:
- 화성 요리 1호 목곽묘
- 원주 법천리 1호분, 4호분
- 서산 부장리 6호분, 8호분
- 공주 무령왕릉
- 공주 수촌리 1호분, 3호분, 4호분
- 익산 입점리 1호분
- 공주 수촌리 8호 석곽
- 고창 봉덕리 1호분
- 연기 나성리 목곽묘
- 나주 정촌고분 1호 석실
- 고흥 길두리 안동고분
- 나주 복암리 3호분
- 나주 신촌리 9호분
- 서울역사박물관 소장품
- 傳 공주 송산리

〈그림 9〉 마한·백제 금동신발 출토 현황

지 연구 성과에 의하면 백제에서 각 지방 재지세력들에게 사여나 호의에 의한 유물이기 때문에 전세의 가능성이 매우 크다. 즉 나주 복암리 3호분 96석실과 정촌고분에서 출토된 신발의 경우 매장주체부의 경우 초기 석실분으로 시기차가 거의 없다. 그렇지만 출토된 신발의 경우 제작기법에 있어서 확연한 차이를 보이고 있기 때문에 좀 더 신중한 검토가 필요할 것으로 판단된다.

4. 고대 호남지역과 일본과의 관계

일반적으로 금동관과 신발 같이 위세품인 裝身具[32]는 冠, 耳飾, 帶金具, 신발 등과 金·銀·金銅같은 재질을 사용한 물건과 조합으로 이루어진 기물로 그것을 몸에 걸친 사회적 지위나 신분·위계 등을 살필 수가 있다.[33] 일본에서는 威信財에서 신분표상품으로의 변화는 개인간의 정서적인 심리에 의존한 고분시대적인 '威信'에서 좀 더 제도화된 율령국가적인 '신분'이나 '권위'로의 구조적인 변화가 확인된다.[34] 이처럼 고대 渡來人으로 불리우는 한반도로부터 전해진 선진문물의 도입과 工人집단의 이주로 당시 일본열도의 문명화와 고대국가 성립의 바탕이 되었다.[35]

1) 마한·백제지역과의 관계

마한·백제지역 지역에서 출토된 금동관의 출현 시기를 대체적으로 4세기 말~5세기 초로 보고 있다. 따라서 금동관 같은 정교한 기술력을 유지할 수 있는 전문적인 장인집단들이 존재하는 공방이 최소한 4세기 대에는 형성되었을 것이다. 일반적으로 백제는 공방의 성립을 고구려와 낙랑의 문화적 영향과 선진적인 기술을 보유한 전문적인 장인집단들의 유입 등이 그 바탕이 되었을 것으로 추정된다. 우리가 잘 알고 있는 王仁을 부르는 직책으로 '博士'라는 특수직군에 대한 호칭의 존재다. 백제는 이미 근초고왕 시기에 최초의 역사서인 『書記』를 편찬한 博士 高興처럼 특별한 기술이나 전문적인 기능에 대한 호칭이 존재하는 것으로 미루어 보아 최소한 4세기 초·중엽에는 전문적인 특수직군에 대한 체제가 정립된 것으로 추정할 수 있다.

현재까지 신촌리 9호분 금동관의 경우 영산강유역을 포함한 마한·백제지역 지역에서는 그 출토사례가 유일하다. 비록 편으로 출토되었지만 익산 입점리와 함평 신덕 1호분에서 확인되는 정도이다. 마한 정치체를 대표하는 신촌리 금동관의 경우 意匠면에 있어서는 그 기원을 백제계통으로 보는 것은 타당하다. 단지 금동관의 제작지는 고흥 길두리 안동고분 출토품을 제외하고 백제권역의 중앙정부에서 제작되어 '賜輿'라는 형식으로 일괄적으로 마한 수장층에게 분배된 것으로 보기는 어렵다. 이러한 이유는 우선 대륜부와 입식이 존재하는 신촌리 계통의 금동관(입점리, 신덕 1호분, 내동리 쌍무덤)의 존재다. 호남지방의 마한 수장층들이 백제권 관모를 모방을 통한 독자적인 형태의 冠으로 나타났으며, 유이민 집단의 제작이나

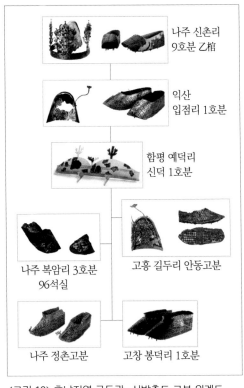

나주 신촌리
9호분 乙棺

익산
입점리 1호분

함평 예덕리
신덕 1호분

나주 복암리 3호분
96석실

고흥 길두리 안동고분

나주 정촌고분

고창 봉덕리 1호분

〈그림 10〉 호남지역 금동관·신발출토 고분 위계도

현지 장인집단[36)]들을 통해서 현지에서 제작했던 것으로 볼 수 있다. 이러한 가설이 가능한 이유는 현재로서는 금동관모는 마한지역을 포함한 백제권역의 수장층 고분에서는 비교적 넓은 권역에서 출토되고 있다. 특히, 백제권의 중심지라 할 수 있는 유적에서도 외관에 해당되는 대륜부와 입식의 존재는 확인되지 않고 있는데, 아마도 제작 당시부터 대륜부의 존재는 없었던 걸로 추정된다.

이를 뒷받침하는 백제 冠의 관련 기록은 중국 측 사서인 『梁書』, 『周書』, 『舊唐書』 등 백제 冠이 기록된 중국의 문헌기록에는 고구려와 유사한 冠 문화를 가지고 있으며, '帽'를 '冠'으로 불렀다는 기록(梁書)[37)]이 있다. 이외에도 왕족은 烏羅冠에 금제관식, 1~6품 관인의 관은 품계에 따라서 모양이 다른 은제관식이 각각 장식되었다는 기록(舊唐書, 隋書, 北史) 등이 있다. 실물자료로 출토된 백제왕릉인 무령왕릉에서 金製冠飾만 출토되어 기록처럼 외관의 경우 금속제가 아닌 烏羅冠 형태였을 것으로 추정된다.

하지만 마한권 지역의 호남지방에서 유일하게 관모 형태로 출토된 고흥 길두리 안동고분 금동관의 경우 백제와의 직접적 관계보다 지역 수장층이 나름대로 독자성을 표방하기 위한 상징으로 사용했을 가능성이 높다. 계통상으로 백제권지역에서 출토되는 형식학적 관점에서 '사여'로 볼 수 있지만, 당시의 정치적 상황으로 보면 일방적인 백제왕권과 지방세력과의 지배-피지배 관계보다 '好意'라는 관점에서 제공되었을 가능성이 높다.[38)] 이처럼 안동고분 冠을 제외한 대륜부와 입식이 존재하는 신촌리 계통의 금동관은 호남지방의 마한 수장층들의 고유한 冠의 형태였을 것으로 판단된다.

따라서 신촌리 계통의 冠은 사여의 형태가 아닌 현지에서 모방의 형태로 독자적인 형태로 제작된 것으로 볼 수 있다. 또한 제작방식에 있어서도 백제권에서 확인되는 금동관과 차이점이 발견된다. 지금까지 확인된 관모는 다양한 문양의 타출기법을 주문양으로 배치한 다음 부분적으로 활용되었으며, 관모 양쪽으로 확인되는 날개형태의 입식(측입식)과 영락이 부착된 형태이다. 하지만 신촌리 계통의 관모는 타출기법만 활용되어 제작되었으며 주문양에 있어서도 魚鱗紋(입점리 1호)이나 당초문(신촌리 9호분), 파상문(신덕 1호분) 등 무늬면에 있어서도 백제권에서 확인되는 양식과는 확연히 다른 모습을 보여준다. 특히 어린문의 경우 현재까지는 마한권역에서만 확인되는데 신촌리 9호분에서 확인된 은장삼엽문환두도와 은장삼엽문환두도자의 柄部 부분에도 어린문이 타출기법으로 장식되어 마한권역에서만 계승되면서 사용된 고유한 문양으로 볼 수 있을 것이다.

다만, 길두리 안동고분에서도 확인되듯이 호남지역의 마한 수장층들 중에서도 신촌리 계통의 冠을 일률적으로 제작하지는 못한 것으로 추정된다. 마한의 중심지역에서만 대륜부와 입식이 있는 冠이 비록 제작방식에 있어 정밀성이나 문양의 세밀함을 떨어지지만 직접 제작되었던 것으로 볼 수 있다. 그러나 이러한 금동관은 백제왕권의 안정과 결부되어 지속적으로 제작되지는 못하고 한시적으로 국한되어 제작되는데 마치 영산강유역에 일정한 시기에만 축조되고 사라진 전방후원형고분과 유사하다고 볼 수 있다. 하지만 이 지역에서 더 이상 제작할 수 없는 정치적, 환경적 요인은 일본의 冠式文化와 제작방식에 일정부분 영향을 주었던 것으로 판단된다.

그리고 백제는 늦어도 5세기 대에는 지방지배의 거점이 되는 일부 성·읍에 왕의 子弟·宗族 등의 지방관을 파견하여 통치하는 膽魯制를 실시하게 된다. 백제 멸망 시에 37개의 군이 존재한 사실을 참조하면 22담로에는 동성왕대 백제의 세력권 하에 들어온 지역도 포함되어 있었다고 볼 수 있을 것이다. 이 경우 백제 왕족들의 영산강유역에 대한 실질적 통치라기보다는 재지세력에 의존한 간접지배방식으로 이해하는 것이 타당할 것이다.[39]

2) 일본과의 관계

일본에서 출토된 금동관의 경우 에타후나야마고분 출토품이 가장 대표적이다. 많은 연구자들이 익산 입점리와 신촌리 9호분 금동관의 구조적인 유사성을 근거로 백제계통으로 분류하였다. 이후 출토된 금동관(정확히 冠帽)은 동경국립박물관에서 실측도[40]와 세부 문양이 추가된 모식도[41]가 공

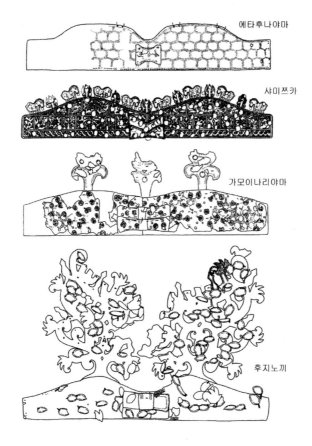

에타후나야마

샤미쯔카

가모이나리야마

후지노끼

〈그림 11〉 일본 고분출토 廣帶二山式冠

개되면서 형태와 제작방식, 문양에 대한 세부적인 연구가 가능하게 되었다. 이와 함께 최근에는 백제권역에서도 금동관이 다수 출토되면서 비교 검토가 가능하게 되었다. 이처럼 일본에서 에타후나야마고분 금동관의 계통에 대한 연구가 가능하게 되자 그동안 입점리에서 계통을 찾던 연구가 이후, 수촌리 금동관(II-4호)이 출토되면서 문양구성과 제작방식에서 관모가 동일한 계통으로 확인되었다. 이러한 사례로 볼 때 일본에서 확인된 금동관 중에서 관모에 해당되는 부분은 백제와의 관계 속에서 해석하는 것이 현재로서는 타당할 듯하다. 그러면 다음으로 백제계 관모와 함께 그동안 일본에서 특유한 관이라고 평가받았던 廣帶二山式冠의 기원과 계통에 대한 문제다.

(1) 광대이산식관廣帶二山式冠이란 무엇을 말하는가?

광대이산식관의 명칭은 좌우로 두 개의 산이 완만한 곡선을 이루며 연결된 것 같은 형태를 닮았다고 해서 붙여진 명칭이다. 이러한 형태는 일본 이바라키현(茨城縣) 샤미쯔카(三味塚)고분에서 출토된 금동관이 대표적이며 현재까지 약 10여 점이 출토되었다. 입점리 1호분 금동관(대륜부)편을 중심으로 일본에서 확인된 광대이산식관 형태의 자료를 처음으로 제시한 연구자는 모리미쯔 도시히코(毛利光俊彦)이다. 이후에 신덕 1호분 금동관편 중에서 타출기법으로 영락이 부착된 귀갑문 장식의 금동관편을 광대이산식관일 가능성을 제시하였다.[42] 이후로 공주와 서산, 고흥 등지에서 관모가 추가로 출토되면서 다양한 형태의 문양과 제작 등 한일 간의 금동관에 대한 연구가 활발하게 진행될 수 있었다. 이러한 연구성과를 바탕으로 일본에서 확인된 관모의 경우 수촌리 등 출토품과 비교 검토가 가능하다. 하지만 대륜부가 존재하는 부분은 일본 고유의 冠이라고 평가되는 광대이산식관

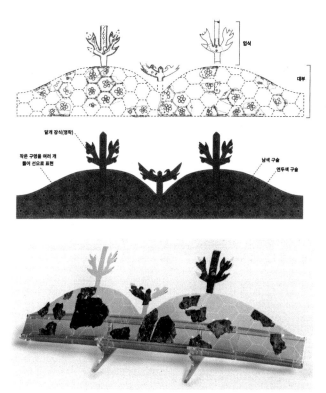

어형장식구가 여러 개
들어 선으로 표현

달개 장식(영락)

입식

대부

남색 구슬
연두색 구술

〈그림 12〉 함평 예덕리 신덕 1호분 금동관 복원도

의 기원과 계통에 대해서는 호남지방에서 출토된 금동관을 시원으로 보는 연구도 있다. 최근 이러한 연구가 일본의 일부 연구자들도 그 계통과 기원에 대한 재검토가 필요하다는 주장이 있다.[43] 이처럼 지금까지 광대이산식관(정확히 臺輪·立飾)의 경우 일본에서만 확인되어 일본 고유의 형식이라 했지만 입점리 1호분과 신덕 1호분에서 그 시원을 찾을 수 있기 때문이다. 금동신발의 경우도 그동안 일본에서만 나타나는 고유한 장식구라 했던 어형장식구가 시기적으로 빠른 나주 복암리 3호분 96석실에서 확인되었기 때문이다.

따라서 현재까지 금동관의 출토예와 연구성과를 종합하면 제작방식과 형태, 문양 등의 모티브는 분명 백제권역의 기술적인 영향을 분명히 받았던 것만은 분명하다. 이것은 일본에서 冠과 함께 출토되는 경우가 많은 신발의 경우 구조적으로 모두 백제계라고 판단하고[44] 이러한 신발에 대한 인식은 일본 연구자들도 공감하는 입장이다.

　다만, 금동관의 경우 세부적으로 백제권역에서는 관모만 확인되고 대륜과 입식이 있는 완전한 형태의 冠은 현재까지 마한권역에서만 확인되고 있다. 따라서 일본 출토 광대이산식관의 형태를 제작하고 장식했던 부분은 마한권역에서 출토된 금동관의 부분적인 영향을 받았던 것으로 잠정적으로 보고자 한다. 물론 이러한 견해는 앞으로 새로운 자료의 추가나 연구성과가 나타나면 새롭게 보완하고자 한다. 따라서 현재까지 일본 출토 금동관은 관모의 제작과 형태는 백제의 영향, 대륜부와 입식을 장식하고 제작한 부분은 마한권역의 영향을 받아 일본 고유의 독자적인 관식의 형태로 발전되었던 것으로 볼 수 있다.

5. 맺음말

　지금까지 호남지역 마한·백제지역에서 출토된 금동관(모)과 신발을 중심으로 고대 일본지역과의 연관성을 살펴보고자 하였다. 현재까지 출토된 금동관이나 신발의 경우 백제권역과 수량면이나 분포적인 상황으로 살펴볼 때 어느 정도의 독자성을 유지하는 지방 수장층의 존재를 확인할 수 있었다. 고대 한일 간의 문화적인 흐름을 살펴보면 일본(특히 九州와 畿內지방)의 경우 마한문화를 포함한 백제 문화의 영향을 지속적이고 가장 많이 받았음을 알 수 있다. 이러한 문화적인 흐름은 '博士'로 대표되는 전문적인 특수집단들의 지속적인 渡日에 대한 결과물일 것이다.

현재까지는 문헌자료의 부족과 고고자료의 한계가 있으나 호남지역에 백제 고분(사비식)과 유물(은제관식 등)이 출토되기 이전까지는 강력한 고대 정치세력(지방 수장층)의 집단의 존재를 보여준다. 비록 최소한 국가단계까지 발전하지 못하고 백제에 흡수 통합되지만 백제의 직접통치 이전까지는 고대국가에 버금가는 독자적이며 강력한 정치력(대외교류)과 군사력을 유지하였음을 확인시켜주고 있다. 이러한 고고학적 자료로 남겨진 유물이 백제권역에서는 출토되지 않는 신촌리 계통의 금동관이라고 할 수 있다. 따라서 이러한 강력한 정치적인 기반을 토대로 마한문화권의 정치세력들의 존재는 고대 일본문화에 어느 정도 관여했음을 확인할 수 있는 유물인 광대이산식관과 어형장식구가 부착된 신발에 반영된 걸로 볼 수 있다.

이 글은 2019년 역사문화학회 지방사와 지방문화(22권 1호)에 실린 논문을 최신 연구성과 등이 포함된 자료를 포함하여 수정하여 재정리하였다(이범기, 2019, 「고분 출토 金銅冠과 飾履로 살펴본 馬韓, 百濟, 日本과의 비교 검토」, 『지방사와 지방문화』 22권 1호, 역사문화학회).

〈주석〉

1) 李釩起, 2015, 「榮山江流域 古墳 出土 鐵器 研究」, 木浦學校大學院 博士學位論文; 李釩起, 2016, 『榮山江流域 古墳 鐵器 研究』, 學研文化社.

2) Prestige goods를 일본식 표현인 威信財보다는 威勢品이라는 용어로 사용하는 것이 타당하여 이를 따른다(朴普鉉, 1995, 「威勢品으로 본 古新羅社會의 構造」, 경북대학교 박사학위논문; 이희준, 1998, 「4~5세기 新羅의 考古學的 硏究」, 서울대학교대학원 박사학위논문).

3) 김낙중, 2009, 『영산강유역 고분연구』, 學研文化社.

4) 이진우, 2017, 「마한·백제권 출토 금동관의 특징과 그 의미」, 『신촌리 금동관, 그 시대를 만나다』, 국립나주박물관; 이범기, 2019, 「고분 출토 金銅冠과 飾履로 살펴본 馬韓, 百濟, 日本과의 비교 검토」, 『지방사와 지방문화』 22권 1호, 역사문화학회.

5) 김낙중, 2021, 「영산강유역 마한사회에서 내동리 쌍무덤의 의의」, 『영암 내동리 쌍무덤 사적지정을 위한 학술대회』, 전라남도문화재단 전남문화재연구소; 오동선, 2022, 「영산강유역권 백제 금속위세품의 변천과 토착세력의 동향」, 『호남고고학보』 제72집, 호남고고학회.

6) 연민수, 2012, 「5~6세기 북구주 호족의 대한교류와 다원성」, 『백제연구』 제55집, 충남대학교 백제연구소.

7) 노중국, 2011, 「백제관 장식의 상징성」, 『백제의 冠』, 국립공주박물관.

8) 주석 1) 참조.

9) 국립광주박물관, 2021, 『咸平 禮德里 新德古墳』.

10) 이범기, 2021, 「영암 일대 방대형분의 축조배경과 대외교류 - 내동리 쌍무덤을 중심으로 -」, 『영암 내동리 쌍무덤의 가치와 위상』, 학연문화사.

11) 임영진·오동선·강은주, 2015, 『고흥 길두리 안동고분』, 전남대학교박물관.

12) 국립문화재연구소, 1989, 『익산 입점리고분』.

13) 馬目順一, 1991, 「金銅製飾履」, 『古墳時代の研究-古墳Ⅱ 副葬品-』 8, 雄山閣.

14) 吉井秀夫, 2011, 「百濟의 冠과 日本의 冠」, 『백제의 冠』, 국립공주박물관.

15) 奈良縣立檀原考古學研究所, 1995, 『藤ノ木古墳 -第二·三次調査報告書-』.

16) 국립나주문화재연구소, 2017, 『나주 복암리 정촌고분』.

17) 梅原末治, 1959, 「羅州 潘南面의 寶冠」, 『朝鮮學報』 14.

18) 伊藤秋男, 1972, 「耳飾の型式學的研究に基づく韓國古新羅時代古墳の編年に關する一試案」, 『朝鮮學報』 64.

19) 穴澤咊光·馬目順一, 1973, 「羅州潘南面古墳群-‘梅原考古資料'によゐ谷井濟一氏發掘遺物の研究」, 『古代學研究』70, 古代學研究會.

20) 宇野愼敏, 1994, 「儀禮的裝身具にみる日韓交涉一視點」, 『靑丘學術論叢』5, 韓國文研究振興財團.

21) 申大坤, 1997, 「나주 신촌리 출토 冠, 冠帽一考」, 『고대연구』第5輯, 古代研究會.

22) 이종선, 1999, 「나주 반남면 금동관 성격과 배경」, 『나주지역 고대사회의 성격』, 목포대학교박물관.

23) 李勳, 2012, 「金銅冠을 통해 본 百濟의 地方統治와 對外交流」, 『百濟研究』第55輯, 忠南大學校 百濟研究所.

24) 崔盛洛, 2014, 「영산강유역 고분문화의 검토 II-고분을 바라보는 시각을 중심으로-」, 『지방사와 지방문화』17-2, 역사문화학회.

25) 주석 13) 참조.

26) 滋賀縣立安土城考古博物館, 1995, 『常設展示解說』.

27) 주석 13) 참조.

28) 김병모, 1998, 『금관의 비밀』, 푸른역사.

29) 吉井秀夫, 1996, 「金銅製 신발의 製作技術」, 『碩晤 尹容鎭敎授 停年退任紀念論叢』, 석오 윤용진교수 정년퇴임기념논총간행위원회.

30) 주석 1) 참조.

31) 彫金技法이란 금속표면을 장식하는 모든 종류의 기법으로, 대표적인 방법이 線刻기법이다. 선각기법은 주로 점으로 연속적으로 표현되어 점열문 또는 열점문 등이다(이난영, 2012, 『한국 고대의 금속공예』, 서울대학교출판부).

32) 장신구는 몸을 치장하는 것으로 다른 사람과 구별되거나 같은 집단에 속하는 것을 보여줄 때 사용되며, 한편으로 나쁜 기운을 물리쳐 몸을 보호하는 의미를 가진다. 장신구는 멀리 떨어진 지역에서 생산되는 조개, 옥, 고가의 금속·유리·칠 등 당시에 귀중한 재료의 제품이 많다. 그것을 몸에 두른 인물의 사회적 지위·신분·위계 등을 반영하는 경우가 많은 위세품으로 사용되기도 한다. 위세품은 정치적인 목적으로 배포·유통하거나 개인의 권위나 지위, 즉 위세와 결부되는 재물이 된다. 그것은 산지가 한정되었거나 희소가치가 있는 귀중품이기 때문에 귀중한 교역품이 되고 획득에 사회적인 경합이 공반된다(田中琢·佐原眞, 2005, 『日本考古學事典』, 三星當).

33) 崔榮柱, 2014, 「백제 횡혈식석실의 매장방식과 위계관계」, 『한국상고사학보』제84호, 한국상고사학회.

34) 內山敏行, 2000, 「鐵器副葬の性格·を考えるための視點」, 『表象としての鐵器副

葬』第7回 鐵器文化硏究集會, 鐵器文化硏究會.

35) 박천수, 2007, 『새로 쓰는 고대 한일교섭사』, 사회평론.

36) 금동관이 출현하던 시기를 전후로 백제가 한강유역권을 상실한 후 왕권의 약화와 지배시스템의 붕괴에 따른 특수직군에 해당된 장인집단들의 통제가 불가능한 웅진천도 전후로 추정된다. 왕권중심의 강력한 시스템의 붕괴는 장인집단들의 마한권역까지 이동을 가능하게 했을 것이다. 따라서 백제왕권의 지배시스템 소속 중앙의 장인들이 해당 지역의 지배세력을 받아 모방의 형태로 제작했을 가능성이 높다.

37) … 朝會나 제사 지낼 때에는 冠의 양쪽에 (새의) 깃을 달았으며 …(『周書』,「異域列傳」, 百濟條), … 帽를 冠이라 부르고 …(『梁書』,「東夷列傳」, 百濟條)

38) 임영진, 2006,「고흥 안동고분 출토 금동관의 의의」, 『충청학과 충청문화』 5-2, 충청남도역사문화원.

39) 연민수, 2014, 『고대 일본의 대한인식과 교류』, 역사공간.

40) 本村豪章, 1991, 「古墳時代基礎硏究稿-資料篇(II)-」, 『東京國立博物館紀要』 第26號.

41) 菊水町史編纂委員會編, 2007, 『菊水町史 江田船山古墳篇』, 和水町.

42) 함순섭, 1997, 「小倉 Collection 금제대관의 제직기법과 그 계통」, 『고대연구』 제5집, 고대연구회.

43) 요시이 히데오(吉井秀夫)와 모리미쓰 도시히코(毛利光俊彦) 등이 대표적이다(吉井秀夫, 2011, 「百濟의 冠과 日本의 冠」, 『백제의 冠』, 국립공주박물관; 毛利光俊彦, 2000, 「二山式帶冠の源流を探る-百濟かち日本へ-」, 『日韓古代にあける埋葬法の比較硏究』).

44) 주석 14) 참조.

〈참고문헌〉

〈단행본〉

국립광주박물관, 2021, 『咸平 禮德里 新德古墳』.

국립공주박물관, 2011, 『百濟의 冠』.

국립문화재연구소, 1989, 『익산 입점리고분』.

국립문화재연구소, 2001, 『羅州 伏岩里 3號墳』.

국립문화재연구소, 2001, 『羅州 新村里 9號墳』.

국립나주문화재연구소, 2007, 『영산강유역 고대문화의 성립과 발전』, 학연
　　문화사.

국립나주문화재연구소, 2017, 『나주 복암리 정촌고분』.

국립나주박물관, 2017, 『신촌리 금동관, 그 시대를 만나다』.

김낙중, 2009, 『영산강유역 고분연구』, 學硏文化社.

김병모, 1998, 『금관의 비밀』, 푸른역사.

복천박물관, 2010, 『履 고대인의 신-특별기획전-』.

박천수, 2007, 『새로 쓰는 고대 한일교섭사』, 사회평론.

박천수, 2011, 『일본속의 고대 한국 문화』, 진인진.

徐聲勳·成洛俊, 1988, 『羅州 潘南古墳群』, 國立光州博物館.

李釩起, 2016, 『榮山江流域 古墳 鐵器 硏究』, 學硏文化社.

이한상, 2009, 『장신구 사여체제로 본 백제의 지방지배』, 서경.

이난영, 2012, 『한국고대의 금속공예』, 서울대학교출판부.

연민수, 2014, 『고대 일본의 대한인식과 교류』, 역사공간.

원광대학교 마한·백제문화연구소, 2016, 『고창 봉덕리 1호분-종합보고서-』.

임영진·오동선·강은주, 2015, 『고흥 길두리 안동고분』, 전남대학교박물관.

충청남도 역사문화연구원, 2007, 『공주 수촌리유적』.

충청남도 역사문화연구원, 2008, 『서산 부장리유적』.

菊水町史編纂委員會編, 2007, 『菊水町史 江田船山古墳篇』, 和水町.

奈良縣立檀原考古學硏究所, 1995, 『藤ノ木古墳 -第二·三次調査報告書-』.

滋賀懸立安士城考古博物館, 1995, 『常設展示解說』.

田中琢·佐原眞, 2005, 『日本考古學事典』, 三星當.

〈논문〉

강원표, 2011, 「백제 금동관의 제작과 사여에 대한 일고찰」, 『백제의 冠』,
　　국립공주박물관.

구문경, 2011, 「백제관에 보이는 문양」, 『백제의 冠』, 국립공주박물관.

吉井秀夫, 1996, 「金銅製 신발의 製作技術」, 『碩晤 尹容鎭敎授 停年退任紀念論
　　叢』, 석오 윤용진교수 정년퇴임기념논총간행위원회.

吉井秀夫, 2011, 「百濟의 冠과 日本의 冠」, 『백제의 冠』, 국립공주박물관.

김낙중, 2009, 「영산강유역정치체와 백제왕권의 관계변화-금속제복식유
　　물을 중심으로-」, 『백제연구』 제50집, 충남대학교 백제연구소.

노중국, 2011, 「백제관 장식의 상징성」, 『백제의 冠』, 국립공주박물관.

文安植, 2007, 「고흥 길두리고분 출토 금동관과 백제의 왕·후제」, 『韓國上古
　　史學報』 第55號, 韓國上古史學會.

朴普鉉, 1995, 「威勢品으로 본 古新羅社會의 構造」, 경북대학교 박사학위논문.

申大坤, 1997, 「나주 신촌리 출토 冠, 冠帽一考」, 『고대연구』 第5輯, 古代硏究會.

이종선, 1999, 「나주 반남면 금동관 성격과 배경」, 『나주지역 고대사회의
　　성격』, 목포대학교박물관.

이종선, 2001, 「무령왕릉 장신구와 백제후대의 지방지배」, 『武寧王陵과 東

亞細亞文化』, 국립부여문화재연구소·국립공주박물관.

李　勳, 2010, 「金銅冠을 통해 본 4~5世紀 百濟의 地方統治」, 公州大學校大學院 博士學位論文.

李　勳, 2012, 「金銅冠을 통해 본 百濟의 地方統治와 對外交流」, 『百濟硏究』 第55輯, 忠南大學校 百濟硏究所.

李釩起, 2015, 「榮山江流域 古墳 出土 鐵器 硏究」, 木浦學校大學院 博士學位論文.

이범기, 2019, 「고분 출토 金銅冠과 飾履로 살펴본 馬韓, 百濟, 日本과의 비교 검토」, 『지방사와 지방문화』 22권 1호, 역사문화학회.

이범기, 2021, 「영암 일대 방대형분의 축조배경과 대외교류 – 내동리 쌍무덤을 중심으로 –」, 『영암 내동리 쌍무덤의 가치와 위상』, 학연문화사.

이한상, 2011, 「고흥 길두리 안동고분 금동관모와 금동식리에 대한 검토」, 『고흥 길두리 안동고분의 역사적 성격-고흥 길두리 안동고분 특별전 기념 학술대회-』, 전남대학교박물관.

이희준, 1998, 「4~5세기 新羅의 考古學的 硏究」, 서울대학교대학원 박사학위논문.

이문형, 2014, 「고창 봉덕리 1호분의 대외교류와 연대관」, 『고분을 통해 본 호남지역의 대외교류와 연대관』, 제1회 고대 고분 국제학술대회, 국립나주문화재연구소.

이진우, 2017, 「마한·백제권 출토 금동관의 특징과 그 의미」, 『신촌리 금동관, 그 시대를 만나다』, 국립나주박물관.

이귀영, 2012, 「백제 冠 상징체계의 변천 양상」, 『백제문화』 46, 공주대학교백제문화연구소.

임영진, 2006, 「고흥 안동고분 출토 금동관의 의의」, 『충청학과 충청문화』 5-2, 충청남도역사문화원.

임영진, 2014, 「전남지역 마한 제국의 사회 성격과 백제」, 『백제학보』 11, 백제학회.

연민수, 2012, 「5~6세기 북구주 호족의 대한교류와 다원성」, 『백제연구』 제55집, 충남대학교 백제연구소.

崔盛洛, 2014, 「영산강유역 고분문화의 검토Ⅱ-고분을 바라보는 시각을 중심으로-」, 『지방사와 지방문화』 17-2, 역사문화학회.

崔榮柱, 2014, 「백제 횡혈식석실의 매장방식과 위계관계」, 『한국상고사학보』 제84호, 한국상고사학회.

함순섭, 1997, 「小倉 Collection 금제대관의 제직기법과 그 계통」, 『고대연구』 제5집, 고대연구회.

內山敏行, 2000, 「鐵器副葬の性格·を考えるための視點」, 『表象としての鐵器副葬』 第7回 鐵器文化硏究集會, 鐵器文化硏究會.

馬目順一, 1991, 「金銅製飾履」, 『古墳時代の硏究-古墳Ⅱ 副葬品-』 8, 雄山閣.

梅原末治, 1959, 「羅州 潘南面の 寶冠」, 『朝鮮學報』 14.

毛利光俊彦, 2000, 「二山式帶冠の源流を探る-百濟かち日本へ-」, 『日韓古代にあける埋葬法の比較硏究』.

本村豪章, 1991, 「古墳時代基礎硏究稿-資料篇(Ⅱ)-」, 『東京國立博物館紀要』 第26號.

宇野愼敏, 1994, 「儀禮的裝身具にみる日韓交涉一視點」, 『靑丘學術論叢』 5, 韓國文硏究振興財團.

伊藤秋男, 1972, 「耳飾の型式學的硏究に基づく韓國古新羅時代古墳の編年に關する一試案」, 『朝鮮學報』 64.

穴澤咊光·馬目順一, 1973, 「羅州潘南面古墳群 -'梅原考古資料'によゐ谷井濟一氏發掘遺物の硏究-」, 『古代學研究』 70, 古代學研究會.

〈그림 출전〉

〈그림 6〉 李 勳 2010
〈그림 11, 12〉 국립광주박물관 2021

제5절

고대 호남지역과 규슈지역의 토기

송공선 _ (재)호남문화재연구원

1. 머리말
2. 호남지역 토기의 특성
3. 규슈지역의 호남지역 관련 토기
4. 호남지역과 규슈지역의 토기 교류 양상과 배경
5. 맺음말

1. 머리말

호남지역과 규슈지역은 고대로부터 많은 문화적 교류 양상이 나타나는 지역이다. 특히, 삼국시대의 양 지역은 마한, 백제, 가야, 신라, 왜가 복잡한 사회적·정치적 상황에 따라 상호관계가 형성되었고, 그 결과 토기·고분·주거지 등 다양한 고고학적 자료로 확인되고 있다.

일본 내에서 호남지역 토기는 한반도에서와 마찬가지로 마한토기로 대표되어 이중구연호를 비롯하여 양이부호, 유공광구소호, 조족문토기, 장란형토기, 분주토기 등 세부기종으로서 백제토기와 구별되고 있다. 또한 호남지역에서 일본 관련 토기는 스에키 또는 이를 모방한 스에키계로 대표되어 개배·유공광구소호 등 여러 기종에서 확인되고 있으며, 이와 더불어 일본의 대표적 묘제인 전방후원분 장식물인 원통형토기와 관련한 분주물이 호남지역 중 영산강유역 고분에서 다수 확인되고 있는 상황이다. 이에 이 글에서는 호남지역의 마한토기의 특징을 개괄하고, 규슈지역에서 확인되는 호남지역 토기에 대한 자료를 정리한 후 양 지역의 토기 교류 양상과 그 배경에 대해 알아보고자 한다.

　대체로 호남지역과 규슈지역에서 상호관련 토기가 확인되는 시기는 A.D.2~3세기 때부터이다. 또한 일본 내에서 한반도계 토기는 북규슈와 기나이지역을 중심으로 한반도의 정세에 따라 삼국의 유물출토양상이 다르게 나타나고, 크게 2~4세기 / 5세기 / 5세기 후엽으로 크게 3차례 걸쳐 한반도계 토기가 확산된다는 연구가 이루어졌다.

2. 호남지역 토기의 특성

　호남지역 토기는 이 지역이 마한의 옛 영토로서 마한토기로 대표되며, 백제를 비롯한 일본 등과의 대외적인 교류 및 정치적 변화상에 따라 형태·문양 등에서 변화하거나 삼족기·기대·병 등 새로운 기종의 출현하기도 하였다.

　마한은 기원전 3세기 중엽경으로부터 530년까지 지속되었으며, 백제와의 관계 속에서 경기북부에서 호남지역 영산강유역까지 공간적 범위의 변화가 있었다. 마한의 시간적 범위는 성립기부터 소멸기까지 살펴볼 때, 호남지역은 4세기 후엽부터 영산강유역을 중심으로 한 광주·전남지역 마지막 마한세력이 본격적으로 발전해나가며, 6세기 초 해체될 때가 최전성기를 이루게 된다.[1]

분기	권역	주요 유적	주요 토기
I 기 (A.D 2~ 3C중반)	만경강 남부권 동진강권 영산강 상류권 함평만권	전주 동산동 부안 백산성, 담양 태목리 함평 소명	경질무문토기 장란형토기 원저단경호 이중구연호 시루 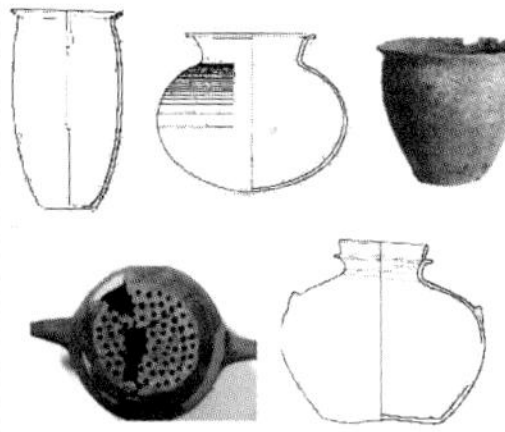
II기 (3C후반~ 4C중반)	만경강 북부권 동진강권 극랑강권 영산강 유역권	익산 송학동 부안 부곡리 광주 하남동	장란형토기 시루 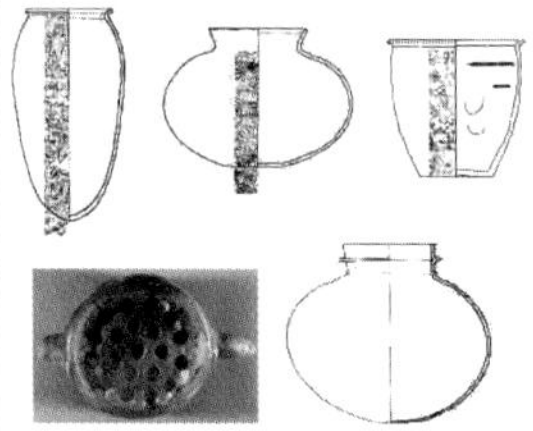
IIIa기 (4C후반~ 5C초반)	만경강 남부권 영산강 유역권	전주 장동 광주 동림동	장란형토기 시루 개배 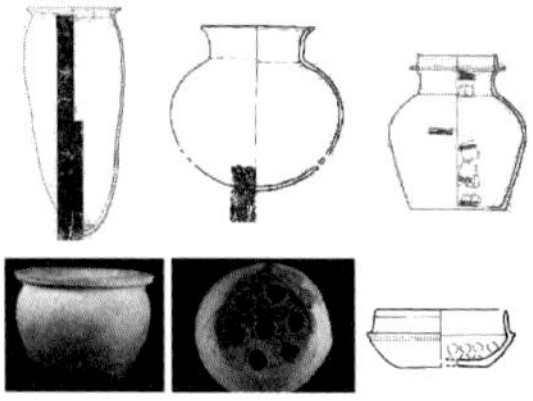
IIIb기 (5C중반~ 6C초)	동진강권 영산강 유역권	정읍 관청리 정읍 석교리 광주 향등 광주 산정동	장란형토기 시루 개배 고배 삼족토기 조족문토기 아궁이 장식 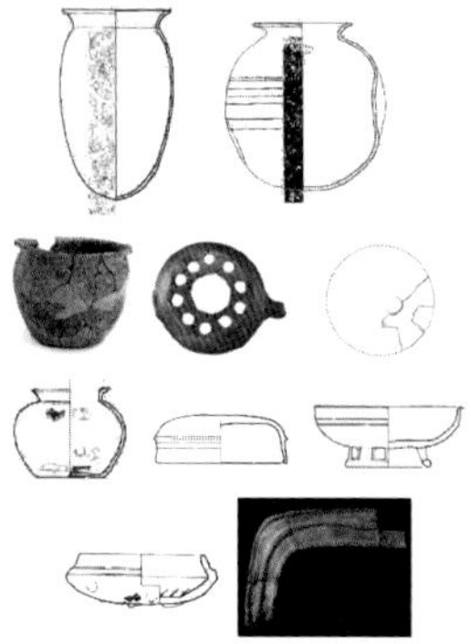

<그림 1> 시기별·권역별 주요토기 - 주거지 출토

이러한 마한의 유적에서 토기는 생활유적인 주거지와 매장유적인 분묘에서 가장 많은 비율의 출토량을 보인다. 그리고 주거지에서 전반적으로 적갈색계의 연질토기가 다수를 차지하는 반면, 분묘유적에서는 회색·회청색 경질계의 토기가 더 많이 출토되는 상반되는 양상을 보여주고 있다.[2]

호남지역의 생활유적에서 출토되는 토기는 발형토기·장란형토기·시루·원저단경호·주구토기·옹·이중구연호·양이부호·유공광구호·직구장경평저호·모형토기·조형토기 등이 대표적이다. 그리고 분묘유적에서는 점토대토기·흑도장경호·이중구연호·양이부호·조형토기·분주토기·조족문토기·거치문토기·유공광구호 등이 대표적이다. 대부분의 토기들은 생활유적과 분묘유적에서 모두 확인되지만, 출토되는 비율에 있어서 차이가 있으며, 그 연유는 토기마다 기능과 용도의 차이에 비롯된 것이라 할 수 있다. 이러한 기능과 용도에 따라 일상용기(취사기·저장기·식기)와 의례용기로 구분하기도 한다.[3]

〈그림 2〉 생활유적 출토 연질토기(담양 태목리유적)

〈그림 3〉 생활유적 출토 경질토기(나주 동수동 온수유적)

분기	권역	주요 유적	주요 토기	
초기 (3~1cBC)	아산만권 금강유역권 영산강유역권	아산 남성리 부여 합송리 완주 갈동·신풍 광주 신창동 화순 대곡리	점토대토기 흑도장경호	
전기 (1~3c전반)	한강유역권 아산만권 금강유역권 영산강유역권 남해안권	김포 운양동 천안 청당동 익산 영등동 해남 군곡리 보성 조성리	경질 무문토기 이중구연호 양이부호 조형토기	
중기 (3c후반~4C중엽)	금강유역권 영산강유역권 남해안권	아산 밖지므레 익산 간촌리 영암 시종 함평 만가촌 담양 태목리	이중구연호 양이부호 조형토기 분주토기 거치문토기 조족문토기	
후기 (4c후엽~5c후엽)	영산강유역권 남해안권	고창 봉덕리 나주 반남 광주 동림동 순천 덕암동 고흥 갈두리 안동	조형토기 분주토기 거치문토기 조족문토기 유공광구호	
말기 (5c말~6C초)	영산강유역권 남해안권	나주 복암리 해남 월송리 조산	분주토기 거치문토기 조족문토기 유공광구호	

〈그림 4〉 시기별, 권역별 주요 마한토기(분구묘 출토)

<토기 기종별 특성>

장란형토기는 장동형의 동체부를 띠는 마한토기의 대표적 일상용기로 물을 끓이는 취사기능이 주 용도인 적갈색계 연질토기이다. 그리고 문양은 격자계가 대부분이다.

발형토기 또한 대표적인 취사기능의 일상용기이면서 장란형토기의 보조적 역할을 보기도 한다.[4] 한편, 발형토기는 취사기능 이외에 취사시설인 부뚜막 솥받침으로 사용되는 예가 다른 기종의 토기들에 비해 호남지역 주거지에서 월등히 많이 확인되고 있다. 이러한 경우는 솥받침 전용으로 제작되기보다는 일상용기로 사용되던 발형토기를 재사용한 것으로 보는 것이 타당할 것이다. 발형토기 또한 외면에 대부분 격자계문양이 타날되어 있지만, 4세기 중엽 이후 승석문 또는 집선문이 타날되는 비율이 높아지게 된다.[5]

시루는 바닥에 구멍이 뚫려 있는 특징을 갖고 있는 토기로서 장란형토기 또는 호형토기와 결합하여 증기로 식료를 찌는 도구이며, 고대로부터 현대에 이르기까지 그 형태와 이용방식은 큰 변화 없이 이어져 오고 있다. 다만, 현대와 고대의 시루의 사용 빈도에 있어서 큰 차이를 보이는데 고대의 일상생활에서 시루는 매일 사용하였던 것으로 볼 수 있는 일상생활과 매우 밀접한 관련이 있다고 할 수 있다. 특히 시루의 등장은 당시 일상적인 음식 섭취 방법에서 있어서 '죽' 형태에서 벗어나 쌀 등을 이용한 '고형물'로 변화되는 큰 계기가 되었다.[6] 이러한 시루는 다른 토기들과 달리 비교적 외면에 타날문양이 남아 있지 않으며, 동체에 달린 파수(손잡이) 부근에 침선이 돌려져 있는 것이 다른 토기와의 큰 특징 중 하나이다.

위의 토기들은 시기에 따라 형태의 변화에서 공통점이 파악되는데, 토기가 높은 길쭉한 형태에서 높이가 점차 낮아지고 동체가 볼록해지는 형태

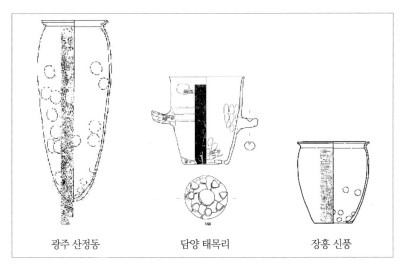

<그림 5> 장란형토기, 시루, 발형토기

<그림 6> 장란형토기, 시루, 발형토기와 부뚜막 사용 모식도

로 변화하며, 백제의 영향으로 승석문과 집선문의 비율이 높아지는 경향이
있다.

원저단경호는 동체가 편구형(타원형으로 비교적 납작한) 또는 구형(둥
근 공 모양)을 이루는 토기로 특징지을 수 있으며, 바닥 또한 편평하지 않은

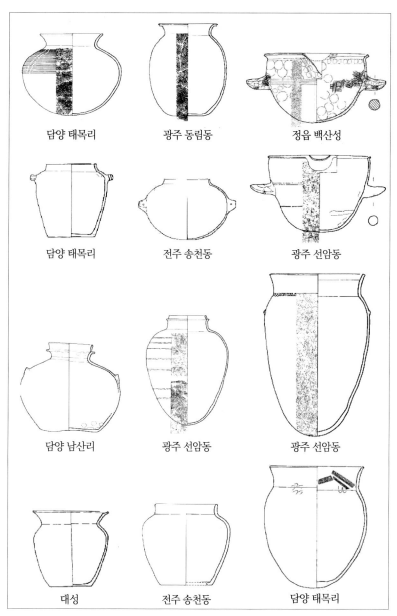

담양 태목리   광주 동림동   정읍 백산성

담양 태목리   전주 송천동   광주 선암동

담양 남산리   광주 선암동   광주 선암동

대성   전주 송천동   담양 태목리

〈그림 7〉 원단경호, 양이부호, 이중구연호, 주구토기, 옹형토기, 평저광견호

둥근 형태를 띠는 저장용기이다. 원저단경호의 시기에 따른 변화는 마한토기 중에서 가장 복잡한 양상을 보여준다. 특히 기본 문양은 격자문계·집선문계·승문계이지만, 단일문양 외에도 복합문양이 많이 확인된다. 문양 중 승문계 문양이 동체 형태와 밀접한 관련성을 갖는 것으로 파악되는데, 구형에서 승문계가 확인될 때 비교적 늦은 시간성을 반영하고 있다.

양이부호는 평저 또는 호의 동체 견부에 구멍 뚫린 耳를 대칭으로 부착한 토기로 분묘유적과 생활유적 모두 출토되고 있다. 출현시기에 대해서 A.D.3세기~4세기 등으로 견해 차가 크고, 소멸시기는 5세기대로 보는 것이 일반적이며, 백제 영역확장에 따른 마한의 영역축소 과정을 반영하는 대표적인 토기이다. 호남지역의 양이부호는 耳의 구멍을 종방향으로 뚫는 평저양이부호가 먼저 출현하고 점차 원저호, 그리고 구멍을 횡으로 뚫는 형식이 추가되는 것으로 파악되고 있다.[7]

이중구연호는 수평으로 외반하는 구연 상부에 직립하는 구연을 덧붙이고 뚜껑을 덮어 사용하기에 용이한 기형이다. 호남지역의 이중구연호는 3세기~4세기대에 집중되고, 현재까지 주거지보다 분묘 출토량이 다수를 차지하고 분포지역에 따라 세부 형태의 차이가 나타난다.[8] 이러한 이중구연토기는 평저형이 먼저 등장하고, 이후 원저편구형이나 원저난형 또는 원저장란형 등으로 변화해 간다.

주구토기는 안에 액체를 담아 따르기 위한 주구부를 형성한 토기로서 신석기시대부터 이미 존재했으며, 시기에 따라 조금씩 다른 형태로 만들어졌다. 호남지역의 주구토기는 바닥이 둥글며, 동체 중상위부에 파수를 부착하고, 구연부를 넓게 한 것이 일반적인 형태이다. 그리고 동체부에 파수가 부착되지 않거나, 한쪽만 부착되는 것, 그리고 양쪽으로 부착되기도 하는데 쌍파수형 주구토기가 다수를 차지하고, 기형의 큰 변화 없이 이어지는 기종이다. 주구토기에 담아지는 적정 용량은 5ℓ~14ℓ 정도이고, 14ℓ 이상의 초대용량도 확인된다.[9]

평저광견호는 바닥이 편평하고, 동체 상위부에서 둥근 어깨를 형성하여 어깨의 폭이 바닥의 직경에 비해 넓은 토기이다. 이 토기는 한강유역과 금강유역에서도 종종 출토되며, 낙랑지역의 2C대 평저호와 형태가 유사하여 관련성이 제기되었는데 호남지역의 평저호 연구에서도 토기 속성이 비슷한 점을 통해 낙랑지역의 평저호에서 영향을 받은 것으로 추정하기도 한다.[10] 호남지역의 평저광견호는 생활과 분묘유적에서 모두 출토되고, 회색계 연질토기가 다수를 차지하며, 일부에서는 동체에 격자문이 타날되지만 대부분 문양을 지웠다. 한강유역에는 단경이나 직구에 가까운 평저호들이 많고, 천안지역에서는 각진 어깨의 형태가 다수 발견되고 있으며, 호남지역의 평저광견호는 동체 어깨를 둥글게 처리한 것이 다른 지역과 다른 특징이다.

옹은 형태상 장동형 동체와 둥근 바닥 또는 평저로 이루어진 대형의 항아리이며, 대부분 둥근 형태의 저부이다. 옹의 문양은 단일문과 복합문이 모두 확인되는데, 이보다 견부에 돌려지는 거치문이 다른 토기와 크게 대비되는 특징이다. 옹은 먼저 소·중형의 평저형과 원저형이 같이 나타나고, 후대로 가면서 동체가 길어지는 반면 구연부는 짧아지고 직립되어진다.

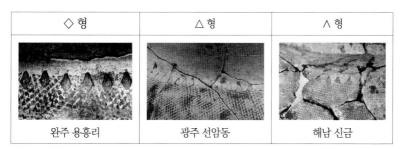

◇ 형	△ 형	∧ 형
완주 용흥리	광주 선암동	해남 신금

〈그림 8〉 옹의 거치문 형태

완은 대체로 원삼국시대부터 나타나 본격적으로 사용되는 기종이다.[11] 완은 백제 한성기에도 이어지며 웅진기까지 나타나는데 개배보다 앞서 많이 사용한 식기이다. 전체 기형은 발형토기와 유사하지만 토기의 높이가 낮다. 간혹 바닥면에 대부가 부착된 형태인 대부완도 출토되는데, 이는 웅진기부터 등장하여 사비기에 크게 유행한 형태이다. 완은 시기에 따라 편평한 바닥에서 사선으로 벌어지는 동체를 이루고 밖으로 꺾이는 구연을 갖는 것에서 말각의 저부에서 비교적 곡선을 이루며 벌어지는 동체와 구연의 형태가 없어지는 것으로, 그리고 기벽의 강도가 연질에서 경질로의 형태적 변화와 함께 전체적인 용량은 적어지면서 그릇의 높이가 낮아진다. 이러한 형태와 용량의 변화를 밥상을 사용하는 생활로 변화, 개인 용기 사용으로 변화를 추정하기도 한다.[12]

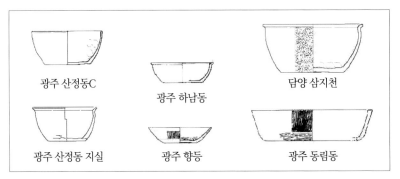

〈그림 9〉 완, 반

광주 산정동C   광주 하남동   담양 삼지천
광주 산정동 지실   광주 향등   광주 동림동

반은 완과 마찬가지로 원삼국시대 이후 지속적으로 사용하였으며, 기형은 완과 비슷하지만 크기가 완보다 훨씬 큰 것들에 해당한다. 현재까지 완은 구연의 직경이 20㎝ 미만, 반은 20㎝ 이상인 것으로 구분되어지고 있다. 반은 완과 함께 식기로 사용되었다가 경질화되면서 오랜 기간 존속하기보다는 어느 시기에 소멸된 것으로 추정되고 있다.

조형토기는 새를 모티브로 하여 제작된 특수 기능의 토기로서 마한지역의 대표적인 기종이다. 이 토기는 주로 주거지와 토광묘·옹관묘 등의 무덤에서 출토된다. 마한의 조형토기는 영남지역의 압형토기(鴨形土器)와는 형태적 표현이 다른데, 압형토기는 오리모양이 사실적으로 표현되어 있는 반면 조형토기는 상징적으로 간략화되어 있다. 조형토기는 주입구·주출구·경부·동체부·저부로 세분되고, 크기는 높이 4.5~30.2㎝ 정도인데 대부분 10㎝ 내외이다. 해남 군곡리 출토품처럼 소형은 원삼국시대 초반에 나타나고, 이후 좀 더 정형화되어 크기가 커지면서 마한의 전 시기 동안 사용한 것으로 보인다. 그리고 조형토기의 경질화는 5세기대의 늦은 시기에 이루어진 것으로 파악되고 있다.

해남 군곡리 패총　　　담양 태목리　　　아산 밝지므레

〈그림 10〉 조형토기

뚜껑은 다양한 형태로 출토되는데, 이들은 호형토기, 특히 이중구연호와 양이부호의 뚜껑으로 사용되었을 가능성이 높다. 형태는 볼록형과 편평형으로 크게 나누어지고, 하부의 용기와 끈으로 묶을 수 있는 구멍이 뚫려 있거나 뚜껑 위에 돌출된 꼭지가 부착되는 경우도 있다. 이중 꼭지가 달린 뚜껑은 가야 또는 백제의 영향으로 제작되었을 것으로 보고 있다. 이들은 이중구연토기를 비롯한 다양한 호형토기가 제작·사용된 3세기~5세기대까

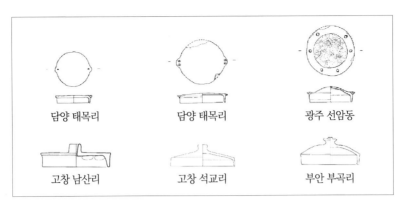

〈그림 11〉 뚜껑

지 유행한 것으로 보인다.

　호남지역 주거지와 고분에서는 시간이 지나면서 기존의 마한토기 이외에도 새롭게 등장하는 토기가 있다. 한반도 내에서는 백제의 지속적인 영역확장 과정 속에서 나타나는 개배·고배·삼족기·아궁이장식 등이 대표적이다.

　개배는 고분에서 많은 수량이 출토되며, 주거지에서도 상당수 출토된다. 백제지역에서 개배는 한성기보다 웅진기와 사비기에 점차 주요 기종으

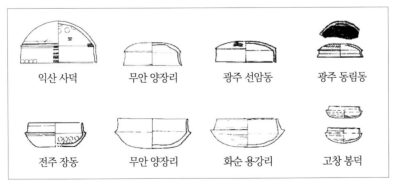

〈그림 12〉 개배

로 정착되는 것으로 보는데 이는 반상의 보편화와 관련된 것으로 파악된다. 그리고 한성기 백제의 지방에서는 대략 5세기 전반에 출현하는 것으로 보고, 배신의 깊이가 점차 얕아지면서 금강유역을 거쳐 영산강유역으로 확산된다. 호남지역에서 개배의 등장은 4세기 후반부터로 보고 있으며, 영산강유역은 5세기 중반 이후부터 확인된다. 그리고 5세기 후엽부터는 일본의 스에키 제작기법이 보이는 개배가 나타난다.

고배는 한성기 백제의 대표적 기종 중 하나이다. 고배는 뚜껑받이 턱의 유무에 따라 무개고배와 유개고배로 구분되고, 시간의 경과에 따라 배신이 낮아지며 다리가 길어지는 형태로 변화한다. 호남지역에서는 무개식이 먼저 등장하고, 가야계와 백제계, 스에키 고배가 혼재되는 양상이다. 그리고 고배는 개와 비슷한 5세기 중엽에 연질 무개고배가 등장하고 이후 다양한 형태에서 백제양식으로 단일화되어 6세기 중·후엽까지 이어지는 것으로 보고 있다.[13]

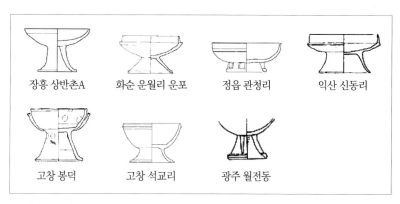

장흥 상반촌A   화순 운월리 운포   정읍 관청리   익산 신동리

고창 봉덕   고창 석교리   광주 월전동

〈그림 13〉 고배

삼족기는 개배와 고배처럼 배부가 동일한 모습이며, 다리가 셋 달려있

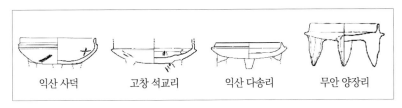

〈그림 14〉 삼족기

| 익산 사덕 | 고창 석교리 | 익산 다송리 | 무안 양장리 |

는 독특한 형태로 고구려나 신라 등 다른 지역에서는 확인되지 않는 백제의 대표적 기종이다. 삼족기는 백제가 존속하는 전 기간에 사용되며, 점차 배신이 얕아지고 다리가 길어지며, 다리의 위치는 배신의 최대경에 가까워지는 양상이다.[14] 호남지역의 삼족기는 대부분 얕은 배신으로 확인되고, 고창 석교리 출토품은 견부가 원견으로 둥글며, 5세기 중반으로 편년되는 공산성 건물지 출토품과 유사하며, 시간적 경과에 따른 배신의 형태 변화로 볼 때 호남지역에 5세기 중반 이후에 유입되었을 것으로 보인다.

아궁이장식은 부뚜막 시설에 필요한 부속품 중 하나로 백제에서 주로 출토된다. 호남지역에서 확인되는 아궁이장식은 주거지를 비롯하여 고분의 성토층 및 주구, 토기가마, 수혈 등 다양하게 출토되지만 그 수량은 많지

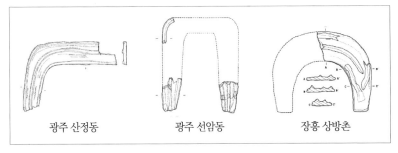

〈그림 15〉 아궁이장식

| 광주 산정동 | 광주 선암동 | 장흥 상방촌 |

않으며, 5~6세기대에 유적들에서 주로 확인되고 있다.

호남지역에서 출토된 일본 관련 토기는 스에키와 분주물로 대표되고, 스에키 기종에는 개배·고배·유공광구소호·장군·편병(자라병) 등이 있다. 그중 스에키는 5세기 후엽에는 주로 주거지에서 출토되며, 6세기 전엽에는 고분에서 출토되는 경우가 많으며, 영산강유역에서 스에키는 왜에서 직접 반입된 것과 현지에서 모방한 것이 존재하는 것이 특징이다.

스에키(須惠器)는 야요이토기에서 하지키(土師器)로 이어지는 토기제작 과는 다른 기술체계로 제작된 토기로서 적갈색의 연질인 하지키와 달리 회 청색의 경질토기이다. 하지키가 노천에서 800℃ 전후의 산화염 소성인 반 면, 스에키는 실요(室窯)에서 1,000~1,200℃ 고온의 환원염 소성으로 생산 된다. 이러한 스에키는 오사카부(大阪府) 사카이시(堺市)의 남단부 센보쿠 (泉北) 구릉에 위치하는 스에무라(陶邑) 가마유적이 대표적이고, 5세기대에 규슈지역으로 확산·설치되어 생산되는 것으로 파악되고 있다.

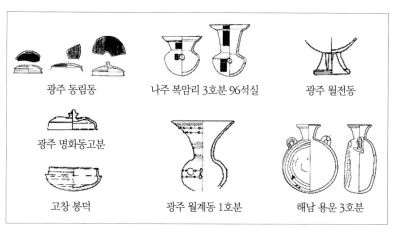

광주 동림동   나주 복암리 3호분 96석실   광주 월전동

광주 명화동고분

고창 봉덕   광주 월계동 1호분   해남 용운 3호분

〈그림 16〉 스에키계 토기(개배, 고배, 유공소호, 편병)

분주물은 고분의 분정이나 분구 자락에 열을 이루고 배치되었던 특수한 기물들로서 분주토기와 분주목기가 있으며,[15] 고분의 분구 수립과 장식, 공헌의 기능을 포함한 의미로서 사용되기도 한다. 분주토기는 형태에 따라 통형과 호형으로 대별되고, 통형은 다시 계통에 따라 통A형과 통B형으로 세분된다. 호형과 통A형은 전통적인 제형분과 방형분, 원형분에서 출토되며, 통B형은 분주목기와 함께 장고분에서만 확인 된다.[16] 통B형은 5세기 말에서 6세기 초에 영산강유역권의 장고분에서 사용되었던 것으로서 장고

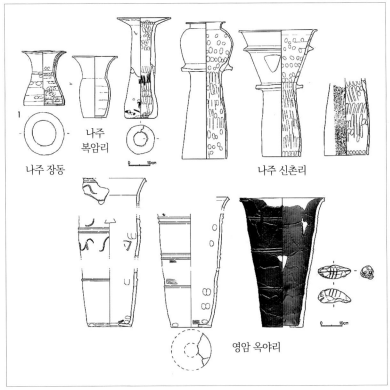

나주 장동
나주 복암리
나주 신촌리
영암 옥야리

〈그림 17〉 분주토기(호형, 통형)

분분만 아니라 분주물까지 일본에서 기원하되 그 제작에 있어서는 현지 공인들이 참여하였던 것으로 보인다.[17]

최근에 조사된 영암 옥야리 방대형 고분 출토품은 원통형의 특징과 호형 저부의 특징이 혼합되어 만들어진 것으로 파악되었다.[18] 또한 함평 금산리 방대형고분은 원통형과 나팔꽃형 하니와와 함께 인물형 하니와, 동물형 하니와(계형·마형) 등이 확인되고 있으며 분구 전면에 즙석이 깔려 있는 점이 특징이다.[19] 특히 형상하니와는 일본의 고훈시대를 특징짓는 유물로서 동물형하니와 제작주체에 대해 토착세력과 밀접하거나 또는 일본에서 파견된 공인으로 보기도 한다.[20]

분주목기는 장승형(이와미형[石見型])과 개형(가사형[笠形])이 있는데,

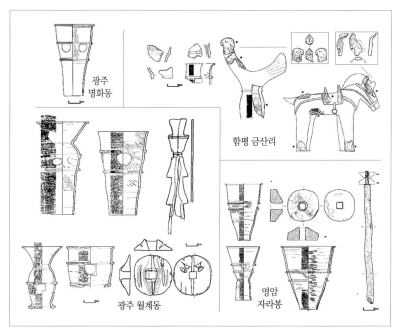

〈그림 18〉 분주목기, 형상하니와

장승형 분주목기는 광주 월계동 1호분 북쪽 주구에서 4단으로 구성되어 확인되었다. 이 유물은 일본 후쿠오카현(福岡縣) 가마츠카(釜塚)고분과 구마모토현(熊本縣) 히메노죠(姬ノ城)고분의 출토품과 비교하였을 때, 북·중부규슈와 관련된 것으로 파악되고 있다. 개형 분주목기는 광주 월계동 1호분과 영암 자라봉고분에서 확인되고, 원형에 가까운 평면형태를 보이며 밑면이 편평하고 윗면 중앙 구멍부분에 튀어나온 돌기가 거의 없는 것이다. 개형 분주목기 역시 후쿠오카현 가마츠카고분의 출토품과 유사하다.[21)]

3. 규슈지역의 호남지역 관련 토기

1) 유적 현황

규슈지역은 대한해협을 사이에 두고 고대 이래로 한반도와 문화적 교류가 가장 많은 지역이라 할 수 있다. 일본에서의 한반도계 토기는 마한을 비롯하여 백제, 신라, 가야의 계통이 확인되고 있다. 이러한 삼국시대 한반도계 토기는 규슈지역 중 북부지역에 집중되고 있으며, 이 중 호남지역과 관련한 토기는 마한토기로 대표되고 있다.

지금까지 일본에서 확인되는 마한·백제토기들에 대한 연구 중 거치문토기·양이부호·이중구연호(마한A), 조족문토기·평저광구소호(마한B), 삼족토기·병·직구호(백제)으로 3개의 토기군집으로 구분하고, 3~4세기에는 마한A가 주체가 되어 북규슈로, 5세기에는 마한B가 주체가 되어 북규슈와 기나이지역으로, 5세기 후엽부터 백제가 주체가 되어 기나이지역을 중심으로 분포 범위가 확산된다는 견해가 발표되었다.[22)] 그리고 전형적인 백제토기는 5세기 후엽 이후에 대화정권(大和政權)의 중심지역에서 출토되는 것

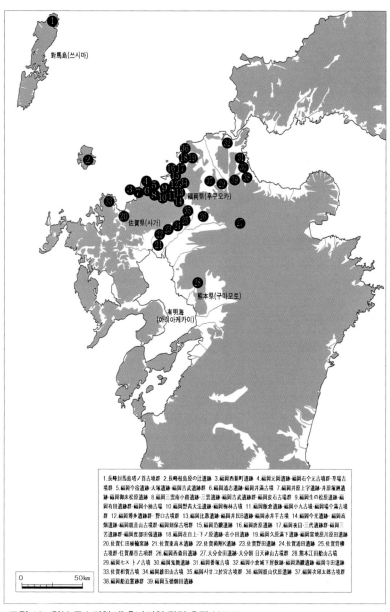

<그림 19> 일본 규슈지역 내 호남지역 관련 유적 분포도

1.長崎封馬島塔ノ首古墳群 2.長崎枝島原の辻遺跡 3.福岡西新町遺跡 4.福岡元岡遺跡・福岡石ヶ元古墳群・草場古
墳群 5.福岡今宿遺跡・大塚遺跡 6.福岡吉武遺跡群・福岡浦志遺跡・福岡井滿古墳 7.福岡井原上字遺跡・井原塚廻遺
跡・福岡御床松原遺跡 8.福岡三雲南小路遺跡・三雲遺跡群 9.福岡吉武遺跡群・福岡皮石古墳群・福岡生の松原遺跡 福
岡有田遺跡群・福岡小迫古墳 10.福岡野瓦大法遺跡・福岡梅林古墳 11.福岡飯倉遺跡・福岡小九古墳・福岡場今滿古墳
群 12.福岡博多遺跡群・野口古墳 13.福岡比惠遺跡・福岡井民B遺跡・福岡赤井手古墳 14.福岡今光遺跡・福岡高
畑遺跡・福岡根合山古墳群・福岡胡保古墳群 15.福岡范遺跡 16.福岡原遺跡 17.福岡夜白・三代遺跡群・福岡三
苦遺跡群・福岡度部田強遺跡 18.福岡在自上・下ノ原遺跡・在小田遺跡 19.福岡久原滿下遺跡・福岡倉地原川原田遺跡
20.佐賀仁輪遺跡・住賀基谷古墳群 21.佐賀東島本遺跡 22.佐賀南K遺跡 23.佐賀野田遺跡 24.佐賀浦田遺跡 25.佐賀伻
古墳群 26.福岡西森田遺跡 27.大分金田遺跡・大分朝日天神山古墳群 28.熊本江田船山古墳 29.福岡セ卜ノ古墳 30.福岡鬼滿遺跡 31.福岡番塚古墳 32.福岡小倉城下屋敷遺跡・福岡寺田遺跡
33.佐賀和賀古墳 34.福岡雄田山古墳 35.福岡さ甘コ於宮古墳群 36.福岡校山伏原遺跡 37.福岡次卿太郎古墳群
38.福岡船迫窯跡群 39.福岡五德烟田遺跡

으로 보아 3~5세기에는 호남지역과 북규슈지역 사이에 문화적·사회적·정치적 관계가 밀접하였던 반면, 한성백제와 대화정권(大和政權)의 관계는 그다지 강한 것이 아니었다고 보는 연구도 그간 이루어졌다.[23]

표 1. 규슈지역의 호남지역 관련 주요 유적

연번	유적명	시기	출토유물	관련 지역(한반도)
1	長崎縣 塔ノ首 2호 석관묘	2C~3C	연질 소형발, 와질 소형발, 옹형토기, 양이부호(평저, 연질), 원환형동천, 대상구연호	호남, 호서지역
2	福岡県 西新町유적	2C~5C 전엽	이중구연호(평저), 양이부호(평저), 시루(평저), 주구부동이(평저), 토제옥주형	고창, 영광, 함평 등 호남 서남부 지역
	福岡県 三雲· 井原유적	3C~5C	승석문타날 와질토기, 평행타날경질토기, 무개고배, 하지키, 파수각부단경호, 연질광구호(조족문), 경질토기호(조족문)	영산강유역, 백제, 가야
3	福岡縣 浦志 A지점	4C	양이부호(말각평저, 타날문, 연질)	호남, 호서지역
4	福岡縣 井原塚廻유적	4C후반	장동옹(羽釜, 장란형토기, 조족수직집선문)	호서
5	福岡縣 井原上學유적	4C후반	장동옹(羽釜, 장란형토기, 조족격자문)	호서
6	福岡縣 夜臼· 三代지구	5C전반	장동옹(羽釜, 장란형토기, 조족수직집선문)	호서
7	福岡縣 在自유적군 (小田, 上ノ原, 下ノ原 유적)	5C전반 이후	장동옹편(羽釜, 장란형토기, 조족수직집선문)	호서
8	富地原川原田유적	5C후반 ~6C	장동옹편(羽釜, 장란형토기, 조족수직집선문)	전남, 호서
9	福岡縣 御床松原유적	5C후반	장동옹편(羽釜, 장란형토기, 조족수직집선문)	전남, 호서

연번	유적명	시기	출토유물	관련 지역(한반도)
10	長崎縣 佐保浦赤崎 유적	5C후반	단경호(승문, 횡치소성)	전남지역
11	長崎縣 惠比須山 고분군(석관묘)	5C후반	직구소호, 단경호(승문, 횡치소성)	전남지역
12	熊本縣 江田船山 고분(석실)	5C중후반 ~6C전엽	개배, 금동관모, 금동식리, 금제이식, 獸帶鏡, 동범경 등	영산강유역, 나주 신촌리고분 등
13	福岡縣 番塚古墳	5C중후반 ~6C전엽	적갈색연질호	서남부지역
14	福岡縣 セスドノ 고분(원분)	6C전후	양이부호(경질)	
15	福岡縣 ハサコの宮 2호분(원분)	6C중엽	단경호(조족수직집선문)	전남지역
16	日田市 天滿古墳群	6C중엽	植輪(壺形)	함평 중랑
17	福岡縣 小丸1號墳	6C중엽	植輪((壺形)	함평 중랑

2) 규슈지역의 마한계토기 출현

규슈에서 마한계토기의 첫 출현은 야요이시대(彌生時代) 후기~고훈시대(古墳時代) 초기 2세기 후엽~3세기경의 대마도(對馬島) 長崎縣 塔ノ首유적 2호 석관묘와 福岡県 西新町유적에서 찾아볼 수 있는데, 그 기종은 양이부호로서 2세기~5세기 전엽까지 주체를 이루고 있다.

이 유적에서는 마한계 토기뿐만 아니라 가야계 토기도 확인되며, 일본열도 각지에서 온 토기들도 함께 발견되어 한반도와 일본열도로 이어지는 장거리 교역망의 중간거점 역할을 하였음을 알 수 있다. 이후 고훈시대(古墳時代)에 들어서 4세기에 출토되는 시루를 통해 규슈에 정주한 도래인의 존재를 엿볼 수 있는데 호남지역의 장란형토기를 사용하지 않고 현지의 옹기를 왜인으로부터 입수하고 있는 것으로 파악되고 있다. 이러한 점에서

〈그림 20〉 福岡県 西新町유적 전경(14차 조사지), 81호 수혈주거지, 마한계토기

마한계 교역 종사자가 장기적인 정주에도 대응할 수 있는 토기제작 기술을 지니고 현지에 정착하는 모습이 나타나고 있으며, 2~5세기 전엽까지는 주로 규슈의 이토시마반도(系島半島)~하카타만 연안(博多湾岸)에 집중되는 양상을 보여준다.[24]

후쿠오카현 西新町유적에서 나타나는 토기는 한반도의 경상남도 가야 지역에서 유래한 것, 전라도 및 충청남도에까지 이르는 마한지역의 것도 있는데, 후자가 더 많이 확인된다. 이러한 토기의 유래는 한반도 서해안에서 시작하여 남해안을 지나 북부 규슈 西新町유적으로 들어온 것으로 파악되고 있다.[25]

3) 규슈지역의 마한계 토기 정착

고훈시대 중기에 해당하는 5세기 중·후엽 이후 마한계 토기는 북부규슈의 하카다만 연안에서 동·서·남쪽으로 분포가 확대된다. 또한 이 시기는 오사카만 연안 등 서일본을 중심으로 스에키가 출현하고, 이에 북부규슈에서 마한계 토기의 증가와 분포의 확산이 연동되었을 것으로 보고 있다. 그 가운데 다양한 기종의 마한계 토기가 출토된 福岡県 吉武유적군·富地原川原田유적 등이 마한으로부터 도래인이 집중적으로 정착한 취락으로 추정되고 있다.

한편, 고훈시대 중기 전반인 4세기 말경에 西新町유적 대신에 외교 교섭의 거점이 되고 도래인도 거주했다고 추정되는 福岡県 三雲·井原유적군에

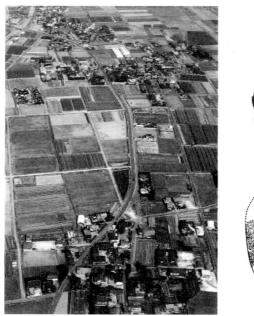

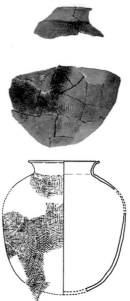

<그림 21> 福岡県 三雲·井原유적군 전경과 조족문토기

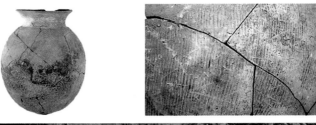

〈그림 22〉 富地原川原田유적 발굴 전경과 출토 장동옹(조족문 타날)

서는 마한계의 조족문토기가 土師器의 영향을 받아 형태를 변화시키는 과
정을 찾아볼 수 있다. 이는 조족문토기가 북규슈에서 출현하는 시기를 나타
내는 자료이며, 그 기형은 마한지역의 것과 유사하다. 그리고 이후 福岡縣
井原塚廻유적, 井原上學유적, 夜臼 · 三代지구, 富地原川原田유적에서는 기형
상 土師器와 유사성이 강하게 나타나고 있어 도래인이 정착하여 현지의 기
형으로 변화되었다고 추정되고 있다.

4) 규슈지역의 마한계 토기 확산

5세기 중엽 이후 마한계 토기는 후쿠오카현의 하카타만을 벗어나 규슈
의 북동부와 중서부지역으로 확대되어 확인되고 있으며, 조족집선문이 타

〈그림 23〉 아리아케카이 전경

날된 장동옹을 비롯하여 승문의 단경호, 그리고 직구소호 등이 출토되며, 熊本縣 江田船山고분에서는 개배가 확인되었다. 이러한 유물들이 출토되는 유적들은 아리아케카이 주변에 분포하는 것으로 호남지역과의 교류를 함에 있어서 또 다른 해상루트가 형성되었음을 짐작할 수 있는 자료라 할 수 있다.

고훈시대 중기 5세기 후엽부터 후기의 6세기대에 걸쳐서는 福岡縣 セ

〈그림 24〉 福岡縣 セスドノ고분 전경과 경질의 양이부호와 개 세트

〈그림 25〉福岡縣 小丸 1호분 발굴 전경과 출토 埴輪

〈그림 26〉大分縣 朝日天神山 2號墳 발굴 전경과 출토 埴輪

スド/고분・番塚古墳 등에 마한계 토기가 부장되어 취락유적보다는 고분
으로부터 마한계 토기가 증가하는 점이 확인되어 고분 피장자가 한반도와
의 교섭에 관여한 것으로 보고 있다.

한편, 고훈시대 후기 6세기대에는 마한의 분주토기 영향을 받은 토기를
하니와를 대신해 세워두는 사례가 福岡縣 小丸1號墳, 大分縣 朝日天神山2號
墳에서 확인된다.[26]

4. 호남지역과 규슈지역의 토기 교류 양상과 배경

지금까지 호남지역에서 마한토기 문화의 특징과 규슈지역에서 호남지역 관련 토기를 살펴보았다. 이러한 유물이 출토되는 유구는 주거지나 수혈, 구 등의 취락뿐 아니라 고분 등 상당히 다양하게 나타난다. 지역적으로 살펴보면, 영산강유역에서는 나주와 영암, 그리고 규슈에서는 북부규슈를 중심으로 집중되는 편이지만, 시기에 따라 조금씩 넓게 분포하는 것을 볼 수 있다. 이러한 자료들은 문화적 또는 정치적으로 교류나 교섭, 이주 등 다양한 형태로 나타나는 것을 추정해 볼 수 있다.

호남지역과 규슈지역은 長崎縣 塔ノ首유적 2호 석관묘와 福岡縣 西新町유적 등을 통해서 2세기 후엽~3세기대부터 상호 관계를 형성하였다고 보여진다. 이 시기에는 북규슈지역을 중심으로 이중구연호·양이부호 등 마한의 특징적인 토기를 비롯하여 취사관련 토기들이 포함되어 확인되고, 간헐적이지만 교역을 위한 이주를 포함한 교류가 이루어졌던 것으로 파악할 수 있는데, 호서와 호남의 해안지역 주민들이 중심이 되었던 것으로 추정되고 있다.[27]

이후 5세기 대에는 호남지역의 영산강유역에서 거의 보이지 않는 이중구연호가 사라지고, 양이부호를 비롯한 새로운 기종인 개배, 유공광구소호, 타날문 단경호, 장동옹(장란형토기) 등이 확인된다. 이 중 일부 경질토기의 경우 5세기 전반이나 중엽경에는 반입된 것으로 볼 수 있지만, 한반도에서 토기제작기법의 파급으로 인해 스에키 기술의 발달로 일본에서 상당수 제작되었을 것으로 보고 있다.[28] 그리고 적갈색계 연질의 취사용 토기는 심발형토기, 장동옹(장란형토기), 시루, 동이 등으로 종류가 다양하게 나타나는데, 기종 구성이나 형태, 타날문양(조족이 포함된 수직집선문계, 격자문) 등

〈그림 27〉 규슈지역 도래인 관련 토기

에서 호남지역의 영산강유역 마한토기 특성들을 엿볼 수 있다.

　　호남지역의 마한지역에서는 일본의 土師器와 須惠器가 출토되는데, 스에키에 비해 하지키의 출토량이 매우 적은 편이며, 일본 출토의 마한토기와 다른 양상으로서 집단의 규모가 작았기 때문이거나 하지키를 휴대할 필요가 없었기 때문으로 이해하기도 한다.[29] 한편 호남지역에서 스에키는 개배와 유공광구호가 출토량이 다른 기종에 비해 많은 편이고, 이 중 유공광구호는 5세기 이후 호남지역 중 영산강유역의 고창지역에 기원을 두고 '영산강유역양식 토기'로 주류가 되어 있는 점과 관련이 있을 것이다. 이와 같이 호남지역에서 확인되는 왜로부터 전래된 기종과 전술한 규슈에서 출토된 호남지역 기종이 다소 다르게 나타는 것은 규슈지역으로 건너간 마한인과 호남지역으로 건너온 왜인 사이에는 상호 목적이나 의도가 달랐을 것으로 추정해 볼 수도 있다.[30]

이에 따라 5세기대 규슈지역에서 영산강유역 관련 자료가 5세기 전반부터 증가하는 것에 대해 일본과 한국의 여러 연구자들은 백제와 고구려 사이에서 벌어진 군사적 긴장, 이후의 고구려에 의한 한성 함락이 결정적이었던 것으로 보고 있는데, 이러한 맥락에서 고구려의 군사적 압박으로 인한 백제와 마한의 정치적 혼란은 많은 유이민을 양산하였고 이들의 움직임이 연쇄적인 이동을 일으켰으며 한성 함락에 의한 대규모의 주민 이동이 이루

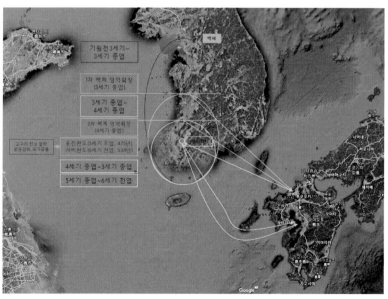

〈그림 28〉 마한제국의 영역변화와 규슈지역 교류 현황

어졌을 것으로 보는 견해도 있다.[31]

특히, 기존의 하카타만의 북규슈지역 이외에 아리아케카이 일대의 중서부지역에서 영산강유역 관련 토기의 분포는 한반도 정세의 긴박화에 대처하고 강력한 국가를 지향하기 위한 왕권에 의해 수장층의 재편과 민중의 편성을 하고자 하는 일본열도 고훈시대 후기의 정세에 맞춰 다각적인 교류 루트를 모색한 결과로 추정되고 있다.[32] 이러한 결과, 영산강유역이 백제에 완전히 병합이 이루어진 이후 시기인 6세기 후반에 해당하는 鹿児島県 長島町 溫之浦古墳群에서는 규슈 중서부지역의 아리아케카이 남쪽에 위치한 유적임에도 불구하고 회색경질의 유공소호를 비롯하여 개배 등이 확인될 수 있었던 것으로 추정해볼 수도 있을 것이다.

5. 맺음말

호남지역의 서남해안지역은 백제-가야-왜를 비롯한 중국까지 교류의 매우 중요한 지점으로 고대로부터 대외적인 해양교류의 주요 루트 거점지역이었다. 이러한 지점에서 제작·사용되었던 호남지역 토기는 마한이라는 역사적 실체에 의해 일본과의 교류를 통해 2~6세기대에 규슈지역에서 나타나게 된다. 규슈지역에서 호남지역 마한계 토기는 長崎県 塔ノ首유적 2호 석관묘와 福岡県 西新町유적 등을 통해서 2세기 후엽~3세기대부터 확인되고, 대부분 규슈 북쪽의 하카타만을 중심으로 보여진다. 그리고 4세기 말경에 福岡県 三雲·井原유적군을 대표로 하여 마한계 토기가 土師器의 영향을 받아 변화되면서 북규슈지역에 정착되어지는 모습을 보여준다. 5세기 중엽 이후 마한계 토기는 북규슈의 하카타만을 벗어나 규슈의 북동부와 중서부지역의 아리아케카이 지역으로 더욱 확대되어 조족집선문이 타날된 장동옹을 비롯하여 승문의 단경호, 그리고 직구소호, 개배, 埴輪 등이 다양한 기종이 출토된다. 특히, 호남지역의 분주토기의 영향을 받은 埴輪 등이 고분에서 출토되고, 비슷한 시기에 호남지역 장고분을 비롯한 여러 고분에서도 스에키계 토기가 확인되는 점은 양 지역 간의 교류가 정치적 목적이 강하게 투영되는 결과라고 짐작할 수 있다. 또한 5세기 중엽 이후 아리아케카이 주변으로까지 호남지역 마한계 토기가 확인되는 점은 한반도 서남해안 일대의 해상 루트 변화와 관련이 있다고 할 수 있다.

이 글은 2018년 (사)왕인박사현창협회 주최 학술회의(『고대 호남-큐슈지역의 교류와 왕인박사』)에서 발표한 필자의 발표문(「삼국시대 영산강유역과 큐슈지역의 토기양상」)을 보완한 것임.

〈주석〉

1) 임영진, 2010, 「묘제를 통해 본 마한의 지역성과 변천과정」, 『백제학보』 3, 백제학회.
2) 서현주, 2006, 『영산강 유역 고분 토기 연구』, 학연문화사.
3) 김은정, 2017, 「호남지역의 마한토기-주거지 출토품을 중심으로-」, 전북대학교 대학원 박사학위논문.
4) 박순발, 2006, 『백제토기 탐구』, 주류성; 정수옥, 2008, 「심발형토기의 조리흔 분석」, 『취사의 고고학』, 서경문화사.
5) 송공선, 2008, 「삼국시대 호남지역 발형토기 고찰」, 전남대학교대학원 석사학위논문; 곽명숙, 2014, 「전남지역 주거지 출토 심발형토기 연구」, 『湖南考古學報』 47.
6) 한지선, 2018, 「마한의 주거생활-음식문화를 중심으로-」, 『마한의 마을과 생활』, 학연문화사.
7) 서현주, 2006, 『영산강유역 고분 토기 연구』, 학연문화사.
8) 서현주, 2001, 「二重口緣土器 小考」, 『百濟研究』 33, 충남대학교백제연구소.
9) 김은정, 2017, 「호남지역의 마한토기-주거지 출토품을 중심으로-」, 전북대학교 대학원 박사학위논문.
10) 서현주, 2006, 『영산강유역 고분 토기 연구』, 학연문화사.
11) 서현주, 2010, 「완형토기로 본 영산유역과 백제」, 『호남고고학보』 34, 호남고고학회.
12) 김은정, 2017, 「호남지역의 마한토기-주거지 출토품을 중심으로-」, 전북대학교대학원 박사학위논문.
13) 서현주, 2005, 「고배의 형식과 5~6세기 영산강유역권 고분」, 『백제연구』 41, 충남대학교백제연구소.
14) 강원표, 2001, 「백제 삼족토기의 확산과 소멸과정 연구」, 고려대학교대학원 석사학위논문.
15) 林永珍, 2002, 「韓國の墳周土器」, 『東アジアと日本の考古學―第II券墓制②』, 同成社.
16) 임영진, 2003, 「한국 분주토기의 기원과 변천」, 『湖南考古學報』 17.
17) 임영진, 2015, 「한국 분주토기의 발생과정과 확산배경」, 『湖南考古學報』 49.
18) 국립나주문화재연구소, 2012, 『영암 옥야리 방대형고분-1호분 발굴조사보고서』.

19) 전남문화재연구소, 2014, 「함평 금산리 방대형고분 자료집」.

20) 이범기 외 1명, 2023, 「함평 금산리 방대형고분 형상하니와(形像埴輪) 제작기법 연구」, 『호남고고학보』 74권, 호남고고학회; 犬木努, 2018, 「金山里方台形墳出土埴輪群のハケメ分析」, 『제3회고대한일고분연구교류회·제34회고분문화연구회 발표자료집』, 경북대학교.

21) 최영주, 2017, 「고분 부장품을 통해 본 영산강유역 마한세력의 대외교류」, 『백제학보』 20.

22) 白井克也, 2001, 「百濟土器·馬韓土器と倭」, 『檢證古代の 河內と百濟』, 枚方市.

23) 吉井秀夫, 2003, 「土器資料를 통해 본 3-5世紀 百濟와 倭의 交涉關係」, 『漢城期百濟의 物流시스템과 對外交涉』, 한신대학교.

24) 重藤輝行, 2016, 「4~5世紀の九州地域の土器と渡來人集落」, 『日韓4~5世紀の土器·鐵器生産と集落』, 日韓交涉の考古學硏究會.

25) 重藤輝行, 2019, 「九州の馬韓關聯資料の性格」, 『영산강유역 마한문화 재조명』, 학연문화사.

26) 임영진, 2006, 「분주토기를 통해 본 5~6세기 한일관계 일면」, 『고문화』 67.

27) 吉井秀夫, 2003, 「土器資料를 통해 본 3~5世紀 百濟와 倭의 交涉關係」, 『漢城期百濟의 物流시스템과 對外交涉』, 한신대학교; 徐賢珠, 2004, 「4~6世紀 百濟地域과 日本列島의 關係」, 『湖西考古學』 11.

28) 서현주, 2015, 「고대 전남지역 토기제작기술의 일본 파급 연구-고대 한·중·일 토기가마와 토기제작기술의 비교검토」, 『(사)왕인박사현창협회 2015년 국제학술회의 자료집』.

29) 酒井淸治, 2013, 『土器から見た古墳時代の日韓交流』, 同成社; 土田純子, 2018, 「토기-큐슈 출토 마한·백제(계)토기」, 『일본 속의 百濟-큐슈지역』, 해외백제문화재 자료집 3, 충청남도역사문화연구원·충청남도.

30) 土田純子, 2018, 「토기-큐슈 출토 마한·백제(계)토기」, 『일본 속의 百濟-큐슈지역』, 해외백제문화재 자료집 3, 충청남도역사문화연구원·충청남도.

31) 林永珍, 2000, 「馬韓의 消滅過程에 대한 考古學的 考察」, 『湖南考古學報』 12; 권오영, 2007, 「住居構造와 炊事文化를 통해 본 百濟系 移住民의 日本 畿內地域 정착과 그 의미」, 『韓國上古史學報』 56.

32) 和田晴吾, 1998, 「古墳時代는 國家段階か」, 『古代史の論点4-權力と國家と戰爭』, 小學館; 연민수, 2012, 「5~6세기 북구주 호족의 대한교류와 다원성」, 『백제연구』 55.

〈참고문헌〉

〈단행본〉

국립광주박물관, 2015, 『담양』 남도문화전 특별전 Ⅵ, 담양군.

국립나주문화재연구소, 2012, 『영암 옥야리 방대형고분-1호분 발굴조사
　　보고서』.

국립나주박물관, 2015, 『호남의 발굴유적·유물 새롭게 숨쉬다』 특별전
　　2013~2014 호남 고고학 성과 특별전, (사)한국매장문화재협회.

박순발, 2006, 『백제토기 탐구』, 주류성.

서현주, 2006, 『영산강 유역 고분 토기 연구』, 학연문화사.

송공선, 2019, 「삼국시대 영산강유역 규슈지역 토기의 시·공간적 분포양
　　상비교」, 『고대 호남-규슈지역의 교류와 왕인박사』, (사)왕인박사현창
　　협회.

林永珍, 2002, 「韓國の墳周土器」, 『東アジアと日本の考古學―第Ⅱ券墓制
　　②』, 同成社.

전남문화재연구소, 2014, 「함평 금산리 방대형고분 자료집」.

정수옥, 2008, 「심발형토기의 조리흔 분석」, 『취사의 고고학』, 서경문화사.

重藤輝行, 2019, 「九州の馬韓關聯資料の性格」, 『영산강유역 마한문화 재조
　　명』, 학연문화사.

충청남도역사문화연구원, 2018, 『일본 속의 百濟-큐슈지역』, 해외 백제문
　　화재 자료집3, 충청남도.

土田純子, 2018, 「토기-큐슈 출토 마한·백제(계)토기」, 『일본 속의 百濟-큐
　　슈지역』, 해외백제문화재자료집3, 충청남도역사문화연구원·충청남도.

한지선, 2018, 「마한의 주거생활-음식문화를 중심으로-」, 『마한의 마을과

생활』, 학연문화사.

白目英敏, 1994, 『富地原川原田Ⅰ』, 宗像市文化財調査報告書 第39集, 宗像市
　　教育委員會.

日田市教育委員會, 2005, 『朝』日天神山古墳群』, 日田市埋藏文化財調査報告書
　　第60集.

長家伸, 1994, 『西新町遺跡3』, 福岡市埋藏文化財調査報告書 第375集, 福岡市
　　教育委員會.

佐田茂, 1984, 『セスドノ古墳』, 田川市文化財調査報告書 第3集, 田川市教育
　　委員會.

酒井淸治, 2013, 『土器から見た古墳時代の日韓交流』, 同成社.

澤田康夫, 1985, 『小丸古墳群』, 那珂川町文化財調査報告書 第13集, 那珂川町敎
　　育委員會.

〈논문〉

강원표, 2001, 「백제 삼족토기의 확산과 소멸과정 연구」, 고려대학교대학
　　원 석사학위논문.

곽명숙, 2014, 「전남지역 주거지 출토 심발형토기 연구」, 『湖南考古學報』 47.

권오영, 2007, 「住居構造와 炊事文化를 통해 본 百濟系 移住民의 日本 畿內地
　　域 정착과 그 의미」, 『韓國上古史學報』 56.

吉井秀夫, 2003, 「土器資料를 통해 본 3-5世紀 百濟와 倭의 交涉關係」, 『漢城
　　期百濟의 物流시스템과 對外交涉』, 한신대학교.

김은정, 2017, 「호남지역의 마한토기-주거지 출토품을 중심으로-」, 전북대
　　학교대학원 박사학위논문.

서현주, 2001, 「二重口緣土器 小考」, 『百濟研究』 33, 충남대학교백제연구소.

徐賢珠, 2004, 「4~6世紀 百濟地域과 日本列島의 關係」, 『湖西考古學』 11.

서현주, 2005, 「고배의 형식과 5~6세기 영산강유역권 고분」, 『백제연구』 41, 충남대학교백제연구소.

서현주, 2010, 「완형토기로 본 영산유역과 백제」, 『호남고고학보』 34, 호남고고학회.

서현주, 2015, 「고대 전남지역 토기제작기술의 일본 파급 연구-고대 한·중·일 토기가마와 토기제작기술의 비교검토」, 『(사)왕인박사현창협회 2015년 국제학술회의 자료집』.

송공선, 2008, 「삼국시대 호남지역 발형토기 고찰」, 전남대학교대학원 석사학위논문.

연민수, 2012, 「5~6세기 북구주 호족의 대한교류와 다원성」, 『백제연구』 55집.

이범기 외 1명, 2023, 「함평 금산리 방대형고분 형상하니와(形像埴輪) 제작기법 연구」, 『호남고고학보』 74권, 호남고고학회.

林永珍, 2000, 「馬韓의 消滅過程에 대한 考古學的 考察」, 『湖南考古學報』 12.

임영진, 2003, 「한국 분주토기의 기원과 변천」, 『湖南考古學報』 17.

임영진, 2006, 「분주토기를 통해 본 5~6세기 한일관계 일면」, 『고문화』 67.

임영진, 2010, 「묘제를 통해 본 마한의 지역성과 변천과정」, 『백제학보』 3, 백제학회.

임영진, 2015, 「한국 분주토기의 발생과정과 확산배경」, 『湖南考古學報』 49.

최영주, 2017, 「고분 부장품을 통해 본 영산강유역 마한세력의 대외교류」, 『백제학보』 20.

犬木努, 2018, 「金山里方台形墳出土植輪群のハケメ分析」, 『제3회고대한일고분연구교류회·제34회고분문화연구회 발표자료집』, 경북대학교.

白井克也, 2001, 「百濟土器·馬韓土器と倭」, 『檢證古代の 河內と百濟』, 枚方市.

重藤輝行, 2016, 「4~5世紀の九州地域の土器と渡來人集落」, 『日韓4~5世紀 の土器·鐵器生産と集落』, 日韓交涉の考古學研究會.

和田晴吾, 1998, 「古墳時代は國家段階か」, 『古代史の論点4—權力と國家と戰 爭』, 小學館.

〈그림 출전〉

〈그림 2〉 국립광주박물관 2015
〈그림 3〉 국립나주박물관 2015
〈그림 4〉 임영진 2017
〈그림 6〉 국립나주박물관 2015
〈그림 8〉 김은정 2017
〈그림 20〉 長家伸 1994
〈그림 21〉 충청남도역사문화연구원 2018
〈그림 22〉 白目英敏 1994
〈그림 24〉 佐田茂 1984
〈그림 25〉 澤田康夫 1985
〈그림 26〉 日田市教育委員會 2005
〈그림 27〉 北九州博物館·唐津市 考古資料館 2006 촬영
　　　　　九州歷史資料館 2008 촬영
〈그림 28〉 송공선 2019

제III장
일본 기나이지역
마한·백제 관련
고고학 자료

일본 기나이지역 마한·백제 관련 묘제

강은주 _ 전남대학교박물관

1. 머리말

묘제는 죽은 사람을 안치하는 여러 무덤의 형태를 구조 특징에 따라 구분한 것을 일컫는다. 묘제는 그 당시 사람들이 죽음을 어떻게 받아들였는지 보여주는 인식론적인 장제와는 차이가 있다. 장제가 인식론적인 것이라면 묘제는 피장자를 어떻게 매장하고 어떤 곳에 매장하는가를 보여주는 것으로 당시 기술을 보여주는 것이라고 할 수 있다. 묘제와 장제는 밀접하게 관련되어 있으면서 시대에 따라 변화한다는 공통점이 있지만, 고고학적인 자료를 바탕으로 접근하여 살펴볼 수 있는 것은 바로 묘제라고 할 수 있다.

고대 한국의 묘제는 수혈식 단장묘인 토광묘가 주로 사용되다가 4세기 초 고구려에서 횡혈식 석실묘가 사용되기 시작한 이후 전국적으로 확산되었다. 이 시기에 호남지역에서는 한 분구 안에 여러 구성원이 함께 매장되는 다장묘인 분구묘가 성행하였다. 고대 일본의 묘제 역시 한국과 비슷하게 토광묘가 일반적이다가 분구묘가 등장하였고, 4세기 말 규슈(九州)지역에서부터 횡혈식 석실묘가 나타나기 시작하여 5세기 말에는 기나이(畿內)지역에서도 널리 사용되었다.

이 글에서는 고대 일본 기나이지역의 묘제를 개관하고 주요 고분에 대해서 살펴보고자 한다. 기나이지역은 고대 야마토(大和) 세력의 중심지로 마한·백제 관련 고분들이 많이 확인되고 있는데 지역별로 주요 고분을 살펴보고, 이러한 묘제가 나타나게 된 역사적 배경에 대해서 살펴보고자 한다.

2. 기나이지역의 고대 묘제

고대 일본의 묘제는 크게 야요이(彌生)시대부터 이어져 온 분구묘와 고훈(古墳)시대를 대표하는 전방후원분(前方後圓墳)으로 나누어 볼 수 있다. 기나이지역을 중심으로 분구묘와 전방후원분의 특징 및 발전을 살펴보면 다음과 같다.

1) 분구묘

(1) 분구묘의 구조

일본에서는 신석기시대라 할 수 있는 죠몽(繩文)시대까지 수혈식으로 토광을 파고 하나의 매장시설을 안치하는 토광묘가 일반적이었다. 그러다

가 청동기시대에 해당하는 야요이시대에 들어서면 지상의 분구에 여러 매
장시설을 안치하는 분구묘가 등장하고 성행하였다.

분구묘는 한국에서의 정의와 마찬가지로 다장을 특징으로 하는데, 평
면 형태나 조성 방식에 따라 나누어진다. 평면 형태는 원형과 방형으로 구
분할 수 있으며, 매장시설이 놓일 공간을 성토하면 주구묘(周溝墓), 구릉 주
변을 깎아내면 대상묘(臺狀墓)로 부르기도 한다.

분구묘는 시기에 따라 규모가 대형화되고, 단장에서 다장으로 변화해
가는데 이는 특정 개인이나 지배층을 위한 것으로 볼 수 있다. 규모는 야요
이시대 전기부터 중기 전엽까지 한변의 길이가 5~10m 정도이고, 중기 중
엽부터 후엽까지는 한변의 길이가 15m를 넘는 것이 나타난다. 매장자 수
는 전기부터 중기 전엽까지는 1인이 기본이지만 중기 중엽부터 후엽까지

<그림 1> 요시노가리 분구묘

는 2인 매장이 중심이 되고, 오사카(大阪) 가미(加美) Y1호묘, 우류도우(瓜生堂) 2호묘와 같은 대형묘에서는 다수가 매장되었다. 중기 후엽에서 후기 전엽 사이에는 대형묘들이 공동묘지에서 분리되어 독립된 묘역을 갖기 시작하였다.

대형 분구묘 중에는 묘도가 설치되는 구조적 변형이 나타나 발전하기도 하였다. 묘도는 무덤과 외부가 연결되는 통로인데 분구 일부를 파서 묘도를 설치하거나 이것이 변형되어 돌출부가 되기도 하였다. 대표적으로 전자는 규슈 사가현(佐賀縣) 요시노가리(吉野ケ里) 유적, 후자는 오카야마(岡山) 다테쯔키(楯築) 유적을 들 수 있다. 또한 대형 분구묘에서는 매장주체부나 분구 주변에서 제사용 토기가 확인되고 있어 분묘 제사가 이루어졌음을 알 수 있다. 그중 기대(器臺)에 항아리를 얹은 의례용 토기는 점차 대형화, 장식화되면서 특수기대라 불리게 되었다.

(2) 분구묘의 지역성

분구묘는 일본 전체적으로 확인되는데 지역별로 특징이 있다. 산인(山陰)·호쿠리쿠(北陸)지역에서는 사우돌출묘(四隅突出墓)가 유행하였고, 산요우(山陽)·시코쿠(四國)·긴키(近畿) 남부·간토(關東)지역에서는 1~2개의 돌출부가 붙은 원형묘가 유행하였으며, 긴키(近畿) 북부·도카이(東海)지역에서는 한쪽에 돌출부가 있는 방형묘가 나타났다.

긴키지역에서는 군집을 이룬 방형 분구묘가 많이 조사되었다. 주로 평지에 축조되고 네 변을 따라 주구가 굴착되며, 주구로 둘러싸인 공간에 성토한 다음 성토된 분구를 파내고 시신을 안치하였다. 방형 분구묘는 야요이시대 전기 전반에 규슈 북부에서 출현한 이후 기나이지역을 거쳐 전국적으로 파급된 것으로 알려져 있다.[1]

2) 전방후원분

(1) 전방후원분의 출현

일본 고훈시대를 대표하는 전방후원분은 야요이시대 후기의 분구묘를 계승·발전시킨 것이다. 야요이시대 후기의 대형 분구묘는 고훈시대에 들어서면 부가되었던 돌출부가 대형화되면서 형태가 다양해진다. 범립패형고분(帆立貝形古墳), 전방후방분(前方後方

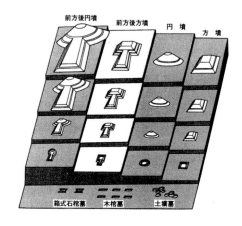

〈그림 2〉 都出比呂志의 고분 계층성

墳), 쌍방중원분(双方中圓墳) 등으로 발전하는데 그중에서 가장 중심을 이루는 것이 바로 전방후원분이다. 기존 야요이시대의 특수기대는 하니와(埴輪)로 발전하고, 매장주체부는 대형화되며 부장품도 풍부해진다. 가장 이른 시기의 전방후원분은 나라(奈良) 하시하카(箸墓) 고분이며, 이후 다양한 형태의 대규모 고분들이 축조되었는데 분구 주위에 주호(周濠)나 주제(周堤)를 설치한 것이 많다.

매장주체부는 지역적, 시기적으로 차이가 있다. 야마토 정권의 왕묘를 기준으로 살펴보면 4세기대에는 장대한 수혈식 석곽에 통나무형 목관이 안치되다가, 4~5세기에는 짧은 수혈식 석곽에 손잡이가 달린 석관이 안치되었으며 규슈지역부터 횡혈식 석실이 사용되기 시작하였다.

(2) 전방후원분의 발전

일본에서 전방후원분이 가장 발전한 지역은 기나이지역인데 이는 여러 세력의 연합체인 야마토 정권의 맹주 세력이 이 지역에 존재하였음을 말해 준다. 이는 야마토 정권이 대외적으로 왜의 외교권을 장악하고 국제적으로 왜를 대표하였음을 알려준다.

전방후원분의 입지와 분구 형태뿐 아니라 매장주체시설 역시 시기별로 변화한다. 전기(3세기 말~4세기)에는 대부분 구릉에 위치하며 전방부가 낮고 세장한 편이다. 중기(5세기)에는 대부분 평야지대에 위치하며 전방부의 높이가 높아지고 폭이 넓어지면서 대형화된다. 후기(6세기)에는 전방부가 발전하여 후원부보다 높아지는 경향을 보여준다.

전방후원분의 매장주체시설은 야요이시대 이후 고훈시대 전기까지 석관·목관·목곽 등 수혈식이 중심을 이루다가 고훈시대 중기에 이르러 규슈지역부터 횡혈식 석실이 보급되기 시작하여 중기 말이 되면 기나이지역에 파급되었다.

고훈시대 후기가 되면 전방후원분 축조에 있어 큰 변화가 나타난다. 대형급의 전방후원분은 점차 줄어들고 방형분과 원형분이 중심을 이루면서 군집되기 시작하며 매장주체시설은 횡혈식 석실이 성행한다. 군집분이 성행하는 것은 가부장 제도의 확립으로 보거나, 동족관계 또는 의제적 동족관계를 맺은 사람들의 무덤이라는 보기도 하고, 혈통과는 관계없이 야마토 정권에 의해 지역별로 설정된 것이라고 보기도 한다. 규모나 유물에서 관찰되는 계층구조와 몇 개의 고분을 단위로 하는 세포구조로 미루어 군집분을 구성하는 개별 고분들은 가족묘라고 보는 것이 일반적인 견해이다. 매장주체시설로 추가장이 가능한 횡혈식 석실의 성행도 이와 비슷한 맥락에서 이해된다.

전방후원분은 3세기 중엽부터 6세기대까지 발전하였고 7세기대에는 대형 원분이나 방분이 유행하다가 646년 대화박장령(大化薄葬令)을 계기로 고훈시대를 상징하던 대형 고분은 역사 속으로 사라지게 된다.

3. 기나이지역 고훈시대 마한·백제계 묘제

고훈시대 기나이지역의 묘제는 앞서 살펴본 바와 같이 분구묘와 전방후원분으로 나누어볼 수 있다. 그러나 전방후원분은 고훈시대 후기에 원형분이나 방형분으로 변화되는데 형태의 간략화 및 매장주체시설이 횡혈식석실이라는 점에서 전방후원분과 궤를 같이 하는 것으로 볼 수 있다. 따라서 이 장에서는 기나이지역에서 확인되는 마한·백제계 묘제를 크게 분구묘와 석실묘로 나누어 살펴보고, 석실묘는 지역별로 세분하여 개별 유적들을 간략하게 소개한다.

1) 분구묘

분구묘 중 마한·백제계로 구분할 수 있는 것은 다장이 이루어지거나 마한·백제계 관련 유물이 확인된 것을 들 수 있다. 다장은 6세기 중엽까지 다장이 이루어졌던 마한·백제지역 분구묘의 특징을 보여주는 것이라고 할 수 있다.

오사카 가미 1호분은 대표적인 다장 분구묘로 3세기 중엽경에 해당한다. 여기에서 출토된 경질 단경호는 당시 일본에서 생산되지 않았던 새로운 토기로 한국에서 들어온 것으로 추정되고 있다. 가미 1호 출토 단경호는 기형, 크기, 문양, 소성상태 등 여러 요소를 감안하여 보면 전남 함평 만가

〈그림 3〉 오사카 가미 1호분과 출토 토기

촌 7호분 출토품이나 전남 장흥 상방촌 B유적 출토품과 유사하여 한국 서남부지역에서 들어온 것일 가능성이 높다.[2]

오사카 나가하라(長原) 고분군은 200여 기에 이르는 방형 분구묘가 확인된 고훈시대 유적이다. 당시 일본 전역에서는 전방후원분이 성행하는 시기인데 이곳에서는 기존 분구묘 전통이 지속되었다. 분구묘들은 가와찌(河內) 평야지대에 위치하며 분구 대부분이 삭평되었지만 남아있는 주구를 통해 규모를 추정해 볼 수 있다. 대부분 한변의 길이가 10m 미만의 소형으로 매장주체시설은 주로 목관이다. 166호분에서는 2기의 목관과 함께 금귀고리, 철도자, 철겸, 토기 등이 확인되었다. 그외 고분에서는 양이부호, 장동옹 등 한국식 토기들이 출토되고 있어서 한국의 이주민들과 관련되었을 가능성이 높다.[3]

2) 석실묘

석실묘는 기나이지역 전체적으로 확인되고 있어 크게 야마토지역, 가와찌지역, 오우미(近江)지역으로 나누어 볼 수 있다.

(1) 야마토지역

① 나라현 가시하라시柚原市 니자와센츠카新澤千塚 고분군

직경 15m 내외
규모의 원분 600여
기가 군집되어 있
다. 281호분은 5세
기 후엽의 원분으
로 백제 병형토기
가, 160호분은 6세
기 중엽경의 전방
후원분으로 백제

〈그림 4〉 니자와센츠카 고분군

양식의 병형토기가 출토되어 백제와의 관련성이 추정된다. 109·126·500
호분에서도 한국과 관련된 유물들이 출토되었는데 각각 대가야, 신라, 금관
가야와 관련된 것으로 추정되고 있다.[4]

니자와센츠카 고분군에서는 4~6세기에 걸쳐 한국 여러 지역과 관련된
유물들이 출토되는 점에서 이 일대는 한국의 정치적 변화 속에서 이주해
온 사람들의 거점 지역이었을 가능성이 높다고 보고 있다.[5]

② 나라현 텐리시天理市 히가시노리쿠라東乗鞍 고분

72m 규모의 전방후원분로 매장주체시설이 백제계 석실이다. 현실 뒷
벽쪽에 5세기 말 이전에 해당하는 아소(阿蘇) 석재의 가형석관(家形石棺)이
있다.[6]

③ 나라현 사쿠라이시櫻井市 이나리니시稻荷西 아동공원 2호분

분구는 명확하지 않지만 5세기 후엽경으로 추정되는 횡혈식 석실이 확인되었다. 석실은 하단부만 남아 있는데 현실 길이 2.9m, 너비 1.9m 정도이며 현실 남쪽 우측에 연도가 있다. 석실 내부에서는 모형취사구가 출토되었다.[7]

④ 나라현 산고죠三鄉町 세야짜우스야마勢野茶臼山 고분

6세기 중엽경으로 추정되는 40m 규모의 전방후원분이다. 궁륭형 천장의 횡혈식 석실로 연도는 우측에 있다. 고배, 개배 등의 토기와 함께 가형, 개형 하니와가 출토되었다.[8]

⑤ 나라현 다카토리죠시高取町市 이찌오하카야마市尾墓山 고분

66m 규모의 전방후원분으로 백제계 기나이형 석실이다. MT15 형식의 토기가 출토되어 5세기 말~6세기 초에 해당하는 것으로 추정된다.

⑥ 나라현 가쓰라기시葛城市 효게兵家 고분군

고훈시대 중기 중엽부터 종말기까지 축조되었던 군집분이다. 후기에 속하는 4호분 분구에서 백제계로 추정되는 평저호가 출토되었고, 6호분의 수혈식 석실에서 주조 제형철부가 출토되었다.[9]

⑦ 나라현 가쓰라기시 데라구찌와다寺口和田 고분군

고훈시대 중기 초반부터 후기 전반까지 축조되었던 초기 군집분이다.[10] 4호분에서 주조 제형철부가 출토되었고 다른 고분에서도 소형 모형철제품들이 출토되었다. 백제계로 보는 것이 일반적이지만 가야계로 보기도 한다.[11]

⑧ 나라현 가쓰라기시 데라구찌오시미寺口忍海 고분군

5세기 후엽부터 6세기대에 걸쳐 축조된 고분군으로 횡혈식 석실이 주류를 이룬다. E-21호분은 5세기 후엽경으로 추정되는 직경 10m 규모의 원분이다. 석실은 상부가 대부분 파괴되고 하단부만 남아 있는데 현실 남쪽 우측에 연도가 있다. 내부에는 할죽형 목관 1기가 안치되었던 흔적이 남아 있으며 서북쪽 모서리에서 기대, 고배, 개배, 철도자, 방추차 등이 출토되었다.[12] H-13호분에서는 백제계 평저호가 출토되었다.

⑨ 나라현 가쓰라기시 후에후키笛吹 고분군

고훈시대 후기 군집분이다. 8호분과 12호분에서 금동제 비녀가 출토되었다.[13]

⑩ 나라현 가쓰라기시 기타구보北窪 고분군

고훈시대 후기 고분군이다. 1호분에서 모형취사구가 출토되었고 3호분에서 은제 비녀가 출토되었다.[14]

⑪ 나라현 고세시御所市 센고우산石光山 고분군

고훈시대 중기 후반부터 후기까지 축조되었던 초기 군집분이다.[15] 43호분에서 출토된 평저호는 백제계로 알려져 있다.

⑫ 나라현 고세시 고세야마巨勢山 고분군

고훈시대 중기 초반부터 후기까지 축조되었던 800여 기에 달하는 군집분이다.[16] 境谷 4호분에서 단야공구가 출토되는 등 제철 관련 자료들이 많이 출토되어 단야집단과 관련된 것으로 추정된다. 425호분에서 은제지환과 모형취사구가 출토되었으며 156호분 북측에는 말을 순장하였다.

⑬ 나라현 이코마군生駒郡 쯔바이椿井 미야야마츠카宮山塚 고분

직경 20m 규모의 원분
이다. 석실은 길이 4.1m,
너비 3m, 높이 3m이며 네
벽이 내경하여 돔형 천장
을 이루고 있다. 석실 구조
로 보아 5세기 후반대의
기나이지역 초기 석실로
추정된다.

〈그림 5〉 미야야마츠카 고분

(2) 가와찌지역

① 오사카부 가시와라시柏原市 다카이다야마高井田山 고분

낮은 구릉에 위치한 5세기 후반대의 횡혈식 석실묘이다. 직경 22m의
원분으로 추정되며 석실은 길이 3.7m, 너비 2.3m 현실에 우편연도가 붙은
것이다.[17] 석실은 판상의 석재
를 쌓아 축조하였는데 천장은
파괴되었지만 궁륭식에 가까울
것으로 추정되고, 돌로 폐쇄하
였다. 관못을 사용한 2기의 목
관과 다리미, 금박유리옥 등의
출토유물로 미루어 그 주인공은

〈그림 6〉 다카이다야마 고분

부부이며 백제에서 도래한 사람일 가능성이 높다고 보고 있다.[18]

② 오사카부 후지이데라시藤井寺市 후지노모리藤の森 고분

직경 22m 정도의 원분으로 오진릉(應神陵)의 서쪽 가까이 위치하고 있어 그 배총으로 생각된다. 석실은 편평한 석재를 사용하여 축조하였으며 길이 3.5m, 너비 1.5m 규모의 현실에 폭 0.8~0.9m, 길이 1m의 연도가 우측에 붙어 있다. 현실 측벽은 1.1m 높이까지 수직으로 올라가다가 내경하며 평천장을 형성하였던 것으로 추정된다. 현실과 연도에는 적색 안료가 칠해져 있으며, 현실에서는 유리제 곡옥과 소옥, 철촉, 혁철단갑 등과 함께 관못·꺽쇠가 출토되어 목관이 안치되었던 것으로 추정된다. 가시와라시 다카이다야마 고분보다 앞서는 5세기 중엽에서 후엽 사이에 백제의 영향을 받아 축조되었을 가능성이 높다고 보고 있다.[19]

③ 오사카부 사카이시堺市 도우쯔카塔塚 고분

한 변 길이 45m 가량의 방분으로 추정된다. 석실은 판석을 횡으로 세운 다음 그 위에 편평한 석재를 쌓았다. 현실은 길이 2.4m, 너비 2.2m 규모이며 짧은 연도가 현실 중간에 마련되어 있고 천장은 파괴되어 구조를 알기 어렵다. 철도, 철촉, 단갑, 유리제 곡옥과 환옥, 금동제안금구, 목심철판장윤등, 하니와 등이 출토되었는데 하니와 형태로 보아 5세기 중엽에서 후엽 사이에 축조되었던 것으로 보고 있다.[20]

④ 오사카부 오사카시大阪市 시치노쯔보七ノ坪 고분

분구묘가 주류를 이루는 나라하라 고분군에서 보기 드문 석실묘로, 6세기 초로 추정되는 24m 규모의 전방후원분이다. 석실은 상부가 대부분 파괴되고 하단부만 남아 있는데 현실은 길이 3.5m, 폭 2.5m 정도이고 남동쪽 우측에 연도가 있다. 내부에는 목관 1기가 안치되었던 것으로 추정되며 마구, 철도, 철모, 토기 등이 출토되었다.[21]

〈그림 7〉 시치노쯔보 고분

⑤ 오사카부 가나조河南町·다이조太子町
이찌스카—須賀 고분군

250기가 넘는 대규모 고분군인데 대부분 횡혈식 석실로 구성되어 있으며 6~7세기대에 조성된 것이다. 몇몇 고분에서 이동식 부뚜막을 비롯한 모형취사구와 동곳, 반지, 팔찌 등이 출토되는 점에서 백제적인 특징을 가진 것으로 보고 있다. I-19호분은 6세기 전엽경으로 추정되는 직경 10m 규모의 원분인데 석실은 상부가 대부분 파괴되고 하단부만 남아 있다. 현실은 길이 3.1m, 폭 1.7m 정도이고 남동쪽 우측에 연도가 있다. 내부에는 목관 2기가 안치되었던 것으로 추정되며 모형취사구가 출토되었다.[22] 고분군은 여러 구릉에 걸쳐 구릉별로 군집을 형성하고 있는데 군집별 피장자 집단은

〈그림 8〉 이찌스카 고분군 B-9호

인접한 이시가와(石川) 주변에서 확인된 20개 이상의 마을 유적들과 각각 관련되었을 가능성이 높으며[23] 특히 I지군의 경우에는 도래계일 가능성이 높다고 보고 있다.

⑥ 오사카부 야오시八尾市 고오리가와郡川 16호분

다카야스야마(高安山) 산록
의 다카야스 고분군을 구성하
는 3개 고분군 가운데 하나인
고오리가와 고분군에 있다. 길
이 3.9m, 너비 2.8m의 석실로
목관에 사용되었던 철정을 비
롯하여 모형취사구, 한식계토
기 등이 출토되어 피장자가 도

〈그림 9〉 고오리가와 16호 출토 토기

래계일 것으로 추정되고 있다. 시기는 6세기 전반경인데 추가장이 이루어
졌을 가능성이 높다고 보고 있다.[24]

⑦ 오사카부 미나미가와찌군南河內郡 시쇼츠카シショツカ 고분

길이 60m, 너비 53m 규모의 방형계 고분으로 3단 분구로 이루어져 있
는데 각 단의 경사면은 즙석되어 있다. 석실은 판석으로 축조된 현실과 전
실, 할석으로 축조된 연도를 가지고 있다. 석실 구조가 백제 부여 능산리 동
하총과 상통하며 대도, 마구, 단경호 등이 출토되어 6세기 말 백제와 관련
된 것으로 추정된다.[25]

⑧ 오사카부 야오시 야오기八尾木 히가시우게東弓削 유적

석실묘는 없지만 토광묘, 옹관묘, 화장묘로 구성된 나라(奈良)시대의 유
적이다. 토광묘는 남북장축에 북침 인골이 남아 있으며 머리쪽에서 나라시
대 전기의 직구단경호가 출토되었는데 거꾸로 된 卍자가 새겨져 있다. 옹관
묘는 나라시대 후기에 해당하는 장동호 2개를 합구시킨 것인데 유아용으

로 추정되고 있다.[26] 토광묘에서 출토된 직구단경호는 마한·백제권의 대표적인 기종이고, 거꾸로 된 卍자는 일본에서 매우 귀한데 한국에서는 나주 복암리 3호분에서 출토된 바 있다.

(3) 오우미지역

히에이산(比叡山) 동쪽 기슭의 비와호(琵琶湖)에 인접한 지역에 오쓰시(大津市) 시카(志賀) 고분군이 있다. 1,000여 기의 고분들이 히요시(日吉), 아노우노소에(穴太野添), 오타니(大谷), 다이쯔지(大通寺), 햐쿠아나(百穴), 타이고쯔카(太鼓塚), 후코지(福王寺) 등의 소고분군을 이루는데 대부분 5세기 말~7세기의 도래계 횡혈식 석실 원분이다.[27] 기나이의 횡혈식 석실과 비교하면 방형 평면의 비중이 큰 편이며 궁륭 천장이 특징이다. 부장품으로는 모형취사구, 소형토기, 비녀 등이 있는데 특히 모형취사구는 아궁이, 시루,

〈그림 10〉 햐쿠아나 고분군 전경

옹, 냄비 4가지로 이루어졌고 많은 고분에서 흔히 세트를 이루고 출토되고 있다. 아노우노소에 고분군은 10·18·20·24호분 등 20%, 오타니 고분군은 3·4·8·10·14·15호분 등 47%, 다이쯔지 고분군은 3·5·12·15·16·18·36·42호분 등 20%, 타이고쯔카 고분군은 1·2·3·5·6·7·10·12·15·16·20·22·23·24·26·29·32·33호분 등 45%, 후코지 고분군은 2·6·8·16·19호분 등 55%에 달하는 수많은 고분에서 취사구들이 출토되고 있다.[28]

표 1. 기나이지역 도래계(추정) 석실분

연번	유적명칭	출토유물	특징	비고
1	奈良縣 橿原市 新澤千塚古墳群	281호분 백제 병형토기, 160호분 백제계 병형토기 등	600여 기의 군집분, 백제뿐만 아니라 신라와 금관가야 관련 가능성이 높은 고분들이 섞여 있음	橿原市 千塚資料館
2	奈良縣 天理市 東乘鞍古墳		백제계 기내형 석실, 5세기 말	
3	奈良縣 櫻井市 稻荷西 兒童公園 2號	모형취사구	백제계 기내형 석실, 5세기 후엽	
4	奈良縣 三鄕町 勢野茶臼山古墳	고배, 개배	궁륭형 천장, 6세기 중엽	
5	奈良縣 高取町 市尾墓山古墳		백제계 기내형 석실, 5세기 말~6세기 초	
6	奈良縣 葛城市 兵家古墳群	4호분 백제계 평저호	군집분, 고분시대 중기~종말기	
7	奈良縣 葛城市 寺口和田古墳群	제형철부, 모형철제품	군집분, 가야계일 가능성도 있음	
8	奈良縣 葛城市 寺口忍海古墳群	E-1호분 고배, 방추차 등 H-13호 백제계 평저호	5세기 후엽~6세기	橿原考古學研究所

연번	유적명칭	출토유물	특 징	비 고
9	奈良縣 葛城市 笛吹古墳群	금동제 비녀	군집분, 고분시대 후기	橿原考古學研究所
10	奈良縣 葛城市 北窪古墳群	1호분 모형취사구, 3호분 은제 비녀	군집분, 고분시대 후기	橿原考古學研究所
11	奈良縣 御所市 石光山古墳群	43호분 백제계 평저호	800여 기의 군집분, 고분시대 중기~후기	橿原考古學研究所
12	奈良縣 御所市 巨勢山古墳群	425호분 은제지환, 모형취사구, 156호분 북편 말 순장	군집분, 고분시대 중기~후기	橿原考古學研究所
13	奈良縣 生駒郡 椿井宮山塚古墳		궁륭식 천장, 5세기 후반	
14	大阪府 柏原市 高井田山 古墳	다리미, 금박유리옥, 관못	궁륭식 천장과 우편연도, 목관 사용	栢原市教育委員會
15	大阪府 藤井寺市 藤の森 古墳	유리옥, 관못	평천장, 목관, 5세기 중엽~후엽	
16	大阪府 堺市 塔塚古墳	철도, 철촉, 마구, 유리옥 등	방분, 5세기 중엽~후엽	
17	大阪府 大阪市 七ノ坪 古墳	마구, 철도, 철모, 토기	목관, 6세기 초	大阪文化財協會
18	大阪府 河南町·太子町 一須賀古墳群	금동신발, 모형취사구	250여 개의 군집분, 6~7세기 I-19호 목관 2기	近つ飛鳥博物館
19	大阪府 八尾市 大字郡川 郡川 16號	모형취사구, 철정, 한식계토기	목관, 추가장, 6세기 전반	
20	大阪府 南河內郡 シショツカ 古墳	대도, 마구, 단경호 등	6세기 말	

연번	유적명칭	출토유물	특징	비고
21	大阪府 八尾市 八尾木 東弓削 遺蹟	역卍자 직구단경호	奈良시대 토광묘 출토품이며 나주 복암리 3호분에서도 역 卍자가 쓰여진 토기가 출토 된 바 있음	
22	大津 志賀古墳群	모형취사구 등	1,000여 기의 군집분, 5세기 말~7세기대	大津市 教育委 員會

4. 기나이지역 고훈시대 마한·백제계 묘제의 성격

1) 분포 특징

기나이지역 마한·백제계 묘제는 목관을 중심으로 한 다장 분구묘와 원분·방분·전방후원분의 석실묘로 크게 구분해 볼 수 있다.

분구묘는 5세기대에 가와찌지역을 중심으로 성행하는데 마한계 토기와 말뼈 등이 다수 출토되는 점이 특징적이다. 특히 5세기대를 중심으로 도래계 취락과 유물들이 다수 분포하는 가와찌 동북부지역에서는 동시기 다른 지역에서 성행하는 석실묘를 찾아보기 어려운 점이 주목된다.

석실묘의 경우 5세기 말~6세기대는 주로 야마토지역과 가와찌 남부지역에 분포하는 데 비하여 6세기 후엽~7세기대에는 오우미지역을 중심으로 분포하는 특징을 보여준다. 석실에서는 소형 부뚜막[29]을 비롯한 토기들이 부장되고,[30] 목관에 사용되었던 철정이나 꺾쇠가 출토되며,[31] 말이 매장되기도 하는[32] 등의 특징이 보이는데 이는 백제지역과 상통하는 것으로 인식되고 있다.

기나이지역에 들어온 백제계 석실묘는 5세기 말엽부터 6세기에 걸쳐 현지 유력 세력자들이 사용하였던 전방후원분과 군집분에 채택되어 사용되었다. 그중 나라현 다카토리죠시 이찌오하카야마 고분(길이 66m)과 텐리시 히가시노리쿠라 고분(길이 72m) 등 전방후원분은 대왕묘로 추정된다. 이러한 백제계 석실묘에서는 5세기 후반의 다카이다야마 고분에서 볼 수 있듯이 토기류가 부장되고 있다. 이는 규슈계 횡혈식 석실묘의 경우와는 다르며 기나이형 횡혈식 석실묘의 성립과 함께 시작된 새로운 장송의례를 반영하는 것으로 보고 있다.[33]

기나이지역의 백제계 석실묘들은 인근 지역에 도래계 취락을 가지고 있는 경우가 많다.[34] 야마토지역을 보면 남부 난고(南鄕) 유적군을 중심으로 대벽건물을 비롯한 백제 관련 주거지, 항아리·시루 등의 한식계 토기들이 5세기 후엽부터 나타나고 있어 고대 가쓰라기씨의 세력권으로 알려져 있다. 텐리지역에서는 히요우도우(平等坊), 이와야(岩屋), 나가마찌니시(中町西) 유적 등지에서 한식계 토기가 다량으로 출토되며 옥, 단야, 유리, 도검 등 도래계 수공업 생산 흔적이 확인되기도 한다. 아스카(飛鳥)지역의 아스카가와(飛鳥川) 유역에서는 5세기대 한식계토기가 집중적으로 나오고, 다카토리가와(高取川) 상류지역에서는 5세기대의 대벽건물들이 조사되었으며, 니시보우쇼우(西坊城) 유적에서는 구획된 수전과 한식계토기가 출토되었다.

가와찌지역을 보면, 요도가와(淀川) 충적지대를 중심으로 타날문·승석문·격자문·조족문 등이 시문된 시루, 장동옹, 평저발, 옹, 광구호, 이동식 부뚜막, 부뚜막 장식 등 한식계 토기들이 집중되어 있다. 가와찌호 동북부지역의 시토미야기타(蔀屋北), 찌요호지(長保寺) 등지에서는 이동식 부뚜막을 비롯하여 5세기 1/4분기에 해당하는 한식계 토기와 말 관련 자료들이 출토되고, 모리(森) 유적에서는 5세기 3/4분기의 단야 관련 자료, 찌라군시

요리(讚良郡條里) 유적에서는 유리용범, 단야재, 마구 등이 출토되었다. 가와찌호 남부지역의 우류도우(瓜生堂), 규호젠지(久保寺) 유적에서는 조족문 토기 등의 한식계 유물이 나타나고 토시아키(龜井) 유적에서는 산초법(散草法, 부엽공법)의 제방이 확인된 바 있다.

오우미지역을 보면, 비와호 남서부 오츠시 북쪽지역에 도래계 유적들이 밀집되어 있다. 주거유적에서는 초석건물, 대벽건물, 굴립주건물, 온돌 형태의 특수한 난방시설 등이 조사되고 있다. 횡혈식 석실은 정방형 평면에 궁륭형 천장을 가지면서 모형취사구가 부장되는 특징이 있다. 또한 청동제와 은제 비녀가 많지만 무기, 무구, 마구 등은 소량에 불과해서 비무인적 도래계 집단으로 비정되고 있다.

2) 기나이지역 마한·백제계 묘제의 역사적 의미

기나이지역 마한·백제계 묘제 가운데 목관을 중심으로 한 분구묘는 기존 야요이시대의 분구묘 전통을 잇는 것으로 볼 수도 있지만 마한계 이주민과 관련된 것으로 볼 수 있다. 이는 5세기대에 가와찌지역을 중심으로 성행하면서 마한계 토기와 말뼈 등이 다수 출토되고 있을 뿐 아니라 다장의 분구묘 전통을 지니고 있음에서 추정해 볼 수 있다. 특히 타지역에서 성행하는 석실묘는 찾아보기 어렵다는 점에서 호남지역 분구묘와 상통하다. 그리고 야요이시대 가미 1호분에서 출토된 단경호가 영산강유역권에서 출토되는 단경호와 유사하고, 고훈시대 나가하라 고분군의 분구묘에서 다량의 한식계 토기들이 출토되고 있는 점 등은 그와 같은 지역적 특색이 호남지역 마한 세력과 무관하지 않다는 것을 보여준다.

기나이지역의 횡혈식 석실묘는 다카이다야마 고분에서 볼 수 있듯이 5세기 후엽경에 백제에서 파급된 것이다. 이는 고구려의 한성 함락이 그 배경이 되었을 것으로 추정되는 한편 규슈 북부와 가야지역의 석실묘와는 차이가 있다. 이처럼 구조적으로 다른 계통의 석실들이 파급되는 등 기나이지역에서는 다양한 석실들이 성행하게 되었다. 기나이지역 도래계 석실들은 일본열도에서는 보이지 않았던 대벽건물을 비롯한 새로운 유형의 주거시설과 새로운 도구들, 특히 수공업과 관련된 도구나 시설들을 가지고 있는 취락과 관련되어 있다.

오우미지역은 기나이지역 도래계 석실묘 가운데 가장 밀집도가 높은 지역으로 주목되는데 『일본서기』 덴지(天智) 4년(665)에 백제 남녀 400여 명을 오우미국(近江國)에 옮겨 살게 하였다는 기록이 있고, 그 이듬해에는 백제 유민 남녀 2,000여 명을 오우미에 이주시켰다는 기록이 있어[35] 오우미지역 도래계 석실묘의 조성 배경을 이해할 수 있다.

5. 맺음말

묘제는 보수적인 성격이 강한 문화요소로 비교적 그 주인공의 출자를 잘 반영해 준다고 할 수 있다. 그러나 도굴로 인해 부장유물을 알 수 없는 경우가 많다. 또한 묘제의 기술이 주민의 이주가 아닌 기술의 전수나 아이디어의 파급만으로도 유사한 구조를 가진 고분이 만들어질 수도 있다. 그렇기 때문에 묘제가 가진 역사적 성격을 보다 정확하게 판단하기 위해서는 각 고분의 구조와 출토유물뿐만 아니라 그 주인공과 관련된 주거유적이나 생산유적 등에 대한 종합적인 연구가 필요하다. 지금까지 언급한 내용을 정리해 보면 다음과 같다.

첫째, 야요이시대 기나이지역에서는 군집을 이룬 분구묘가 유행하였다.

분구묘는 야요이시대 전기 전반에 규슈 북부에서 시작된 이후 기나이지역을 거쳐 전국적으로 파급된 것인 만큼 그 기원은 규슈 북부와 활발히 교류했던 지역에 있을 가능성이 높다. 한국의 충남 관창리·당정리 유적, 전북 영등동 유적 등지에서 조사된 이른 시기의 분구묘들은 기본적인 구조와 출토유물은 일본 야요이시대 분구묘와 유사성이 높은 만큼 상호 관련 가능성을 배제하기 어려울 것이다.

둘째, 고훈시대 기나이지역에서는 지하식 석실묘가 5세기 후엽경부터 사용되기 시작하였다. 그 기원에 대해서는 규슈지역으로 보는 경우도 있지만 한국, 특히 당시 지하식 석실묘가 보급되고 있었던 백제 외곽지역에서 파급되었을 가능성이 높다. 그 역사적 계기는 475년의 함성 함락과 관련되었을 가능성이 높을 것이다.

셋째, 고훈시대 가와찌 동북부에서는 석실묘를 찾아보기 어렵고 기존 분구묘가 성행하였는데 주거유적과 출토유물을 감안하여 보면 당시 이 지역은 호남지역과 관련되었을 가능성이 높다. 이는 당시 일본열도 다른 지역에서 석실묘가 성행하였던 점과 차이가 있는데, 백제에서 석실묘가 유행한 데 반하여 호남의 마지막 마한지역에서는 계속해서 분구묘가 사용되었던 점과 상통한다.

넷째, 기나이지역에 들어온 도래계 석실묘는 6세기 초부터 현지 유력 세력자들이 사용하였던 전방후원분에 채택되기 시작하였으며 지역별로 특색을 갖게 되었는데 이는 도래계 석실묘를 도입한 사람들의 세력 확산과 관련되었을 가능성을 배제하기 어려울 것이다.

다섯째, 기나이지역 도래계 석실묘는 6세기 후엽~7세기대에 오우미지역을 중심으로 성행하였는데 이는 『일본서기』 텐지 4년(665)과 5년(666)에 백제 유민들을 그 지역으로 이주시켰다는 기록과 관련되어 있을 것이다.

이상 묘제를 중심으로 일본 기나이지역과 마한·백제지역과의 관련 가
능성을 살펴보았다. 전통적으로 고대 일본은 백제와 밀접한 관련을 가지고
것으로 알려져 있지만 고고학적으로 보면 기나이지역은 5세기 말 한성 함
락 이후부터 관련성이 나타나기 시작하였을 뿐이다.[36] 최근에는 마필 생산
이나 가죽 생산에 있어 호남지방과의 밀접한 관계가 추정되고 있는 등[37]
백제와 구분되는 마한과의 관련성에 대한 인식이 증대되고 있는 만큼 향후
지속적인 관심과 연구를 통해 보다 정확한 실상을 밝혀 나가야 할 것이다.

〈주석〉

1) 和田晴吾, 2002, 「일본열도의 주구묘」, 『동아시아의 주구묘』, 호남고고학회, 94쪽.
2) 寺井誠, 2011, 「加美遺蹟 '陶質土器'のふるさと」, 『なにわの考古學30年の軌跡』, 大阪歷史博物館, 29쪽.
3) 京嶋覺, 1997, 「初期群集墳の形成過程-河内長原古墳群の被葬者を求めて」, 『立命館大學考古學論集』.
4) 奈良縣立橿原考古學研究所, 1981, 『新澤千塚 古墳群』.
5) 박천수, 2007, 『고대한일교섭사』, (주)사회평론, 84쪽.
6) 白石太一郎, 2007, 「橫穴式石室誕生」, 『橫穴式石室誕生-黃泉國の成立』, 近つ飛鳥博物館, 12쪽.
7) 白石太一郎, 2007, 「橫穴式石室誕生」, 『橫穴式石室誕生-黃泉國の成立』, 近つ飛鳥博物館, 69쪽.
8) 白石太一郎, 2007, 「橫穴式石室誕生」, 『橫穴式石室誕生-黃泉國の成立』, 近つ飛鳥博物館, 82쪽.
9) 伊藤勇輔編, 1978, 『兵家古墳群』, 奈良縣史蹟名勝天然記念物調査報告 37.
10) 伊藤勇輔, 1981, 「寺口和田古墳群發掘調査槪報」, 『奈良縣遺蹟調査槪報1979年度』.
11) 坂靖, 2010, 「葛城の渡來人」, 『研究紀要』15, (財)由良大和古代文化研究會.
12) 白石太一郎, 2007, 「橫穴式石室誕生」, 『橫穴式石室誕生-黃泉國の成立』, 近つ飛鳥博物館, 67쪽.
13) 河上邦彦·楠元哲夫, 1978, 「新壓町笛吹古墳群試掘調査槪報」, 『奈良縣遺蹟調査槪報1977年度』.
14) 廣岡孝信·北山峰生·木本誠二, 2002, 『奈良縣遺蹟調査槪報2001年度』.
15) 白石太一郎·河上邦彦·龜田博·千賀久, 1976, 『葛城·石光山古墳群』, 奈良縣史蹟名勝天然記念物調査報告 31.
16) 藤田和尊編, 2002, 『巨勢山古墳群Ⅲ』, 御所市文化財調査報告 25.
17) 安村俊史·桑野一幸, 1996, 『高井田山古墳』, 柏原市教育委員會.
18) 白石太一郎, 2007, 「橫穴式石室誕生」, 『橫穴式石室誕生-黃泉國の成立』, 近つ飛鳥博物館, 11쪽.
19) 白石太一郎, 2007, 「橫穴式石室誕生」, 『橫穴式石室誕生-黃泉國の成立』, 近つ飛鳥博物館, 12쪽.
20) 和田勝廣, 2002, 『古代の鐵生産と渡來人』, 雄山閣, 266쪽.
21) 大阪歷史博物館, 2011, 『なにわの考古學30年の軌跡』, 31쪽.

22) 上林史郎, 2002,「一須賀古墳群の形成-Ⅰ支群を中心にして」,『大阪文化財論集 Ⅱ』, 大阪文化財センタ.

23) 森本 徹, 2010,「一須賀古墳群の終焉」,『官報』13, 近つ飛鳥博物館, 23쪽.

24) 近つ飛鳥博物館, 2011,『歷史發掘大阪』(大阪府發掘調査最新情報), 35쪽.

25) 近つ飛鳥博物館, 2004,『今來才伎-古墳·飛鳥の渡來人』.

26) 近つ飛鳥博物館, 2011,『歷史發掘大阪』(大阪府發掘調査最新情報), 50쪽.

27) 兼康保明, 1997,「近江の渡來文化」,『渡來人』, 大巧社, 72쪽.

28) 花田勝廣, 2005,「畿內の渡來人とその課題」,『第8回九州前方後圓墳研究會資料 集』, 138쪽.

29) 西谷正, 1983,「伽倻地域と北部九州」,『大宰府古文化論叢』(上), 吉川弘文館.

30) 土生田純之, 1985,「古墳出土の須惠器(1)」,『末永先生米壽記念獻呈論文集』, 刊行 委員會.

31) 龜田修一, 2004,「日本初期の釘·鎹が語るもの」,『文化の多樣性と比較考古學』, 考古學研究會.

32) 桃崎祐輔, 1993,「古墳に伴う牛馬貢獻の檢討」,『古文化談叢』31; 松井章·神谷正 弘, 1994,「古代の朝鮮半島および日本列島における馬の殉殺について」,『考古 學雜誌』80-1.

33) 白石太一郎, 2007,「橫穴式石室誕生」,『橫穴式石室誕生-黃泉國の成立』, 近つ飛鳥 博物館, 12쪽.

34) 花田勝廣, 2005,「畿內の渡來人とその課題」,『第8回九州前方後圓墳研究會資料集』.

35) 天智4年;百濟百姓男女四百餘人居于近江國神前郡
   天智5年;百濟男女二千餘人居于東國

36) 권오영, 2007,「주거구조와 취사문화를 통해 본 백제계 이주민의 일본 畿內지 역 정착과 그 의미」,『한국상고사학보』56.

37) 坂靖, 2010,「고고자료로 본 백제와 일본」,『충청학과 충청문화』11, 충청남도 역사문화연구원.

〈참고문헌〉

〈단행본〉

國立公州博物館, 1999,『日本所在 百濟文化財 調査報告書 Ⅰ』.

國立公州博物館, 2000,『日本所在 百濟文化財 調査報告書 Ⅱ』.

國立公州博物館, 2002,『日本所在 百濟文化財 調査報告書 Ⅲ』.

박천수, 2007,『고대한일교섭사』, ㈜사회평론.

임영진·김기옥·조가영·정해준·서현주·이택구·박영민·오동선·한옥민,
    2015,『마한 분구묘 비교 검토』, 학연문화사.

임영진·林留根·中村大介·권오영·김낙중·최영주·성정용, 2016,『馬韓 墳丘
    墓의 起源과 發展』, 학연문화사.

鄭漢德 編著, 2002,『日本의 考古學』, 學硏文化社.

중앙문화재연구원 편, 2012,『마한·백제인들의 일본열도 이주와 교류』, 서
    경문화사.

충청남도역사문화연구원, 2017,『일본 속의 백제 -긴키지역 Ⅰ·Ⅱ-』.

충청남도역사문화연구원, 2018,『일본 속의 백제 -규슈지역-』.

충청남도역사문화연구원, 2019,『일본 속의 백제 -혼슈·시코쿠지역』.

廣岡孝信·北山峰生·木本誠二, 2002,『奈良縣遺蹟調査槪報2001年度』.

近つ飛鳥博物館, 2004,『今來才伎-古墳·飛鳥の渡來人』.

近つ飛鳥博物館, 2007,『橫穴式石室誕生-黃泉國の成立』

近つ飛鳥博物館, 2011,『歷史發掘大阪』.

奈良縣立橿原考古學硏究所, 1981,『新澤千塚 古墳群』.

奈良縣立橿原考古學硏究所付屬博物館, 2004,『前方後圓墳』

大阪歷史博物館, 2011,『なにわの考古學30年の軌跡』.

藤田和尊編, 2002,『巨勢山古墳群Ⅲ』, 御所市文化財調査報告 25.

白石太一郎・河上邦彦・龜田博・千賀久, 1976,『葛城・石光山古墳群』, 奈良縣史
　　蹟名勝天然記念物調査報告 31.

福岡市立歷史資料館, 1986,『早良王墓とその時代』.

安村俊史・桑野一幸, 1996,『高井田山古墳』, 柏原市敎育委員會.

伊藤勇輔編, 1978,『兵家古墳群』, 奈良縣史蹟名勝天然記念物調査報告 37.

和田勝廣, 2002,『古代の鐵生產と渡來人』, 雄山閣.

〈논문〉

권오영, 2007, 「주거구조와 취사문화를 통해 본 백제계 이주민의 일본 畿內
　　지역 정착과 그 의미」,『한국상고사학보』56, 한국상고사학회.

권오영, 2023, 「일본 아스카(飛鳥)시대 묘제와 장제에 나타난 한반도계 이
　　주민의 영향」,『人文論叢』80권 3호, 서울대학교 인문학연구원.

坂靖, 2010, 「고고자료로 본 백제와 일본」,『충청학과 충청문화』11, 충청남
　　도역사문화연구원.

河上邦彦, 2000, 「일본 전방후원분과 횡혈식 석실」,『백제연구』31, 충남대
　　학교 백제연구소.

和田晴吾, 2002, 「일본열도의 주구묘」,『동아시아의 주구묘』, 호남고고학회.

兼康保明, 1997, 「近江の渡來文化」,『渡來人』, 大巧社.

京嶋覺, 1997, 「初期群集墳の形成過程-河內長原古墳群の被葬者を求めて」,
　　『立命館大學考古學論集』.

桃崎祐輔, 1993, 「古墳に伴う牛馬貢獻の檢討」,『古文化談叢』31.

桃崎祐輔, 1993, 「古墳に伴う牛馬貢獻の檢討」,『古文化談叢』31.

森本 徹, 2010, 「一須賀古墳群の終焉」,『官報』13, 近つ飛鳥博物館.

上林史郎, 2002,「一須賀古墳群の形成-Ⅰ支群を中心にして」,『大阪文化財論集Ⅱ』, 大阪文化財センタ.

西谷正, 1983,「伽倻地域と北部九州」,『大宰府古文化論叢』(上), 吉川弘文館.

松井章・神谷正弘, 1994,「古代の朝鮮半島および日本列島における馬の殉殺について」,『考古學雜誌』80-1.

伊藤勇輔, 1981,「寺口和田古墳群發掘調查概報」,『奈良縣遺蹟調查概報1979年度』.

土生田純之, 1985,「古墳出土の須惠器(1)」,『末永先生米壽記念獻呈論文集』, 刊行委員會.

坂靖, 2010,「葛城の渡來人」,『研究紀要』15, (財)由良大和古代文化研究會.

河上邦彦・楠元哲夫, 1978,「新壓町笛吹古墳群試掘調查慨報」,『奈良縣遺蹟調查慨報1977年度』.

花田勝廣, 2005,「畿內の渡來人とその課題」,『第8回九州前方後圓墳研究會資料集』.

〈그림 출전〉

〈그림 2〉奈良縣立橿原考古學硏究所付屬博物館 2004
〈그림 3〉福岡市立歷史資料館 1986
〈그림 5, 7, 8〉近つ飛鳥博物館 2007
〈그림 10〉近つ飛鳥博物館 2011

일본 기나이지역 마한·백제 관련 주거지

임동중 _ 국립아시아문화전당

1. 머리말

기나이(畿内)지역은 수도 주변을 가리키는 말로, 지금의 교토부(京都府) 남부, 나라현(奈良県), 오사카부(大阪府) 남동·남서·북부, 효고현(兵庫県) 일대를 말한다. 이 지역은 고대부터 사회·경제·문화적 중심지였으며, 현재는 교토와 오사카 등 일본의 주요 도시들이 위치해 있다. 지금까지도 많은 역사적 유적과 문화재가 남아 있으며, 왕인과 관련된 유적도 다수 있다.

또한 이 지역은 고대부터 마한·백제지역과 활발한 문화교류가 있었던 것으로 보인다. 이 글에서도 다룰 벽주건물을 비롯하여, 석실묘, 토기 가마, 마한·백제계 토기 등은 두 지역의 교류가 단순히 일회성 교역이 아닌 지속적인 교류였음을 보여주며, 심지어 이주도 있었음을 보여준다.

이 글에서는 고대 일본 기나이지역에서 확인되는 마한·백제 주거에 대해서 간략히 정리하고, 이를 통해 기나이지역과 마한·백제지역과의 교류 관계, 그리고 그 의미에 대해서 살펴보고자 한다. 먼저 기나이지역을 포함한 서일본지역의 주거 양상에 대해서 간략하게 살펴보고, 기나이지역에서 조사된 마한·백제 관련 주요 취락 유적을 소개하고자 한다. 그 다음으로는 마한·백제와 기나이지역 마한·백제 관련 주거 비교를 통해 두 지역 간의 교류 관계에 대해서 살펴보고자 한다.

2. 기나이지역 고훈시대古墳時代 주거

일본은 고훈시대에 들어서면서 사회·문화 전반에서 변화가 발생하였다. 특히 고훈시대는 '古墳'시대라는 명칭으로 불릴 만큼 묘제에서 중요한 변화가 발생하였다. 이에 못지않게 주거 역시 평면형태, 내부 구조의 변화가 일어났다. 야요이시대(彌生時代) 주거지는 평면 원형계이거나, 장방형에 모서리가 둥근 말각형이 주로 확인되며, 대부분 중앙에 화덕 시설을 갖춘 구조였다. 고훈시대에 들어서 점차 정방형화되며 사주식주거가 확인된다. 부뚜막은 고훈시대 전기에 일부 유적에서 확인되며, 5세기 중엽 이후에 본격적으로 주거 한쪽 벽에 부뚜막을 설치하는 것이 일반화되기 시작하였다. 또한 야요이시대 말기에는 환호취락이 특징인 반면, 고훈시대는 구로 구획된 주거와 창고를 배치하는 양상이 확인된다. 이와 함께 주거의 규모에서 계층의 변화를 확인할 수 있다.

고훈시대 주거 형태는 나라현 사미다타카라즈카(佐味田宝塚) 고분에서 출토된 가옥문경(家屋文鏡)을 통해서 파악할 수 있다. 가옥문경에는 4가지 종류의 건물이 새겨져 있는데, 한 채는 수혈식의 주거 형태, 한 채는 평지가 바닥인 평지식 건물, 나머지 두 채는 지상식의 건물이 표현되어 있다.[1] 특히 지상식 형태의 건물 중 한 채는 계단과 울타리가 있어 다른 기능을 가졌음을 알 수 있다.

〈그림 1〉 나라현에서 출토된 가옥문경

왕인박사 시기의 한·일 교류 고고학

가옥문경과 발굴조사 자료를 통해서 고훈시대 주거는 크게 수혈식 주거, 평지식의 벽주건물, 고상식의 지상건물 등 3가지 유형으로 구분할 수 있다. 수혈식 주거는 죠몽시대(繩文時大)부터 사용된 주거 형태로, 초기에는 야요이시대와 같은 원형계에서 모서리가 둥근 말각방형으로 이후에는 정방형화되며, 점차 규모가 커지는 추세를 보인다. 내부에서는 4개의 중심 주공이 확인되는 사주식주거가 확인된다. 또한 벽을 따라 벽구 시설도 확인된다. 4세기 무렵 부뚜막 시설이 확인된 이래 5세기 중엽 이후에는 부뚜막이 본격적으로 성행하게 된다. 평지식 건물인 벽주건물은 '대벽건물'이라고도 불리는데, 5세기 이후에 기나이지역을 중심으로 확인되는 유형이다. 벽에 있는 기둥이 상부구조의 하중을 떠받치는 구조로, 주로 상위계층이 거주하였던 것으로 보인다. 고상식의 지상건물은 '굴립주건물'이라고도 불리는데, 죠몽시대부터 확인되며, 형태와 규모에 따라 차이는 있으나, 주로 창고로 사용되었던 것으로 보인다.

3. 기나이지역 마한·백제 관련 주요 취락 유적

1) 시토미야기타蔀屋北 유적[2]

시토미야기타 유적은 오사카부 시조나와테시(四條畷市) 일대에 위치하고 있다. 유적 서쪽에 흐르는 네야강(寢屋川)의 지천인 오카베강(岡部川) 주위에 형성된 자연제방 상에 입지한다. 고훈시대 5세기 중후반을 중심으로 5세기~6세기에 점유되었다. 유적에서는 수혈주거지, 벽주건물지, 지상건물지, 우물지, 다수의 수혈과 구 등이 조사되었다.

수혈주거지의 평면형태는 방형이나 장방형이며, 내부에서 사주공이 확

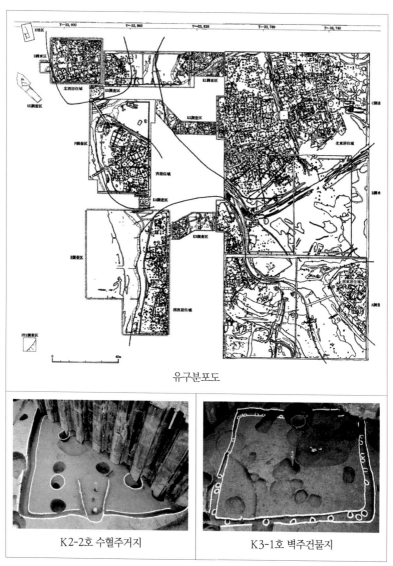

유구분포도

| K2-2호 수혈주거지 | K3-1호 벽주건물지 |

〈그림 2〉 시토미야기타 유적 유구분포도와 주요 유구

인되고 흙으로 만든 부뚜막이 한쪽 벽에 붙어서 확인되는 것도 있다. 주거지 내부에서는 벽구(壁構)가 확인되기도 한다. 5세기 중엽에 가장 많이 확인되며, 6세기 전반이 되면 감소했다가 이후 다시 증가한다. 5세기 중엽에 북동구역에서는 대형(40~50㎡)의 주거지가 확인되며, 6세기 후반이 되면 서쪽구역에서 초대형(50㎡ 이상) 주거지가 확인되고 있어 시기에 따른 변화가 보인다.

벽주건물지는 1기가 확인되었다. 크기는 3.4m×4.1m 정도 크기로 평면 방형이다. 벽구는 0.1~0.24m 정도의 폭에 깊이 0.1m의 벽구 내에서 직경 0.1m의 주공이 다수 확인되었다. 시기는 5세기 후반에 해당한다.

지상건물지는 5세기 중엽에 나타나 점차 증가하며 6세기 후반에 가장 많이 확인된다. 이와 함께 말을 매장한 수혈과 제염토기가 대량으로 폐기된 수혈이 확인되었다. 말을 매장한 수혈은 남서구역에서 여러 기가 조사되었는데, 말의 머리만 일부 남아있는 것도 있지만, 말의 전신 골격이 출토된 수혈도 확인되었다.

2) 나가하라長原 유적[3)]

나가하라 유적은 오사카부 오사카시 남부에 위치한다. 유적은 200여 기 이상의 고분이 확인된 나가하라고분 유적을 중심으로 동편과 서편으로 구분된다. 동편 취락은 5세기 전반~중반, 서편 취락은 5세기 후반~6세기 전반에 점유되었던 것으로 보인다.

유적에서는 수혈주거지, 지상건물지, 벽주건물지, 우물, 구상유구, 말을 매납했던 것으로 보이는 수혈 등이 확인되었다. 수혈주거지는 평면 방형으로 부뚜막이 확인되었으며, 주로 5세기 무렵에 점유된 것으로 추정된다. 벽주건물지는 벽구가 없이 주공열만 확인되었다.

3) 모리가이토森垣外 유적[4)]

모리가이토 유적은 교토부 사가라군(相樂郡) 세카정(精華町) 모리가이토에 위치한다. 유적은 남동에서 북동으로 형성된 완만한 경사지에 입지하며, 유적 오른편에는 기츠(Kizu)강이 흐르고 있다. 유적에서는 수혈주거지, 벽주건물지, 지상건물지, 수혈 등이 확인되었다.

유적에서 확인되는 사주식주거지는 평면 방형으로 일부 주거지에서는 한쪽에 돌출부가 확인되었다. 18호 주거지의 경우 평면 방형으로 한 변이

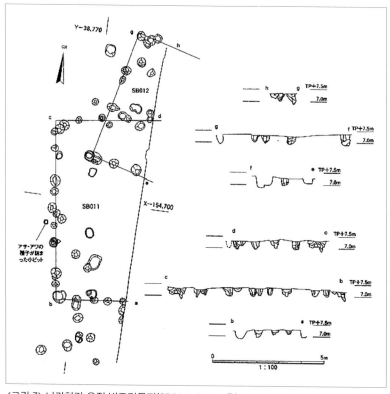

〈그림 3〉 나가하라 유적 벽주건물지(SB011 · SB012호)

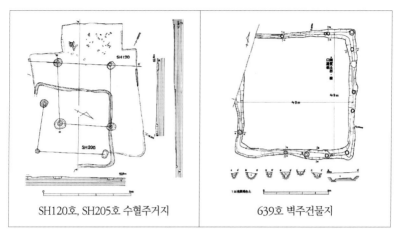

| SH120호, SH205호 수혈주거지 | 639호 벽주건물지 |

<그림 4> 모리가이토 유적 수혈주거지와 벽주건물지

약 6.5m이며, 주거지 내부에 4개의 주공과 벽구 시설이 확인되었다. 120호 주거지는 남북 6×6m 규모이며, 경사지 상단인 남서쪽 중앙에 폭 3.4m 정도의 직사각형 돌출부가 확인되었다. 취사난방의 흔적은 확인되지 않았으며, 주거 확장 공간으로 보인다.

벽주건물지는 3기(143호, 585호, 639호)가 확인되었다. 639호 벽주건물지는 한 벽이 약 9m 규모의 평면 방형형태이다. 벽구에는 주공이 균일한 간격으로 파여져 있다. 남벽에서 동쪽으로 치우쳐 2개의 주공이 깊게 파여 있어 문 또는 다른 무거운 시설이 있었을 것으로 추정된다. 보고자는 유구의 용도는 주거지로 보이지만 저장고로서의 용도로도 추정하였다.

4) 간가쿠지観覚寺 유적[5]

간가쿠지 유적은 나라현 다카이치군(高市郡) 다카토리정(高取町) 간가쿠지에 위치한다. 유적은 5세기 후반에서 6세기대에 걸쳐 점유된 취락유적이다.

유적에서는 수혈주거지, 지상건물지, 벽주건물지, 우물지, 수혈 등이 조사되었다. 벽주건물지 중 1호 건물지는 동서 7.6m, 남북 8.8m의 장방형이며, 벽구에는 직경 0.15~0.2m의 주공이 다수 확인되었다. 온돌은 북벽의 중앙에서 약간 동쪽으로 치우친 곳에서 남북 0.8m, 동서 0.5m 말각방형의 수혈 내에 천석과 점토로 만든 연소부가 확인되었다.

5) 난고南鄕 유적군[6]

난고 유적군은 나라현 고세시(御所市) 가츠라기(葛城)지역에 위치한다. 난고, 시모차야(下茶屋), 고쿠라쿠지(極樂寺)에 걸쳐 넓은 범위에 형성된 유적군으로 5세기를 중심으로 4세기~6세기에 점유된 유적이다. 유적에서는

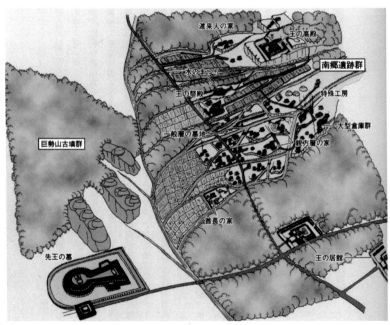

〈그림 5〉 난고 유적군 복원도

수혈주거지, 벽주건물지, 지상건물지 등이 조사되었는데, 공간을 구획하여 사용한 모습이 확인되었다. 지배층의 처소, 중앙은 벽주건물과 지상가옥으로 이루어진 중간층의 거주구역, 그 주위에 수혈주거지 위주의 일반층 거주구역, 창고군, 공방으로 이루어진 구역, 그리고 도수 시설로 이루어진 제사구역이 배치되어 있는 형태이다. 특히 4개의 기둥이 확인된 방형의 사주식주거지와 벽에 주기둥이 있는 벽주건물지가 확인된다는 점이 주목된다.

6) 아노우穴太 유적[7]

아노우 유적은 시가현 오오츠시(大津市) 일대에 위치한다. 유적은 5세기 말부터 7세기 초까지 점유된 취락유적이다. 유적에서는 대벽건물지 28기, 초석건물지 2기 등이 조사되었다. 특히 조사구역 중 제2유구면에서 온돌시설이 확인되었다. 온돌시설은 약 4m 가량 남아있는데, 아궁이, 연소실(燃燒室), 연도(燃道)로 구성되어 있다. 현재는 오오츠시역사박물관 앞으로 이전 복원되어 있다.

〈그림 6〉 아노우 유적 부뚜막시설

4. 기나이지역 마한·백제 관련 주거를 통해 본 교류관계

일본열도의 고훈시대와 동일한 시기에 한반도의 마한·백제지역에서는 다양한 형태의 주거가 시기와 지역에 따라 조금씩 차이를 보이며 확인된다. 경기지역 백제 한성기에는 여·철(呂·凸)자형의 주거 형태가 다수 확인되고, 부여·공주를 중심으로 한 충청지역에서는 벽에 주공이 확인되는 벽주건물이 확인된다. 전라도지역을 중심으로는 평면 방형의 수혈주거 내부에 4개의 중심주공이 확인되는 사주식주거가 확인된다.

고훈시대 기나이지역에서는 수혈주거, 벽주건물 등이 확인된다. 수혈주거에서는 부뚜막을 갖춘 사주식주거가 점차 확인되기 시작하며, 5세기에 들어서면서 벽주건물이 확인된다.

특히 기나이지역에서 확인되는 부뚜막 시설과 사주식주거, 벽주건물은 마한·백제지역와 매우 유사하고, 출토유물 역시 마한·백제계 유물이 다수 출토되고 있어 양 지역 간의 교류를 확인할 수 있다.

1) 부뚜막 시설과 사주식주거

부뚜막 시설은 3세기 후반 북부 규슈에서 처음 확인되었지만, 이후 일본 전역으로 보급되는 양상은 확인되지 않다가 5~6세기경에 일본 전역으로 보급·확산되며, 특히 6세기경이 되면 급격히 확산되는 경향이 두드러진다.[8] 5세기경부터 확인되는 주거지 내에 부뚜막과 연도를 설치하는 방식은, 기존의 모닥불 형식의 노지를 설치하는 취사·난방방식보다 우수한 취사·난방상의 열효율을 기대할 수 있는 점에서 기존보다 획기적이라고 할 수 있다.[9]

사주식주거는 야요이시대 후기 서일본에서 확인되어, 고훈시대 전기 일

<그림 7> 강진 양유동 유적 1호 주거지

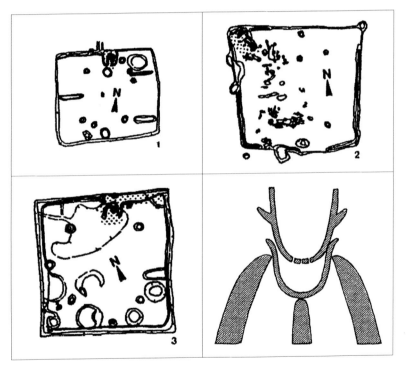

<그림 8> 이케노구치 유적 주거지 내에 보이는 부뚜막 시설 구축의 세가지 유형 및 시루와
옹을 이용한 부뚜막 취사 단면 모식도

본 전역으로 확산되며, 고훈시대 중기 후반 이후에는 부뚜막을 설치한 사주식주거가 일반화된다. 기존의 일본 사주식주거와 마한계 사주식주거를 구분하기란 사실상 어렵지만, 고분 중기 후반 일본에서 확인되는 부뚜막 시설은 한반도의 영향으로 보고 있으며,[10] 이러한 부뚜막 시설이 확인되는 사주식주거 역시 마한·백제의 영향으로 보인다.

특히 부뚜막의 재료는 점토가 많고, 솥받침으로는 심발형토기나 옹을 쓰는 경우가 많으며, 마한·백제지역에서 충청·전라지역이 부뚜막을 점토로 사용한다는 점[11]과 사주식주거가 주로 확인된다는 점에서 기나이지역을 포함한 일본열도에서 부뚜막 시설과 사주식주거의 확산은 충청·전라지역과 관련되었을 가능성이 높다.[12]

2) 벽주건물

벽주건물은 지붕과 같은 상부 구조물의 하중을 벽체를 구성하는 기둥으로 지지하게 하는 지상식 건물이다. 한반도에서는 1996년 공주 정지산 유적에서 처음 조사되었으며, 이후 부여, 익산, 순천 등 각지에서 확인되고 있다. 벽주건물은 백제 웅진·사비기를 대표하는 건물인데, 한성기 후반부터 나타나기 시작하여 웅진·사비기에는 본격적으로 나타나 주류가 되고 있다.[13]

벽주건물은 평면 방형 또는 장방형 형태이며, 한쪽 중앙부에 출입구가 있다. 기둥을 촘촘히 세워 벽 역할을 하도록 하거나, 중심기둥을 세우고 그 사이에 벽 역할을 하는 기둥 또는 벽체를 사용하였다. 내부 시설로는 부뚜막과 온돌이 있다. 이외에도 배수구와 건물 외부의 울타리 역할을 하는 목책 열이 확인된다. 지붕은 내부의 기둥 배치에 따라 맞배지붕이나 우진각지붕 또는 사모지붕의 형태였을 것으로 보인다.

〈그림 9〉 공주 정지산 유적 1호 벽주건물지

〈그림 10〉 부여 동남리 202-1유적 1·2호 벽주건물지

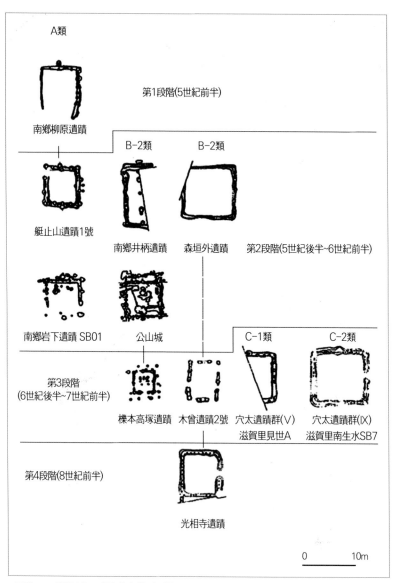

A類

第1段階(5世紀前半)

南鄕柳原遺蹟

艇止山遺蹟1號

B-2類

南鄕井柄遺蹟

B-2類

森垣外遺蹟   第2段階(5世紀後半~6世紀前半)

南鄕岩下遺蹟 SB01   公山城

第3段階
(6世紀後半~7世紀前半)

櫟本高塚遺蹟   木曾遺蹟2號

C-1類

穴太遺蹟群(Ⅴ)
滋賀里見世A

C-2類

穴太遺蹟群(Ⅸ)
滋賀里南生水SB7

第4段階(8世紀前半)

光相寺遺蹟

0   10m

〈그림 11〉 일본 벽주건물지의 형식변천

벽주건물의 기능은 일괄적으로 단정하기는 어렵지만 대부분 내부 출토 유물이 장란형토기, 호형토기 등 실생활용품이라는 점으로 보았을 때 주거 용으로 보인다.

평면형태와 주공의 배치에 따라 일부는 한 마을 혹은 소집단 단위에 설 치되는 공공시설물, 국가시설물 등으로 사용된 것으로 보인다.[14]

일본에서 벽주건물은 1971년에 처음 발견된 이래 교토, 나라, 오사카 등 기나이지역을 중심으로 5세기 이후부터 확인된다. 일본에서 확인되는 벽주건물은 크게 3가지 유형으로 나눌 수 있다. 주주(主柱)가 벽구 안팎으 로 돌출하고 간격을 두고 배치되며, 간주(間柱)가 벽구 안에 밀집해서 배치 되는 등 2~3중의 주열에 의해 구성되는 유형(A류), 주주와 간주의 구별이 있지만 한줄로 주열이 구성되고 주주는 간격을 두고 배치되며 그 사이에 간주가 설치된 유형(B류), 주주와 간주의 구별이 있지만 한줄로 주열이 구 성되며 B류와는 다르게 주주와 간주의 구별이 명료하지 않고 배치가 일정 하지 않는 유형(C류)으로 나눌 수 있다. 이러한 벽주건물지는 5세기 전반에 A류가 등장하고, 5세기 후반~6세기 전반 B류가 나타나며, 6세기 후반~7세 기 전반에는 A류가 사라지고 C류가 나타난다.[15]

이러한 벽주건물은 예외 없이 백제계 인물과 관련된 전승이 있거나 실 제로 백제계 유물이 출토되며,[16] 한반도에서 벽주건물의 분포는 백제권역 에 국한되어 있으며, 일본에서 벽주 건물은 기나이와 그 주변 지역에 집중 되어 있어 백제와 일본 기나이지역 간 인적교류의 흔적으로 보고 있다.[17] 또한, 이러한 벽주건물은 백제지역에서 발생하여 일본 열도로 전래되었을 것으로 보고 있다.[18] 이러한 점을 통해 백제계 이주민이 5세기 이후, 6~7세 기까지 간헐적으로 일본열도에 이주하였음을 알 수 있다.[19]

5. 맺음말

지금까지 일본열도 기나이지역과 한반도 마한과 백제지역 관련 주거에 대해서 살펴보았다. 마한과 백제지역에는 방형의 수혈주거가 전지역에서 확인되고 있으며, 이와 함께 경기지역을 중심으로 여·철자형 주거가, 충청지역을 중심으로 벽주건물이, 전라도지역을 중심으로 사주식주거가 다수 확인되고 있다. 이 시기 일본열도 역시 기존 원형계 수혈주거에서 방형계 수혈주거로 변화가 이루어진다. 특히 마한과 백제의 영향을 받았을 것으로 보이는 부뚜막 시설이 5세기에 접어들면서 일본 전역으로 확산되는 양상을 보이는데, 이러한 부뚜막 시설은 당시 전라·충청지역과 관련되었을 것으로 보인다. 또한, 5세기에 접어들면서 기나이지역을 중심으로 확인되는 벽주건물은 형태와 시기적으로 보았을 때 부여·공주지역의 백제와 관련성이 높은 것으로 보인다. 이러한 유구가 확인된 유적에서는 다량의 마한·백제계 유물도 출토되고 있어 양 지역 간의 교류가 활발하였음을 보여준다.

〈주석〉

1) 澤村仁, 1986, 「日本における佛教建築の受入れについて」, 『韓國史論16: 古代韓·日關係史』, 국사편찬위원회.

2) 大阪府教育委員會, 2009, 『蔀屋北遺蹟Ⅰ』; 2011, 『蔀屋北遺蹟Ⅱ』.

3) 大阪市文化財協會, 2005, 『長原遺跡發掘調査報告XII』.

4) 京都府埋蔵文化財調査研究センター, 1997, 「8. 森垣外遺跡第1次」, 『京都府遺跡調査概報(第77冊)』; 1999, 「1. 森垣外遺跡第2次」, 『京都府遺跡調査概報(第86冊)』; 2000, 「3. 森垣外遺跡第3次」, 『京都府遺跡調査概報(第91冊)』; 2001, 「3. 森垣外遺跡第4·5次」, 『京都府遺跡調査概報(第96冊)』.

5) 高取町教育委員會, 2014, 『観覚寺遺跡発掘調査報告書Ⅴ』.

6) 奈良県立橿原考古学研究所, 1996, 『南郷遺跡群Ⅰ』; 1999, 『南郷遺跡群Ⅱ』.

7) 滋賀縣教育委員會, 1997, 『穴太遺跡發堀調査報告書Ⅱ』, 財團法人滋賀縣文化財保護協會.

8) 우재병, 2006, 「5~6세기 백제 주거·난방·묘제문화의 왜국 전파와 그 배경」, 『한국사학보』 23, 고려사학회.

9) 우재병, 2005, 「5세기경 일본열도 주거양식에 보이는 한반도계 취사·난방시스템의 보급과 그 배경」, 『백제연구』 41, 충남대학교 백제연구소.

10) 重藤輝行, 2013, 「古墳時代の4本主柱竪穴住居と渡来人–北部九州を事例として–」, 『주거의 고고학』(제37회 한국고고학전국대회 자료집), 한국고고학회.

11) 이흥종, 1993, 「부뚜막시설의 등장과 지역상」, 『영남고고학보』 12, 영남고고학회.

12) 권오영, 2007, 「주거구조와 취사문화를 통해 본 백제계 이주민의 일본 기내지역 정착과 그 의미」, 『한국상고사학보』 56, 한국상고사학회.

13) 서현주·이솔언, 2021, 「백제 사비도성 일대 고분의 분포양상과 의미」, 『한국상고사학보』 114, 한국상고사학회.

14) 심삼육, 2015, 「부여지역 벽주(대벽)건물」, 『건물지로 본 사비고고학』, 서경문화사.

15) 靑柳泰介, 2002, 「「大壁建物」考 韓日關係의 具體像 構築을 위한 一 試論」, 『백제연구』 35, 충남대학교 백제연구소.

16) 권오영, 2007, 「주거구조와 취사문화를 통해 본 백제계 이주민의 일본 기내지역 정착과 그 의미」, 『한국상고사학보』 56, 한국상고사학회.

17) 우재병, 2006, 「5~6세기 백제 주거·난방·묘제문화의 왜국 전파와 그 배경」, 『한국사학보』 23, 고려사학회.

18) 권오영·이형원, 2006, 「삼국시대 벽주건물 연구」, 『한국고고학보』 60, 한국고고학회.

19) 권오영, 2008, 「벽주건물에 나타난 백제계 이주민의 일본 기내지역 정착」, 『한국고대사연구』 49, 한국고대사학회.

〈참고문헌〉

〈단행본〉

京都府埋蔵文化財調査研究センター, 1997, 「8. 森垣外遺跡第1次」, 『京都府遺跡調査概報(第77冊)』.

京都府埋蔵文化財調査研究センター, 1999, 「1. 森垣外遺跡第2次」, 『京都府遺跡調査概報(第86冊)』.

京都府埋蔵文化財調査研究センター, 2000, 「3. 森垣外遺跡第3次」, 『京都府遺跡調査概報(第91冊)』.

京都府埋蔵文化財調査研究センター, 2001, 「3. 森垣外遺跡第4·5次」, 『京都府遺跡調査概報(第96冊)』.

高取町教育委員會, 2014, 『観覚寺遺跡発掘調査報告書V』.

국립공주박물관, 1999, 『(백제의 제사유적) 정지산』.

奈良県立橿原考古学研究所, 1996, 『南郷遺跡群Ⅰ』.

奈良県立橿原考古学研究所, 1999, 『南郷遺跡群Ⅱ』.

大阪府教育委員會, 2009, 『蔀屋北遺蹟Ⅰ』.

大阪府教育委員會, 2011, 『蔀屋北遺蹟Ⅱ』.

大阪市文化財協會, 2005, 『長原遺跡發掘調査報告XII』.

심상육·이명호·이미현, 2014, 『부여동남리 202-1유적』, (재)부여군문화재보존센터.

安蒜政雄 外, 2007, 『住まいの考古學』, 学生社.

滋賀縣教育委員會, 1997, 『穴太遺跡發掘調査報告書Ⅱ』, 財團法人滋賀縣文化財保護協會.

財団法人大阪府文化財センター, 2008, 『茄子作遺跡』.

전남문화재연구원, 2006, 『강진 양유동 유적』.

坂靖·青柳泰介, 2011, 『葛城の王都·南郷遺跡群』, 新泉社.

〈논문〉

堀口捨己, 1948, 「佐味田の鏡 の家~の図について」, 『古美術(1948-9号)』.

권오영, 2007, 「주거구조와 취사문화를 통해 본 백제계 이주민의 일본 기
　　내지역 정착과 그 의미」, 『한국상고사학보』 56, 한국상고사학회.

권오영, 2008, 「벽주건물에 나타난 백제계 이주민의 일본 기내지역 정착」,
　　『한국고대사연구』 49, 한국고대사학회.

김현기·김상태, 2021, 「백제 웅진·사비기 벽주건물 복원 연구」, 『한국건축
　　역사학회 2021년도 춘계학술발표대회 논문집』.

서현주·이솔언, 2021, 「백제 사비도성 일대 고분의 분포양상과 의미」, 『한
　　국상고사학보』 114, 한국상고사학회.

심삼육, 2015, 「부여지역 벽주(대벽)건물」, 『건물지로 본 사비고고학』, 서경
　　문화사.

우재병, 2005, 「5세기경 일본열도 주거양식에 보이는 한반도계 취사·난방
　　시스템의 보급과 그 배경」, 『백제연구』 41, 충남대학교 백제연구소.

우재병, 2006, 「5~6세기 백제 주거·난방·묘제문화의 왜국 전파와 그 배
　　경」, 『한국사학보』 23, 고려사학회.

이홍종, 1993, 「부뚜막시설의 등장과 지역상」, 『영남고고학보』 12, 영남고
　　고학회.

重藤輝行, 2013, 「古墳時代の4本主柱竪穴住居と渡来人-北部九州を事例と
　　して-」, 『주거의 고고학』(제37회 한국고고학전국대회 자료집), 한국고
　　고학회.

靑柳泰介, 2002,「「대벽건물」고 -한일관계의 구체상 구축을 위한 일 시
론-」,『백제연구』35, 충남대학교 백제연구소.

澤村仁, 1986,「日本における佛敎建築の受人れについて」,『韓國史論16:
古代韓·日關係史』, 국사편찬위원회.

〈그림 출전〉

〈그림 1〉堀口捨己 1948; 安蒜政雄 外 2007에서 재인용
〈그림 5〉坂靖·青柳泰介 2011
〈그림 6〉오오츠시역시박물관 2011
〈그림 8〉우재병 2006
〈그림 11〉青柳泰介 2002

일본 기나이지역 마한·백제 관련 토기

서현주 _ 한국전통문화대학교

1. 머리말

마한·백제지역은 고대 일본과 교류가 활발하였고, 이에 따라 일본에서는 마한이나 백제 관련 자료들이 확인되고 있다. 일본 고훈시대(古墳時代)에 규슈(九州)뿐 아니라 기나이(畿內)지역에서도 관련 유구나 유물들이 확인되는데 그 양상이 차이가 난다.

이 글에서는 일본 기나이지역에서 보이는 마한·백제 관련 토기를 개관하고, 마한·백제 관련 토기를 정리한 후 이를 바탕으로 일본 기나이지역에 마한·백제 토기가 출토된 배경과 교류 양상을 살펴보고자 한다.

2. 마한·백제의 관련 토기 양상

일본 기나이지역에서 출토되는 한반도 관련 토기와 토제품은 크게 도질(경질)토기와 연질토기를 중심으로 하는 한식계토기(韓式系土器)로 나눌 수 있다. 도질토기는 대체로 회색계의 단단한 경질이며[1] 한반도에서 제작되어 유입된 것이 많고, 한식계토기는 기형이나 제작기법이 한반도 남부지역의 적갈색 연질토기와 비슷한 것으로 한반도에서 들어온 사람들이 일본 내에서 제작한 토기를 통칭하고 있다.[2]

그중 기나이지역에서 확인되는 마한·백제 관련 토기는 양이부호·개와 광구평저호, 완, 개배, 삼족배, 파배, 배부병, 단경호, 광구장경호, 심발형토기, 장란형토기(장동옹), 시루, 동이형토기, 토제연통, 토제아궁이틀 등으로 종류가 다양하다. 도질(경질)토기는 양이부호·개, 광구평저호, 완, 개배, 삼족배, 파배, 배부병, 병, 단경호, 광구장경호 등이고, 한식계토기와 관련되는 연질토기는 심발형토기, 장란형토기(장동옹), 시루, 동이형토기, 토제연통, 토제아궁이틀 등 취사용 토기이다.

양이부호·개는 귀가 가로로 달린 소형이나 중형의 토기로 대표적인 마한 토기이다. 이 토기는 호서와 호남지역에서 대체로 3~5세기에 사용되었는데 충남 서부지역에서 시작되었지만 4세기경에는 경질화되며 이 때부터 고창과 영산강유역, 보성강유역 등이 중심권역이 된 것으로 보고 있다(그림 1-1, 2).[3] 5세기대 양이부호는 원저인 것들이 많다. 광구평저호도 3~4세기대 호남지역의 고분에서 주로 보이는 토기이다.[4]

경질 완은 높이에 따라 발형과 배형으로 구분하는데, 4세기 이후에는 배형이 나타나며 5세기대에는 배형이 호서와 호남지역에서 주류를 이룬다. 배형 완 중에서 직립구연과 함께 외반구연의 완이 성행하는데 영산강유역권에서 상당히 성행하고 있다(그림 1-3~7).[5] 배부병은 주로 5세기대에 천안 용원리, 청원 주성리, 완주 상운리, 부안 죽막동, 고창 석교리와 봉덕 유적 등에서 출토된 바 있어서(그림 1-8)[6] 호서, 전북지역을 중심으로 성행했던 유물이다. 광구장경호도 5세기대 주로 호서와 전북지역을 중심으로 성행했던 유물이다.

도질(경질) 단경호 중 호남지역(주로 영산강유역) 출토품은 다른 지역에 비해 동체부가 옆으로 퍼진 구형이고 동체최대경이 상부에 있는 것이 많다(그림 1-9). 5세기를 전후하여 가야의 승문타날 단경호의 영향을 받아 저부가 원저에 가까우며 승문 타날 후 횡침선이 돌려진 것이 나타난다. 5세기 중엽의 단경호는 하부쪽이 좁아들면서 저부 중앙이 편평해지는 것들이 나타나기 시작하는데 타날문양은 (세)승문, 수직집선문, 격자문, 조족수직집선문 등이 확인된다. 6세기대에는 타날문양으로 변형조족수직집선문 등이 추가되기도 한다. 이에 비해 5세기대 청주 신봉동고분군 등 호서지역(경기 남부지역 포함)의 단경호는 동체부가 약간 긴 구형이며, 동체최대경은 중상이나 중부에 있고, 타날문양은 격자문, 수직집선문, 단선횡주수직집선문이 많은 편이며 일부 조족수직집선문도 포함되어 있다.[7]

한식계토기와 관련되는 연질토기인 심발형토기, 장란형토기(장동옹), 시루, 동이형토기 등은 마한·백제의 주거지에서 사용되던 취사용 토기로, 호서와 호남지역 토기는 외면에 격자문이 타날된 것이 많고 시루는 평저토기가 주류를 이룬다(그림 1-10). 토제연통과 토제아궁이틀도 취사·난방 시설과 관련되는 유물이다. 토제연통은 마한·백제의 주거지에서 부뚜막에 사용되던 유물로 주로 양쪽에 우각형파수나 고리파수가 달려 있다(그림 1-11, 12).[8] 토제아궁이틀은 4세기 후반부터 마한·백제 주거지에서 나타나는데, 부뚜막 아궁이앞에 부착했던 토제품이다. 형태에서 지역 차이가 나

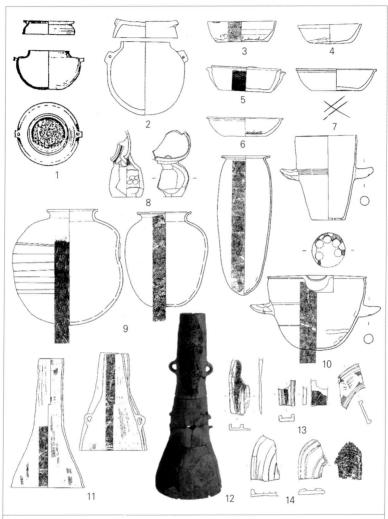

1. 고창 신월리 옹관묘, 2. 영암 만수리 2호분 1호 옹관묘, 3. 아산 갈매리유적 수로 D구간, 4. 장흥 상방촌B유적 15호-1토광묘, 5. 무안 양장리유적 94-2호 수혈, 6. 광주 향등유적 6호 주거지, 7. 나주 복암리3호분 분구성토층, 8. 고창 석교리유적 8호 주거지, 9. 영암 신연리 9호분 4호 목관묘, 10. 광주 선암동 Ⅲ아랫마을유적 47호·49호·79호 주거지, 11. 순천 덕암유적 176호·69호 주거지, 12. 광양 석정유적 14호 주거지, 13. 광주 동림동유적 Ⅲ 101호 동서구·Ⅲ105호 북동구, Ⅳ지표수습, 14. 나주 장등유적 8호 수혈

〈그림 1〉 마한·백제 관련 토기들

는데, 모서리가 각지고 앞면에 돌대가 없는 것은 서울·경기와 호서북부지역, 둥근 U자형이고 앞면에 내·외곽 돌대가 있는 것은 주로 호남지역에서 많이 확인된다(그림 1-13, 14).[9]

3. 마한·백제 관련 토기의 기나이지역 출토 양상

마한·백제 관련 토기와 토제품은 기나이지역 중 오사카(大阪) 남부와 중부 지역, 오사카 북부지역, 나라(奈良)지역 등의 취락이나 고분 등에서 출토되고, 특히 오사카 북부지역에 집중된다.

1) 도질(경질)토기

양이부호는 大阪府 四ツ池유적 제100지구 자연하천, 陶邑TK216호 요지, 大庭寺 1-OL 곡퇴적층 상층, 難波宮 難波宮 하층, 長原유적 84-25차 117호분, 大阪府立大手前高校지점 제7층, 一須賀古墳群 Ⅰ6호분(횡혈식석실묘), 和歌山縣 六十谷大同寺유적(채집) 등에서 출토되었고, 일부 유적에서는 양이부개도 함께 출토되었다(그림 2-1~7). 大阪府 久寶寺유적 24차 NR-31002 대하천, 久寶寺北유적 NR-5001 대하천, 小阪 C지구 하천1, 伏尾유적 제Ⅰ지구 1766-00 대형토광, 楠유적 Ⅰ區 구6 등에서는 양이부개가 출토되었다(그림 2-8~12). 일본 기나이지역의 양이부 호와 개는 5세기를 전후한 때부터 나타나고, 5세기 전반이나 중엽 자료가 많은 편이다. 기형이나 태토, 소성상태 등으로 보아 반입품도 있지만, 모방품들도 상당수 보인다. 양이부호 중 長原유적 출토품은 기형과 횡침선의 존재로 보아 호서지역의 한성기 단경소호에 가까운데 일본에서 제작된 것으로 추정된다.[10] 6세기 전반으로 보는 一須賀 Ⅰ6호분 출토품은 기형도 작아지고, 공반된 양이부 개도 상면이 불룩하고 귀도 상면에 있는 특이한 모습이어서 일본에서 변형 된 것으로 추정된다. 마한·백제지역에서의 분포 양상으로 보아 대체로 영 산강유역 양이부호와 관련되지만, 모방품의 경우 토기 형태 등으로 보아 호 서지역까지 관련되기도 한다. 그리고 광구평저호는 5세기 전반으로 추정한 大阪府 城山유적 6호분 주구에서 출토되었는데 호남지역에서 3~4세기대에 많이 보이는 마한 토기와 기형이 상당히 비슷하다.

완(배형)은 大阪府 大阪城蹟 곡지형 제5b층,[11] 大阪府 蔀屋北유적의 大溝 E0900001유구, 鎌田유적, 兵庫縣 龍野市 尾崎유적에서 외반구연 완이, 奈良 縣 明日香村 山田道유적 SD-2570 하천 상층과 大阪府 長原유적 YS92-18 SD-101 구상유구 등에서 직립구연 완이 출토되었다(그림 2-13~15). 이 유물들은 대체로 5세기 전반 또는 중엽 유물로 보고 있다.[12] 외반구연의 완 은 영산강유역과 관련될 가능성이 높은데 鎌田유적 출토품은 색조와 소성 상태로 보아 영산강유역[13]에서 반입된 것으로 추정된다. 長原유적 출토품 처럼 직립구연이지만 신부가 높은 편이고 벌어짐이 크지 않는 것은 아산 갈매리유적 등 경기남부와 호서북부 지역에서 확인된다. 따라서 완은 영산 강유역뿐 아니라 경기남부나 호서지역까지 관련되는 유물로 추정된다.

5세기 전반대에 속하는 초기 스에키(須惠器) 가마인 大阪府 陶邑 TG232 호 요지의 유공광구소호와 배신이 높은 평저배,[14] 이후 ON231호 요지의 유공장군,[15] 개배 중 TK73호 요지의 평저배, TK216호 요지의 개배 등은 기종으로 보아 영산강유역뿐 아니라 경기나 호서지역 등과 관련되는 것으 로 추정된다.[16] 유공광구소호 중 奈良縣 南鄕 大東유적 6tr. SX01 출토 유공 광구소호(원저)(그림 2-17)는 영산강유역 출토품과도 비슷하다. 완형의 사 족배가 5세기 전반으로 추정되는 大阪府 四ツ池유적 제100지구 구상유구

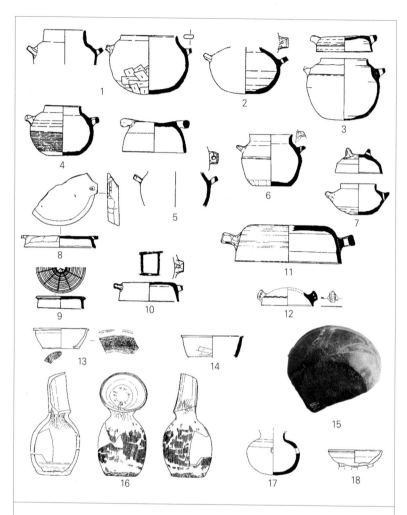

1·18. 大阪府 四ツ池유적, 2. 大阪府 陶邑 TK216호 요지, 3. 和歌山縣 六十谷大同寺유적 채집, 4. 大阪府 難波宮 하층, 5. 大阪府 大庭寺유적 1-OL 곡퇴적층 상층, 6. 大阪府 長原유적 84-25차 A지구 117호분, 7. 大阪府 一須賀고분군 Ⅰ-6호분, 8. 大阪府 久寶寺유적 24차 NR-31002 대하천, 9. 大阪府 久寶寺北유적 NR-5001 대하천, 10. 大阪府 小阪유적 C지구 하천, 11. 大阪府 伏尾유적 제Ⅰ지구 1766-00대형토광, 12. 大阪府 楠유적 Ⅰ區 구6, 13. 大阪府 大阪城蹟 곡지형 제5b층, 14. 大阪府 蔀屋北유적 大溝 E00900001, 15. 大阪府 鎌田유적, 16. 大阪府 鬼虎川 大溝, 17. 奈良縣 南鄉 大東유적 6tr. SXO1

〈그림 2〉 일본 출토 마한·백제 관련 토기1 : 도질(경질)토기

에서 출토되었는데(그림 2-18), 이러한 토기는 마한·백제지역 중 호서지역과 관련된다. 초기 스에키에는 가야계 토기가 주류이지만 영산강유역[17]을 포함한 마한·백제 관련 토기도 소수 보이며 점차 늘어나고 있다.

배부병은 5세기 후반으로 보는 大阪府 鬼虎川 大溝 출토품(2점)이 있는데(그림 2-16) 이는 마한·백제지역 중 호서나 전북지역과 관련되는 기종이다. 광구장경호는 大阪府 利倉西유적에서 출토되었는데 5세기를 전후한 시기의 금산, 대전, 논산 등 호서 내륙지역의 토기가 반입된 것으로 추정되고 있다.[18]

단경호는 도질(경질)이 많지만 연질토기도 보이며, 파편들을 포함하여 많은 자료들이 발견되고 있다. 그중에서도 완형을 중심으로 살펴보면, 단경호는 大阪府의 楠Ⅰ區 제5층, 木間池北方·城과 四條畷小學校內 유적, 部屋北유적, 利倉西 2區 南 구하도, 奈良縣의 南鄕유적군, 唐古·健 84차 ST-101 방분(주구), 中町西유적과 布留유적 仙之內지구 赤坂支群 14호분, 星塚 1호분(주구, 2점), 京都府의 中臣유적 79차 墓1, 森桓外유적의 토갱에서도 출토되었다(그림 3).

南鄕유적군 단경호는 연질토기가 많은 편인데 동체부 타날문양은 승문+횡침선, 단선횡주수직집선문, 격자문, 사격자문(하부) 등이 확인된다. 단경호 중에는 동체부가 옆으로 퍼진 구형도 있지만, 동체부가 약간 긴 구형이나 구경이 동체부에 비해 작은 것들이 확인된다. 部屋北유적 단경호 또한 1期(보고서 분기)에는 동최대경이 중하부쪽에 있으며 수직집선문 타날 후 횡침선을 돌린 것이 있고, 약간 늦은 시기부터는 동최대경이 상부쪽에 있고 저부 중앙이 편평하게 처리되거나 조족수직집선문을 타날한 것이 포함된다. 따라서 1期 자료는 마한·백제지역 중 호서지역 등과 관련되고, 다음 단계에는 영산강유역과 관련되는 자료가 포함되는 것으로 추정된다. 唐古·健

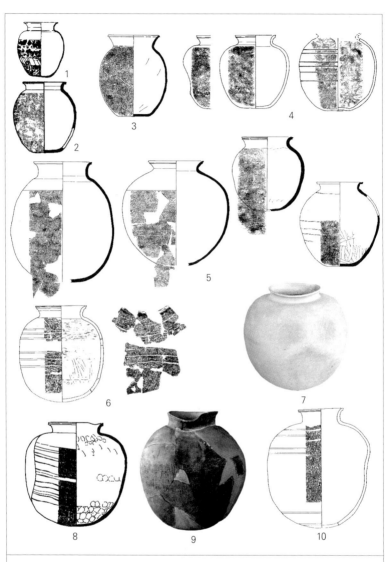

<그림 3> 일본 출토 마한 · 백제 관련 토기2 : 도질(경질)토기

1. 京都府 中臣 79차 墓1, 2. 奈良縣 唐古 · 健유적 방분, 3. 奈良縣 中町西유적, 4. 大阪府 木間池北方 · 城유적, 5. 大阪府 部屋北유적, 6. 大阪府 楠Ⅰ區 제5층, 7. 大阪府 四條畷小學校內유적, 8. 大阪府 利倉西유적, 9. 奈良縣 布留유적 仙之內지구 14호분, 10. 奈良縣 星塚 1호분

유적 출토품 또한 동체부가 약간 긴 구형이고 단선횡주수직집선문이 타날되어 청주 신봉동고분군 출토 단경호들과 비슷한 모습이다.

中町西유적의 단경호도 동체부 형태가 비슷하며 수직집선문이 타날되었다. 그리고 木間池北方·城유적 단경호는 동체부에 승문이나 격자문 타날 후 횡침선을 돌린 것, 굵은 수직집선문을 타날한 것 등이 보이는데 대체로 동최대경이 상부에 있고 저부 중앙을 편평하게 처리한 것들이다. 四條畷小學校內 출토품은 동체부가 상당히 부풀어 구형에 가깝고, 소성시 눌린 부분도 확인되며 수직집선문 타날 후 횡침선을 돌리고 중부에서 넓은 횡침선도 확인된다. 利倉西유적 출토품도 비슷한 형태로 승문 타날 후 횡침선을 돌린 것이다. 楠유적 출토품은 동체부가 옆으로 퍼진 구형으로 추정되는데, 조족수직집선문 타날 후 횡침선을 돌린 것이다. 森桓外유적의 토갱에서는 세승문이 타날된 단경호가 출토되었다.

마한·백제 5~6세기 단경호의 지역별 양상을 참고하면, 南鄕유적, 唐古·健과 中町西 유적 출토품들은 호서지역 관련 토기로 추정된다. 楠유적과 木間池北方·城유적, 四條畷小學校內유적, 利倉西유적 출토품은 영산강유역 유물과 문양이나 형태, 색조나 소성상태 등에서 상당히 비슷한데, 그중에서도 四條畷小學校內유적, 利倉西유적 출토품은 5세기 전엽으로 추정되는 비교적 이른 자료들이다. 단경호 중에는 타날문양으로 변형조족수직집선문이 보이는 것들도 있다. 中臣유적(79차)墓1 출토품은 변형조족수직집선문(최하부 선이 4~6줄), 布留유적 仙之內지구 출토품은 변형조족수직집선문(조족문 상하에 횡선 1줄 추가)이 타날되었다. 星塚 1호분 출토품에도 布留유적 仙之內지구 출토품과 비슷한 문양이 타날되었는데, 1호분은 공반되는 스에키(陶邑TK43단계)로 보아 6세기 후반경[19]으로 보고 있다. 布留유적 仙之內지구와 星塚 1호분 출토품은 토기 형태나 문양으로 보아 6세기대까지 변형조족수직집선문이 주로 발견되는 영산강유역과 관련될 것으로 추정된다.

2) 취사용 토기와 관련 토제품

소위 한식계토기(그림 4)
라고 하는 마한·백제 관련 취
사용 토기와 관련 토제품은 5
세기대 奈良과 大阪의 여러 취
락유적들에서 출토되었는데,
奈良縣 南鄕유적군, 大阪府 蔀
屋北유적,[20] 木間池北方·城유
적,[21] 長原유적[22]이 대표적이
다.

〈그림 4〉 일본 출토 한식계토기

먼저 南鄕유적군은 고훈
시대 중기를 중심으로 중앙부
에 벽주건물지, 굴립건물지, 수혈주거지가 존재하는 중간층의 거주역이 있
고, 북부에 수혈주거지가 주로 보이는 일반층 거주역, 그리고 서단과 동단
에 철기 등 공방이 집중되는 생산구역이 분포하는 것으로 추정되고 있다.
남단에는 앞에서 언급한 도수시설을 포함한 제사구역이 형성되어 있다. 한
식계토기는 유적군의 남단에 위치한 大東유적과 동단에 위치한 下茶屋カマ
田유적을 중심으로 많이 출토되었는데, 심발형토기, 장동옹, 시루, 동이형
토기 등이 확인된다. 심발형토기는 격자문, 단선횡주(또는 조족) 수직집선
문이 타날되었고, 시루와 동이형토기, 장동옹은 주로 격자문과 수직집선문
등이 타날되었다. 장동옹은 장동형에 가까운 것이 확인된다. 시루는 대부분
평저이며 심발형과 동이형이 있다. 동이형토기는 파수와 주구가 확인되지

〈그림 5〉 奈良縣 南鄕유적군 출토 토기(한식계토기 등)

않는 것이다(그림 5, 6-상). 이 유적의 한식계토기는 동이형토기 형태, 시루 중 동이형토기의 존재, 타날문양 등으로 보아 대체로 호서지역과 관련되는 것으로 추정된다.

蔀屋北유적은 고훈시대의 수혈주거지, 굴립주건물지, 벽주건물지(1기), 우물, 다수의 토갱과 구, 주구묘(2기) 등이 확인된 대규모 취락이다. 유적의 시기는 대체로 5세기~6세기 후반에 해당되며, 보고서에서는 공반되는 스에키에 따라 5기로 구분하고 있다.[23] 토갱은 말을 매장하거나 매납한 것이 많으며, 목제윤등과 칠이 된 안장, 철제 표비 등 마구, 말 사육에 꼭 필요한 소금을 만드는 제염토기가 많이 출토되었다. 표비는 유환의 존재와 전체적인 형태에서 청주 신봉동고분군 마구와 비슷하여 백제에서의 반입품 또는 이를 모방한 것으로 보고 있다.[24] 그리고 우물의 우물틀에도 배의 부재가 이용되기도 하였는데, 배는 준구조선으로 추정되었다. 이 유적은 가와치호(河內湖)에 인접한 입지와 규모, 말 관련 유구와 유물, 도질토기와 한식계토

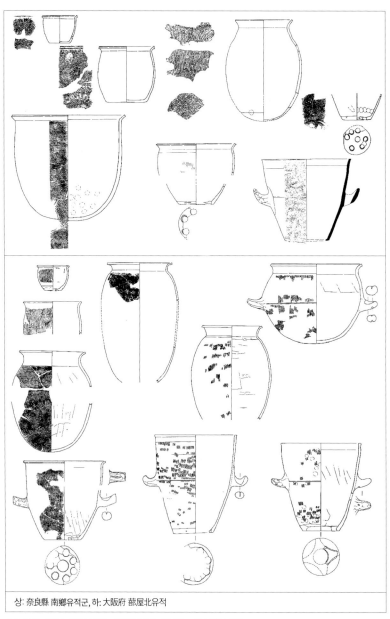

상: 奈良縣 南鄕유적군, 하: 大阪府 蔀屋北유적

〈그림 6〉 일본 출토 마한·백제 관련 토기3 : 취사용 토기

왕인박사 시기의 한·일 교류 고고학

기(토제품 포함) 등으로 보아 백제의 이주민 집단이 유입된 말 사육 기술자의 취락이자 거점취락으로 보고 있다. 인근의 長保寺유적 등도 말뼈, 제염토기, 한식계토기, 배의 부재 등이 확인되며, 이 일대의 다른 유적들에서도 말과 관련되는 유구나 유물이 확인되고 있다. 따라서 이 유적들이 포함된 오사카북부의 四條畷市 전역과 寝屋川市 남부 일대에는 고훈시대 중기에서 후기에 걸쳐 말의 사육장이 있었을 것이며, 구체적으로는 『日本書紀』에 기록된 가와치(河內)의 말 목장으로 추정하고 있다.[25)26)]

한식계토기는 특히 남서거주역에 많은 편이며, 도질토기들과 함께 대체로 5세기대에 속하는 것으로 보고되었다. 한식계토기는 격자문, 조족과 다선횡주 수직집선문, 승문 등이 타날된 심발형토기, 장동옹(장동형, 장란형), 평저시루(동이형, 심발형), 동이형토기, 토제아궁이틀 등이다(그림 6-하). 1期(보고서 분기)에는 장동형의 장란형토기, 동이형의 시루 등이 보이지만 2期부터 장란형의 장란형토기, 심발형 시루, 동이형토기 등이 나타나는 변화가 나타난다. 3期가 되면 대체로 한식계토기는 타날문양도 수직집선문이 타날되거나 약하게 남아있고 태토에 있어서도 가까운 이코마산(生駒山) 서록의 흙을 이용하는 변화가 나타난다. 토제아궁이틀은 90% 이상이 3期에 출토되며 4期에는 수량이 격감하고 있다. 4期부터는 한식계토기의 일부 기종이 사라지거나 줄어들면서 하지키(土師器)화되고 있다. 전달린 장동옹(羽釜)와 이동식부뚜막도 4期부터 나타난다. 따라서 1期에는 시루 형태 등으로 보아 호서지역과 관련되며, 2期부터는 심발형 시루와 장란형의 장동옹으로 보아 보고서에 지적된 것처럼 영산강유역과 관련되는 것으로 추정된다. 그리고 3期에 나타나는 변화 양상은 2期에서 이어지는 것이지만 이 지역에서의 정형화가 이루어진 것으로 볼 수 있는데 후술하겠지만 토제아궁이틀로 본다면 영산강유역과 관련되는 것으로 추정된다.

大阪府 木間池北方·城유적도 마한·백제 관련 한식계토기가 많이 출토되었다. 고훈시대 유구는 중기~후기에 해당하는데, 중기의 고분이나 구하천 수습품 등에서 도질토기와 함께 한식계토기가 확인된다. 한식계토기는 심발형토기나 장동옹, 동이형토기, 시루, 전달린 장동옹(羽釜), 장고형토제품 등이 출토되었다. 심발형토기나 장동옹, 동이형토기의 타날문양은 대체로 격자문, 수직집선문 등이 확인되었다. 장동옹은 대부분 장란형이고, 시루는 모두 심발형으로 격자문, 수직집선문 등이 타날되었다. 시루공은 중앙과 가장자리 모두 중원공인 것이 확인되었다. 이 유적의 한식계토기는 타날문양 중 격자문이 많은 점이나 장동옹과 시루의 형태로 보아 영산강유역과 관련되는 것으로 추정된다.

大阪府 長原유적도 고훈시대 취락과 고분이 조사된 유적이다. 유적 내에서 한식계토기가 가장 집중된 곳은 동북지구이며, 공반유물로 보아 5세기 전엽~중엽으로 추정하고 있다. 한식계토기는 심발형토기, 장동옹, 동이형토기, 시루 등이 출토되었고, 이동식부뚜막도 소수 보인다.[27] 심발형토기는 평저이며 격자문, 수직집선문이 타날된 것이 많다. 장동옹은 장란형과 장동형이 보이는데, 승문, 격자문, 수직집선문, 조족수직집선문 등이 타날되었다. 시루는 모두 평저로 심발형과 동이형이 있고, 수직집선문, 승문, 조족수직집선문 등이 타날되었다. 동이형토기는 파수가 달린 주구토기로, 수직집선문, 조족수직집선문 등이 타날되었다. 이 유적의 한식계토기는 타날문양 중 상대적으로 격자문이 많지 않은 편이고, 시루는 동이형, 장동옹은 폭이 약간 넓은 장동형이 포함되어 있어서 호서와 호남지역, 특히 호서지역과 관련이 많았던 것으로 추정된다.

그리고 기나이지역에서는 한식계토기와 함께 취사·난방시설과 관련되는 유물로 토제연통과 아궁이틀이 출토되었다. 기나이지역의 4~5세기대 토제연통은 2가지로 구분된다. 먼저 4세기 전엽으로 보는 大阪府 利倉西유적 포함층에서 출토된 유물은 시기와 함께 1단부 위에 턱이 있는 형태여서 愛媛縣이나 鳥取縣 출토품들과 연결된다.

大阪府 伏尾유적 A지구 구280(그림 7, 8-1)과 B지구 구08, 楠유적 토갱2(그림 8-2) 출토품은 긴 원통형이며, 楠유적 출토품처럼 양쪽에 고리파수가 세로로 길게 달린 것도 있다. 이러한 토제연통은 5세기대 자료로, 형태나 파수 형태에서 순천

〈그림 7〉大阪府 伏尾유적 출토 토제연통

대곡리와 덕암동 유적, 고흥 방사유적 등 4~5세기대의 한반도 서남해안지역 토제연통과 통한다. 토제아궁이틀은 현재까지 일본에서 기나이지역에서만 출토되는데 한반도와 달리 주거지 내부가 아닌 구상유구 등에서 주로 출토되었다.

그리고 奈良縣 南鄕유적군의 茶屋カマ田 SX02 수혈 출토품(그림 8-3)은 2단으로 조합된 것으로, 1단부와 2단부의 상부쪽에 돌대를 붙여 턱을 만들고 있으며 1단부의 하부쪽에 우각형파수가 달려 있다. 高市郡 高取町 イノヲク 12호분 출토품은 상부에서 하부로 갈수록 벌어져 내려가는 원통형으로 전체적으로 폭이 넓은 편이다. 2단부와의 조합 여부는 불분명하며 하부쪽에 우각형파수가 달린 것이다. 奈良縣 桜井市 城島 수혈에서도 이와 비슷한 유물이 출토되었다. 茶屋カマ田유적 출토품은 일괄 폐기된 유물로 보아 6세기 후반, イノヲク 고분 출토품은 관으로 이용된 것으로 추정하며 6세기 중엽경으로 보고 있다.[28] 비교적 잔존상태가 양호한 茶屋カマ田 출

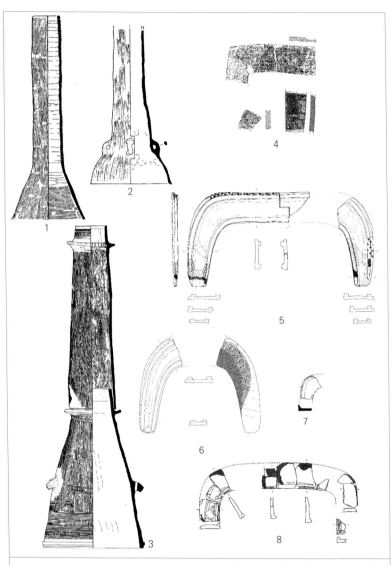

1. 大阪府 伏尾유적 A지구 구280, 2. 大阪府 楠유적 토갱2, 3. 奈良縣 南鄕 茶屋 カマ田유적 SX02수혈, 4. 大阪府 陶邑 ON231호 요지, 5. 大阪府 部屋北유적, 6. 大阪府 長保寺유적, 7. 大阪府 溝咋유적, 8. 大阪府 池島·福万寺유적

〈그림 8〉 일본 출토 마한·백제 관련 토기4 : 취사용 관련 토제품

토품은 돌대로 턱을 만든 점에서 일본에서 변형된 것으로 추정되지만, 1단부의 전체적인 형태나 우각형파수는 앞에서 언급한 호남지역 자료와 관련될 가능성이 크다.[29]

토제아궁이틀은 大阪府 蔀屋北유적 출토품(그림 8-5)이 대표적이며, 인근의 長保寺유적과 高宮八丁유적, 溝咋유적에서도 출토되었고(그림 8-6,7), 陶邑 ON231호 요지(그림 8-4), 小阪合유적, 池島·福万寺유적(그림 8-8), 一須賀古墳群 등에서 출토되었다. 奈良縣 中町西유적에서도 파편 2점이 출토되었다.[30]

마한·백제 자료와 비교하면서 시기적인 양상을 살펴보면, 가장 이른 단계(5세기 전반)에 陶邑ON231호 요지에서 보이는 A1식은 모서리가 각진 형태와 돌대가 없는 점에서 서울·경기지역, 진천 산수리 토기요지 등 호서 북부지역 자료와 관련된다. 그리고 小阪合유적 등 여러 유적에서 확인되는 돌대가 내·외곽 중 한쪽만 있는 B1식은 진천 산수리 토기요지 등에서 확인되므로 호서지역과 관련될 가능성이 크다. 小阪合유적에서는 돌대가 내·외곽 중 한쪽만 있고 중간 돌대 장식으로 X형이 조합된 B2-1식도 확인되는데 진천 송두리유적(중간 돌대 장식 산형) 등에 비슷한 유물이 있다. 5세기 중엽~후반에는 B2-2식이나 B1식이 中町西, 蔀屋北, 長保寺 유적에서 확인되는데 돌대 형식과 함께 전체적으로 모서리가 둥근 U자형이 많고 돌대가 뚜렷하게 만들어진 점에서 영산강유역을 중심으로 하는 호남지역 자료와 관련되는 것으로 추정된다.

특히 현재까지 가장 많이 확인된 蔀屋北유적에서는 A1식, B1식, 내·외곽 돌대 중 한쪽만 있는 B1식 등 다양한 형식들이 비슷한 시기에 확인된다. 따라서 蔀屋北유적 등에서 주류를 이루는 B1식은 수량도 많고 정형화되는 점에서 5세기 후반대 大阪북부지역의 대표적인 아궁이틀 형식으로 보아도 좋을 듯하다. 내·외곽 돌대 중 한쪽만 있는 B1식 중 돌대를 접어서 만든 것 또한 이 지역에서 주로 보이는 것이다. 大阪북부지역의 B1식과 비슷한 형식이 광주, 나주 등 영산강상류지역을 중심으로 발견되는 점[31]에서 토제아궁이틀은 오사카북부지역과 영산강유역의 관계를 단적으로 보여주는 유물이라 할 수 있을 것이다.[32]

4. 마한·백제 관련 토기의 기나이지역 출토 의미

기나이지역의 마한과 백제 관련 토기는 5세기를 전후하여 나타나기 시작하여 5~6세기 전반에 걸쳐 나타난다. 먼저 마한계 토기인 양이부호와 토제연통은 5세기대 한반도에서 보이는 토기이다. 특히, 취사와 관련되는 연질토기인 한식계토기도 여러 지역에서 성행하다가 점차 일본 고훈시대의 연질토기인 하지키화되고 있다. 기나이지역에서도 토제연통, 토제아궁이틀과 같은 취사·난방시설과 관련되는 특징적인 유물이 포함되고 있다. 완, 광구장경호, 삼족배(완형), 배부병, 단경호, 개배 등의 도질토기는 주로 5세기대 호서와 호남지역의 토기가 주류를 이룬다. 도질토기는 반입된 것으로 볼 수 있는 것도 있지만 제작기법을 약간 달리하는 부분도 있어 일본에서 제작된 것들도 상당수 보인다. 이 유물들은 기종이나 제작기법에서 호서와 호남지역의 이주민들에 의해 반입되거나 일본에서 제작되었던 것으로 추정된다.

그리고 연질의 한식계토기도 심발형토기, 장동옹(장란형토기), 시루, 동이형토기 등의 취사용 토기들로, 기종 구성이나 형식, 타날문양(수직집선문계, 격자문) 등에서 호서나 호남지역의 유물 모습이 잘 나타난다. 이 토기들은 6세기대가 되면 점차 사라지거나 일본 내에서 지역화가 이루어지면서 점차 하지키화가 이루어진다. 그 과정에서 한반도와는 다른 형식의 유물이 성행하기도 하는데, 과도기적인 유물이 蔀屋北유적에서 많이 출토되는 B1식의 토제아궁이틀, 그 이후의 전 달린 장동옹(羽釜)와 이동식부뚜막 등이다. 5세기 전반에는 백제계 마구도 보이는데 비교적 실용적인 것이다.

그리고 5세기 후엽~6세기대에는 이러한 토기들과 함께 최고의 위계를 갖는 고분 부장품이 추가되고 있다. 대형 전방후원분 등 각지의 위계 높은 고분에서는 장신구, 장식 대도나 마구, 중국계 동경이나 동제품 등이 출토되어 무령왕릉을 포함한 백제 최고 위계의 유물이 출토된다. 초기에는 백제 유물과 매우 흡사한 반입품, 거의 흡사한 것이 나타나다가 점차 변형되면서 일본 내에서 정착되고 있다. 이는 아마도 백제와의 교섭을 통해, 또는 기술이 전수되어 만들어진 것으로 볼 수 있다. 영산강유역에 백제계 장신구들이 나타나면서부터는 나주 복암리 3호분 등 영산강유역에서 출토된 장신구들과 계보 관계를 추정할 수 있는 것들[33)]도 확인된다. 이러한 고분의 피장자는 大阪府 高井田山고분의 횡혈식석실묘처럼 피장자가 백제에서 들어온 사람인 경우도 일부 있겠지만, 전방후원분이나 석관 등의 고분 구조로 보아 대부분 백제와 관련을 맺었던 일본 내 지역세력일 것이다.

그런데 공반되는 마한·백제 관련 토기는 고분의 경우 백제 중앙과 관련되는 자료도 있지만 특히, 영산강유역의 자료가 많은 편이며, 이러한 유물들은 6세기대까지도 이어진다. 기종은 단경호가 많은 편이다. 소형의 고분들(주구 포함)에서는 마한·백제 관련 토기만이 출토되는 경우가 있다. 비슷한 시기의 대형 고분에서 금속 유물과 공반되는 토기와 기종이나 계통에서 별 차이가 없어서 이러한 고분은 마한·백제계 이주민과 관련될 것으로 추정된다.

특히, 5세기대 기나이지역의 상황을 보면, 이른 시기에는 경기남부와 호서, 호남지역과 관련되는 유물 양상도 나타나고, 점차 영산강유역과 관련되는 토기들이 많아지는 분위기이다. 6세기 전반 또는 중엽의 단경호는 거의 영산강유역과 관련된다. 5세기 후반부터 상대적으로 적지만 백제 중앙과 관련되는 기종도 늘어난다. 이러한 변화를 잘 보여주는 곳이 大阪府 蔀屋北유적이다. 이 유적은 도질토기, 한식계토기, 표비 등의 백제 관련 유물로 보아 5세기 전엽에는 호서지역, 5세기 중엽 이후부터 영산강유역이 주로 관련되고 있어서 동일 유적에서 시기에 따라 관련 지역이 약간 달라지는 모습을 보여준다.

5세기대에는 벽주건물지들이 奈良과 大阪의 여러 유적들에서 확인된다. 奈良縣 南鄕유적군의 柳原, 井柄, 岩下 유적 등에서 5세기 전반부터 6세기 전반에 해당하는 벽주건물지가 1~2기씩 발견되었다. 大阪府 長原유적에서도 SB011 건물지 등 주구없이 소주공이 방형으로 배치된 벽주건물지가 확인되고 있다. 奈良縣 蔀屋北유적에서 5세기 중엽으로 추정(보고서 分期 2期)되는 1기(남서거주역의 K3-1건물지), 奈良縣 淸水谷유적과 京都府 森桓外유적에서 5세기 후반으로 추정되는 각각 3기의 벽주건물지가 확인되었다. 이 유적들의 벽주건물지는 주구 내 소주공이 있는 것이다. 이 시기에 森桓外유적은 철기 공방, 말 사육 거점으로 한반도(백제) 이주민이 관여한 것으로 보고 있다.[34]

그리고 5세기대 奈良縣 南鄕유적군의 大東유적에서 확인된 導水시설이나 大阪府 蔀屋北유적의 말 사육장도 백제와 관련되는 것으로 보고 있다. 大東유적의 도수시설은 자연 수로를 여과하는 목통과 상부 건축물로 이루어진 물 제사 장소로 추정하는데 광주 동림동유적의 100호 구 내부에서 발견된 목통(木槽)과 관련시키고 있다.[35] 蔀屋北유적의 말 사육장 또한 백제계 마구와 토기, 토제품이 출토되어 백제와 관련되는 것으로 보고 있다. 특히, 이 유적들에서는 한식계토기도 많이 출토된다.

좀 더 구체적인 연구가 이루어지면서 일본 내 마한·백제 관련 문물의 지역적인 분포 차이에 대한 문제도 언급되고 있다. 5세기대 기나이지역에서는 벽주건물지와 토제아궁이틀이 함께 확인되지 않는다고 지적[36]하였는데, 영산강유역은 전형적인 벽주건물지가 그다지 보이지 않고, 토제아궁이틀은 풍납토성을 비롯하여 백제 전역에서 나오지만 영산강유역에서 상당히 늦게까지 성행한 유물이기 때문이다.

어쨌든 토제아궁이틀 등이 성행하는 오사카 북부지역은 영산강유역 출신 주민들의 이주와 정착을 잘 보여주는 것은 분명한데, 木間池北方·城유적 등 인근에서도 영산강유역 관련 도질토기와 한식계토기 등이 많이 보이는 점에서도 그러하다.[37] 일본에서 토제아궁이틀은 기나이지역에 집중되며, 아직까지 규슈나 그 외 지역의 5세기대 유적에서 보이지 않는다. 이 유물은 5세기 전반부터 나타나며 5세기 중엽 이후에는 영산강유역에서 성행하는 것과 비슷한 것이 보인다.

일본 기나이지역에서 토제아궁이틀이 성행하는 시기는 일본에서 지역화가 진전되면서부터이다. 한식계토기도 타날문양이 문질러 지워지고 태토 사용도 정형화되는 변화가 나타나기 때문이다. 따라서 일본 내 오사카 북부지역의 토제아궁이틀 성행은 5세기 후엽 마한·백제계 이주민의 정착화가 어느정도 진전되면서 나타난 현상이라고 추정된다.

5세기 후반대가 되면 동일 유적에서 벽주건물지와 토제아궁이틀이 함께 보이고, 규모가 크고 긴 시간동안 점유되었던 유적은 일정 지역이 우세하다가 점차 혼재하는 양상도 보여준다. 따라서 유적이나 지역에 따라 호서나 호남지역 등의 지역색이 뚜렷하기도 하여 이주 초기에는 지역집단끼리 일정 유적이나 지역에 정착했을 가능성도 있지만 점차 여러 지역 출신 이주민들이 혼재하면서 활동했던 것으로 추정된다.

역사시대의 유구와 유물 자료는 문헌에 기록된 당시 상황을 반영하기도 하고, 문헌기록으로 남겨지지 않은 당시 상황을 설명해주기도 한다. 이러한 문물 자료는 지역 간의 관계를 파악하는 데 상당히 유효한데, 외래계 자료에 대해서는 자료의 종류와 내용, 분포에 따라 해석상 차이가 난다. 그러나 교류나 교섭 등을 반영한 상황들이 모두 문물 자료로 확인되는 것은 아니고, 교류 유물 중에서도 주로 고분 출토 금속유물과 토기, 이주를 반영한 주거와 취사·난방시설 관련 자료만이 남겨지는 한계도 있다.

백제와 왜의 교류에서 상당한 변화가 나타나는 시기는 5세기경부터이다. 제작 시기와 일본으로의 유입 배경에 논란이 있는 자료이지만, 『日本書紀』神功紀 기록[38]과 칠지도 등으로 보아 백제와 왜의 교섭은 4세기 후반에는 시작되었을 가능성이 있다. 그런데 5세기대 백제와 왜의 교류는 이전에 비해 유구와 유물 자료로 확인되며 이주도 포함된다.[39] 특히, 5세기 전반부터 경기와 호서, 호남지역 사람들의 이주가 뚜렷한데 규모도 크고 일본에서도 기나이지역이 중심이 되고 있다. 이에 따라 5세기대 일본 내 마한·백제 관련 자료가 5세기 전반부터 시작되고 그 출신 지역이 여러 지역이었다는 것도 인정되고 있는 상황이다.

결국 5세기대부터 백제의 여러 지역 주민들이 기나이지역을 중심으로 집단적으로 이주한 계기를 무엇인지, 토기와 토제품 등으로 보아 호서나 호남 등 지역 이주민의 존재가 많이 확인되는 것은 어떻게 볼 것인지도 문제이다.

이에 대해 일본과 한국의 여러 연구자들은 백제와 고구려 사이에서 벌어진 군사적 긴장, 이후의 고구려에 의한 한성 함락이 결정적이었던 것으로 보고 있다. 이러한 맥락에서 고구려의 군사적 압박으로 인한 백제 중앙을 포함한 경기지역의 정치적 혼란은 많은 유이민을 양산하였고 이들의 움직임이 연쇄적인 이동을 일으켰으며 한성 함락에 의한 대규모의 주민 이동도 상정된다고 설명하고 있다.[40]

5세기 전반에 백제계 토기가 나타나지만 백제 중앙과 연결시킬 자료는 많지 않은 점에서 한반도 지역 세력들의 독자적인 교류 가능성에 무게를 두기도 하고, 5세기 중엽~후반에 규슈지역 등에 백제 중앙과 관련되는 토기가 늘어나는 상황은 한성백제의 멸망으로 많은 백제인들이 일본으로 도피해서 나타난 것으로 설명하기도 한다.[41]

물론 5세기대에 한성 함락에 따른 유이민의 이주도 있었겠지만, 이것이 5세기대 상황을 설명할 수 있는 결정적인 계기였는지는 의문이다. 만일 그렇다면 오히려 5세기 후반, 후엽에 이주와 관련되는 자료가 급격하게 늘어나야 하며, 이때 중앙이나 이와 가까운 사람들의 존재가 더욱 부각되어야 할 것이다. 고구려의 남침에 따른 정치적 혼란으로 인해 여러 지역의 백제인들이 일본으로 도피하였다면 중앙이 아닌 지방민의 이주가 더 많이 확인되는 상황이나 지방민 중에서도 영산강유역보다 호서지역 출신 사람들이 더 많지 않은 점은 잘 이해되지 않는다. 그리고 한성백제의 멸망으로 대규모 유민이 발생했을 것이라는 것은 개연성일 뿐 『삼국사기』나 『일본서기』 등의 문헌에서 관련 기록을 찾아볼 수 없다는 데서 다른 계기를 생각해야 할 것으로 판단된다.[42]

그런 점에서 일본 내에서 마한·백제계 이주민의 역할이 무엇이었는지가 중요한데, 5세기 전반부터 백제의 여러 지역 출신 사람들이 토기나 철기생산, 말 사육 등에 참여하면서 기술을 전수하고 있으며 규모도 큰 편이다. 따라서 그 배경에는 일본 기나이정권과 백제 중앙이 개입되어 있을 것으로 추정된다. 그 이전 단계부터 마한과 교류가 많았던 규슈나 주코쿠(中國)지역보다 오히려 기나이지역에 집중되고, 기나이지역에도 벽주건물지가 포함된 유적이 있는 점에서 백제 중앙과 무관한 것으로 보기 어렵다고 판단되기 때문이다.

그리고 『三國史記』와 『日本書紀』 등의 문헌기록에 의하면, 이 때부터 사람의 이동을 포함한 백제와 왜의 교류가 본격화되는데 백제 아신왕 6년(397) 왜국과 우호를 맺고 태자 腆支를 볼모로 파견했다는 『三國史記』 百濟本紀와 『日本書紀』 기사가 참고된다. 이후 기사들에도 왕족 등을 포함한 사람들이 일본으로 이동했거나 이주했던 것으로 추정된다.[43] 백제는 한성기에 고구려를 견제하기 위한 외교의 일환으로 왕족을 왜에 파견하고[44] 더불어 다양한 계층의 백제인들을 일본으로 보내게 되는데 이 중에는 여러 분야의 기술자 집단도 포함되었던 것으로 이해된다.[45] 즉, 백제 여러 지역 출신 이주민들이 생산과 사육 등의 기술자 집단이었을 가능성이 있다. 따라서 마한·백제계 토기나 토제품 등에 잘 반영된 5세기 이후의 호서, 호남지역과 일본 기나이지역의 관계는 독자적인 부분도 있었겠지만 백제 중앙과의 관련 속에서 이루어진 부분이 컸던 것으로 추정된다.

6세기를 전후한 시기부터 백제계 장신구 등의 금속유물이 일본 여러 지역의 대형 고분에서 출토되는 상황으로 보아 지역세력들과 백제는 어떠한 관계였을까? 일부 자료는 일본 기나이정권을 통해 분배되었을 수 있지만 금동 관모나 식리와 함께 백제계 토기들이 함께 보이는 점에서 일본의 각 지역세력이 직접 입수했을 가능성이 크다. 그런데 대형 고분 내 백제계 토기가 주로 지방 토기인 점에서 이는 백제와 왜의 여러 지역세력과의 교섭 과정에서 지방 출신 백제계 이주민이 상당한 역할을 했을 것으로 추정된다. 고분의 인근 취락에서 백제계 토기들이 나오기도 하는 점에서도 이주한 백제계 주민들의 역할을 추정해볼 수 있다.

그리고 5세기대 백제에도 왜계 토기나 금속유물뿐 아니라 고분이 나타 난다. 마지막으로 이러한 일본의 마한과 백제 관련 문물이 나타난 양상과 한반도에 왜계 문물에 나타난 상황을 연관시켜 설명해보고자 한다. 일본 내 3~4세기대 토제연통과 5세기대 토제아궁이틀의 출토 상황을 보면, 시기는 다르지만 양상은 비슷하다. 집중되는 지역이 있을 뿐 아니라 그 과정에서 일정 기간동안 일본 일부 지역에서 약간 변형되면서 지역화되고 성행하는 편이다. 그리고 이 유물이 가장 성행하는 시기는 유입되었을 때보다는 일본 에서 지역화가 되는 때이다. 지역화된 형식은 3~4세기 토제연통 중 2단 조 합(1단부 위에 턱 형성)된 것인데 한반도 3~5세기 토제연통에서 별로 보이 지 않고, 5세기 토제아궁이틀도 돌대가 2줄이 되는 B1식, 내외돌대가 1줄 이 되는 것은 백제보다 오히려 일본 기나이지역에서 성행하는 것이다. 蔀屋 北유적 일대처럼 좀더 늦게까지 한반도의 생활문화를 유지하고 지역화되 는 유물까지 만든다는 것은 이주의 규모가 컸거나 어느정도 위상이 있는 사람들이었을 가능성이 있다.

그런데 일본에서 지역화된 유물들은 백제와 다시 연관되는 모습을 보인 다. 토제연통은 광양 석정유적 14호 주거지 출토품 중에 2단으로 조합된 것 이 있고, 토제아궁이틀은 광주 동림동과 월전동 유적, 월계동 1호분, 나주 장등유적 등에서 일본에서 지역화된 돌대가 2줄이 되는 B1식이 출토된다. 그런데 이 형식들은 이 시기에 각각 백제에서 주류 형식이 아니라는 점[46]이 주목된다. 그리고 동일 유구나 유적에서 하지키계나 스에키계 토기들이 함 께 출토된다. 보통 일본에서 한식계토기는 이주 후 얼마 지나지 않아 사라 지는 데 비해 이 두 유물은 지역화된 형식 등을 통해 과도기적인 모습을 뚜 렷하게 보여준다. 이로보아 이 지역세력은 이주의 규모, 일본에서의 위상과 함께 거점취락으로서 한반도와 교류 등의 관계를 유지하고 있었던 것이 아닌가 상정된다.

한반도 서남해안지역과 영산강유역에서는 이러한 유물이 나타나는 즈음 각각 석곽묘(석관형), 장고분 등의 왜계 고분이 조영되기 시작한다. 따라서 이 자료들은 한반도의 왜계 고분 조영을 설명하는 데에도 어느정도 유용한 것으로 판단된다. 이에 대해 기존의 연구성과에서 다른 견해가 언급된 바 있다. 蕃屋北유적을 중심으로 나오는 토제아궁이틀로 보아 이 일대의 이주민 집단은 영산강유역에서 기원했을 것이고,[47] 더 나아가 광주 월계동 1호분(장고분) 출토품과의 유사성에서 영산강유역 전방후원분 피장자가 매개가 되어 이 일대에 이주민이 이입된 것으로 보고 있다.[48][49]

물론 백제의 서남해안과 영산강유역의 왜계 고분은 북부규슈지역 고분들과 비슷하므로 이 지역들과 직접 연결시키는 데 한계도 있지만, 시기와 지역, 유물 양상으로 보아 백제에서 이주했던 사람들이 한반도와 지속적으로 관계를 맺고 있었던 상황을 보여주는 점에서 5세기대 일본으로 이주해서 정착했던 백제계 이주민 집단의 역할이 백제의 관련 지역에 왜계 고분이 나타나게 하는 데에도 작용했음을 추정해볼 수 있다.[50]

5. 맺음말

일본 기나이지역에서 확인되는 마한·백제 관련 토기는 도질(경질)토기로 양이부호·개, 광구평저호, 완, 개배, 삼족배, 파배, 배부병, 병, 단경호, 광구장경호 등이 확인되고, 한식계토기와 관련되는 연질토기로 심발형토기, 장란형토기(장동옹), 시루, 동이형토기, 토제연통, 토제아궁이틀 등 취사용

토기가 확인된다.

이 토기들은 마한·백제지역 중 호서와 호남지역 자료가 많은 비중을 차지하며, 특히 영산강유역을 포함한 호남지역 자료가 많은 편이다. 일본에서 출토되는 마한·백제 관련 토기는 반입된 것도 있지만 일본에서 제작된 것도 있으며, 점차 변형되기도 한다. 이로 보아 백제와 왜의 교류는 5세기 전반부터 본격적으로 시작되었고 경기와 호서, 호남지역 사람들의 이주가 뚜렷한데 규모도 크고 일본에서도 기나이지역이 중심이 되었음을 알 수 있다. 그 계기에 대해서는 다양한 해석이 제시되고 있는데, 5세기 이후의 호서, 호남지역과 일본 기나이지역의 관계는 독자적인 부분도 있었겠지만 백제 중앙과의 관련 속에서 이루어진 부분이 컸던 것으로 추정된다.

이 글은 2011년 (사)왕인박사현창협회에 제출된 필자의 조사보고문(「日本 畿內地域 마한 관련 토기에 관한 연구」)을 보완한 것임.

〈주석〉

1) 주로 회색계 토기로 도질(경질)이지만, 연질토기도 포함되어 있다.

2) 서현주, 2012, 「일본 畿內지역 마한계 고고학 자료의 성격」, 『王仁博士 研究』, 전라남도·(사)왕인박사현창협회.

3) 金鍾萬, 1999, 「馬韓圈域出土 兩耳附壺 小考」, 『考古學誌』 10, 國立中央博物館.

4) 徐賢珠, 2006, 『榮山江 流域 古墳 土器 研究』, 學研文化社.

5) 徐賢珠, 2010, 「완형토기로 본 영산강유역과 백제」, 『湖南考古學報』 34, 湖南考古學會.

6) 박순발, 2006, 『백제토기 탐구』, 주류성.

7) 서현주, 2012, 「일본 畿內지역 마한계 고고학 자료의 성격」, 『王仁博士 研究』, 전라남도·(사)왕인박사현창협회.

8) 崔榮柱, 2009, 「三國時代 土製煙筒 研究 -韓半島와 日本列島를 中心으로-」, 『湖南考古學報』 31, 湖南考古學會.

9) 徐賢珠, 2003, 「三國時代 아궁이틀에 대한 考察」, 『韓國考古學報』 50, 韓國考古學會.

10) 土田純子, 2011, 「日本 出土 百濟(系)土器: 出現과 變遷」, 『百濟研究』 54, 忠南大學校 百濟研究所.

11) 寺井誠, 2002, 「第1節 韓國全羅南道に系譜が求められる土器について」, 『大坂城蹟V』, 大阪市文化財協會.

12) 土田純子, 2011, 「日本 出土 百濟(系)土器: 出現과 變遷」, 『百濟研究』 54, 忠南大學校 百濟研究所.

13) 朴天秀, 2005, 「日本列島における6世紀の榮山江流域産の土器が提起する諸問題」, 『待兼山考古學論集 -都出比呂志先生退任記念』.

14) 酒井清治, 2004, 「5·6세기 토기에서 본 羅州勢力」, 『百濟研究』 39, 忠南大學校 百濟研究所.

15) 서현주, 2011, 「백제의 유공광구소호와 장군」, 『유공광구소호 속에 숨은 의미와 지역성』, 국립광주박물관·(재)대한문화유산연구센터.

16) 스에키(須惠器) 유공광구소호와 유공장군의 기원 문제에 대해서는 여러 이견들이 있다.

17) 酒井清治, 2004, 「5·6세기 토기에서 본 羅州勢力」, 『百濟研究』 39, 忠南大學校 百濟研究所.

18) 成正鏞, 2008, 「近畿地域 出土 韓半島系 初期 馬具」, 『韓國古代史研究』 49, 韓國上古史學會.

19) 土田純子, 2011, 「日本 出土 百濟(系)土器: 出現과 變遷」, 『百濟研究』 54, 忠南大學校 百濟研究所.

20) 大阪府教育委員會, 2009, 『蔀屋北遺蹟Ⅰ』; 大阪府教育委員會, 2011, 『蔀屋北遺蹟Ⅱ』.

21) 四條畷市教育委員會, 2006, 『一般國道163號の廣幅工事に伴う發掘調査概要報告書』.

22) 大阪市文化財協會, 2006, 『長原遺蹟發掘調査報告ⅩⅤ』.

23) 보고서에서는 공반된 須惠器에 따라 1期: 5세기 전엽, 2期: 5세기 중엽, 3期: 5세기 후반, 5期: 6세기 후반경으로 보고 있다.

24) 宮崎泰史, 2010, 「키나이(畿內)에 정착한 백제계 馬飼집단 -오사카 시토미야기타유적(大阪 蔀屋北遺蹟)을 중심으로-」, 『馬韓·百濟 사람들의 일본열도의 이주와 교류』, 국립공주박물관·중앙문화재연구원·백제학회.

25) 蔀屋北유적은 河內湖에 가까운 입지와 함께 배의 부재들이 여러 유구에서 출토되는 점에서 배를 타고 온 말이 가장 먼저 육상하는 지점이었을 가능성이 제기되고 있다.

26) 大阪府教育委員會, 2009, 『蔀屋北遺蹟Ⅰ』.

27) 田中清美, 2010, 「長原遺蹟出土の韓式系土器」, 『韓式系土器研究』 ⅩⅠ, 韓式系土器研究會.

28) 木下亘, 2006, 「大和地域 出土 煙筒土器에 대하여」, 『釜山史學』 30, 釜山史學會.

29) 서현주, 2012, 「일본 畿內지역 마한계 고고학 자료의 성격」, 『王仁博士 研究』, 전라남도·(사)왕인박사현창협회.

30) 현재까지 내·외곽 돌대가 없는 것 중 중간 돌대 장식이 없는 A1식(陶邑 ON231호 요지), 내·외곽 돌대가 있는 것 중 중간 돌대 장식이 없는 B1식(中町西, 蔀屋北, 長保寺), 1줄의 중간 돌대 장식이 있는 B2-2식(中町西) 등이 출토되었다.

31) 서현주, 2011, 「3~5세기 금강유역권의 지역성과 확산」, 『湖南考古學報』 37, 호남고고학회.

32) 徐賢珠, 2003, 「三國時代 아궁이틀에 대한 考察」, 『韓國考古學報』 50, 韓國考古學會.

33) 김낙중, 2007, 「6세기 영산강유역의 장식대도와 왜」, 『영산강 유역 고대문화의 성립과 발전』, 학연문화사(국립나주문화재연구소 엮음).

34) 丸川義廣, 2005, 「山城の渡來人」, 『ヤマト王權と渡來人』, サンライズ出版; 權五榮, 2008, 「壁柱建物에 나타난 백제계 이주민의 일본 畿內지역 정착」, 『韓國古代史研究』 49, 韓國古代史學會.

35) 權五榮, 2008, 「壁柱建物에 나타난 백제계 이주민의 일본 畿內지역 정착」, 『韓國

古代史硏究』49, 韓國古代史學會.

36) 權五榮·李亨源, 2006, 「삼국시대 壁柱建物 연구」, 『韓國考古學報』 60, 韓國考古學會.

37) 徐賢珠, 2004, 「4~6世紀 百濟地域과 日本列島의 關係」, 『湖西考古學』 11, 湖西考古學會; 서현주, 2012, 「일본 畿內지역 마한계 고고학 자료의 성격」, 『王仁博士硏究』, 전라남도·(사)왕인박사현창협회.

38) 『日本書紀』 神功紀 46년(366) 백제 왕이 彩絹, 角弓箭, 鐵鋌 등을 주었다는 기사, 동 52년(372) 백제가 七枝刀와 七子鏡 등을 바쳤다는 기사가 있다.

39) 5세기대에는 한반도와 일본 사이에 이동과 정착이 이루어지며, 이들의 활동에 의해 일본 내 부뚜막 등 선진적인 취사·난방시스템이 보급, 확산되었다.
　禹在柄, 2005, 「5世紀頃 日本列島 住居樣式에 보이는 韓半島系 炊事·煖房시스템의 普及과 그 背景」, 『百濟硏究』 41, 忠南大學校 百濟硏究所.

40) 권오영, 2007, 「住居構造와 炊事文化를 통해 본 百濟系 移住民의 日本 畿內地域 정착과 그 의미」, 『韓國上古史學報』 56, 韓國上古史學會.

41) 土田純子, 2011, 「日本 出土 百濟(系)土器: 出現과 變遷」, 『百濟硏究』 54, 忠南大學校 百濟硏究所.

42) 徐賢珠, 2004, 「4~6世紀 百濟地域과 日本列島의 關係」, 『湖西考古學』 11, 湖西考古學會.

43) 아신왕 6년(397) 왜국과 우호를 맺고 태자 腆支를 볼모로 파견하였다는 『三國史記』 百濟本紀 기사(『日本書紀』 應神紀 8년조에도 기록)와 전지왕 5년(409), 동 14년(418)에 왜에 사신을 보냈다는 『三國史記』 百濟本紀 기사, 그리고 『日本書紀』에는 5세기 전반대로 추정되는 應神紀 14년 백제왕의 縫衣工女 헌상기사, 弓月君의 귀화전승, 동 15년 阿直伎와 王仁의 도왜기사 등 백제에서 보낸 인물들의 파견 기사가 있으며, 應神紀 39년(428년)에는 전지왕(直支王)이 그의 누이 新齊都媛을 7부녀와 함께 왜에 보냈다는 기사가 있다. 그리고 『日本書紀』 雄略紀 5년(461)에 蓋鹵王의 동생 昆支가 왜국에 파견하고 『三國史記』 百濟本紀 문주왕 3년(477)에 곤지를 내신좌평으로 삼고 있어서 곤지는 16년 동안 왜에서 장기체제하였던 것으로 보인다. 이 기간 동안 곤지는 왜와의 우호관계를 다지는 데 상당한 역할을 한 것으로 추정되고 있다.
　延敏洙, 2002, 「古代 韓日 外交史」, 『韓國古代史硏究』 27, 韓國古代史學會.

44) 延敏洙, 2002, 「古代 韓日 外交史」, 『韓國古代史硏究』 27, 韓國古代史學會.

45) 徐賢珠, 2004, 「4~6世紀 百濟地域과 日本列島의 關係」, 『湖西考古學』 11, 湖西考古學會.

46) 광양 석정 14호 주거지는 5세기 전반에 해당하며, 이 유구를 포함한 동일 단계의 주거지들에서 하지키계 고배도 공반된다. 4세기 후반으로 보는 앞 단계의 주거지에서도 토제연통이 출토되었는데 이는 이 지역에서 보통 나타나는 1단으로 된 것이다(대한문화재연구원, 2012, 『光陽 龍江里 石停遺蹟』). 따라서 14호 주거지 출토 2단의 토제연통은 격자문 타날, 종방향의 고리파수 등 토착적인 요소가 포함되어 있지만 이 지역에서 이례적인 유물이 아닌가 판단된다.

47) 權五榮·李亨源, 2006, 「삼국시대 壁柱建物 연구」, 『韓國考古學報』60, 韓國考古學會; 朴天秀, 2008, 「近畿地域 出土 三國時代 土器를 통해 본 韓·日關係」, 『韓國古代史研究』49, 韓國古代史學會.

48) 일본 내 영산강유역의 자료가 주로 6세기 초를 전후하여 나온다고 보는 점에서도 영산강유역의 전방후원분 피장자가 매개가 된 것으로 이해하였다. 그리고 일본 내 여러 지역의 말 사육집단이 영산강유역의 이주민에 의해 성립된 것으로 파악하였는데(朴天秀, 2008, 「近畿地域 出土 三國時代 土器를 통해 본 韓·日關係」, 『韓國古代史研究』49), 말 사육 집단은 경우 백제 내 관련 지역은 영산강유역뿐 아니라 호서지역(成正鏞, 2008, 「近畿地域 出土 韓半島系 初期 馬具」, 『韓國古代史研究』49, 韓國古代史學會)까지 좀더 넓게 상정할 수 있다.

49) 朴天秀, 2008, 「近畿地域 出土 三國時代 土器를 통해 본 韓·日關係」, 『韓國古代史研究』49, 韓國古代史學會.

50) 서현주, 2015, 「왜에 남겨진 백제 문물」, 『백제학연구총서 쟁점백제사6-한국사 속의 백제와 왜』, 한성백제박물관.

〈참고문헌〉

〈단행본〉

대한문화재연구원, 2012, 『光陽 龍江里 石停遺蹟』.

國立公州博物館, 2004, 『日本所在 百濟文化財 調査報告書Ⅳ』.

박순발, 2006, 『백제토기 탐구』, 주류성.

박광순·임영진·이준호·서현주·김경칠, 2011, 『日本 畿內地域 馬韓 관련 資料의 集成과 硏究』, (사)왕인박사현창협회·전라남도.

박천수, 2011, 『일본 속의 고대 한국문화』, 진인진.

徐賢珠, 2006, 『榮山江 流域 古墳 土器 硏究』, 學硏文化社.

奈良縣立橿原考古學硏究所, 1996, 『南鄕遺蹟群Ⅰ』.

奈良縣立橿原考古學硏究所, 1999, 『南鄕遺蹟群Ⅱ』.

奈良縣立橿原考古學硏究所, 2003, 『南鄕遺蹟群Ⅲ』.

奈良縣立橿原考古學硏究所, 2003, 『中町西遺蹟』.

大阪府敎育委員会, 2009, 『蔀屋北遺蹟Ⅰ』.

大阪府敎育委員会, 2011, 『蔀屋北遺蹟Ⅱ』.

大阪市文化財協会, 2006, 『長原遺蹟發掘調査報告ⅩⅤ』.

四條畷市敎育委員会, 2006, 『一般國道163號の廣幅工事に伴う發掘調査槪要報告書』.

天理市敎育委員会, 1990, 『星塚·小路遺蹟の調査』.

寢屋川市敎育委員会, 1993, 『長保寺遺蹟』.

寢屋川市敎育委員会, 2001, 『楠遺蹟Ⅱ』.

〈논문〉

宮崎泰史, 2010, 「키나이(畿內)에 정착한 백제계 馬飼집단 -오사카 시토미야 기타유적(大阪 蔀屋北遺蹟)을 중심으로-」, 『馬韓·百濟 사람들의 일본열도의 이주와 교류』, 국립공주박물관·중앙문화재연구원·백제학회.

권오영, 2007, 「住居構造와 炊事文化를 통해 본 百濟系 移住民의 日本 畿內地域 정착과 그 의미」, 『韓國上古史學報』 56, 韓國上古史學會.

權五榮, 2008, 「壁柱建物에 나타난 백제계 이주민의 일본 畿內지역 정착」, 『韓國古代史研究』 49, 韓國古代史學會.

權五榮·李亨源, 2006, 「삼국시대 壁柱建物 연구」, 『韓國考古學報』 60, 韓國考古學會.

金鍾萬, 1999, 「馬韓圈域出土 兩耳附壺 小考」, 『考古學誌』 10, 國立中央博物館.

吉井秀夫, 1999, 「일본 속의 백제」, 『백제』, 특별전 도록, 국립중앙박물관.

吉井秀夫, 2003, 「土器資料를 통해서 본 3~5세기 百濟와 倭의 交涉關係」, 『漢城期 百濟의 物流시스템과 對外交涉』, 한신대학교 학술원 제1회 국제학술대회.

김낙중, 2007, 「6세기 영산강유역의 장식대도와 왜」, 『영산강 유역 고대문화의 성립과 발전』, 학연문화사(국립나주문화재연구소 엮음).

김낙중, 2009, 「榮山江流域政治體와 百濟王權의 關係變化」, 『百濟研究』 50, 忠南大學校 百濟研究所.

김낙중, 2010, 「榮山江流域 古墳 出土 馬具 研究」, 『韓國上古史學報』 69, 韓國上古史學會.

木下亘, 2006, 「大和地域 出土 煙筒土器에 대하여」, 『釜山史學』 30, 釜山史學會.

朴天秀, 2008, 「近畿地域 出土 三國時代 土器를 통해 본 韓·日關係」, 『韓國古代史研究』 49, 韓國古代史學會.

徐賢珠, 2003, 「三國時代 아궁이틀에 대한 考察」, 『韓國考古學報』 50, 韓國考古學會.

徐賢珠, 2004, 「4~6世紀 百濟地域과 日本列島의 關係」, 『湖西考古學』 11, 湖西考古學會.

徐賢珠, 2010, 「완형토기로 본 영산강유역과 백제」, 『湖南考古學報』 34, 湖南考古學會.

서현주, 2011, 「3~5세기 금강유역권의 지역성과 확산」, 『湖南考古學報』 37, 湖南考古學會.

서현주, 2011, 「백제의 유공광구소호와 장군」, 『유공광구소호 속에 숨은 의미와 지역성』, 국립광주박물관·(재)대한문화유산연구센터.

서현주, 2012, 「일본 畿內지역 마한계 고고학 자료의 성격」, 『王仁博士 硏究』, 전라남도·(사)왕인박사현창협회.

서현주, 2015, 「왜에 남겨진 백제 문물」, 『백제학연구총서 쟁점백제사6-한국사 속의 백제와 왜』, 한성백제박물관.

成正鏞, 2008, 「近畿地域 出土 韓半島系 初期 馬具」, 『韓國古代史硏究』 49, 韓國古代史學會.

연민수, 1998, 「제2장. 5세기 후반 백제와 왜국」, 『고대한일관계사』, 혜안.

延敏洙, 2002, 「古代 韓日 外交史」, 『韓國古代史硏究』 27.

禹在柄, 2005, 「5世紀頃 日本列島 住居樣式에 보이는 韓半島系 炊事·煖房시스템의 普及과 그 背景」, 『百濟硏究』 41, 忠南大學校 百濟硏究所.

임영진, 2014, 「영산강유역권 왜계고분의 피장자와 '임나일본부'」, 『지역과 역사』 35, 부경역사연구소.

임영진, 2017, 「전남 해안도서지역의 왜계고분과 倭5王의 중국 견사」, 『百濟文化』 56, 公州大學校 百濟文化硏究所.

定森秀夫, 2008, 「愛媛縣 出土 陶質土器(1)-2 百濟系 陶質土器」, 『한국의 고고
학』 9, 주류성.

酒井淸治, 2004, 「5·6세기 토기에서 본 羅州勢力」, 『百濟硏究』 39, 忠南大學
校 百濟硏究所.

靑柳泰介, 2002, 「大壁建物考」, 『百濟硏究』 35, 忠南大學校 百濟硏究所.

崔榮柱, 2009, 「三國時代 土製煙筒 硏究 -韓半島와 日本列島를 中心으로-」,
『湖南考古學報』 31, 湖南考古學會.

土田純子, 2011, 「日本 出土 百濟(系)土器: 出現과 變遷」, 『百濟硏究』 54, 忠南
大學校 百濟硏究所.

坂靖, 2010, 「고고자료로 본 백제와 일본 -생산공인의 교류-」, 『충청학과
충청문화』 11, 충청남도역사문화연구원.

岡戶哲紀, 1991, 「陶邑·伏尾遺蹟の檢討」, 『韓式系土器硏究』 Ⅲ, 韓式系土器硏
究会.

金鍾萬, 2008, 「日本出土百濟系土器の硏究」, 『朝鮮古代硏究』 9, 朝鮮古代硏究
刊行会.

朴天秀, 2005, 「日本列島における6世紀の榮山江流域産の土器が提起する
諸問題」, 『待兼山考古學論集 -都出比呂志先生退任記念』.

白井克也, 2001, 「百濟土器·馬韓土器と倭」, 『檢證 古代の河內と百濟』, 枚方歷
史フォーラム實行委員会.

濱田延充, 2001, 「「用途不明板狀土製品」について」, 『韓式系土器硏究』 Ⅶ, 韓
式系土器硏究会.

寺井誠, 2002, 「第1節 韓國全羅南道に系譜が求められる土器について」,
『大坂城蹟Ⅴ』, 大阪市文化財協会.

寺井誠, 2006, 「長原117號墳出土の兩付短頸壺について」, 『長原遺蹟發掘調

査報告ⅩⅤ』, 大阪市文化財協会.

林永珍, 2001, 「百濟の成長と馬韓勢力、そして倭」, 『檢證 古代の河内と百濟』, 枚方歴史フォーラム實行委員会.

田中清美, 2010, 「長原遺蹟出土の韓式系土器」, 『韓式系土器研究』ⅩⅠ, 韓式系土器研究会.

畑暢子, 2008, 「池島・福万寺遺蹟出土 Ｕ字形板狀土製品」, 『大阪文化財研究』33, 大阪府文化財センター.

丸川義廣, 2005, 「山城の渡來人」, 『ヤマト王權と渡來人』, サンライズ出版.

〈그림 출전〉

〈그림 4〉 大阪歷史博物館 전시실 2008
〈그림 5〉 橿原考古學硏究所 附屬博物館 전시실 2008
〈그림 7〉 大阪府立近つ飛鳥博物館 전시실 2008

고대 마한·백제지역과 기나이지역의 토기가마

이정민 _ 전남대학교박물관

1. 머리말

토기(土器)는 흙으로 형태를 빚어 불로 구운 용기이다. 잘 알려져 있듯이 토기는 신석기시대에 농경이 시작되면서 등장하여 인류의 가장 보편적인 생활용기로 사용되어 왔다. 생활용기는 흙으로 형태를 빚어 구워지는 온도에 따라 토기·도기(陶器)·자기(磁器) 등으로 구분되며, 그 재료가 나무 혹은 금속으로도 바뀌기도 하지만 인류의 생활과 뗄레야 뗄 수 없는 것으로 선사시대에서부터 현재까지 사용되고 있다. 이렇듯 토기는 인류의 역사 속에서 큰 의미를 지니고 있다. 그렇다면 생활용기로서 사용되는 토기는 형태를 만드는 것만으로 의미가 있는 것일까. 토기의 형태를 만드는 것은 물론 중요하지만 그것을 실생활에서 사용할 수 있도록 하는 것은 바로 "불로 구운" 특징이다. 토기나 자기, 기와 등 흙으로 빚은 것들을 구워내는 장소가 바로 "가마"이다. 청자나 백자를 구워내면 청자가마 혹은 백자가마, 기와를 구워내면 기와가마가 되듯이 토기를 구워내는 곳이 바로 토기가마이다.

토기가 신석기시대에 등장하였으니 상식적으로 생각해볼 때 그 토기를 구워낸 가마 역시 신석기시대부터 있어야 한다. 그러나 한반도에서 토기가마는 기원후 3세기 무렵부터 등장한 것으로 보는 것이 일반적이다. 그렇다면 신석기시대부터 기원후 3세기 무렵까지 토기는 어디에서 구워낸 것일까? 우리가 일반적으로 머릿속에 떠올리는 가마는 불의 열기를 가두고 그 안에서 토기나 기와 등을 구워내는 일종의 밀폐된 장소이다. 신석기시대부터 3세기까지는 밀폐된 장소가 아니라 개방되어 있는 야외의 구덩이에서 토기를 구웠기 때문에 토기가마라고 부를 수 있는 것이 확인되지 않는 것이다. 이런 가마는 지면에 얕은 구덩이를 파고 불을 지펴 토기를 구워서 노천요(露天窯), 개방요(開放窯), 한데가마라고 부른다.

우리나라에서 최초로 발굴조사된 토기가마는 1965년 경주 망성리 가마터[1]로, 통일신라시대의 가마이다. 이후 각 지역에서 토기가마 유적들이 하나둘씩 조사가 이루어지기 시작하였고 그에 따라 각 지역의 토기가마의 구조, 생산 체계에 대한 연구 등이 이루어지기 시작하였다. 고고학에서 토기가마는 단순히 흙으로 빚어낸 용기를 구운 장소라는 단순한 의미에 그치지 않는다. 토기가마는 앞서 말한 것처럼 인류의 가장 오래되고 지속적인 생활용기인 토기를 구워내는 곳으로, 가마를 운영하고 있었던 시기의 모습을 보여주는 타임캡슐이다. 그 당시 사람들이 어떤 형태의 가마를 만들었는지, 가마 안에 토기를 어떻게 넣고 쌓아서 구워냈는지, 어떤 토기를 구웠는지, 어떤 나무를 태워서 어느 정도까지 온도를 끌어올렸는지 등등 토기가마를 통해서 당시 우리 조상들이 가지고 있었던 기술적·문화적·생태적 정보들을 알 수 있는 것이다. 그렇기 때문에 토기가마는 당시 사람들의 생산 기술력과 사회문화 모습을 잘 보여줄 수 있는 고고학적 자료라고 할 수 있다.

이 글에서는 고대 마한·백제지역과 일본 기나이(畿內)지역의 토기가마를 살펴보고자 한다. 그러기 위해서는 먼저 가마가 어떠한 구조로 이루어져 있는지에 대한 기본 지식이 필요하므로 토기가마에 국한되지 않고 가마라는 유적에 공통적으로 적용이 될 수 있는 구조에 대해서 짧게 소개한다. 그후에 마한·백제지역과 일본 기나이지역의 토기가마에 대해서 살펴보고 두 지역 토기가마가 어떻게 관련이 있는지 살펴보고자 한다.

2. 토기가마의 구조와 속성

토기가마는 크게 요전부(窯前部), 연소부(燃燒部), 소성부(燒成部), 연도부(煙道部)로 구분할 수 있다.

요전부는 토기를 굽기 위해 작업하는 공간과 가마 내부에서 꺼낸 목탄재·폐기물·소토 등을 쌓아놓는 회구부가 있다. 연소부는 화구와 연소실, 불턱으로 세분되는데, 화구는 가마의 입구로 땔감이나 기물이 드나드는 출입문으로 아궁이라고 불리기도 한다. 연소실은 땔감을 적재하고 불을 지펴 가열하는 곳이며, 불턱은 소성실의 경사도를 낮추어 기물을 용이하게 적재할 수 있도록 하고 열효율을 높이기 위해 연소실과 소성실 사이에 설치된 단 시설이다. 소성실은 토기를 적재하여 소성하는 공간으로 바닥에 계단시설을 마련하여 적재의 편의를 도모하거나 바닥 경사도를 높여 열효율을 높이는 공간이다. 연도부는 가마 내부에서 발생한 연기가 빠져나가는 부분이며 배연부, 연통 등으로 불리운다. 연도부는 후대의 지형변화로 인해 대부

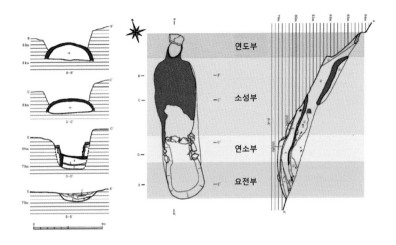

<그림 1> 토기가마의 구조 명칭

분 삭토되어 남아있는 경우가 드물다.

토기가마의 변화 등을 살펴보기 위해서는 가마의 구조상에서 보이는 속성들을 살펴볼 필요가 있다. 연소실이나 소성실의 어느 부분이 어떻게 변화해 가는지를 파악해야 그것이 어떤 기술적 혹은 사회적 변화와 관련되는지 가늠해 볼 수 있기 때문이다. 각 구조별 속성을 살펴보면 다음과 같다.

1) 축조 위치

가마는 축조 위치에 따라 가마 전체 구조가 지하에 있는 지하식과 일부만 지하에 있는 반지하식, 전체 구조가 지상에 있는 지상식으로 나눌 수 있다. 대체로 삼국시대와 통일신라시대에는 지하식의 비율이 높고 고려시대와 조선시대로 갈수록 반지하식 혹은 지상식의 비율이 높아지는 경향이 있는데 이는 가마의 규모에 따른 구조의 변화로 볼 수 있다.

| 지하식 | 반지하식 | 지상식 |

〈그림 2〉 축조 위치에 따른 분류 모식도

2) 화구 축조방법

화구는 소성제품의 반출·입 및 연료공급이 이루어지는 가마의 입구로 연료공급을 직접적으로 조절하는 공간이다. 축조방법은 축조재료에 따라 점토를 이용한 것과 점토와 석재를 혼합하여 이용한 것으로 나뉜다.

삼국시대 토기가마 화구의 일반적인 재료는 점토인데 점토로 축조된 화구는 가마의 개폐 과정에서 붕괴되기 쉽기 때문에 발굴조사된 가마의 잔존 상태를 통해 화구의 구조를 정확히 확인하는 것은 쉽지 않다. 따라서 벽과 바닥의 소결면 또는 피열면이 시작된 부분을 화구로 추정하고 너비를 확인하는 정도가 가능하다. 화구 축조에 석재를 이용한 구조는 5세기 전반의 대구 신당동 가마에서 처음 확인되었으며, 주로 6세기 중엽 이후의 가마에서 주로 확인된다. 이처럼 석재를 이용하여 화구를 축조한 경우는 허물고다시 축조하는 것이 쉽지 않기 때문에 고정된 화구가 일반화되어 가는 단계로도 해석할 수 있다.[2]

3) 연소실 불턱 시설

연소실 불턱 시설은 연소실과 소성실을 경계 짓고, 소성실에 토기 적재의 편의성과 열효율성을 높이기 위한 시설이다. 기본적으로 불턱은 부여 정암리 가마터 발굴 이후 연소실의 경사도를 낮추어 제품을 용이하게 적재할

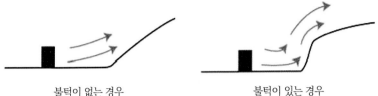

불턱이 없는 경우   불턱이 있는 경우

〈그림 3〉 불턱 유무에 따른 화기 흐름 모식도

수 있도록 하는 편의성과 소성실 부분의 천장이 약간 높은 것으로 보아 앞쪽에서의 화력이 소성실 후반부에 이르러 낮아짐을 염려해서 연소실에서 연소되는 연료의 화력을 높이기 위한 열효율성의 두 가지 측면에서 비롯된 것[3]으로 보고 있다. 그런가 하면 불턱과 배연구를 화염의 이동과 관련된 역할로 파악하여 반도염식 가마의 기술체계로 보는 견해[4]도 있다.

4) 측벽 단 시설

측벽 단 시설은 연소실이나 소성실의 양쪽 측벽이나 한쪽 측벽에 설치되어 있는 것으로 벽감과 비슷한 형태의 구조를 띠고 있다. 측벽 단 바닥면에 기물을 놓고 소성하여 생산량을 높이거나 연소실 또는 소성실의 내부

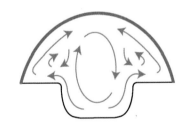

〈그림 4〉 측벽 단시설의 공기 순환 모식도

온도를 일정기간 동안 유지할 수 있도록 공기 순환을 원활하게 하기 위한 시설로 추정된다.

5) 소성실 평·단면형태

소성실은 제작된 토기가 놓여져 소성되는 공간으로 토기가마에 있어 가장 핵심적인 곳이다. 소성실의 규모는 토기가마 조영 당시 토기에 대한 수요와 공급을 보여줄 수 있는 척도라고 할 수 있으며 이를 통해 토기의 수급 범위 혹은 대량생산체제 등을 가늠해 볼 수 있다. 소성실 자체에서 추출해 낼 수 있는 속성들은 길이와 너비 비교를 통한 평면형태, 계단의 형성 등을 통한 단면형태가 있다. 소성실 바닥에 설치되는 계단은 적재 편의성과 열효율을 극대화하기 위한 것으로 추정된다.

6) 소성실 경사도

소성실 경사도는 일반적으로 10° 미만의 평요, 10° 이상의 등요로 구분하며[5] 일부 연구자들에 의해 평요에서 등요로의 시간성을 반영하는 것으로 알려져 왔다. 다만 소성실 경사도의 완급만으로 등요·평요를 구분한다면 완만한 경사의 등요와 경사가 심한 평요는 구분이 불가능해지며, 같은 등요라 하더라도 전혀 다른 기술적 체계를 가진 가마가 같은 등요로 분류되는 모순이 발생한다.[6]

가마를 축조할 때 가장 중요한 점은 토기를 단단하게 소성할 수 있는 고화도의 화력이기 때문에 소성실 경사도를 평요와 등요로 구분하는 이분법적인 구분보다는 가마의 축조위치, 연소실에서 소성실로 이어지는 불턱의 유무, 측벽 단 유무, 소성실 계단의 유무, 연도부 형태 등과 유기적인 속성 검토가 필요할 것이다.

7) 연도 구조

연도는 가마 내부에서 발생한 연기가 빠져나가는 부분으로 연도의 개

수, 연도의 단면형태, 그리고 소성실 후벽의 경사도 등이 중요한 편년 기준으로 사용되기도 하지만 지상에 노출되어 훼손되었거나 구조상 지형이 높은 쪽에 설치되므로 온전하게 남아있는 경우가 드물다.

3. 마한·백제지역의 토기가마

토기가마에 대한 조사는 1965년 경주 망성리 유적 이후로 1970년대 서울 사당동 가마, 1980년대 고창 운곡리 가마가 조사되었다. 1990년대 이후에는 대규모의 발굴조사가 본격화되면서 취락 내에 위치한 소규모의 토기가마뿐 아니라 경주 손곡동·물천리유적, 대구 욱수동유적, 광주 행암동유적, 나주 오량동유적 등 다수의 가마가 군집되어 있는 대규모 토기생산유적이 확인되었다. 현재까지 조사된 토기가마 유적은 전국적으로 200여 개소에 달하는데,[7] 마한·백제지역의 토기가마는 88개소 310기가 확인되었는데, 호남(41개소 143기[8])-호서(25개소 102기[9])-서울·경기(22개소 65기[10]) 순이다. 그중 영산강유역에서는 20개소 유적에서 108기가 밀집되어 있으며, 특히 영산강 중상류지역에서 많이 확인되고 있다.

토기가마에 대한 연구는 진천 산수리·삼룡리유적[11]을 중심으로 한 연구를 시작으로 기원, 가마 구조와 생산체계뿐 아니라 실험고고학·민족지학적인 접근, 생산품의 유통 범위와 의의를 통해 사회 전반을 살펴보려는 연구 등 다각도에서 이루어지고 있다. 그러나 그 대상은 대규모의 토기가마가 확인된 유적인 경우 유적별로 검토하기도 하지만, 주로 각 지역별로 삼국시대 혹은 통일신라시대 등 시기가 한정되고 있다. 물론 지역별이 아니라 여러 지역을 한데 살펴 그 변화상을 연구하기도 하는데 서울·경기, 호서, 호

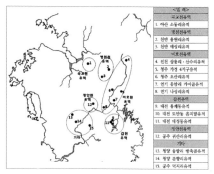

<그림 5> 서울·경기지역 토기가마 분포   <그림 6> 호서지역 토기가마 분포

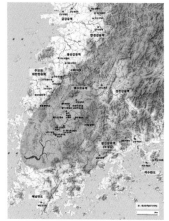
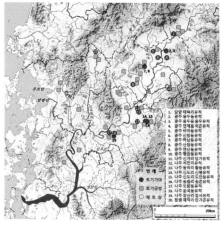

<그림 7> 호남지역 토기가마 유적 분포   <그림 8> 영산강유역 토기 생산유적 분포

남지역을 아울러 살펴보기도 하고 영남지역까지 포괄하여 살펴본 연구도
있다. 그러나 토기가마의 확인이 늘어날수록 전지역을 포괄한 연구보다는
지역별 연구가 활발해지고 있다. 이는 각 지역별로 문화 양상이 상이하게
전개되는 점에서 기인하는 것이다. 마한·백제지역의 토기가마 역시 비슷한
경향을 보이는데 주로 백제양식 토기의 확산에 따라 정치적인 의미를 부여
한다. 6세기 중엽 이후가 되면 백제화가 전체적으로 진행되었다고 보기 때

문에 토기가마에 대한 연구는 미비한 편으로, 주로 시기적인 범위는 기원후 3세기 전후부터 6세기까지가 그 대상이 된다.

각 지역별 토기가마에 대한 연구는 확인된 유적 수와도 어느 정도 비례하는데, 호남지역에서 가장 다양하게 이루어지고 있다. 지역별 연구 경향을 살펴보면 다음과 같다.

서울·경기지역의 토기가마에 대한 연구는 한성백제 양식 토기의 형식과 유통 등에 대한 연구가 활발하게 이루어진 것에 비하여 볼 때 미진한 편이라고 할 수 있다. 크게 보아서는 하나의 유적(화성 청계리 유적[12], 안성 양변리 유적[13])을 중심으로 한 연구와 서울·경기권의 토기가마 변화상을 살펴본 경우로 나누어진다. 서울·경기지역을 권역별로 구분하여 토기가마의 전개 양상을 검토하는 연구는 한성백제기에 한정한 연구[14]와 한성백제시기 이전의 마한 토착세력의 운영까지를 포함한 연구[15]로 나누어 볼 수 있다. 그 외에도 토기의 생산과 유통 등 거시적인 시점에서 토기가마들의 특징을 통해 가마 운용방식을 검토하는 연구[16]가 있다.

호서지역의 토기가마는 1980년대에 19기가 군집분포되어 있는 진천 삼룡리·산수리유적으로 인해 많은 관심을 받았지만 그 이후에는 크게 연구가 이루어지지 않은 편이다. 특히 진천 삼룡리·산수리 토기가마의 연대에 대한 논의[17]가 이루어진 이후 현재까지도 지속되고 있는 편인데 재검토를 통해 연대 조정안이 제시[18]되기도 하였다. 그리고 금강유역을 중심으로 가마의 구조와 생산 체제에 대한 연구가 이루어졌는데 3세기부터 6~7세기까지를 대상으로 한 것[19]과 3~5세기에 한정하여 살펴본 연구[20]가 있다.

호남지역에서는 초반에 토기가마의 형식과 편년 연구,[21] 호남지역 토기가마의 특징을 통해 옹관고분사회의 성장을 살펴본 연구,[22] 토기가마를 바탕으로 경질토기의 기원을 찾고자 하는 연구[23]가 이루어졌다. 이후 광주 행암동유적과 나주 오량동·도민동·당가유적 등 대규모의 가마가 확인됨에 따라 이에 대한 연구가 점차 활성화되고 있다. 연구의 방향 역시 가마 구조를 통해 변화상을 파악하는 연구[24]를 중심으로 나주 오량동과 광주 행암동 등 특정 유적에 대한 분석을 바탕으로 편년과 역사적 의미 파악,[25] 생산과 유통,[26] 토기가마 복원 실험[27]과 토기 소성 실험을 통한 가마 조업상의 기술적인 변화[28] 등으로 다양해졌다. 그 외에도 전남지역 토기가마의 변천과 일본 스에키가마와의 관련성[29]과 토기 생산유적을 단계적으로 살펴 백제와 영산강유역의 관계에 대한 연구[30]도 이루어졌다. 최근에는 생산체계와 유통을 살펴보는 연구도 이루어졌는데 영산강유역[31]과 한반도 남부지역[32]으로 구분된다.

마한·백제지역의 대표적인 토기가마는 다음과 같이 6개 유적을 들 수 있다. 이 유적들은 6기 이상이 확인되어 군집된 토기가마 양상을 보여주며, 또한 앞서 살펴본 지역별 연구 경향을 잘 보여주는 유적들이기도 하다. 서울·경기지역에서는 파주 축현리, 호서지역에서는 진천 삼룡리·산수리·송두리와 청주 오산리, 호남지역[33]에서는 광주 행암동과 나주 신도리 도민동 Ⅰ유적을 들 수 있다.

파주지역에서는 토기가마들이 인접하여 확인되고 있는데 그중에서 축현리유적[34]은 토기가마 9기가 군집되어 있다. 가마는 삼국시대 토기가마의 일반적인 구조인 평면 장타원형의 횡염식 등요이지만 예외적으로 평면 역제형의 반도염식 평요(7호)도 확인되었다. 축현리유적의 토기가마에서 출토된 유물들은 토착세력계의 호류와 대옹류가 확인되는데 중심 조업시기는 4세기대로 추정된다. 가마들 간의 시기 차이는 크지 않을 것이며 소형에서 대형으로 변화함을 고려하면 남동쪽에서 북서쪽으로 이동하며 가마가 축조된 것이다. 백제 한성기 양식의 토기가 확인되지 않고 원삼국계 토기가

주로 출토되고 있어 중앙 보급용이 아니라 주변 취락으로 소비되었을 것이
다. 그리고 중국의 가마 형태로 볼 수 있는 반도염식 평요에서 낙랑계 토기

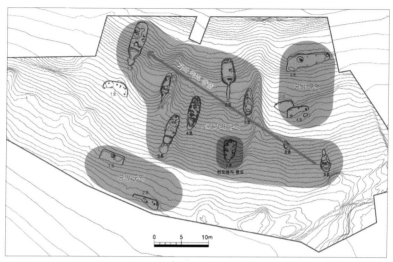

〈그림 9〉 파주 축현리유적의 공간 배치와 토기가마 축조 방향

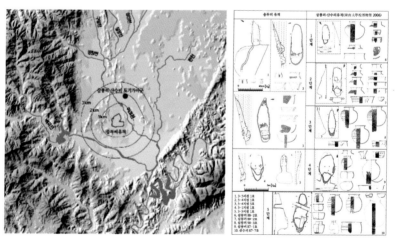

〈그림 10〉 진천 삼룡리·산수리와 송두리유적의 위치 및 가마 비교

가 확인되고 있어 낙랑군과의 관련성도 추정해 볼 수 있다.

호서지역의 대표적인 토기가마로는 진천 삼룡리·산수리유적과 송두리
유적, 청주 오산리유적을 들 수 있다. 진천 삼룡리·산수리유적은 단일유적
이 아니라 7개소 유적에서 20기의 토기가마가 확인되었는데 19기만 조사
되었다. 출토 토기들로 보아 가마군은 5단계로 구분될 수 있는데 3세기 전
반에서 4세기 중반까지로 추정된다. 진천 송두리유적[35]은 삼룡리·산수리
유적과 2㎞ 정도 떨어져 있는데 5개소 지점에서 16기의 가마가 확인되었
다. 송두리유적의 가마 운영 시기는 백제토기가 등장하기 이전인 삼룡리·
산수리유적의 2~3단계에 속한다. 진천지역의 이 토기가마들은 마한토기에
서 백제토기로의 변화과정을 보여주는 유적으로 의의를 지닌다.

청주 오산리유적[36]은 한 지점에서 6기의 토기가마가 확인되고 있다. 토

〈그림 11〉 청주 오산리유적 토기가마 전경과 출토유물

기가마들은 수직연료투입식에 소성실의 평면형태가 타원형이며 내부에 측벽 단 시설을 두고 바닥에 홈을 파는 등 진천지역의 토기가마보다 발전된 형태를 보이고 있다. 그리고 가마 안에서는 파수부 발, 삼족기와 개배, 고배, 기대 등이 확인되고 있어 조업 중심연대를 4세기 중반~5세기 후반으로 볼 수 있다. 특히 출토되는 토기의 대다수가 장식성이 강해 생산된 토기류의 수요계층이 인근 신봉동 피장자 정도의 신분이었을 것으로 추정된다. 진천지역의 토기가마들이 마한토기에서 백제토기로 전환하는 모습을 보여준다면, 청주 오산리의 토기가마들은 백제토기의 생산과 유통을 보여준다고 할 수 있다.

광주 행암동유적[37]은 구릉 말단부에 150~300m 정도 거리를 두고 1지구(1~6호), 2지구(7~15호), 3지구(16~22호)에서 총 22기의 가마가 확인되었다. 22기 중 일부만 잔존하는 22호를 제외하고는 모두 지하식이며, 소성실의 형태는 타원형을 띤다. 연소실과 소성실에 단이 생기거나 소성실에 계단시설을 하는 등 시기의 흐름에 따라 변화하는 가마의 구조를 살펴볼 수 있다. 출토유물로 보아 행암동유적은 5세기 후반에서 6세기 초엽까지 가장 왕성하게 조업을 하였고, 6세기 중엽 이후에는 1지구의 3호 가마가 운영되다가 폐기되었다. 행암동유적은 이전까지 유적 내에서 토기가마가 1~4기씩 확인되었던 것과 달리 대단위로 확인되었고, 이를 통해 전문적 생산 체계로의 변화를 상정할 수 있다는 점에서 의미를 지닌다.

나주 신도리 도민동 I 유적[38]은 구릉 말단부에 위치하고 있으며 4개 지구에서 12기의 토기가마가 확인되었다. 1기(2C지구)만 지하식이고 나머지 11기는 반지하식으로 축조되었으며 소성실의 평면형태는 장타원형을 띤다. 연소실에서는 1기를 제외하고 불턱이 확인되었고, 소성실에서는 측벽 단과 구 시설이 확인되지만 계단시설은 확인되지 않았다. 출토유물로 보아

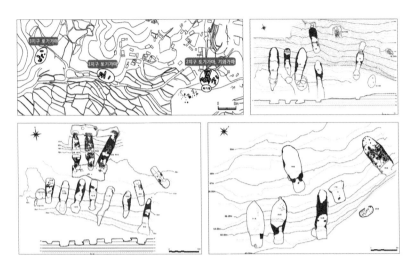

〈그림 12〉 광주 행암동유적 토기가마의 분포

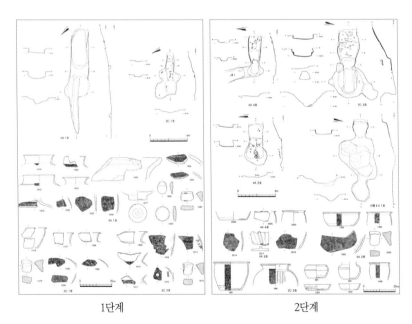

1단계   2단계

〈그림 13〉 나주 신도리 도민동 I 유적 단계별 가마 구조와 출토유물

가마의 조업시기는 4세기대부터 6세기까지로 볼 수 있는데 취락 내에서 생산시설의 위치 변화를 살펴볼 수 있다. 광주 행암동유적은 전문적 생산시설로 볼 수 있는 반면, 도민동 I 유적은 취락 내에서 운용한 가마라는 점에서 그 의미가 있다.

마한·백제지역의 토기가마는 각 지역별로 약간씩 차이가 있지만 전체적으로 보았을 때는 가마 구조의 변화가 발전하는 양상에서 동일하다. 전체적으로 가마의 형태는 장타원형을 띠고 있으며 가마 내에서의 열의 효율성을 높이기 위해 연소실과 소성실의 구조는 점차 발전해간다. 연소실의 불턱은 있는 것과 없는 것이 혼재하다가 점차 불턱이 있는 것으로 바뀌어가고 연소실이나 소성실에 측벽 단이 생기는 것은 5세기 이후 호서 및 호남지역에서 살펴볼 수 있다. 그리고 5세기 이후가 되면 소성실의 경사도를 높이거나 옆에서 보았을 때 홈이나 계단을 시설함으로써 가마 내 적재 및 열 효율성을 높이는 방향으로 발전해 간다. 가마 군집의 형성은 전문적인 토기 생산 집단을 상정해 볼 수 있는데 호서지역에서는 3~4세기대에 진천 삼룡리·산수리유적, 호남지역에서는 5~6세기대에 광주 행암동유적을 대표적으로 들 수 있다.

4. 일본 기나이지역의 초기 스에키가마

일본지역의 토기가마는 스에키가마로 대표된다. 스에키(須惠器)는 5세기 전반 한반도에서 전해져 고훈시대를 대표하는 토기이다. 스에키는 야요이토기(弥生土器)에서 하지키(土師器)로 이어지는 토기 제작과는 다른 기술체계이다. 하지키가 노천에서 800℃ 전후의 산화염 소성인 반면, 스에키는

〈그림 14〉 오바데라(大庭寺)유적 출토 초기 스에키

실요(室窯)에서 1,000~1,200℃의 고온소성을 하면서 공기를 차단한 환원염 소성이다. 스에키가 환원염 소성이 가능한 실요라는 점은 가마 구조상에 있어서 큰 변화를 의미하며, 노천이나 수혈유구에서 소성되는 기존의 하지키 생산과는 차이가 있다.

1) 스에무라 유적

스에키는 오사카부(大阪府) 남쪽에 있는 사카이시(堺市)의 남단부에 넓게 펼쳐진 센보쿠(泉北) 구릉에 위치하는 스에무라(陶邑) 가마유적이 대표적이다. 스에무라 가마유적은 일본 최대의 스에키 가마터군으로, 고훈시대 중기부터 헤이안시대 초기에 이르는 1,000기에 이르는 가마가 확인되었다. 스에무라 유적은 이시즈가와(石津川), 그 지류인 마에다가와 (前田川), 묘켄가와(妙見川), 와다가와(和田川), 카이다가와(甲斐田川), 마키오가와(槇尾川)이라는 소하천에 의해 세분되어 각 지구로 구분되어 있다. 1995년에 제안

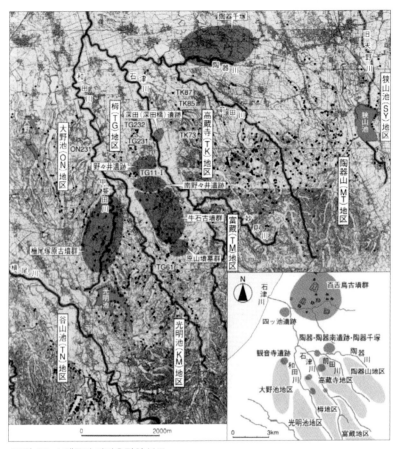

<그림 15> 스에무라 가마유적의 분포

된 6개 지구[39]는 도키야마(陶器山, MT)지구, 다카쿠라데라(高蔵寺, TK)지구, 도가(栂, TG)지구, 코묘이케(光明池, KM)지구, 오노이케(大野池, ON)지구, 다니야마이케(谷山池, TN)지구이며, 현재는 도미쿠라(富蔵, TM)지구, 사야마이케(狭山池, SY)지구가 추가되어 총 8지구로 구분되고 있다.

여기에서 출토된 스에키 자료를 토대로 스에키 편년이 수립되어 지금까지도 중요한 자료로 활용되고 있다. 스에키 편년은 다나베 쇼조(田辺昭

5세기	TG231·232 - TK73 - TK216 - (ON46) TK208 - TK23 - TK47
6세기	MT15 - TK10 (MT85) - TK43 - TK209
7세기	TK217 - TK46 - TK48 - MT21

三)에 의해 5기 21형식으로 분류된다. 연대적으로는 TK47까지가 5세기, MT15부터 6세기, TK209 전후를 7세기라고 할 수 있다.[40]

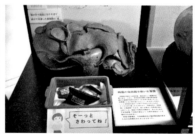

〈그림 16〉 센보쿠 스에무라 자료관 입구와 전시 모습

2) 초기 스에키의 분포와 파급

초기 스에키가마는 한반도의 영향으로 스에키가 시작되었다는 점에서 직접 도래한 공인에 의해 조업이 개시되었다고 하여 도래형,[41] 전래기 스에키가마[42]로 불리기도 한다.

초기 스에키가마와 관련된
유적으로는 4세기대로 편년되
는 효고현(兵庫縣) 데아이(出合)
유적[43]이 있다. 데아이유적은
잔존 길이 210cm, 너비 120cm
의 소규모 소성부와 깊이 굴착
된 요전부로 이루어졌다. 데아
이유적은 소성실 전반부만 남
은 상태이며 요전부가 잘 남아

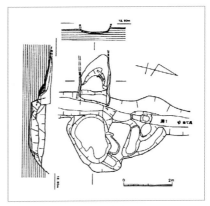

〈그림 17〉 데아이유적 가마

있고 연소실 불턱이 형성되어 있다. 소성실은 전반부에서 중반부로 갈수록
조금 벌어지는 경향이 있다. 요전부를 깊게 굴착하거나 소성부 상면경사가

완만한 점에 의해서 한반도 서남부
지역과의 관련성이 언급되었다.[44]
데아이유적은 4세기 말 정도로 편
년되는데 인근 지역에서 동시기의
유적이 확인되지 않고 있다.

그 이후에는 5세기대의 규슈(九
州)지역과 긴키(近畿) 스에무라 가
마유적이 있는데, 초기 스에키가마
의 분포와 확산은 〈그림 18·19〉와
같이 그 분포 지역이 점차 확산되
는 것을 알 수 있는데 지방요의 확
산 과정이라고 할 수 있다. 스에무
라와 북규슈지역에 한정되었던 생

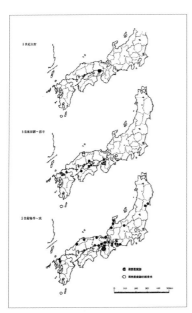

〈그림 18〉 스에키가마의 분포

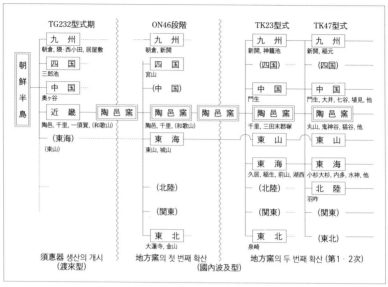

<그림 19> 스에키가마 지방요의 확산

산이 5세기 중엽이 되면 규슈에서 북부지방까지 주요가마가 설치되는데
이것이 지방요의 첫 번째 확산이다. 두 번째 확산은 5세기 후반~말엽에 스
에무라 가마의 강한 영향력 아래에서 기술이 전파되는 것이다.[45]

　　생산기술의 전래에 대한 견해는 일본 내에서 생산이 스에무라 가마유
적에서 시작되어 파급되었다는 일원론과 각지에서 시작되었다는 다원론으
로 구분된다. 일원론은 스에무라 가마유적의 압도적인 조사 실적과 고식 형
태의 스에키가 확인된다는 점에서 스에무라 가마유적이 일본 스에키 생산
을 개시하고 전국으로 전래되었다는 것이다. 그러나 지방에서 스에키가마
에 대한 조사가 진행됨에 따라 초기 스에키의 생산체제는 긴키의 스에무라
에서 일원적으로 공급된 것이 아니라 규슈 등 일본 여러 지역에서 한반도
의 기술을 받아들여 생산한 것이라는 다원론이 등장하였다.[46] 현재 5세기

대로 보이는 스에키 초기 가마들이 스에무라 이외에도 북규슈에서 세토나이(瀨戸內) 해 연안, 그리고 오사카에 이르기까지 확인되고 있어 다원론에 대한 연구가 활발해지고 있다.

3) 대표적인 초기 스에키가마

긴키지역에서 확인되는 초기 스에키 가마는 스에무라 유적 외에도 확인되고 있다. 다만 스에무라 유적이 많은 가마들이 군집되어 있다면 그 외 유적들은 적은 수의 가마가 확인되고 시간적인 연속성이 보이지 않고 단절적이라는 차이가 있다. 긴키지역의 초기 스에키 가마 중에서 가마 구조를 알 수 있는 것들을 정리하면 다음 표와 같다.

표 1. 긴키지역 초기 스에키가마의 구조

도시명	유적명	위치	소성부			시기
			길이	너비	경사	
미나미오사카	이치스카 2호	지하	7.8m	2.0	20°	TG232
키타오사카	스이타 32호	지하	(3.58m)	1.48m	20°	TG232
	우에마치다니 1호	지하	3.65m	1.3m	8°	
	우에마치다니 2호	지하	3.75m	1.48m	11°	
스에무라	오노이케 326호 (ON326)	지상	9.0m	1.8m	20°	
	오노이케 231호 (ON231)	지상	(7.4m)	1.9m	12°	
	다카쿠라데라 73호 (TK73)	지하	11.4m	2.4m	19°	TK73
	다카쿠라데라 87호 (TK87)	지하	10.1m	2.4m	18°	TK73
	다카쿠라데라 85호 (TK85)	지하	10.4m	2.6m	27°	TK73

대표적인 초기 스에키가마를 간략하게 살펴보면 다음과 같다.[47]

도가231호(TG231)와 232호(TG232)[48]는 일본열도에서 초기 스에키가
처음 생산된 가마로 추정되는 스에무라 유적으로 고속도로 건설과정에서
조사되었다. 가마가 확인된 구릉은 많이 삭평되어 가마 본체라고 할 수 있
는 소성부는 남아있지 않고 아궁이 부분과 골짜기 경사면에서 토기가마 폐
기장(灰原)이 확인되었다. 유물들은 폐기장에서 확인되었는데 파수부완,
개, 고배, 소형호, 유공광구소호, 기대, 대옹 등이다. 두 가마에서 확인된 유
물들 중에서 대옹편이 가장 많으며 차이점은 TG231호에서 배류가 확인되
지 않는 점이다.

〈그림 20〉 TG231·TG232호 원경(左), TG232호 조사사진(中) 및 출토유물(右)

이치스카(一須賀) 2호 가마[49]는 오사카부 미나미카와치군(南河內郡) 가
난쵸(河南町) 히가시야마(東山)에 위치하고 있다. 가마의 규모는 길이 9.0m,
폭 2.0m 정도이며 뒷벽과 연도까지도 지반을 파고 구축한 지하식이다. 측
벽은 여러번 덧댄 흔적이 확인되며 높이 1m 정도가 남아있고, 아궁이와 폐
기장이 확인되었다. 출토유물은 옹 동체부, 고배, 기대, 호 등이 있다. 스이
타(吹田) ST32호 가마[50]는 센리 구릉에 운영된 센리코(千里古) 가마터군 중
에서도 스이타코(吹田古) 가마터군에서 확인되었다. 스이타코 가마들이 주
로 6세기대를 중심으로 하고 있는 데 반해 ST32호 가마만 앞서 있다. ST32

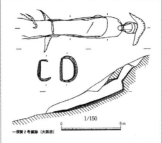

<그림 21> 이치스카 유적 전경 및 2호 가마 도면

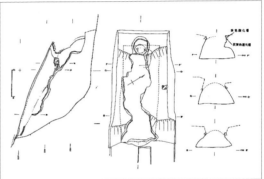

<그림 22> 스이타 32호 가마

호 가마는 능선에 직교하여 지반을 파내 가마 본체를 구축한 지하식이다. 가마의 규모는 길이 4.05m, 최대 폭 1.48m로 측정되는 비교적 작은 크기로, 평면형태는 장방형에 가깝다. 출토된 유물은 일부 기대편을 제외하면 모두 대옹편이다.

다카쿠라데라73호(TK73)[51] 가마는 스에무라 유적에 속하는 가마로 1965년에 조사가 이루어졌다. 가마 본체는 기반을 파고 축조된 지하식으로 아궁이부터 연도부까지 잘 남아있는데 길이 11.4m, 최대 폭 2.4m의 규모이다. 소성부 바닥면은 곡선으로 되어 있는데 중앙부에서는 5개의 퇴적

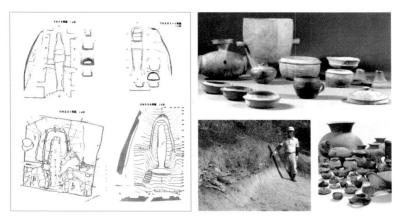

<그림 23> TK73단계 가마 도면(左), TK73호 출토유물(右上), ON231 가마 단면 및 출토유물(右下)

층이 확인되었다. 가마 구조에 있어서는 전 단계에 비하여 전체적으로 곡선형을 띠고 있다는 특징이 있다. 출토유물은 개배, 고배, 발, 기대, 유공광구소호, 유공장군 등이 있는데 대옹이 가장 많은 비중을 차지하고 있다. 다카쿠라데85호[52]는 후대에 같은 장소에 세워진 가마에 의해 파괴되어 가마 본체는 확인되지 않고 폐기장만 확인되었다. 폐기장에서는 초기 스에키가마에서 생산된 유물들이 출토되었는데 개, 유공광구소호, 유공장군, 시루, 기대, 대옹 등이 확인되었다. 오노이케(大野池) 231호(ON231) 가마[53]는 히시키(菱木)에 위치한 가마로 1992년에 발굴조사가 이루어졌다. 아궁이 앞쪽으로 토기가마 폐기장이 확인되었는데 남북 6m, 동서 15m 정도이며 그 두께는 40㎝~70㎝이다. 출토된 유물은 개배, 유공광구소호, 유공장군, 통형기대, 직구호, 대옹, 아궁이틀 등이 있다.

우에마치다니(上町谷) 1·2호 가마[54]는 오사카시 츄오구(中央區)에 위치하고 있으며 우에마치다니로 내려가는 경사면에서 2기가 확인되었다. 이 가마들은 지하식으로 축조되었다가 나중에 반지하 천장가구식으로 개조되

었다. 1호 가마는 최소 2번, 2호 가마는 최소 4번의 수리가 이루어진 것으로 보아 단발적이 아니라 개보수를 통해 여러 번 조업이 이루어졌음을 알 수 있다. 출토유물은 무개고배, 기대, 호, 옹, 시루 등의 스에키와 연질토기, 하지키 등이 확인되었는데 스에키의 연대는 TK73형식의 범주에 포함된다. 니고리이케(濁り池窯) 가마[55]는 이즈미시 츠루야마다이(鶴山台)에 위치하고 있으며 1966년 발굴조사가 이루어졌다. 가마는 반지하식으로 축조되었는데 연소부부터 연도까지 잘 남아있으며 규모는 길이 8.53m, 최대 폭 1.9m이다. 가마 아래에는 폐기장이 넓게 펼쳐지는데 개배, 고배, 유공광구소호, 유공장군, 완, 시루, 기대, 호, 옹 등이 출토되었다.

이렇듯 초기 스에키가마의 소성실 평면형태는 전반부에서 살짝 벌어져 중반부 너비가 가장 넓은 장타원형으로 후반부로 갈수록 좁아진다. TG232단계의 소성실 길이는 400~780㎝ 정도이며, 연소실 불턱이 형성되어 있지 않다. TK73단계의 가마 역시 소성실 평면형태는 전반부에서 중반부로 갈수록 벌어지는 장타원형이다. 소성실 길이는 1,000㎝ 이상이고 경사도는 18~27°인데 평면형태로 보았을 때 TG232단계에 비해서 소성실 전반부보다 중반부가 더 벌어지고 후반부로 갈수록 더 좁아지는 경향을 보인다. 중반부가 더 벌어지는 평면형태는 연소실 불턱 단이 형성되지 않고 소성실 길이가 길어지는 것을 보완하는 구조였을 것으로 추정된다.

5. 토기가마로 본 두 지역의 관련성

마한·백제지역과 일본 기나이지역 초기 스에키가마는 가마 구조와 지역 내에서 토기가마가 확산되는 양상에서 유사성을 파악해 볼 수 있다.

1) 가마의 구조 변화

가마의 구조는 소성실 평면형태와 길이, 연소실 불턱 단 등에서 공통적 특징이 확인된다. 먼저 소성실 평면형태로 보았을 때 마한·백제지역 토기가마와 초기 스에키가마는 모두 장타원형이라는 공통점을 지닌다. 마한·백제지역 토기가마는 소성실 최대너비가 전반부에 있는 것과 중반부에 있는 형태가 모두 확인되는 반면, 초기 스에키가마는 소성실 최대너비가 중반부에 형성되고 있다. 이러한 스에키가마의 형태는 초기에만 한정되는 것이 스에키가마의 전체적인 변화상에서 중반부에 최대너비가 있는 장타원형이 지속되는데 이러한 형태가 가마 내 열 효율성을 높이기 위한 방법이었을 것으로 추정해 볼 수 있다.

소성실 길이에 있어서 마한·백제지역 토기가마는 1,000㎝ 미만이며, 초기 스에키가마는 TG232 단계에서 900㎝ 정도이다가 TK73단계가 되면 1,000㎝ 이상으로 커지게 된다. 연소실 불턱 단은 마한·백제지역에서는 4세기 전후에 등장하여 5세기 중반까지 혼재되어 사용되다가 그 이후 불턱 단이 형성되지 않은 형태가 사라진다. 초기 스에키가마는 효고현의 데아이 유적이 연소실 불턱 단이 확인되지만 이후 TG232단계에서는 불턱 단이 확인되지 않고 있다. 즉 초기 스에키가마 역시 TG232단계에서는 연소실 불턱 단이 없는 것과 있는 것이 혼재되고 있었음을 알 수 있다.

마한·백제지역 토기가마 소성실 내에서 구가 확인된 경우가 있는데 이러한 형태가 7~9세기대 일본의 스에키가마에서도 확인된다. 소성실 내에 구가 확인된 토기가마는 나주 도민동Ⅰ 4A1호[56]이다. 구는 평면형태 타원형으로 연소실과 소성실의 경계지점에서 측벽을 따라 410㎝ 정도 이어져 있다. 그 기능에 대해서는 재층이 확인되고 내부 퇴적토가 소성실 퇴적토와 비슷한 것으로 보아 연소시에 사용하였던 것으로 볼 수 있으며, 또한 가마

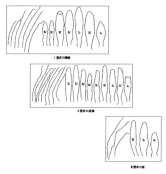
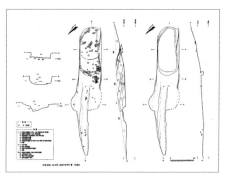

〈그림 24〉 스에키가마의 평면형태와
경사도

〈그림 25〉 나주 도민동 I 4A1호 가마

내외부에서 유입되는 습기를 막기 위한 것이었을 것으로 추정되고 있다. 일본 스에키가마에서 확인되는 소성실 구와는 시기적으로 연속되지는 않지만 토기 생산 및 제작기술에 있어서 두 지역 간의 교류를 생각할 때 어느 정도의 관련성이 있을 것으로 보인다.

토기가마는 최적의 열 효율을 이용하여 토기를 소성하기 위해서 변화하는데 형태와 구조의 발전상은 각 지역별로 비슷한 경향을 보인다. 일본 초기 스에키의 형성과 관련해서는 가야 도질토기의 파급에 의한 것으로 보고, 스에키 생산이 정형화되는 다카쿠라데라73호(TK73) 단계부터는 영산강유역과 백제계의 영향으로 보고 있다.[57] 그러나 초기 가야 도질토기의 파급으로 보는 도가231호(TG231)와 232호(TG232)에서 영산강유역의 특징적인 토기라고 할 수 있는 유공광구소호가 출토되고 있다는 점을 고려해보면 단순하게 가야지역만의 영향으로만 볼 수 없다. 즉 스에키 생산이 정형화되기 이전부터 마한·백제지역과의 교류를 통해서 기종의 공유 등이 존재하였음을 알 수 있다. 이런 상황 속에서 초기 스에키는 다양한 계보를 가진 토기들이 생산되는데 초기 단계에서만 확인할 수 있는 것으로, 생산 초

기에 여러 지역에서 기형을 비롯한 기종 등의 정보가 도입된 것으로 생각된다.[58]

2) 토기가마의 확산 과정

지역 내에서 가마의 확산은 5세기대에 변화가 확인되는데 마한·백제지역 중에서는 영산강유역이 5세기 전·중반, 초기 스에키가마는 5세기 중·후반에 나타난다. 영산강유역 토기가마는 5세기 전·중반 이전에는 각 지역별로 1기 혹은 소규모로 조업이 이루어지는 반면, 그 이후가 되면 나주와 광주 등 중심지역을 바탕으로 조업이 이루어지기 시작한다. 토기가마의 조업이 대규모화되기 시작하면서 이전 시기에 비해서 소성실 규모가 커지고 그에 따라 열 효율성을 높이기 위한 방법으로 연소실 불턱 단의 형성, 소성실 경사도의 변화, 연소실이나 소성실에 측벽 단을 형성하는 구조적인 요소들이 추가되기 시작한다. 초기 스에키가마 역시 효고현 데아이가마와 마찬가지로 지역별 소규모 조업이 이루어지지만 TG232단계가 되면 대표지역을 중심으로 스에키가 생산되기 시작한다.

5세기 후반부터 6세기 전반은 이전 시기보다 다양한 형식의 가마가 확인될 뿐 아니라 일정한 양식화된 토기가 등장한다. 영산강유역 토기가마에서는 이 시기에 영산강양식 토기를 중심으로 왜계·백제계 요소들이 확인되고 있는데, 그 이전 시기보다 더 많은 지역에서 가마가 운영되고 있다. 초기 스에키가마의 경우 5세기 후반이라고 할 수 있는 TK23·47단계가 되면 각 지방으로 확산되고 있어 지방요의 두 번째 확산[59]이라고 표현하기도 한다.

이와 같이 토기가마의 평면형태 및 구조적 속성과 지방 확산 과정상에서 마한·백제지역과 초기 스에키가마는 상당히 유사하다. 가마의 구조적 속성은 기물 소성의 효율성 향상을 위해 변화과정이 다른 지역과 유사할 가능성도 없지 않다. 그러나 동일한 시기를 기점으로 가마의 지방 확산 과정이 유사하다는 점은 두 지역 간의 문화교류 양상이나 정치·사회적 긴밀성이 전제되어야 할 것으로 보인다. 특히 영산강유역은 5세기를 전후한 시기부터 영산강양식 토기들이 점차 형성되기 시작하고 5세기 후반이 되면 토기·금속유물뿐 아니라 고분 등의 유구에서도 왜계 요소들이 확인되고 있어 두 지역간의 긴밀한 관계를 추정해 볼 수 있다.

6. 맺음말

토기는 신석기시대 이래 용기로 사용되면서 인류의 생활에 있어서는 다른 도구와 더불어 가장 오래된 역사를 지니고 있다. 토기의 변화는 국가나 정치체의 문화상과 변화를 보여준다고 할 수 있는데 그 토기를 구워내는 가마 역시 정치세력의 영향력 파급이나 전문적인 생산집단의 형성 등 다양한 정보를 알려준다. 그렇기 때문에 토기를 구워내는 가마는 당시 사람들의 정치와 경제, 문화상과 기술을 고스란히 담고 있다고 볼 수 있다.

지금까지 토기의 변화상에 더 많은 관심과 연구가 지속되었지만 최근 들어 마한·백제지역 내에서 토기가마의 조사 수량이 점차 늘어나고 있다. 조사와 더불어 한 유적을 중심으로 살펴보거나 지역별 변화상을 살펴보는 연구도 꾸준히 이루어지고 있으며 토기가마를 통해 마한에서 백제로 변화하는 정치·경제·문화적인 양상을 검토하려는 연구도 나타나고 있다. 그리고 일본의 스에키가마가 한반도의 영향으로 등장하였기 때문에 그 관련성에 대한 연구 또한 지속적으로 이루어지고 있다.

일본 기나이지역에서 마한·백제지역과 관련된 다양한 고고자료들이 점차 확인됨에 따라 이 글에서는 마한·백제지역과 일본 기나이지역의 관련성을 토기가마를 통해서 살펴보고자 하였다. 마한·백제지역의 토기가마는 서울·경기지역, 호서, 호남지역 중에서 6기 이상의 토기가마가 확인된 대표적인 유적을 짧게 소개하였고 일본 기나이지역의 스에키가마는 긴키지역에 있는 초기 대표적인 유적들을 검토하였다. 기본적으로 가마의 구조 변화와 확산 과정에서의 유사성을 통해 두 지역 간의 교류를 통한 관련성을 상정할 수 있었다.

그렇지만 토기가마가 온전하게 남아있지 않기도 하고 토기 소성기술이 전체적으로 발전하는 양상이 비슷하여 토기가마만으로 두 지역 간의 관련성을 논할 수는 없을 것이다. 토기가마 안에서 소성되었던 토기, 그리고 토기가마 이외의 생산시설, 그리고 다양한 생활유적 등과의 비교 검토가 수반되어야 마한·백제지역과 일본 기나이지역의 관련성을 살펴보는 큰 그림이 완성될 수 있을 것이다. 문헌기록보다 더 많은 문화상을 생생히 보여줄 수 있는 고고자료가 더 축적되어 감에 따라 마한·백제지역과 일본 기나이지역의 교류와 영향을 살펴볼 수 있기를 기대해 본다.

> 이 글은 필자가 『동아시아 고대학』 53집(2019.3.31)에 게재한 「전남지역 마한·백제 토기가마 변천과 파급」을 수정·보완한 것임.

〈주석〉

1) 任孝宰·金秉模, 1965, 「望星里 新羅窯址調査」, 『一山金斗鐘博士稀壽紀念論文集』, 探求堂.
2) 李志暎, 2015, 「삼국시대 토기가마의 축조기술 검토」, 『고문화』 86, 한국대학박물관협회, 23쪽.
3) 金誠龜·申光燮·金鍾萬·姜熙天, 1998, 『扶餘 亭岩里 가마터(Ⅰ)』, 國立扶餘博物館.
4) 이상준, 2010, 「한반도 반도염요의 출현과 생산체제의 변화」, 『慶州史學』 32, 경주사학회, 3~4쪽.
5) 李勳, 1997, 「瓦窯의 構造形式 變遷」, 公州大學校大學院 碩士學位論文, 28쪽.
6) 이상준, 2008, 「토기가마(窯) 조사·연구 방법론」, 『한국매장문화재 조사연구방법론』 4, 국립문화재연구소, 262쪽.
7) 李志暎, 2021, 「榮山江流域 三國時代 土器의 生産과 流通 研究」, 木浦大學校 博士學位論文, 4쪽.
8) 李志暎, 2021, 「榮山江流域 三國時代 土器의 生産과 流通 研究」, 木浦大學校 博士學位論文, 35~36쪽.
9) 양수현(2019)의 연구에서는 15개소 61기로 되어 있는데, 5세기 이후대로 누락된 청양(학암리, 관현리, 왕진리), 부여(궁남지, 중정리, 송국리, 정암리), 서천(옥남리) 자료는 8개소 17기가 있다. 이후 청주 오송유적(2·4지점)에서 8기, 진천 송두리유적에서 16기가 추가되어 현재 25개소 102기로 파악된다(양수현, 2019, 「3~5세기 금강유역 토기가마 성격 연구」, 단국대학교 석사학위논문, 5쪽).
10) 서승현(2020)의 연구에서는 20개소 54기로 되어 있는데, 이후 파주 동패동·목동동유적에서 2기, 파주 축현리유적에서 9기가 추가되어 현재 22개소 65기로 파악된다(서승현, 2020, 「서울·경기지역 원삼국~백제 한성기 토기가마 연구」, 고려대학교 석사학위논문, 3쪽).
11) 崔秉鉉 외, 2006, 『鎭川 三龍里·山水里 土器 窯址群』, 韓南大學校中央博物館.
12) 姜아리, 2009, 「漢城百濟時代 大甕 가마 研究-화성 청계리 大甕 가마를 중심으로-」, 檀國大學校 碩士學位論文.
13) 朴顯俊, 2013, 「百濟 土器窯址에 대한 研究-安城 兩邊里 遺蹟으로 中心으로-」, 公州大學校 碩士學位論文.
14) 배선주, 2013, 「경기지역 한성백제의 토기가마에 대한 연구」, 서울여자대학교 석사학위논문; 하태곤, 2019, 「백제 한성기 토기요지 연구」, 동양대학교 석사학위논문.
15) 서승현, 2020, 「서울·경기지역 원삼국~백제 한성기 토기가마 연구」, 고려대학

교 석사학위논문.

16) 鄭修鈺, 2018, 「漢城期 百濟土器의 生産과 流通 및 使用에 대한 研究」, 高麗大學校 博士學位論文.

17) 崔秉鉉, 1990, 「鎭川地域 土器窯址와 原三國時代土器의 問題」, 『昌山 金正基博士 華甲 記念論叢』; 류기정, 2006, 「분기와 연대분석」, 『鎭川 三龍里·山水里 土器 窯 址群』, 韓南大學校中央博物館.

18) 金珍詠, 2015, 「鎭川 三龍里·山水里 土器가마 研究」, 嶺南大學校 碩士學位論文.

19) 崔卿煥, 2010, 「錦江 流域 百濟 土器窯址의 構造와 生産體制에 대한 一研究」, 『韓 國考古學報』 76.

20) 양수현, 2019, 「3~5세기 금강유역 토기가마 성격 연구」, 단국대학교 석사학위 논문.

21) 박수현, 2001, 「湖南地方 土器窯址에 關한 一試論」, 『研究論文集』 第1號, 호남문 화재연구원.

22) 이정호, 2003, 「호남지방의 토기요 : 삼국시대 토기요를 중심으로」, 『한국상고 사학회 학술발표대회-도자(陶瓷)고고학을 향하여』 제29회, 한국상고사학회.

23) 顧幼靜, 2005, 「한국경질토기의 기원연구 -가마를 중심으로-」, 全南大學校 碩士 學位論文.

24) 李志暎, 2008, 「湖南地方 3~6世紀 土器가마 變化像 研究」, 全北大學校 碩士學位論文; 정일, 2008, 「광주 행암동유적을 통해 본 백제시대 토기가마 -5~6세기를 중심 으로-」, 『제58회 백제연구 공개강좌 발표요지문』, 충남대학교백제연구소; 金才 喆, 2011, 「韓國 古代 土器窯 變遷 研究」, 慶北大學校 碩士學位論文.

25) 李知泳, 2012, 「光州 杏岩洞 土器가마의 編年과 變遷」, 全北大學校 碩士學位論文; 李志暎, 2014, 「영산강유역 옹관 생산의 단계별 특징과 전문화의 의미」, 『古文 化』 84, 한국대학박물관협회.

26) 정일, 2009, 「호남지역 마한토기의 생산과 유통」, 『호남고고학에서 바라본 생 산과 유통』, 제17회 호남고고학회 학술대회, 호남고고학회; 김영희, 2014, 「삼 국시대 토기가마를 통해 본 생산·유통 구조 -영산강유역을 중심으로-」, 『중앙 고고연구』 제14호, 중앙문화재연구원.

27) 李志暎, 2015, 「삼국시대 토기가마의 축조기술 검토」, 『고문화』 86, 한국대학박 물관협회.

28) 김은정, 2013, 「호남지역 원삼국~삼국시대 토기가마의 조업방식 연구」, 『古文 化』 82, 한국대학박물관협회.

29) 이정민, 2019, 「전남지역 마한·백제 토기가마 변천과 파급」, 『東아시아古代學』

53, 東아시아古代學會.

30) 徐賢珠, 2019, 「土器 生産遺蹟으로 본 古代 榮山江流域」, 『湖西考古學』 42, 호서고고학회.

31) 李志映, 2021, 「榮山江流域 三國時代 土器의 生産과 流通 研究」, 木浦大學校 博士學位論文.

32) 김슬애, 2022, 「한반도 남부 삼국시대 토기 생산체계」, 慶北大學校 碩士學位論文.

33) 호남지역에서 생산유적으로 가장 규모가 큰 것은 나주 오량동유적이다. 오량동유적은 77기의 가마와 공방 등 옹관 생산 관련 시설이 확인되어 그중 가마 25기에 대한 조사가 이루어졌다. 가마 내부에서 토기가 일부 확인되었지만 대부분 옹관편들이 확인되었기 때문에 옹관 전용가마라고 할 수 있다. 옹관가마는 소성시 옹관의 크기와 두께를 고려하여 축조되었기 때문에 토기가마와는 구조적인 면에서 차이가 있으므로 이 글에서는 제외하였다.

34) 中部考古學研究所, 2023, 『坡州 枢峴里 遺蹟』.

35) 중앙문화재연구원, 2020, 『진천 송두리유적』.

36) 충청북도문화재연구원, 2015, 『청주 오산리유적』.

37) 鄭一·李知泳, 2011, 『光州 杏岩洞 土器가마』, (財)全南文化財研究院.

38) 馬韓文化研究院, 2014, 『羅州 新道里 道民洞Ⅰ·新平Ⅱ유적』.

39) 宮崎泰史, 1995, 「第Ⅱ章 窯迹の分布」, 『泉州における遺跡の調査Ⅰ-陶邑Ⅷ』, 大阪府教育委員會.

40) 木下亘, 2016, 「日本古墳時代の土器窯と須恵器製作技術の發展」, 『고대 전남지역 토기제작기술의 일본 파급 연구』, (사)왕인박사현창협회, 104쪽.

41) 植野浩三, 2010, 「馬韓·百濟의 土器窯와 日本 須恵器窯의 比較研究」, 『百濟研究』 51, 51~52쪽.

42) 藤原學, 2013, 「일본 스에키(須恵器) 가마의 구조와 특질 -복원 소성 실험의 성과를 바탕으로-」, 『대형옹관 생산과 유통 연구의 현황과 과제』 제6회 고대옹관 국제학술심포지엄, 국립나주문화재연구소, 86쪽.

43) 龜田修一, 2008, 「播磨出合窯跡の檢討」, 『岡山理科大學埋蔵文化財研究論集』, 岡山理科大学埋蔵文化財研究会.

44) 酒井清治, 2004, 「須恵器生産のはじまり」, 『國立歴史民俗博物館研究報告』 110; 植野浩三, 2010, 「馬韓·百濟의 土器窯와 日本 須恵器窯의 比較研究」, 『百濟研究』 51, 56~57쪽.

45) 植野浩三, 1998, 「五世紀後半代から六世紀前半代における須恵器生産の擴大」, 『文化財學報』 16.

46) 橋口達也, 1990,「須惠器」,『日本考古學協會1990年度大會研究發表要旨』.

47) 초기 스에키가마에 대한 설명은 아래 논문들에서 논문을 발췌하여 소개하였다. 木下亘, 2018,「일본 열도의 초기 스에키 생산」,『가야고분군IV』가야고분군 연구총서 5권, 가야고분군세계유산등재추진단; 박승규, 2019,「4~5세기 가야 토기의 변동과 초기스에키의 생산」,『가야와 왜의 토기 생산과 교류』2019년 가야사 기획학술심포지엄 자료집, 국립가야문화재연구소; 최영주, 2020,「일 본 긴키지역의 생산유적으로 본 백제계 도래인의 정착양상」,『역사학연구』77, 호남사학회.

48) 大阪府教育委員会·㈶大阪府埋蔵文化財協会, 1995,『陶邑·大庭寺遺跡IV』.

49) 大阪府教育委員会, 1978,「陶邑III」,『大阪府文化財調査報告書』.

50) 吹田市教育委員会, 1986,「吹田32号須恵器窯跡」,『昭和60年度 埋蔵文化財緊急発掘調査概報』.

51) 大阪府教育委員会, 1978,「陶邑III」,『大阪府文化財調査報告書』.

52) 大阪府教育委員会, 1978,「陶邑III」,『大阪府文化財調査報告書』.

53) 大阪府教育委員会·大阪府埋蔵文化財協会, 1994,『野々井西·ON231号窯跡』.

54) 市川創, 2010,「上町谷1·2号窯」,『地域発表及び初期須恵器窯の諸様相』, 大阪朝鮮考古学研究会.

55) 信太山遺跡調査団濁り池窯址班, 1999,『濁り池須恵器窯址』.

56) 馬韓文化研究院, 2014,『羅州 新道里 道民洞 I ·新平 II 유적』, 1030쪽.

57) 박승규, 2019,「4~5세기 가야토기의 변동과 초기스에키의 생산」,『가야와 왜 의 토기 생산과 교류』2019년 가야사 기획학술심포지엄 자료집, 국립가야문화 재연구소, 91쪽.

58) 木下亘, 2018,「일본 열도의 초기 스에키 생산」,『가야고분군IV』가야고분군 연구총서 5권, 가야고분군세계유산등재추진단, 269쪽.

59) 植野浩三, 2010,「馬韓·百濟의 土器窯와 日本 須恵器窯의 比較研究」,『百濟研究』 51, 55쪽.

〈참고문헌〉

〈단행본〉

馬韓文化研究院, 2014,『羅州 新道里 道民洞Ⅰ·新平Ⅱ유적』.

鄭一·李知泳, 2011,『光州 杏岩洞 土器가마』, (財)全南文化財研究院.

中部考古學研究所, 2023,『坡州 杻峴里 遺蹟』.

중앙문화재연구원, 2020,『진천 송두리유적』.

崔秉鉉 외, 2006,『鎭川 三龍里·山水里 土器 窯址群』, 韓南大學校中央博物館.

충청북도문화재연구원, 2015,『청주 오산리유적』.

大阪府教育委員会, 1978,「陶邑Ⅲ」,『大阪府文化財調査報告書』.

大阪府教育委員会·大阪府埋蔵文化財協会, 1990,『陶邑·大庭寺遺跡Ⅱ』.

大阪府教育委員会·大阪府埋蔵文化財協会, 1993,『陶邑·大庭寺遺跡Ⅲ』.

大阪府教育委員会·大阪府埋蔵文化財協会, 1994,『野々井西·ON231号窯跡』.

大阪府教育委員会·(財)大阪府埋蔵文化財協会, 1995,『陶邑·大庭寺遺跡Ⅳ』.

信太山遺跡調査団濁り池窯址班, 1999,『濁り池須恵器窯址』.

窯跡研究會 編, 2010,『古代窯業の基礎研究 -須恵器窯の技術と系譜-』, 眞陽社.

中村 浩, 1981,『和泉陶邑窯の研究』, 柏書房.

中村 浩, 2023,『泉北丘陵に広がる須恵器窯』, 新泉社.

〈논문〉

姜아리, 2009,「漢城百濟時代 大甕 가마 研究-화성 청계리 大甕 가마를 중심
　　으로-」, 檀國大學校 碩士學位論文.

顧幼靜, 2005,「한국경질토기의 기원연구 -가마를 중심으로-」, 全南大學校
　　碩士學位論文.

김슬애, 2022, 「한반도 남부 삼국시대 토기 생산체계」, 慶北大學校 碩士學位論文.

김영희, 2014, 「삼국시대 토기가마를 통해 본 생산·유통 구조 -영산강유역을 중심으로-」, 『중앙고고연구』 제14호, 중앙문화재연구원.

김은정, 2013, 「호남지역 원삼국~삼국시대 토기가마의 조업방식 연구」, 『古文化』 82, 한국대학박물관협회.

金才喆, 2011, 「韓國 古代 土器窯 變遷 研究」, 慶北大學校 碩士學位論文.

金珍詠, 2015, 「鎭川 三龍里·山水里 土器가마 硏究」, 嶺南大學校 碩士學位論文.

藤原學, 2013, 「일본 스에키(須惠器) 가마의 구조와 특질 -복원 소성 실험의 성과를 바탕으로-」, 『대형옹관 생산과 유통 연구의 현황과 과제』 제6회 고대옹관 국제학술심포지엄, 국립나주문화재연구소.

류기정, 2006, 「분기와 연대분석」, 『鎭川 三龍里·山水里 土器 窯址群』, 韓南大學校中央博物館.

李志暎, 2008, 「湖南地方 3~6世紀 土器가마 變化像 研究」, 全北大學校 碩士學位論文.

李知泳, 2012, 「光州 杏岩洞 土器가마의 編年과 變遷」, 全北大學校 碩士學位論文.

李志暎, 2014, 「영산강유역 옹관 생산의 단계별 특징과 전문화의 의미」, 『古文化』 84, 한국대학박물관협회.

李志暎, 2015, 「삼국시대 토기가마의 축조기술 검토」, 『고문화』 86, 한국대학박물관협회.

李志映, 2021, 「榮山江流域 三國時代 土器의 生産과 流通 研究」, 木浦大學校 博士學位論文.

李勳, 1997, 「瓦窯의 構造形式 變遷」, 公州大學校大學院 碩士學位論文.

木下亘, 2018, 「일본 열도의 초기 스에키 생산」, 『가야고분군Ⅳ』 가야고분군 연구총서 5권, 가야고분군세계유산등재추진단.

木下亘, 2016, 「日本古墳時代の土器窯と須惠器製作技術の發展」, 『고대 전남지역 토기제작기술의 일본 파급 연구』, (사)왕인박사현창협회.

박수현, 2001, 「湖南地方 土器窯址에 關한 一試論」, 『研究論文集』第1號, 호남문화재연구원.

박승규, 2019, 「4~5세기 가야토기의 변동과 초기스에키의 생산」, 『가야와 왜의 토기 생산과 교류』 2019년 가야사 기획학술심포지엄 자료집, 국립가야문화재연구소.

朴顯俊, 2013, 「百濟 土器窯址에 대한 硏究-安城 兩邊里 遺蹟으로 中心으로-」, 公州大學校 碩士學位論文.

배선주, 2013, 「경기지역 한성백제의 토기가마에 대한 연구」, 서울여자대학교 석사학위논문.

서승현, 2020, 「서울·경기지역 원삼국~백제 한성기 토기가마 연구」, 고려대학교 석사학위논문.

徐賢珠, 2019, 「土器 生産遺蹟으로 본 古代 榮山江流域」, 『湖西考古學』 42, 호서고고학회.

植野浩三, 2010, 「馬韓·百濟의 土器窯와 日本 須惠器窯의 比較研究」, 『百濟研究』 51.

양수현, 2019, 「3~5세기 금강유역 토기가마 성격 연구」, 단국대학교 석사학위논문.

이상준, 2008, 「토기가마(窯) 조사·연구 방법론」, 『한국매장문화재 조사연구방법론』 4, 국립문화재연구소.

이정민, 2019, 「전남지역 마한·백제 토기가마 변천과 파급」, 『東아시아古代學』 53, 東아시아古代學會.

이정호, 2003, 「호남지방의 토기요 : 삼국시대 토기요를 중심으로」, 『한국 상고사학회 학술발표대회-도자(陶瓷)고고학을 향하여』 제29회, 한국상 고사학회.

任孝宰·金秉模, 1965, 「望星里 新羅窯址調査」, 『一山金斗鐘博士稀壽紀念論文 集』, 探求堂.

鄭修鈺, 2018, 「漢城期 百濟土器의 生産과 流通 및 使用에 대한 硏究」, 高麗大 學校 博士學位論文.

정일, 2008, 「광주 행암동유적을 통해 본 백제시대 토기가마 -5~6세기를 중심으로-」, 『제58회 백제연구 공개강좌 발표요지문』, 충남대학교백제 연구소.

정일, 2009, 「호남지역 마한토기의 생산과 유통」, 『호남고고학에서 바라본 생산과 유통』, 제17회 호남고고학회 학술대회, 호남고고학회.

崔卿煥, 2010, 「錦江 流域 百濟 土器窯址의 構造와 生産體制에 대한 一硏究」, 『韓國考古學報』 76.

崔卿煥, 2010, 「百濟 土器窯址에 대한 硏究」, 忠南大學校大學院 博士學位論文.

崔夢龍·崔秉鉉 編, 1988, 『百濟時代의 窯址硏究』, 文化財管理局.

崔秉鉉, 1990, 「鎭川地域 土器窯址와 原三國時代土器의 問題」, 『昌山 金正基博 士華甲記念論叢』.

崔秉鉉, 1990, 「鎭川地域 土器窯址와 原三國時代土器의 問題」, 『昌山金正基博 士回甲記念論叢』.

최영주, 2020, 「일본 긴키지역의 생산유적으로 본 백제계 도래인의 정착양 상」, 『역사학연구』 77, 호남사학회.

하태곤, 2019, 「백제 한성기 토기요지 연구」, 동양대학교 석사학위논문.

橋口達也, 1990, 「須惠器」, 『日本考古學協會19990年度大會硏究發表要旨』.

龜田修一, 2008,「播磨出合窯跡の検討」,『岡山理科大学埋蔵文化財研究論集』, 岡山理科大学埋蔵文化財研究会.

宮崎泰史, 1995,「第Ⅱ章 窯迹の分布」,『泉州における遺跡の調査Ⅰ-陶邑 Ⅷ』, 大阪府教育委員會.

市川創, 2010,「上町谷1・2号窯」,『地域発表及び初期須恵器窯の諸様相』, 大阪 朝鮮考古学研究会.

植野浩三, 1998,「五世紀後半代から六世紀前半代における須恵器生産の擴 大」,『文化財學報』16.

酒井清治, 2004,「須恵器生産のはじまり」,『國立歴史民俗博物館研究報告』 110.

吹田市教育委員会, 1986,「吹田32号須恵器窯跡」,『昭和60年度 埋蔵文化財緊 急発掘調査概報』.

〈그림 출전〉

〈그림 5〉 서승현 2020

〈그림 6〉 양수현 2019

〈그림 7, 8〉 李志映 2021

〈그림 9〉 中部考古學硏究所 2023

〈그림 10〉 중앙문화재연구원 2020

〈그림 11〉 충청북도문화재연구원 2015

〈그림 12〉 鄭一·李知泳 2011

〈그림 13〉 馬韓文化硏究院 2014

〈그림 14〉 大阪府教育委員会·大阪府埋蔵文化財協会 1990(좌), 大阪府教育委員会·大阪府埋蔵文化財協会 1993(우)

〈그림 15〉 中村 浩 2023

〈그림 16〉 센보쿠 스에무라 자료관 2013

〈그림 17〉 龜田修一 2008

〈그림 18〉 藤原學 2013

〈그림 19〉 植野浩三 1998

〈그림 20〉 大阪府教育委員会·㈶大阪府埋蔵文化財協会 1995

〈그림 21〉 이치스카유적 2013(좌), 大阪府教育委員会 1978(우)

〈그림 22〉 吹田市教育委員会 1986

〈그림 23〉 窯跡硏究會 編 2010(좌), 大阪府教育委員会·大阪府埋蔵文化財協会 1994(우)

〈그림 24〉 中村 浩 1981

〈그림 25〉 馬韓文化硏究院 2014

제IV장
종 장

왕인박사 시기 한·일 교류 고고학의 연구 성과 / 임영진

왕인박사 시기 한·일 교류 고고학의 연구 성과

임영진 _ 마한연구원

1. 머리말

고대 한반도와 일본열도 사이에는 인적, 물적 교류가 많았지만 대부분은 한반도에서 일본열도로 향하는 것이었다. 고대 한반도와 일본열도 사이의 문물 교류에는 주민의 이동이 수반되는 경우가 많았기 때문에 다양한 관점에서 조망할 필요가 있다. 관련 기록이 얼마간 남아있는 경우에는 고고학 자료와 함께 구체적인 실상을 밝혀 나가기가 쉽겠지만 관련 기록이 거의 없다면 고고학 자료를 중심으로 추정해야 하는 어려움이 있다.

고고학적으로 보아 일본열도에서 특히 주목되는 시기는 4세기 말에서 5세기 초에 사이에 나타났던 물질문화의 변화이다. 스에키(須惠器)라 불리는 새로운 경질토기와 함께 마구를 비롯하여 갑옷과 투구, 금동제장식구 등 다양한 금속제품들이 나타나기 시작한 것이다. 이 시기의 이와 같은 변화의 배경에는 가야 지역에서 건너 온 이주민이 있는 것으로 인식되어 왔다. 문헌사 분야에서는 『일본서기』의 4세기 후반으로 추정하는 백제와 왜의 통교 기사를 중시하는 경향이 있다.

고고학적으로 보면 일본열도에 백제 문물이 나타나기 시작한 것은 5세기 후엽의 기나이(畿內) 지역이며 초기에는 그다지 큰 비중을 차지한 것도 아니었다. 고대 일본열도에서는 여러 지역 세력들에 의해 각각 독자적으로 한반도의 신문물들이 도입되어 왔는데 지리적으로 가까운 규슈(九州) 지역이 기나이를 비롯한 다른 지역보다 시기적으로나 내용적으로 더 앞선 편이었다. 게다가 그동안 일본에서 막연하게 백제 문물로 인식되어 왔던 고고학 자료 가운데 백제가 아닌 마한에 해당하는 것들이 하나하나 구분되어나가고 있다.

지금까지 한국에서는 일본에서 출토되는 백제 관련 유적, 유물에 대해 종합적인 조사를 시행해오면서 마한과 관련된 자료는 따로 구분하지 않고 백제에 포함시키는 것이 일반적이었다.[1] 이는 마지막 마한 지역인 전남 일대가 4세기 중엽 백제에 병합되었다고 보는 기존의 인식에 따른 것이다. 하지만 마지막 마한 지역은 6세기 초까지 독자적인 세력을 유지하였음이 밝혀지고 있는 만큼[2] 영산강유역을 중심으로한 마지막 마한 관련 고고학 자료는 새로운 관점에서 해석해 나가야 할 것이며 이는 왕인박사와 관련된 문제들을 풀어내는 실마리이기도 하다.

왕인박사의 도일과 그에 따른 신문물의 파급은 일본의 『고사기』와 『일본서기』에 기록되어 있는 역사적 사실로서 광범위한 한일 교류사 가운데 가장 대표적인 사례로 인정되고 있지만 관련된 문헌 기록의 부족으로 인하여 충분한 연구가 이루어지지 못하고 있다. 이 글에서는 고고학 자료를 중심으로 왕인박사 시기의 한일 교류상을 살펴봄으로써 왕인박사에 대한 이해의 폭을 넓혀 보고자 한다.

2. 일본열도 마한·백제 관련 자료

1) 주거와 취사

고대 일본열도에서 이루어진 생활문화의 변화 가운데 가장 대표적인 것은 주거와 취사이다. 이와 관련된 자료 가운데 부뚜막을 갖춘 4주식(四柱式) 주거지와 벽주건물(壁柱建物)의 출현은 주민의 이주와 관련된 것이어서 특히 주목된다. 한반도에서 사주식 주거지가 유행한 지역은 충청~전라에 걸친 마한 지역이며 벽주건물이 성행한 지역은 공주와 부여 등 백제 중심지역이다.

규슈 후쿠오카(福岡) 니시진마찌(西新町) 유적의 3세기 후반경의 주거지에서는 점토로 만든 부뚜막과 충청~전라지역 마한계 토기들이 조사되었다. 5세기 중엽~6세기 초 후쿠오카 요시다케(吉武) 유적에서는 마한계 자

〈그림 1〉 후쿠오카 쯔간도우(塚堂) 9호 주거지

〈그림 2〉 미꾸모 출토 조족문토기

료가 집중되는데 기존 니시진마찌 유적을 대체한 새로운 교역 거점이 된 증거로 추정되며, 이도국(伊都國)의 거점 취락에 해당하는 마에바루(前原市) 미꾸모(三雲) 유적에서 출토된 조족문토기 등은 마한 이주민의 정착을 말해 준다.[3]

기나이지역에서도 야요이시대(彌生時代) 종말기부터 부뚜막 주거지가 보이며 5세기대부터 방형 평면의 사주식 주거지에 점토로 만든 부뚜막이 많아진다. 오사카부(大阪府) 시조나와테시(四條畷市) 시토미야키타(蔀屋北) 유적에서 조사된 부뚜막 주거지와 아궁이틀을 비롯한 여러 유물들은 인근 오사카부 네야가와시(寝屋川市) 찌요호지(長保寺) 유적과 함께 이 유적들의 형성이 말 목장 운영과 관련되어 있음을 말해주고 있다.

5세기 이후 기나이지역에서는 벽주건물이 백제계 유물과 함께 나타나

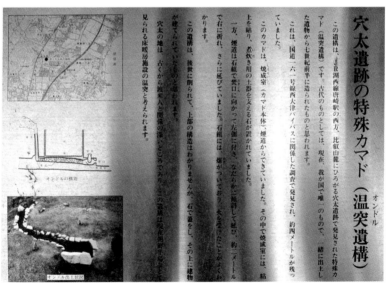

〈그림 3〉 오쯔시(大津市) 아노우(穴太) 유적 온돌 유구 안내판

고 있다.[4] 벽주건물은 공주 공산성·정지산·안영리, 부여 화지산·군수리, 익산 신동리 등지에서 백제 웅진기와 사비기를 중심으로 사용되었기 때문에 일본열도 벽주건물은 백제인의 진출과 관련된 것으로 추정된다. 벽주건물에는 부뚜막이나 쪽구들이 딸린 경우가 많은데 쪽구들은 조리용 부뚜막에 난방 기능이 더해진 초기 온돌에 해당하는 것이며[5] 시가(滋賀) 지역 온돌 유구는 벽주건물과 관련되었을 가능성이 높다.[6]

아궁이틀은 부뚜막 입구를 장식한 토제품인데[7] 한반도에서는 서울·경기·충청·전라 등 마한·백제권에서 집중적으로 출토되고 있다. 일본열도에서는 나라(奈良) 나가마찌니시(中町西) 유적, 오사카부 네야가와시 찌요호지 유적 등 한반도식 토기가 출토되는 기나이 유적에서 집중적으로 출토되고 있기 때문에 마한·백제계 이주민들이 많았음을 말해준다.

아궁이틀은 ∩형과 ∏형의 두 가지로 나눌 수 있는데 ∏형은 주로 서울·경기 지역에 분포하고, ∩형은 주로 충청·전라 지역에서 확인된다. 아궁이

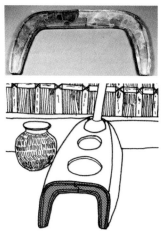

〈그림 4〉 시토미야키타 아궁이틀

〈그림 5〉 오쯔시 출토 이동식 부뚜막

틀의 종류는 아궁이의 형태나 부뚜막 구조와 관련된 것으로서 서울·경기지역 부뚜막은 돌을 이용하여 만든 것이 많고, 충청·전라지역은 점토를 이용한 것이 많은데 기나이지역은 후자가 대부분이어서 충청·전라지역 마한·백제계 주민들의 이주와 관련된 것임을 알 수 있다.[8]

이동식 부뚜막은 주로 고분 부장품으로 이용되었다. 대부분 기나이지역에서 출토되는데 가장 이른 시기에 해당하는 것은 고훈시대(古墳時代) 전기에 해당되는 나라현 도몬도히가시(伴堂東) 유적 출토품이다. 고훈시대 중기에는 나라와 오사카의 한반도계 유물이 많이 출토되는 지역에 집중되고, 후기에는 출토 범위가 확대되어 간토(關東) 지역에서도 출토된다. 용도는 일상적인 조리기와 제기로 구분되는데 905년에 완성된 『연희식(延喜式)』에서 이동식 부뚜막을 지칭하는 "한조(韓竈)"가 빈번하게 나오는 것을 보면 제기적 성격도 지속되었음을 알 수 있다.[9]

일본열도에 새로 등장한 부뚜막은 기존 주거지의 난방체계를 바꾸었을 뿐만 아니라[10] 부뚜막 시설과 연계된 다양한 조리용기는 음식문화에도 커다란 변화를 주었다. 특히 시루는 죠몽시대부터 수천 년간 지속되었던 끓이는 조리법에 찌는 조리법이 추가되었음을 말해 준다.[11]

2) 묘제와 장제

묘제는 여러 지역에서 여러 시기에 걸쳐 사용되었던 다양한 무덤들을 구조적 특징을 중심으로 구분한 것이다. 이는 죽은 사람을 안치하는 과정에서 이루어지는 여러 가지 의례를 행위 특징에 따라 구분하는 장제와 다르다. 하지만 묘제와 장제는 서로 별개의 것이 아니라 밀접하게 연계되어 있으면서 지역에 따라 차이가 있는 한편 시대에 따라 함께 변화하는 경향이 있다. 지역과 시대에 따라 사후 세계에 대한 인식, 죽은 사람에 대한 인식이 다르기 때문이다.

가장 일반적인 묘제는 거주 지역에서 그다지 멀지 않은 땅을 골라 시신을 안치하는 토장이지만 이 역시 구체적인 방식에 있어서는 시대와 지역에 따라 차이가 있다. 가장 큰 차이는 지하에 구덩이를 파고 시신을 묻는 방식과 지상에 흙을 쌓고 그 안에 시신을 담는 방식의 차이인데 전자는 토광묘(土壙墓), 후자는 분구묘(墳丘墓)라 구분한다. 또한 1인이 매장되는 단장묘와 2인 이상의 가족들이 시간차를 두고 추가되는 다장묘도 중요한 차이인데 매장주체시설의 구조에 있어 전자는 주로 수혈식(竪穴式), 후자는 주로 횡혈식(橫穴式)을 띠게 된다.

하나의 무덤에 2인 이상 매장되는 다장묘에는 순장묘도 포함될 수 있지만 순장묘는 신분이 다른 사람들을 동시에 매장하는 것이므로 혈연 관계를 가진 사람들을 시간차를 두고 추가 매장하는 일반적인 다장묘와는 구분된

〈그림 6〉 중국 저장성 춘추시대 석실묘, 베이징 한대 목실묘, 안후이성 삼국시대 전실묘(위부터)

다. 순장묘는 단장묘의 특별한 사례에 속하는 것이라고 할 수 있을 것이다.

동북아시아의 매장 방식을 통관하여 보면 구석기시대 이래 현대사회에 이르기까지 수혈식이 일반적이라 할 수 있다. 횡혈식 묘제는 중국 춘추시대에 강남지역에서 석실 분구묘로 시작되었다. 중원지역에서는 부부가 하나의 무덤에 각각 다른 토광을 파고 각자의 목관이나 목곽에 따라 매장되다가 전국시대 말에 하나의 토광에 하나의 목실을 만들어 함께 매장되기 시작하였다. 한나라 때에는 나무로 만든 목실묘가 벽돌을 사용한 전실묘로 바뀌면서 확산되었는데 돌이 풍부한 지역에서는 벽돌 대신 돌을 사용한 석실묘가 사용되기도 하였다.

목실이든 전실이든 석실이든 부부 합장이 가능하게 된 것은 밀폐되었던 기존 매장주체시설에 출입시설이 부가되었기 때문이다. 기존의 매장주체시설은 아무리 규모가 크다고 하더라도 일단 주인공이 안치되어 밀폐되면 다시 열기 어려운 수혈식 구조를 가졌지만 새로운 매장주체시설은 한쪽 벽에 출입시설을 설치함으로써 언제든지 추가장이 가능하도록 한 횡혈식 구조를 가졌기 때문이다. 이와 같은 횡혈식 실묘는 수혈식 곽묘와 달리 부부 합장뿐만 아니라 가족 합장도 가능하기 때문에 상대적으로 많은 노력을 들여 축조해야 함에도 불구하고 한나라 때부터 성행하기 시작하였다.[12]

(1) 분구묘

일본열도에서는 야요이시대부터 주구(周溝)를 갖춘 분구묘가 유행하였는데 규슈 북부에서 출현한 이후 기나이지역을 거쳐 전국적으로 파급되었다. 일본 분구묘의 기원 문제에 있어서는 중국 전국시대 진나라 무덤의 위구(圍溝)가 주목된 바 있다.[13] 그러나 진나라의 위구는 몇기의 무덤을 둘러싸거나 몇 개의 묘지를 둘러싼 경계 역할을 하는 것으로서 황(隍) 혹은 조

(兆)로 부르기도 하는 만큼 개별 고분이 가지고 있는 주구와는 구분되어야
할 것이다.[14]

　일본 분구묘의 기원에 있어서는 지리적으로 인접한 한국에서 찾아볼
필요가 있다. 보령 관창리, 익산 영등동 등지에서는 비교적 이른 시기의 분
구묘들이 조사되었는데 기본적인 구조에 있어 일본 초기의 분구묘와 동일
할 뿐만 아니라 효고(兵庫) 히가시무고(東武庫)[15] 유적을 비롯한 초기 분구
묘에서 한국 청동기시대 송국리 계통의 토기가 출토되고 있기 때문에 일본
분구묘의 기원이 한국
마한지역 분구묘에 있
을 가능성이 거론되기
도 한다.[16]

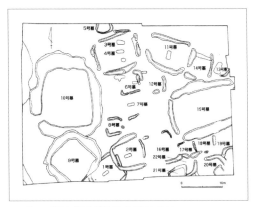

〈그림 7〉 일본 히가시무고 초기 분구묘

　다른 한편으로는
중국에서 신석기시대
만기부터 전국시대까
지 사용되었던 토돈묘
(土墩墓)가 주목되기도
한다. 토돈묘는 구조적
으로 분구묘와 상통하
면서 저장성(浙江省)에
서 산둥성(山東省)에 이
르는 황해 연안지역에
서 사용되었기 때문에
한국과 일본의 분구묘
와 관련되었을 가능성

〈그림 8〉 중국 산둥 토돈묘(土墩墓)

이 제기되고 있다. 최근에는 토돈묘가 한나라 때까지 사용되었다는 사실이 밝혀지면서 전국시대 이후의 토돈묘는 분구묘로 구분해 부를 필요가 있다는 견해도 나온 바 있다.[17]

일본 분구묘는 중국 토돈묘나 한국 분구묘와 무관하게 독립적으로 발생했을 가능성을 배제하기 어렵지만 황해를 끼고 있는 동북아시아 연안지역에서 시간적, 공간적, 내용적으로 일정한 특징을 보여주고 있는 만큼 중국, 한국, 일본의 분구묘를 보다 큰 시각에서 비교 연구해 나갈 필요가 있다.[18]

일본열도 고훈시대 가와찌(河內) 동북부에서는 오랫동안 분구묘가 성행하면서 다른 지역과 달리 횡혈식 석실묘를 찾아보기 어려운데 앞에서 살펴보았던 주거유적과 출토유물을 감안하면 당시 이 지역은 백제의 남하 과정에서 밀려났던 마한 남부지역 이주민과 관련되었기 때문인 것으로 추정된다.

(2) 횡혈식 석실묘

중국에서 시작되었던 횡혈식 묘제는 한국에서 삼국시대에 석실묘로 정착하면서 일본으로도 파급되었다. 고구려에서는 늦어도 4세기 초, 백제에서는 4세기 말, 가야에서는 5세기, 신라에서는 6세기부터 시작되어 지배세력의 대표적인 묘제가 되었다. 일본에서는 4세기 말 규슈 지역에서 시작되어 수혈식 석곽을 대체하면서 동일본으로 확산되어 나갔는데 기나이지역에서는 5세기 후엽경에 시작되고 있어 1세기 가량의 시차를 보여주고 있다.

한국과 일본의 지배세력 사이에서 널리 사용되었던 횡혈식 석실묘는 구조에 있어서나 부장품의 구성 등에 있어 중국의 경우와 크게 다르지 않기 때문에 확산 배경은 중국과 마찬가지였을 것으로 추정된다. 그것은 조상에

대한 인식의 변화, 생사관에
대한 변화라고 할 수 있지만
그러한 변화가 나타나는 시
간적 격차는 적지 않기 때문
에 다른 지역에서 횡혈식 석
실이 성행하기까지는 이를
수용할 수 있는 인식의 변화
가 필요하였음을 말해준다.

기나이지역에서 가장 빠
른 석실묘로는 가시와라(柏
原) 다카이다야마(高井田山)
고분을 들 수 있다. 그 기원
에 대해서는 규슈 지역으로
보기도 하지만 한국에서 직
접 파급된 것으로 보는 것이
일반적이다. 기나이지역 초
기 횡혈식 석실들이 귀화계
씨족의 거주지 및 한국과 관

〈그림 9〉 규슈 스키자키(鋤崎)고분 석실(위)과 기
나이다카이다야마 고분 석실(아래)

계가 깊은 씨족 거주 지역에서 주로 조사되고 있기 때문이다.[19]

기나이지역에서 확인되는 도래계 석실들은 인근 지역 도래계 취락과
연결된 예들이 많은데 도래계 취락은 일본열도에서는 보이지 않았던 벽주
건물을 비롯한 새로운 유형의 주거시설과 새로운 도구들, 특히 수공업과
관련된 도구나 시설들을 가지고 있는 경우가 많다.[20] 야마토(大和) 지역에
서 5세기 후엽부터 나타나는 벽주건물, 주거지, 한반도계 토기들과 가와찌

지역의 이동식 부뚜
막을 비롯한 한식계
토기, 말 관련 자료,
수리시설, 그리고 오
우미(近江) 지역의 초
석건물, 벽주건물, 온
돌 등이 그것이다.

<그림 10> 이지스카 B-7호 고분

기나이지역에서
도래계 석실묘가 도래계 주거유적과 공존하는 특징을 보여주는 것은 도래
초기 단계에 해당하기 때문이며 점차 변용되어 현지화된다. 오사카부 이찌
스카(一須賀) 고분군을 보면 일부 목관묘가 있지만 6세기 전반에서 7세기
전반에 해당하는 횡혈식 석실묘가 주류를 이루면서 모형취사구를 비롯한
한식계 유물로 미루어 한국에서 온 도래인들과 관련된 것으로 추정되고 있
는데 횡혈식 석실의 구조에 있어서는 초기의 도래계 특징이 점차 변화되는
과정을 잘 보여준다. 즉 기나이지역에서는 5세기 말 다카이다야마 횡혈식
석실이 파급된 뒤 6세기 전엽에는 여러 가지 유형이 혼재하다가 6세기 중~
후엽에는 기나이형 석실로 정착하고 있는 것이다.

3) 토기와 가마

고대 일본열도에 나타난 물질문화상의 가장 광범위한 변화는 경질토기
인 스에키의 제작이라고 할 수 있다. 지금까지 조사된 자료 가운데 가장 이
른 시기에 생산된 스에키는 오사카부 사카이시(堺市) 오바데라(大庭寺) 유적
에서 확인되었다. 이 유적에서는 가야토기와 상통하는 스에키들이 출토되
었고 그 시기가 4세기 말로 파악됨으로써 가장 이른 시기의 스에키로 인식

되고 있다. 인근 유적에서는 한반도계 취사 사용 토기들이 출토되고 있기 때문에 왜 왕권의 보호 아래 가야지역 도래인들이 스에키를 제작하기 시작하였다고 보고 있다.[21]

〈그림 11〉 오바데라 초기 스에키

　일본열도에서는 스에키가 제작되기 이전부터 마한과 관련된 토기들이 널리 사용되었는데 시기별, 지역별 변화상이 상세히 밝혀지고 있다.[22] 이중구연토기는 3세기를 중심으로 마한권에서 성행하였는데 후쿠오카 니시진마찌 유적 출토품이 대표적이다. 양이부호는 마한권을 포함한 남부지역에서 3~4세기에 흔하게 사용되었는데 쓰시마섬(對馬島) 도우노쿠비(塔ノ首) 2호 석관묘에서 출토된 것은 3세기에 해당하는 비교적 이른 시기의 경질계 양이부호이다. 4세기가 되면 니시진마찌 유적을 비롯하여 규슈 북부지역에서 집중적으로 출토되고 있다. 5세기에는 오바데라 유적을 비롯하여 오사카 일대에서 출토되었다.

　조족문토기는 3~4세기에 충청지역에서 성행하다가 4~5세기에 전북지역, 5~6세기에 전남지역에서 성행하였다. 일본열도에서는 5세기에 마에바루시(前原市), 이토시마시(系島市) 등 후쿠오카 일대에서 출토되고, 오사카 지역에서는 나가하라 유적, 야오미나미(八尾南) 유적 등지에서 출토되었다. 나가하라 유적에서는 시루·장동옹·심발 등 조족문이 시문된 토기 6점이 출토되었는데 5세기대 한반도계 이주민이 남긴 제사용 유물로 추정되고 있으며[23] 제방이나 저수지 등 치수 관련 사업에 참여했던 이주민들과 관련된 것으로 추정되기도 한다.[24]

호형토기는 규슈에서부터 기나이에 이르기까지 출토 예가 많으며 나라현 호시쯔카(星塚) 1호분에서 출토된 경질의 조족문토기 등 동체 일부가 찌그러진 것이 많은 편인데 이와 같은 호형토기는 영산강유역에서 흔히 찾아볼 수 있다.[25] 거치문토기는 마한권에서 성행한 것인데 후쿠오카 니시진마찌 유적, 이토시마시 신마찌(新町) 패총 등지에서 출토되었는데 신마찌 지역은 기원 2~4세기대의 중요한 항구였다.[26]

백제 삼족토기는 사가현(佐賀縣) 간자키시(神崎市) 노다(野田) 유적, 고배와 직구호는 후쿠오카현 미이군(三井郡) 니시모리다(西森田) 유적, 평저병은 나라현 가시와라시(橿原市) 니이사와센쯔카(新澤千塚) 281호분, 연통형토기는 오사카부 후시오(伏尾) 유적 등지에서 5세기 후반경부터 출토되었다.

고대 일본열도에서 스에키는 기존의 하지키(土師器)를 대체해 나갔는데 이는 한반도의 토기 기술이 파급된 결과였다. 일본에서는 스에키 생산 가마의 기원에 대해 일원론과 다원론이 거론되어 왔는데 일원론은 사카이시(堺市) 스에무라(陶邑) 가마에서 시작되어 일괄 생산된 스에키가 전국적으로 유통되었다는 것이고, 다원론은 규슈를 비롯한 여러 지역에서 개별적으로 한반도의 가마를 받아들였다는 것이다. 어떠한 견해이든지 한반도와의 관련성을 인정하는 것이지만 최근에는 초기 스에키 가마의 소성실 평면형태, 연소실 불턱 단 등에서 전남지역 토기가마와 많은 공통점을 갖고 있다는 사실이 확인되었다.[27]

4) 금속기와 옥기

일본열도 청동제품은 야요이시대부터 생산되었으며, 금공예품은 고훈시대 후기인 5세기 후반경부터 제작되기 시작하였으나 6세기대에도 여전히 수입품이 주류를 이루었다. 마형대구는 일본열도에서도 적지 않은 양이 보고되어 있지만 출토지가 정확한 것은 많지 않으며 사용 시기는 3세기가 중심이다. 한국에서는 천안 청당동 유적을 비롯한 아산만 일대에 집중되어 있고 충남 연기, 충북 청원·청주·충주, 경북 상주·영천·경주, 경남 김해 등지에서도 출토되고 있다.

금동관모는 구마모토현(熊本縣) 에다후나야마(江田船山) 고분을 비롯하여 오사카부 미네가츠가(峰ケ塚) 고분 등지에서 출토된 바 있다. 반구형 장식이 달린 것은 백제권의 일반적인 금동상투관과 상통해서 백제와의 관계 속에서 이해되고, 광대이산식관은 익산 입점리 1호분 출토품이나 함평 신덕 장고분 출토품과 상통해서 나주 신촌리 9호분 출토품을 원형으로 하였을 가능성이 제시되었다.[28] 금동신발은 에다후나야나 고분 출토품이 대표적인데 발등이 경사진 유형으로서 무령왕릉과 익산 입점리 1호분에서 출토된 것과 상통한데 마한·백제권 금동신발을 모델로 현지에서 제작되었을 가능성이 제기된 바 있다.[29]

에다후나야나 고분 출토 금동신발은 금동관모와 함께 구조와 문양이 백제 출토품과 큰 차이가 없기 때문에 백제에서 제공된 것으로 보는 것이 타당할 것이다. 특히 금동관모는 상투를 감싸는 것으로서 생전에 착용하였더라도 왕을 상징하는 금동관과 차이가 있기 때문에 직접지배, 간접지배, 세력권, 영향권을 불문하고 백제에서 그 주인공의 생전에 제공한 것이며, 금동신발은 직접지배, 간접지배, 세력권, 영향권을 불문하고 백제에서 그 주인공의 사후에 장송례품으로 제공한 것일 가능성이 높을 것이다.[30]

청동제 다리미는 오사카부 다카이다야마(高井田山) 고분에서 출토된 바 있는데 백제 무령왕릉 출토품과 대단히 흡사하면서 출토된 석실의 구조가

〈그림 12〉 다카이다야마 고분과 니이사와센쯔카 126호 고분 출토 다리미

백제 석실과 상통하기 때문에 그 피장자는 백제계 공방지를 관리하였던 백제 왕족에 해당하는 사람일 것으로 보고 있다.[31] 환두대도는 오사카부 가이보우쯔카(海北塚) 고분 출토품이 백제 무령왕릉 출토품과 유사하다.[32] 귀걸이는 에다후나야마 고분 출토품을 비롯하여 백제산으로 볼 수 있는 것들이 적지 않다.[33]

일본열도에서 제철이 이루어지기 시작한 시기에 대해서는 이견이 있지만 현재까지 조사된 제철로 가운데 가장 오래된 예는 6세기 후반에 해당하기 때문에 그 이전까지는 자체적으로 제철을 하지 못하였다고 보는 것이 일반적이다.[34] 3세기대 상황을 전하는 『삼국지』 위지 왜인전에 따르면 가야의 철을 수입하였다고 하며 4세기 말에 해당하는 가야계 철정 실물이 확인된 바 있다.

5세기 전반부터 무기와 무구에 있어 외래계로 인정되는 신기술이 적용되어 장검과 장도, 장방판혁철단갑이 생산되기 시작하였고 농공구 생산도 확대되었다. 이 가운데 장방판혁철단갑은 4세기 후반의 백제 기술이 수출되어 생산된 것으로 보고 있다.[35] 또한 무기의 생산과 통제는 기나이 정권과 일부의 지역 수장이 독점하면서 정치권력을 확대하였고, 농공구 등 일상생활과 관련된 철기의 생산과 수리는 개별 취락 내부에서 행해졌던 것으로 추정되고 있다.[36] 6세기 후반부터는 본격적인 제철이 이루어지지 시작하였던 것으로 추정되는데 각종 철기가 크게 변화하는 시기가 5세기 전반대라는 점에서 제철 작업이 그 시기부터 이루어졌다고 보기도 한다.[37]

고대사회 철기의 생산과 유통은 국가 권력과 밀접히 관련되어 있다. 일본열도에서는 4세기대까지 단야 관련 집단이 밝혀지지 못하고 있으며 5세기대에 들어와서 기나이지역에서 그 존재가 확인되고 있다. 대표적인 예는 가와찌 집단으로서 5세기대부터 왜 왕권의 주도 아래 본격적인 단야 집단이 전업적인 생산활동에 종사하였는데 가와찌지역 고분에서 출토되는 소형 취사구들은 그 주인공이 한반도 도래계임을 말해 주는 것으로 인식되고 있다.[38)]

　　한편 고대 일본열도의 옥은 한반도 영향이 강한 무덤에서 발견되고, 한반도계 이주민의 취락에서는 흔히 옥 공방이 발견되기 때문에 한반도 도래인에 의해 옥 공예품들이 제작되었을 것으로 추정되고 있다. 6세기 후반 이코마군(生駒郡) 후지노끼(藤ノ木) 고분의 은제 도금 구슬은 무령왕릉의 금제, 은제 구슬과 같은 형태이며, 함평 신덕 고분에서도 은제 공 모양의 구슬이 출토된 바 있다. 무령왕릉 출토 금박구슬과 상통하는 금박, 은박 구슬은 오사카 이찌스카 고분군에서 출토된 바 있고, 연리문 구슬은 니이자와센쯔카 126호분 등 일본의 수장급 무덤이나 한반도계 이주민 무덤에서 출토되고 있다.

〈그림 13〉 오사카 오가다(大縣)
단야공방 유적

〈그림 14〉 니이사와센쯔카 126호분
출토 유리 구슬

5) 말과 마구

일본열도에서 말과 관련된 자료는 나가시키현(長崎縣) 오하마(大浜) 유적에서 출토된 야요이시대 후기의 말이빨이 비교적 이른 편인데 『삼국지』 위지 왜인전을 보면 '그 땅에는 馬虎豹羊이 없다'는 기사가 있기 때문에 일본열도 말의 사육은 외부 영향 아래 이루어졌음을 짐작할 수 있다.

고훈시대 자료로는 오사카 가메이(龜井) 유적 출토 고훈시대 전기의 말

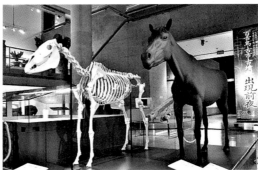

〈그림 15〉 시토미야키타 유적 전경과 목제등자, 복원된 말

이빨이 이른 편이고, 4세기 말~5세기 초 고분에서는 마구들이 출토되기 시작하기 때문에 이 시기부터 말을 승용하기 시작한 것으로 추정되고 있다. 이후 5세기 중엽경부터는 마구가 본격적으로 보급되기 시작하는데 이는 말의 현지 사육이 성공적으로 진행되었음을 말해준다.

5~6세기 취락인 오사카부 시조나와테시 시토미야기타 유적에서는 목제 등자와 안장, 제염토기, 이동식 부뚜막, 아궁이틀 등과 함께 최소 30개체에 달하는 말뼈가 출토되었는데 한반도 서남부와 관련된 말 사육 집단의 취락으로 판단되고 있다.[39] 이는 이 지역이 『일본서기』에 나오는 '河內の馬飼い(가와치 지역의 말목장)'에 해당함을 말해줄 것이다.

6) 조선 기술

고대 선박이 완형으로 출토된 사례는 한국과 일본 모두 찾아볼 수 없다. 일본에서는 오사카부 규호지(久寶寺) 유적에서 4세기대 준구조선의 일부가 발견되었는데 통나무를 파낸 선저부, 판재

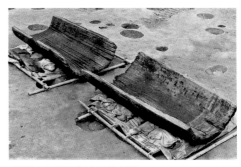

<그림 16> 찌요호지 우물 부재

측판, 선수부 혹은 선미부에 해당하는 것이다.[40] 네야가와시(寢屋川市) 찌요호지(長保寺) 유적에서는 준구조선의 부재가 우물에서 재활용된 상태로 출토되었는데 여러 고분에서 출토되는 배모양토기와 상통하는 구조를 가지고 있다.

배모양토기를 통해 추정할 수 있는 구체적인 배의 구조는 크게 2가지

<그림 17> 후지데라시(藤井寺市) 출토 배모양토기와 이를 본딴 시립평생학습관 전경

유형으로 구분된다.[41] 제1류는 속을 파낸 통나무 선체에 측판을 부가하고 선수와 선미에 기둥형 구조물을 가진 것이고, 제2류는 속을 파낸 통나무 선체에 측판을 부가하되 선수와 선미에는 기둥형 구조물이 없는 것이다. 당시 선박의 구조는 새김그림(線刻)을 통해서도 추정해 볼 수 있다.[42] 4세기 텐리시 히가시도노쯔카(東殿塚) 고분 출토 하니와에 나타난 선각을 보면 제1류와 제2류를 모두 확인할 수 있는데 깃발은 있지만 돛은 보이지 않는다.

한국의 배모양토기는 호림미술관소장품이 제1류, 호암미술관소장품이 제2류에 해당한다. 이와 같은 자료에 따르면 고대 한반도과 일본열도의 선박은 준구조선으로서 풍력보다는 인력으로 항해하였을 것으로 추정되고 있다.

7) 토목 기술

토목 사업에는 막대한 인력을 동원해야 하기 때문에 고대사회의 발전에 있어 대단히 중요한 의미를 가지고 있다. 토목 기술이 적용되는 사례는 치수 시설을 비롯하여 고분과 성곽 등이 대표적인데 일본열도에서는 야요이시대부터 토목 기술이 반영된 치수 시설들이 보인다.

효율적인 농경을 위해 하천에 축조되기 시작되었던 저수용 제방은 야요이시대 조기의 Ⅰ유형에서 중기의 Ⅱ유형을 거쳐 고훈시대에는 Ⅲ유형으로 발전하였는데 Ⅱ유형부터는 특별한 초본 부설층이 확인되고 있다. 토

<그림 18> 중국 안후이성 안펑탕

목 구조물에 나뭇잎, 나무껍질, 볏짚 등의 초본 부설층을 두는 것은 습하고
약한 지반을 보강하여 구조물의 안정성을 강화시키는 중요한 공법이다. 중
국 안후이성(安徽城)에 위치한 안펑탕(安豊塘)의 한대 추정 성토층에서 처음
확인되어 산초법(散草法)이라 명명되었는데[43] 일본에서는 부엽공법(敷葉工
法)이라 부르고 있다.

한국에서는 논산 마전리에서 청동기시대의 관개 시설이 조사되었고,
안동 저전리 1호와 2호 저수지가 청동기시대에 축조되었음이 밝혀진 바 있
다. 산초법은 보성 조성리 수리시설에서 기원전후경에 사용되었고 백제 초
기에는 서울 풍납토성에서 확인되어 중국에서 한국으로 도입된 다음 일본
으로 파급된 것으로 추정되고 있다.[44]

고대 수리 시설 가운데 대표격인 김제 벽골제는 백제 저수지로 알려져
있지만 논란이 남아 있다. 『삼국사기』에 따르면 김제 벽골제는 신라 흘해
왕 21년(330)에 축조되어 원성왕 7년(790) 증축되었다고 하지만 아직 정
확한 축조 시기와 축조 주체를 알기 어렵다. 고려시대 기록에 따르면 몽리

면적이 9,840결 15부에 달하고 있기 때문에 저수지로 보는 것이 일반적이지만[45] 해수 유입을 방지하는 방조제로서 경작지를 확보하기 위한 시설로 보기도 한다.[46] 삼국시대에 해수면이 지금보다 약간 더 높았던 시기가 있었던 점과 벽골제의 입지 환경을 감안한다면[47] 백제 한성기 말 즈음 방조제로 축조되었다가 후대에 일부분이 저수지로 전용되었을 가능성이 더 높을 것으로 판단된다.

오사카 가메이 유적의 둑은 5세기 말~6세기 초에 해당하는데 한국의 토목기술이 전래된 것이며[48] 오사카부 와니이케(王仁池)는 그 명칭에서 왕인박사와 관련되었음을 암시해준다. 나라현 난고우오히가시(南鄕大東) 유적의 소형 저수시설은 백제계 도래인과 관련되었을 가능성이 높다.[49] 잘 알려진 오사카부 사야마이케(狹山池)는 616년 백제의 토목기술로 축조되었다. 나라현 사쯔마(薩摩) 유적은 관개용 저수지로서 8세기에 축조되어 12세기경에 폐기된 것인데 '波多里長 檜前村主'가 축조하였음을 기록한 목간이 출토되어 '秦'씨의 본거지로 비정되고 있다. 또한 근처에 '檜隈' 지명과 '檜隈寺' 등이 있어 도래계 씨족인 '東漢'씨와 관련된 곳으로 알려져 있다.[50]

〈그림 19〉 사야마이케 제방 단면과 오사카 伝만다노쯔즈미(茨田堤)

고분 축조에 있어서도 분구가 무너지지 않고 유지되기 위해서는 다양한 기술이 필요하였다. 가장 대표적인 기술은 고분 기저부 외곽을 도너츠 형태로 축조한 다음 그 내부에 매장주체시설을 설치하고 나머지 부분을 성토하여 완성하는 방식이다. 이와 같은 방식은 서일본에서 흔히 찾아볼 수 있는데 한반도에서는 전남지역을 중심으로 확인된 바 있으며[51] 중국에서도 한대 토돈묘 가운데 그와같은 방식[預留式]을 찾아볼 수 있다.[52]

3. 고대 일본열도의 사회 변천 배경

1) 고대 사회 변천의 주요 요인

일본열도에서 죠몽시대가 끝나고 야요이시대가 시작되는 배경에는 한반도에서 파급된 농경문화가 큰 비중을 차지하였음이 잘 알려져 있다. 선사와 고대에 있어 인접 지역 사이에서 이루어진 영향의 배경에는 여러 요인이 있지만 고고학계에서는 흔히 교류라는 표현으로 포괄되어 왔다. 교류의 규모는 인구와 영역, 사회 복합도에 따라 차이가 있으며 교류의 배경은 정치적 관계에 따라 다양하다. 이에 비해 문헌사학계에서는 문헌에 반영된 정치적인 내용을 주제로 연구하는 것이 일반적이어서 흔히 교섭으로 표현되어 왔다.

고대 마한·백제지역과 일본열도의 관계에 대해서는 관련된 문헌자료가 많지 않기 때문에 일반적인 교류를 주제로 연구가 이루어지는 경향이 있지만 고고학 자료의 이동 배경은 특산물의 교역, 위신재의 사여, 의무적인 공납, 강압적인 약탈, 주민의 이주, 기술의 전수, 혼인 등 다양하다. 고대 마한·백제 지역과 왜 지역 사이에서 발생하였던 고고학 자료의 이동이나 변화의 배경을 이해하기 위해서는 해당 자료뿐만 아니라 그 담당자와 활동 목적 등을 종합하여 구분할 필요가 있으며 크게 다음과 같이 구분해 볼 수 있다.[53]

① 교섭(交涉)

교섭은 어떤 일을 이루기 위하여 상대편과 절충하는 것이다. 영어 negotiation, bargaining으로 표현되는 상당한 수준의 정치적 행위에 해당하는 것으로서 복합사회 형성 이후에 본격화되고 국가 형성 이후에는 외교로 표현될 수 있게 된다. 하지만 구체적인 문헌기록이 없으면 확인하기 어렵기 때문에 교섭과 관련된 고고학 자료라 하더라도 이를 입증하기는 쉽지 않다. 고대 영산강유역에서는 옹관을 매장주체로 한 토착적인 고분이 성행하는 가운데 비토착적인 수혈식 석곽이나 횡혈식 석실을 매장주체시설로 하는 새로운 고분들이 확인되고 있는데 이 가운데 5세기대에 왜계 수혈식 석곽을 가진 해안도서지역 고분들은 구조, 입지, 출토유물, 축조시기 등으로 보아 그 주인공은 외교적 교섭 속에서 일시적, 국지적으로 항해와 관련된 역할을 담당하였을 가능성이 높다.

② 교환(交換)

교환은 서로 바꾸거나 주고받는 것이다. 영어로는 흔히 교류로 번역되는 exchange나 interchange로 표현되지만 물건을 매매하여 서로 바꾸는 일, 혹은 재화의 교환무역을 의미하는 trade나 commerce와 같은 용어가 더 적합할 것이다. 마한·백제와 일본열도 왜 사이에 교환이나 교역이 이루어지기 위해서는 물품, 담당자, 장소 등 세가지 요소에 대한 검토가 필요하다. 물품의 경우에는 서로 필요한 것이어야 하므로 지역 특산물이나 선진

제품이 선호될 것이다. 담당자의 경우에는 전문적인 상인 외에도 개별 소비자가 있을 것이므로 구분되어야 할 것이다. 장소에 있어서는 양자의 중심지역뿐만 아니라 중개지역도 있을 것이다.

③ 모방(模倣)

모방은 다른 것을 보고 본뜨거나 본받는 것이며 영어 imitation, copy에 해당한다. 마한·백제와 왜 물품 가운데 서로 모방하였다고 판단되는 것이 적지 않으며 기술이나 아이디어를 모방하였다고 판단되는 것도 있다. 모방품은 원지역 물품과 기본적인 형태와 기능은 유사하지만 세부적인 문양, 재료, 제작법 등에서 차이가 나는 경우가 많고, 기술이나 아이디어의 모방역시 마찬가지이므로 정교한 분석을 거치지 않으면 구분해 내기 어렵다.

④ 이주(移住)

이주는 일정한 집단이 한 곳에서 다른 곳으로 옮겨 사는 것이다. 영어로는 migration과 emigration으로 구분되지만 이주 방향에 따른 것일 뿐이다. 이주의 배경과 규모는 다양하지만 크게 피난형, 개척형, 교역형으로 구분할 수 있다. 이주와 관련된 가장 특징적인 물질자료는 무덤이며 기타 권위나 계급을 상징하는 물품이나 일상 생활용품이 수반된다. 피난형 이주는 비교적 급하게 이주하는 것으로서 일반인은 원거주지와 관련된 물질자료를 남기기 어렵고 유력자라 하더라도 원거주지와 관련된 물질자료는 당대에 그치거나 2세대 정도에 국한될 뿐이다. 개척형 이주는 특별한 목적과 계획에 따라 자발적 혹은 강압적으로 이루어지는 집단 이주로서 원거주지와 관련된 물질자료가 수반된다. 교역형 이주는 교역에 편리한 지역에 일시적으로 이주하는 것이며 원거주지와 관련된 물질자료가 다수 수반된다.

2) 고대 일본열도의 사회 변천과 그 배경

(1) 시기별 변천 개요

① 야요이시대

고대 일본열도의 사회 변화 가운데 가장 중요한 것은 야요이시대 소국의 등장이라고 할 수 있다. 기원전후경에 나타나기 시작한 소국은 대규모 환호 취락을 중심으로 한 지역 정치체로서 수장층의 무덤에서는 세형동검, 다뉴세문경 등 한국계 청동기들이 출토되고 있다. 이는 『한서』나 『삼국지』 등에 나타나는 기사, '樂浪海中有倭人 分爲百余國'(한서), '邪馬台國 末盧國 伊都國 奴國'(삼국지) 등의 '國'과 관련된 것이다.[54]

2세기에는 소국 연합체가 등장한다. 환호 취락에서 수장층의 거주구역이 구분되고 있는데 요시노가리(吉野ヶ里) 유적이 대표적인 예일 것이며 기존의 소국 가운데 이도국(伊都國)과 노국(奴國)이 대두된다. 이도국에 해당하는 후쿠오카현 미쿠모(南小路) 유적의 1, 2호 무덤에서는 전한경, 유리벽

〈그림 20〉 복원된 요시노가리 유적

<그림 21> 사카이시 모즈(百舌鳥) 고분군 조감도

등 중국계 유물이 출토되었으며, 노국에서는 후한 광무제에 조공하고 인수를 받았다는 기사가 『후한서』에 보인다. 또한 일본열도에서는 2세기 후반경에 왜국대란(倭國大亂)이 일어났는데 대란 후 야마타이국(邪馬台國)의 히미코(卑彌呼)를 왕으로 추대하였고, 야마타이국은 요동지역 공손씨의 몰락후(239년) 대방을 경유하여 낙양의 위나라에 조공하였는데 위나라는 히미코를 친위왜왕(親魏倭王)으로 책봉하고 동경 100매 하사하였다는 기사가 『후한서』에 보인다.

② 고훈시대

3세기 중엽 고훈시대가 시작되면서 통일적 연합정권이 태동하였는데 이는 전국적으로 성행하였던 전방후원분을 통해 추정해 볼 수 있다. 전방후원분은 3세기 중엽경에 나타나며, 히미코 사후 '作大塚 徑百余步 殉葬百余人'이라는 『삼국지』 왜인전의 기록과 관련된 것으로 보고 있다. 초기의 전방후원분에서는 3종 신기[劍, 玉, 鏡]와 같은 제사장적 성격을 가진 유물들이 출토되는 한편 한경[內行花文鏡, 方格規矩四神鏡]과 삼국경[三角緣神獸鏡] 등의 중국 거울들이 나오다가 4세기 후반부터는 현지에서 제작된 방제경이 증가한다. 점차 정치, 문화의 중심지가 규슈 북부에서 기나이로 바뀌며, 4세기 후반 혹은 5세기 초로 추정되는 칠지도[奈良 石上神宮 소장]는 백제와의 공식 교류를 입증하는 자료이다. 특히 주목되는 것은 4세기 4/4분기에서 5세기 1/4분기에 걸쳐 오사카 오바데라(大庭寺) 유적에서 최초의 경질토기가 생산되기 시작하는 것이다.

5세기대에는 각지에서 지역정권이 발전하는데 기나이지역에 주호와 배총을 갖춘 거대한 전방후원분이 출현하는 한편 갑주, 마구 등 군사적 성격이 강한 유물들이 부장된다. 4세기 말~5세기 초의 무기와 마구는 가야 지역과 관련성이 높지만 조족문토기는 호서·호남지역 마한과 관련된 것이고 개배, 유공광구호 등은 호남지역 마한과 관련된다. 5세기 전반에는 금동장식구, 마구, 철정 등 신라산 유물도 파급되다가 5세기 후반에는 대가야산이 증가한다.

6~7세기에는 야마토정권이 전국을 통합하여 발전하면서 전방후원분을 비롯한 원분, 방분, 군집분, 횡혈묘 등 다양한 묘제가 나타난다. 금동제 무기와 마구 등 권위적 성격의 유물들이 부장되는데 6세기 초를 전후하여 한반도 물품이 대가야에서 백제로 바뀌지만 6세기 후반 후지노끼 고분 출토품 등 신라산도 나온다. 645년에는 대화개신(大化改新)이 이루어지고 646년에는 박장령(薄葬令)이 공포됨으로써 거대한 전방후원분 대신 원분이나 방분이 축조되고 부장품도 급감한다.

(2) 시기별 변천 배경

고대 일본열도의 사회 변화에 있어서는 한반도의 문물과 이주민의 역할이 중요하였다. 흔히 도래인으로 표현되는[55] 한반도 이주민들은 지리적인 인접성, 철의 생산·유통망, 스에키와 가야토기의 유사성 등을 근거로 초기에는 가야인이 많았다가 점차 백제인이 주류를 차지하였다는 견해가 오랜 기간 통설이 되어 왔다.

백제인의 도왜에 대해서는[56] 5세기 전후 고구려 광개토왕의 남정과 5세기 말 장수왕의 한성 침략이 그 배경으로 추정되고 있다. 광개토왕은 백제 진사왕 8년(392)에 백제를 공략하였고, 아신왕 5년(396) 58성 700촌을 획득하였는데, 백제 아신왕은 재위 6년(397)에 왜와 동맹을 맺고 태자 직지를 보낸 바 있다. 5세기 말에는 장수왕이 한성을 공략하여 백제는 웅진으로 천도하는 과정에서 일부 주민들의 도왜가 이루어진 것으로 보인다. 그러나 무엇보다도 660년 백제 멸망에 따른 유민들의 이주가 가장 큰 규모였던 것으로 알려져 있다.

백제계 주민의 일본열도 이주에 있어서는 백제의 공식적인 기술자 파견도 중요하다. 기록에 따르면 탁순을 매개로 왜와 접촉하였다는 『일본서기』 신공기 46년 이후 왕족의 파견을 비롯하여 여러 분야의 기술자 집단을 파견하였다고 하며 이를 바탕으로 교류사적인 정리가 이루어진 바 있다.[57] 다른 한편으로는 1990년대 후반 이후 호서, 호남지역의 생활유적 발굴조사가 급증하면서 마한지역과 관련된 사람들이 적지 않았다는 사실이 규명되고 있다. 일본열도에 정착한 백제계 주민들의 출신지역 및 이주의 계기는 매우 다양하였으며 그 가운데 영산강유역을 중심으로 한 마한계 이주민의 비중이 높아지고 있는 것이다.[58]

① 마한인의 이주

규슈 지역에서는[59] 5~6세기 宗像씨 일족의 묘지로 추정되는 후쿠오카 후쿠쓰시(福津市) 쯔야자끼(津屋崎) 고분군 일대의 생활유적에서 배수구가 부가된 주거지 등 마한계 자료가 많이 출토되었는데 쯔야자끼 고분군과 관련된 세력 아래 마한지역 이주민들이 들어온 것으로 추정되고 있다. 후쿠오카 반쯔카(番塚) 고분의 5세기 말 초장 목관과 6세기 초 추가장 목관은 모두 두꺼비모양의 장식금구를 달고 있고 조족문토기가 출토되어 백제계로 추정되고 있다. 6세기 초 구마모토 에다후나야마 고분 출토 개배는 전남지역과 관련될 가능성이 높고 6세기 전엽의 후쿠오카현 마에바루시 이노우라(井ノ浦) 고분과 6세기 중반경의 후쿠오카현 오고리시(小郡市) 하사고노미야(ハサコの宮) 2호분 출토 조족문계 토기, 6세기 중반~후반 후쿠오카시 이시가모토(石ケ元) 7호분의 조족문토기와 9호분의 호 등은 마한계로

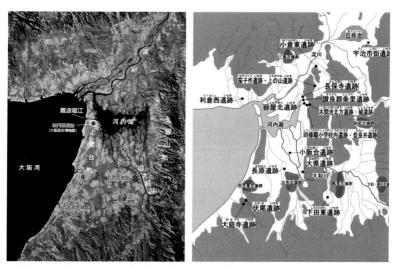

〈그림 22〉 고훈시대 오사카만 일대 지형도와 가와찌호 주변의 유적 분포도

추정되고 있다.

기나이지역의 경우 오사카 남부와 중부지역은 5세기경부터 호서와 호남 사람들이, 북부지역은 5세기 중엽경에 영산강유역 사람들의 이주가 많았던 것으로 추정된다.[60] 야마토 지역은 대지가 넓고 마한 관련 자료들이 상대적으로 적은 데 반해 가와치 지역은 저습지가 넓고 마한 관련 자료들이 많이 확인되어 있다. 야마토 지역은 초기에 가야계 도래인과 관련되어 있고, 가와치 지역은 4세기 말 이후 마한계 도래인과 관련되어 있다. 오사카 일대에서 출토되는 조족문토기, 말뼈, 등자, 준구조선의 부재를 재활용한 우물 등은 그 주인공들의 해양 활동을 말해주는 동시에 본격적인 말 사육을 암시해주는 것이다.

5세기대를 중심으로 도래계 취락과 유물들이 다수 분포하는 가와찌 동북부지역에서는 다른 지역과 달리 석실묘를 찾아보기 어려운데 이는 기존 전통의 분구묘가 축조되었기 때문이다. 야요이시대 가미 1호분에서 출토된 단경호가 영산강유역권에서 출토되는 단경호와 상통하는 점이나, 고훈시대 나가하라 고분군의 분구묘에서 다량의 한식계토기들이 출토되고 있는 점 등은 그와같은 지역적 특색이 전남지역과 무관하지 않다는 것을 보여주고 있다.

다른 한편으로는 그와 같은 두 지역 간의 교류 속에서 일본열도에서 한반도, 특히 마한 지역으로 이주했던 왜인도 있었던 것으로 추정된다. 영산강유역권[61]을 중심으로 확인되고 있는 장고분은 그 주인공과 축조배경에 대해 수많은 논문들이 발표되면서 3차에 걸쳐 학술회의가 개최된 바 있고[62] 필자는 망명 왜인설을 고수하고 있는데 이는 한국의 장고분들이 두 지역 간 장기적이고 역동적인 교류의 결과물일 가능성이 높기 때문이다.

망명 왜인설의 핵심 내용은 3세기 말부터 백제에 밀려 여러 차례에 걸쳐 일본열도로 이주하여 정착한 마한계 왜인의 후손들이 5~6세기에 일본 열도의 정세 변화 속에서 그동안 교류하여 왔던 영산강유역권 마한 세력의 승인을 받아 망명하여 장고분을 썼다는 것이다.[63] 일각에서는 망명 왜인설을 귀향설이라고 바꿔 부르기도 하는데 이는 대단히 잘못된 것이다. 귀향설은 영산강유역에서 왜로 이주한 사람들이 당대에 다시 돌아와서 일본식 장고분을 축조하였다는 것이므로 필자의 망명 왜인설과는 전혀 다른 견해인 것이다.

3세기대부터 백제에 밀려 도왜한 마한인들은 세대를 거듭하며 왜인이 되었지만 5세기 말에서 6세기 초에 걸쳐 야마토에 쫓기면서 한반도의 여러 지역에 망명을 타진하였을 것이다. 하지만 백제·신라·가야는 이미 일본열도를 통합한 야마토 왕권과의 갈등을 감수하면서까지 이들을 수용하기 쉽지 않았을 것이다. 이와 달리 영산강유역권의 마지막 마한 세력은 야마토 세력과 무관하였기 때문에 이와이 세력의 망명을 큰 부담 없이 받아줄 수 있었을 것이다.[64] 특히 광주 월계동 1호분과 영암 자라봉고분에서 출토된 분주목기가 후쿠오카현 가마츠카 고분 출토품과 유사한 것은 마지막 마한 지역과 규슈 지역의 유기적인 관계를 말해줄 수 있을 것이다.[65]

② 백제인의 이주

기나이지역에서는 백제 중앙과 관련된 자료들이 다수 확인되고 있다. 벽주건물은 백제권에서 주로 도성 지역에 집중되고 있기 때문에 백제 중앙 출신 이주민들이 전했을 가능성이 높다고 보고 있다. 이러한 추론을 뒷받침하는 대표적인 예는 오사카부 구와즈(桑津) 유적이다. 이 유적은 고훈시대 말기의 벽주건물, 아스카시대의 굴립주건물과 우물로 구성되어 있는데 우물에서 출토된 주술 목간에 도교와 관련된 주술과 도의(道意), 백가(白加)

2인의 이름이 보인다. 도의는 승려로 추정되고, 백가는 호고우지(法興寺, 후대의 飛鳥寺) 창건을 위해 위덕왕 35년(588년) 와박사 4인과 함께 왜에 파견된 화공으로 추정된다. 백가는 백제 중앙인으로서 법흥사 창건을 위해 파견된 이후 가와찌에 정착한 것으로 추정되는 것이다. 한편 5세기 중엽을 전후하여 급증하는 부뚜막이 딸린 주거지는 지방인의 이주와 관련된 것이 다수를 점할 것이다.[66]

5세기는 고구려의 군사적 압박이 커짐에 따라 백제 유민이 많이 발생한 시기이며 특히 475년의 한성 함락은 수많은 유이민을 낳게 하였다. 한성이 함락되기 전에 오사카 지역에 파견된 곤지는 가와찌 일대 백제계 이주민 사이에서 중요한 역할을 하였을 것인데, 오사카부 다카이다야마 고분의 피장자는 횡혈식 석실의 구조, 부부 합장, 청동 다리미와 금박구슬 등으로 볼 때 백제계임이 분명하며 왕족이었을 가능성이 높다는 사실은 이와 무관하지 않을 것이다.[67]

가와찌 지역 석실묘의 시기별 분포상을 보면, 5세기 말~6세기대는 주로 야마토 지역과 가와찌 남부 지역에 분포하고, 6세기 후엽~7세기대에는 오우미 지역을 중심으로 분포하는 특징을 보여준다. 이 지역의 모형취사구를 내는 고분들은 대벽건물과 함께 한반도계, 특히 백제계 이주민과 관련된 것으로 보는데 오우미 지역을 중심으로 성행하였던 석실묘는 성행 시기가 6세기 후엽~7세기대에 해당한다. 『일본서기』 텐지 4년(665)에 백제 남녀 400여명을 오우미국(近江國) 가마에군(神前郡)에 옮겨 살게 하였다는 기록과 그 이듬해에 백제 유민 남녀 2000여명을 오우미에 이주시켰다는 기록을 감안하여 보면[68] 오우미 지역 도래계 석실묘의 조성 배경을 파악해 볼 수 있을 것이다.

4. 맺음말

고대 일본열도는 한반도로부터 신문물을 수용하면서 비약적으로 발전하였다. 구체적인 배경에는 신문물의 수입과 모방제작, 주민이주 등이 있으며 특히 왕인박사의 초빙과 같은 적극적인 노력도 있었다. 가장 중요한 시기는 4세기 말부터 5세기 초에 해당하는데 이는 고구려의 남하로 말미암은 한반도 남부지역 이주민에 의한 것이고, 기나이 야마토 정권이 주체가 되어 적극적으로 기술자와 신문물들을 도입하기도 하였다.

고고학적으로 보면 이 시기 일본열도의 신문물들은 한반도 여러 지역과 관련되어 있을 뿐만 아니라 5세기 후반까지도 기나이 외에 규슈, 시코쿠(四國), 기비(吉備), 호쿠리쿠(北陸) 지역에서도 현지 세력에 의해 독자적으로 한반도의 신문물들이 도입되었음이 밝혀지고 있다.[69] 특히 오사카 지역에는 마한계 유물이 집중되어 있는데 시조나와테시 시토미야키타 유적 출토 유물들은 영산강유역을 중심으로 한 호남지역 유물들과 상통하고, 나라 북부 텐리시(天理市) 나카마찌니시(中町西) 유적 출토 유물 역시 5세기 중엽경 영산강유역을 포함한 호남지역 주민들의 이주 가능성을 말해주고 있다.[70]

일본열도에 이주한 마한계 주민들의 구체적인 활동 지역에 대해서는 정치한 분석이 이루어진 바 있다. 일본열도 전역에서 확인된 조족문토기, 양이부호, 이중구연호가 당시 백제 중심지인 서울, 경기지역보다는 충청, 전라지역에서 성행하였다는 점에서 백제와 구분되는 마한계로 보는 견해가 대표적이다. 그동안 막연하게 백제계로 여겼던 토기들을 거치문토기·양이부호·이중구연호 토기군(마한A), 조족문토기·평저광구소호 토기군(마한B), 삼족토기·병·직구호 토기군(백제)으로 구분하고, 3~4세기에는 마한A가 주체가 되어 규슈 북부로, 5세기에는 마한B가 주체가 되어 규슈 북부와 긴키(近畿)로, 5세기 후엽부터 백제가 주체가 되어 긴키를 중심으로 분포 범위가 확산되었다고 보고 있다.[71)]

마한계 주민의 일본 이주는 3차에 걸친 백제의 영역 확장과 관련되어 간헐적으로 이루어졌다. 3세기 중엽 이후부터 백제에 밀리기 시작하였던 마한에서는 3세기 후엽경 아산만권을 중심으로 이주가 이루어졌으며, 4세기 중반경에는 충청 내륙지역과 전북지역을 중심으로 이주가 이루어졌고, 분주토기를 통해 파악할 수 있는 6세기 중엽경의 영산강유역권 주민들의 일본 이주는 마지막 마한 세력의 세 번째 일본 이주를 반영하는 것이다.[72)] 최근에는 나라 지역의 마한 관련 자료를 토대로 야마토 정권의 핵심을 이루었던 소가(蘇我) 세력의 기원지를 영산강유역으로 보는 견해도 제기되었다.[73)]

고고학 자료를 중심으로 새롭게 파악되는 이와 같은 변화 속에서도 가장 중요했던 시기인 4~5세기는 왜왕들이 적극적으로 새로운 문화를 수용하여 권력을 키워 나가던 시기였다. 가와찌 지역에서 새로운 권력기반을 가진 왜왕이 출현하여 권력을 키워 나갔던 배경에는 한반도, 특히 전라도지역이 큰 비중을 차지하였을 가능성이 높다.[74)]

왕권을 강화하고 왜를 혁신시킨 대표적 인물인 오진(應神) 전후 시기는 흔히 왜5왕 시대로 일컬어지며, 413년 동진을 시작으로 421, 425, 430, 438, 443, 451, 460, 462, 477, 478년 유송으로, 479년 남제로, 502년 양나라로 사신을 파견하였는데 이는 백제를 통하지 않고 중국 남조와 직접 교섭하고자 한 일이었다.[75)] 당시 한반도 도래인의 지식과 정보망이 없었다면 왜5왕의 중국 교섭은 불가능하였다고 보는 견해[76)]나 중국과의 교섭에 있어서는 국제적으로 통용될 수 있는 외교문서를 작성하는 일이 필수적이었을 것이므로 왕인박사와 같이 한문에 능통한 인물을 초청하였을 것으로 보는 견해[77]는 왕인박사를 이해하는 데 있어 대단히 중요한 견해일 것이다.

왕인박사에 대한 기록이 일본의 『고사기』와 『일본서기』에 존재하는 것은 왕인박사가 일본에 기여한 바가 대단히 컸기 때문이었을 것이며 현재도 일본에서는 매우 중요한 역사적 인물로 추앙되고 있다. 한편으로는 왕인박사의 도일 사실을 부정하거나 왕인박사의 존재 자체를 부정하기도 하는데 그렇다면 과연 무슨 이유 때문에 왕인박사 초빙 기사를 『고사기』와 『일본서기』에 남겼는지 설명해야 할 것이다.

『고사기』와 『일본서기』에 기재된 기록들이 모두 정확한 역사적 사실을 반영하고 있다고 말하기는 어렵지만 다른 자료를 통해 이를 보완하거나 새로운 사실들을 파악해 볼 수 있다. 일본열도에는 5세기 중엽까지 백제보다 마한과 관련된 고고학 자료들이 더 많이 확인되고 있는데 이는 3세기 중엽경부터 백제에 밀려 일본열도로 이주해 나갔던 마한계 이주민들이 많았기 때문이다. 한반도에서 마한 지역이 모두 백제에 병합된 이후부터 일본의 사서에서는 마한과 관련된 사건들의 주체가 백제로 기재되었을 가능성이 높다.

이와 같은 사정을 감안하면 왕인박사의 도왜를 전후한 시기에는 백제와 야마토의 교류와 별도로 마한 지역에서 일본열도로 이주한 사람들과 한반도에 남아있는 마한 세력이 연계되어 여러가지 신문물들이 일본열도로 파급되었을 가능성이 높다는 것을 알 수 있다.

규슈 간사키시(神埼市) 와니신사(鰐神社)에는 '왕인박사상륙전승지[王仁博士上陸傳承之地]' 석비가 세워져 있는데 현지에서는 오래전부터 이곳이 왕인박사가 배를 타고 도착하였을 가능성이 가장 높은 곳이라고 믿어왔기 때문이며 이는 한국에서 왕인박사와 관련된 설화와 지명을 찾아볼 수 있는 곳이 영암군 성기동뿐이라는 점과 일맥 상통하는 것이다.

현재 한일 학계에서는 왕인박사에 대한 논의가 다양하게 이루어지고 있는데 앞으로 문헌 자료와 함께 고고학 자료를 통해 보다 거시적이고 종합적인 시각에서 왕인박사의 도왜 활동을 밝혀나가는 노력이 필요할 것이다.

이 글은 2013년 (사)왕인박사현창협회에 제출된 필자의 조사보고문(「마한·백제인의 산업기술과 생활문화의 일본 전수」)을 보완한 것임.

〈주석〉

1) 국립공주박물관, 『일본소재 백제문화재 조사보고서』Ⅰ(1999), Ⅱ(2000), Ⅲ (2002), Ⅳ(2004); 충청남도역사문화연구원, 『일본 속의 백제』긴키지역(2017), 규슈지역(2018), 혼슈·시코쿠지역(2019).

2) 임영진, 1997, 「전남지역 석실봉토분의 백제계통론 재고」, 『호남고고학보』6.

3) 重藤輝行, 2010, 「九州에 형성된 마한·백제인의 집락」, 『마한·백제 사람들의 일본열도 이주와 교류』, 국립공주박물관·중앙문화재연구원·백제학회, 159쪽.

4) 靑柳泰介, 2005, 「近畿の渡來人の受容」, 『ヤマト政權と渡來人』.

5) 송기호, 2005, 『한국 고대의 온돌』, 서울대출판부, 6쪽.

6) 권오영·이형원, 2005, 「삼국시대 벽주건물 연구」, 『한국고고학보』60.

7) 서현주, 2003, 「삼국시대 아궁이틀에 대한 고찰」, 『한국고고학보』50.

8) 권오영, 2007, 「주거구조와 취사문화를 통해 본 백제계 이주민의 일본 畿內 지역 정착과 그 의미」, 『한국상고사학보』56.

9) 合田幸美, 2005, 「河內湖周邊の韓式系土器と渡來人」, 『ヤマト政權と渡來人』, 14쪽.

10) 김남응, 2002, 「구들과 민속과 환경」, 『비교민속학』21.

11) 권오영, 2007, 「주거구조와 취사문화를 통해 본 백제계 이주민의 일본 畿內 지역 정착과 그 의미」, 『한국상고사학보』56.

12) 黃曉芬 저(김용성 역), 2006, 『한대의 무덤과 그 제사의 기원』, 학연문화사.

13) 兪偉超, 1996, 「方形周溝墓」, 『季刊考古學』54; 呂智榮, 2002, 「중국에서 발견된 圍溝墓」, 『호남고고학보』16.

14) 안신원, 2004, 「圍溝墓의 기원과 기능」, 『한국상고사학보』44.

15) 방형 분구묘뿐만 아니라 15호와 같은 제형분구묘도 조사되었다(山田淸明編, 1995, 『兵庫縣文化財調査報告』150冊, 兵庫縣教育委員會.)

16) 渡辺昌宏, 2002, 「方形周溝墓の源流」, 『渡來人登場』, 大阪府立彌生文化博物館; 이홍종, 2002, 「〈일본열도의 주구묘〉에 대한 토론요지」, 『동아시아의 주구묘』, 호남고고학회, 99쪽.

17) 楊楠, 2013, 「土墩墓及其相關槪念之辨析」, 『東南文化』235期, 南京博物院, 39쪽.

18) 임영진, 2015, 「한중일 분구묘의 관련성과 그 배경」, 『백제학보』14.

19) 河上邦彦, 2000, 「일본 전방후원분과 횡혈식 석실」, 『백제연구』31, 97쪽.

20) 花田勝廣, 2005, 「畿內の渡來人とその課題」, 『第8回九州前方後圓墳研究會資料集』.

21) 白石太一郎, 1991, 「總論」, 『古墳時代の研究』5(生産と流通Ⅱ), 雄山閣, 8쪽.

왕인박사 시기 한·일 교류 고고학의 연구 성과   **469**

22) 白井克也, 2002, 「土器からみた地域間交流-日本出土の馬韓土器·百濟土器」, 『檢證古代河內と百濟』, 大巧社.

23) 櫻井久之, 1998, 「鳥足文タタキメのある土器の一群」, 『楢崎彰一先生古稀記念論文集』.

24) 田中淸美, 1989, 「上町臺地北部出土の韓式系土器について」, 『韓式土器研究』.

25) 박천수, 2007, 『새로 쓰는 고대 한일교섭사』, 사회평론.

26) 角浩行, 2000, 「伊都国の遺跡と遺物-糸島地区出土朝鮮半島系遺物について」, 『考古學으로 본 弁·辰韓과 倭』(제4회 嶺南·九州考古学会 合同考古学大会 發表要旨).

27) 이정민, 2019, 「전남지역 마한·백제 토기가마 변천과 파급」, 『동아시아고대학』 53.

28) 吉井秀夫, 2011, 「百濟의 冠과 日本의 冠」, 『백제의 冠』, 국립공주박물관; 毛利光俊彥, 2000, 「二山式帶冠の源流を探る - 百濟かち日本へ - 」, 『日韓古代にあける埋葬法の比較研究』; 이범기, 2019, 「고분 출토 금동관과 식리로 살펴본 마한·백제·일본과의 비교 검토」, 『지방사와 지방문화』 22권 1호.

29) 吉井秀夫, 1996, 「금동제신발의 제작기술」, 『碩晤尹容鎭敎授停年退任紀念論叢』.

30) 임영진, 2020, 「삼국시대 영산강유역권 금동 위세품의 역사적 성격」, 『백제학보』 20.

31) 吉井秀夫, 1999, 「日本近畿地方にをける百濟系考古資料をめぐる諸問題 -5~6世紀を中心として-」, 『日本所在百濟文化財調査報告書Ⅰ』, 國立公州博物館.

32) 穴澤咊光·馬目順一, 1976, 「용봉문환두대도론」, 『백제연구』 7, 충남대백제연구소.

33) 朴天秀, 2007, 『새로쓰는 고대한일교섭사』, 사회평론.

34) 白石太一郎, 1991, 「總論」, 『古墳時代の研究』 5(生産と流通Ⅱ), 雄山閣, 5쪽.

35) 김혁중, 2020, 「천안 두정동 유적 출토 이형철기의 성격」, 『한국상고사학보』 108, 37~60쪽.

36) 古瀬淸秀, 1991, 「鐵器の生産」, 『古墳時代の研究』 5(生産と流通Ⅱ), 雄山閣, 51쪽.

37) 松井和幸, 1991, 「鐵生産」, 『古墳時代の研究』 5(生産と流通Ⅱ), 雄山閣, 12쪽.

38) 花田勝廣, 1989, 「倭政權と鍛冶工房」, 『考古學研究』 36-3.

39) 宮崎泰史, 2010, 「畿內에 정착한 백제계 馬飼 집단」, 『마한·백제 사람들의 일본열도 이주와 교류』, 국립공주박물관·중앙문화재연구원·백제학회, 212쪽.

40) 高橋工, 1989, 「古代の船」, 『よみがえる古代の船と5世紀の大阪』, 大阪市教育委員會·大阪市文化財協會(우재병, 2007, 「백제문화의 왜국 전파와 그 영향」, 『백

제의 문물교류」(백제문화사대계 연구총서 10), 392쪽 재인용).

41) 置田雅昭, 1988, 「船形埴輪」, 『ニゴレ古墳』, 京都府彌營町文化財調査報告 5(우재병, 2007, 「백제문화의 왜국 전파와 그 영향」, 『백제의 문물교류』(백제문화사대계 연구총서 10), 393쪽 재인용).

42) 靑木勘時, 2000, 「前方部下段의 調査」, 『西殿塚古墳·東殿塚古墳』, 天理市埋藏文化財調査報告 7(우재병, 2007, 「백제문화의 왜국 전파와 그 영향」, 『백제의 문물교류』(백제문화사대계 연구총서 10), 394쪽 재인용).

43) 殷滌非, 1960, 「安徽省壽縣安豐塘發現漢代閘壩工程遺址」, 『文物』 60-1, 61쪽.

44) 신희권, 2001, 「풍납토성의 축조기법과 성격에 대하여」, 『풍납토성의 발굴과 그 성과』, 한밭대학교 향토문화연구소, 68~70쪽.

45) 성정용, 2007, 「제언과 수리시설」, 『백제의 건축과 토목』(백제문화사대계 연구총서 15), 514쪽.

46) 小山田宏一, 2005, 「백제의 토목기술」, 『고대도시와 왕권』, 서경문화사.

47) 임영진, 2011, 「나주 복암리 일대의 고대 경관」, 『호남문화재연구』 10, 호남문화재연구원.

48) 小山田宏一, 1999, 「古代の開發と治水」, 『狹山池』, 大阪府立狹山池博物館.

49) 성정용, 2007, 「제언과 수리시설」, 『백제의 건축과 토목』(백제문화사대계 연구총서 15), 515쪽.

50) 北山峰生, 2010, 「薩摩遺跡の古代溜池」, 『고대 동북아시아의 수리와 제사』, 대한문화유산연구센터·우리문화재연구원, 165쪽.

51) 오동선, 2009, 「나주 신촌리 9호분의 축조과정과 연대 재고」, 『한국고고학보』 73.

52) 胡繼根, 2010, 「前後漢·六朝 土墩墓의 成因과 特徵」, 『호남문화재연구』 10, 호남문화재연구원.

53) 임영진, 2019, 「백제와 육조의 관계 -고고자료를 중심으로」, 『백제학보』 27.

54) 武末純一, 2013, 「일본 출토 영산강유역 관련 고고학 자료의 성격」, 『왕인박사연구』, 주류성.

55) 도래인을 대신하여 渡倭人으로 부르자는 제안도 있다. 도왜인은 기본적으로 왜로 건너가 정착한 사람을 가리키지만 넓은 의미에서 본다면 왜에서 일정한 지위를 확보한 뒤 한반도로 되돌아오거나 왕래하는 사람까지 포함시킬 수 있다고 보고 있다(김기섭, 2005, 「5세기 무렵 백제 도왜인의 활동과 문화 전파」, 『왜 5왕 문제와 한일 관계』, 경인문화사, 222쪽).

56) 정효은, 2007, 「왜국으로의 문화 전파 -정신문화의 전파」, 『백제의 문물교류』

(백제문화사대계 연구총서 10), 308쪽.

57) 양기석, 2010, 「백제인들의 일본열도 이주」, 『마한·백제 사람들의 일본열도 이주와 교류』, 국립공주박물관·중앙문화재연구원·백제학회.

58) 박천수, 2007, 『새로 쓰는 고대 한일교섭사』, 사회평론.

59) 重藤輝行, 2010, 「九州에 형성된 마한·백제인의 집락」, 『마한·백제 사람들의 일본열도 이주와 교류』, 국립공주박물관·중앙문화재연구원·백제학회, 161~163쪽.

60) 서현주, 2011, 「일본 畿內 지역 마한 관련 토기에 관한 연구」, 『일본 기내지역 마한관련 자료의 집성과 연구』, (사)왕인박사현창협회·전라남도, 98쪽.

61) 영산강유역권은 영산강 수계에 해당하는 영산강유역뿐만 아니라 동일한 문화상을 유지하는 고창, 영광 등 인접지역을 포함한다(임영진, 2002, 「영산강유역권의 분구묘와 그 전개」, 『호남고고학보』 16, 80쪽).

62) 申敬徹·朱甫暾·朴淳發·土生田純之·北條芳隆, 2000, 『韓國의 前方後圓墳』, 충남대학교 출판부; 대한문화재연구원, 2011, 『한반도의 전방후원분』, 학연문화사; 마한연구원編, 2020, 『장고분의 피장자와 축조배경』, 학연문화사.

63) 임영진, 1996, 「전남 고대묘제의 변천」, 『전남의 고대묘제』, 전라남도·목포대박물관.

64) 임영진, 2014, 「영산강유역권 왜계고분의 피장자와 '임나일본부'」, 『지역과 역사』 35, 부경역사연구소.

65) 최영주, 2017, 「고분 부장품을 통해 본 영산강유역 마한세력의 대외교류」, 『백제학보』 20.

66) 권오영, 2007, 「주거구조와 취사문화를 통해 본 백제계 이주민의 일본 畿內 지역 정착과 그 의미」, 『한국상고사학보』 56.

67) 권오영, 2007, 「주거구조와 취사문화를 통해 본 백제계 이주민의 일본 畿內 지역 정착과 그 의미」, 『한국상고사학보』 56.

68) 天智4年 ; 百濟百姓男女四百餘人居于近江國神前郡
天智5年 ; 百濟男女二千餘人居于東國

69) 박천수, 2007, 『새로 쓰는 고대 한일교섭사』, 사회평론, 34쪽.

70) 서현주, 2011, 「일본 畿內 지역 마한 관련 토기에 관한 연구」, 『일본 기내지역 마한관련 자료의 집성과 연구』, (사)왕인박사현창협회·전라남도, 97쪽.

71) 白井克也, 2002, 「土器からみた地域間交流-日本出土の馬韓土器·百濟土器」, 『檢證古代河内と百濟』, 大巧社.

72) 林永珍, 2002, 「百濟の成長と馬韓勢力, そして倭」, 『檢證古代河内と百濟』, 大巧

社; 임영진, 2006,「분주토기를 통해 본 5~6세기 한일관계 일면」,『고문화』 67.

) 坂靖, 2018,『蘇我氏の考古學』, 新泉社, 115~116쪽.

74) 近つ飛鳥博物館, 2006,『河內湖周邊に定着した渡來人』, 24쪽.

75) 임영진, 2017,「전남 해안도서지역의 왜계고분과 왜5왕의 중국 견사」,『백제문화』 56, 공주대학교 백제문화연구소.

76) 地村邦夫, 2004,「その後の渡來人」,『大和政權と渡來人』, 大阪府立彌生文化博物館, 46~49쪽.

77) 박광순, 2011,「일본 畿內 지역 마한 관련 자료 집성과 연구의 의의」,『일본 기내지역 마한관련 자료의 집성과 연구』, (사)왕인박사현창협회·전라남도, 21~23쪽.

왕인박사 시기 한·일 교류 고고학의 연구 성과   473

〈인용·참고문헌〉

〈단행본〉

國立公州博物館,『日本所在百濟文化財調査報告書』I(1999)·II(2000)·III
  (2002).

대한문화재연구원, 2011,『한반도의 전방후원분』, 학연문화사.

마한연구원編, 2020,『장고분의 피장자와 축조배경』, 학연문화사.

박천수, 2007,『고대한일교섭사』, ㈜사회평론.

송기호, 2005,『한국 고대의 온돌』, 서울대출판부.

申敬徹·朱甫暾·朴淳發·土生田純之·北條芳隆, 2000,『韓國의 前方後圓墳』, 충
  남대학교 출판부.

정한덕, 2002,『일본의 고고학』, 학연문화사.

충청남도역사문화연구원,『일본 속의 백제』긴키지역 I · II(2017), 규슈지
  역(2018), 혼슈·시코쿠지역(2019).

黃曉芬(김용성 역), 2006,『한대의 무덤과 그 제사의 기원』, 학연문화사.

Michael Loewe(이성규 역), 1987,『고대 중국인의 생사관』, 지식산업사.

近つ飛鳥博物館, 2004,『今來才伎-古墳·飛鳥の渡來人』.

近つ飛鳥博物館, 2006,『年代のものさし-陶邑の須恵器』.

近つ飛鳥博物館, 2006,『河內湖周邊に定着した渡來人』.

近つ飛鳥博物館, 2007,『橫穴式石室誕生-黃泉國の成立』.

近つ飛鳥博物館, 2011,『歷史發掘大阪』(大阪府發掘調査最新情報).

大阪府立弥生文化博物館, 1999,『渡來人登場』.

かみつ けの里博物館, 2003,『帆立貝形古墳を考える』.

奈良縣立橿原考古學研究所, 1981,『新澤千塚古墳群』.

奈良縣立橿原考古學研究所, 2000, 『ホケノ山古墳』(公開講演會資料).

奈良縣立橿原考古學研究所付屬博物館, 1992, 『新澤千塚の遺宝とその源流』.

大橋信彌·花田勝廣編, 2005, 『ヤマト政權と渡來人』, サンライス出版.

安村俊史·桑野一幸, 1996, 『高井田山古墳』, 柏原市教育委員會.

椙山林繼·山岸良二編, 2005, 『方形周溝墓研究の今』, 雄山閣.

和田勝廣, 2002, 『古代の鐵生産と渡來人』, 雄山閣.

坂靖, 2018, 『蘇我氏の考古學』, 新泉社.

〈논문〉

角浩行, 2000, 「伊都国の遺跡と遺物-糸島地区出土朝鮮半島系遺物について」, 『考古學으로 본 弁·辰韓과 倭』(제4회 嶺南·九州考古学会 合同考古学大会 發表要旨).

宮崎泰史, 2010, 「畿內에 정착한 백제계 馬飼 집단」, 『마한·백제 사람들의 일본열도 이주와 교류』, 국립공주박물관·중앙문화재연구원·백제학회.

권오영, 2007, 「주거구조와 취사문화를 통해 본 백제계 이주민의 일본 畿內지역 정착과 그 의미」, 『한국상고사학보』 56.

권오영·이형원, 2005, 「삼국시대 벽주건물 연구」, 『한국고고학보』 60.

김경칠, 2008, 「호남지역 출토 원삼국기 외래토기의 성격」, 『전남고고』 2, 전남문화재연구원.

김기섭, 2005, 「5세기 무렵 백제 도왜인의 활동과 문화 전파」, 『왜 5왕 문제와 한일 관계』, 경인문화사.

김남응, 2002, 「구들과 민속과 환경」, 『비교민속학』 21.

김혁중, 2020, 「천안 두정동 유적 출토 이형철기의 성격」, 『한국상고사학보』 108.

吉井秀夫, 1996, 「금동제신발의 제작기술」, 『碩晤尹容鎭敎授停年退任紀念論叢』.

吉井秀夫, 1999, 「日本近畿地方にをける百濟系考古資料をめぐる諸問題 -5 ~6世紀を中心として-」, 『日本所在百濟文化財調査報告書Ⅰ』, 國立公州博物館.

吉井秀夫, 2003, 「土器資料를 통해 본 3~5世紀 百濟와 倭의 交涉關係」, 『漢城期 百濟의 物流 시스템과 對外交涉』, 한신대학교.

吉井秀夫, 2011, 「百濟의 冠과 日本의 冠」, 『백제의 冠』, 국립공주박물관.

武末純一, 2002, 「日本 九州 및 近畿地域의 韓國系 遺物」, 『古代 東亞細亞와 三韓·三國의 交涉』, 복천박물관.

박광순, 2011, 「일본 畿內 지역 마한 관련 자료 집성과 연구의 의의」, 『일본 기내지역 마한관련 자료의 집성과 연구』, (사)왕인박사현창협회.

박중환, 1999, 「조족문토기고」, 『고고학지』 10.

坂靖, 2010, 「고고자료로 본 백제와 일본」, 『충청학과 충청문화』 11, 충남역사문화연구원.

北山峰生, 2010, 「薩摩遺跡の古代溜池」, 『고대 동북아시아의 수리와 제사』, 대한문화유산연구센터·우리문화재연구원.

서현주, 2003, 「삼국시대 아궁이틀에 대한 고찰」, 『한국고고학보』 50.

徐賢珠, 2004, 「4~6世紀 百濟地域과 日本列島의 關係」, 『湖西考古學』 11.

서현주, 2011, 「일본 畿內 지역 마한 관련 토기에 관한 연구」, 『일본 기내지역 마한관련 자료의 집성과 연구』, (사)왕인박사현창협회.

성정용, 2007, 「제언과 수리시설」, 『백제의 건축과 토목』(백제문화사대계 연구총서 15), 충남역사문화연구원.

小山田宏一, 1999, 「古代の開發と治水」, 『狹山池』, 大阪府立狹山池博物館.

小山田宏一, 2005, 「백제의 토목기술」, 『고대도시와 왕권』, 서경문화사.

신희권, 2001, 「풍납토성의 축조기법과 성격에 대하여」, 『풍납토성의 발굴과 그 성과』, 한밭대학교 향토문화연구소.

안신원, 2004, 「圍溝墓의 기원과 기능」, 『한국상고사학보』 44.

양기석, 2010, 「백제인들의 일본열도 이주」, 『마한·백제 사람들의 일본열도 이주와 교류』, 국립공주박물관·중앙문화재연구원·백제학회.

呂智榮, 2002, 「중국에서 발견된 圍溝墓」, 『호남고고학보』 16.

禹在柄, 2002, 「4~5世紀 倭에서 加耶·百濟로의 交易 루트와 古代航路」, 『湖西考古學』 6·7.

우재병, 2007, 「백제문화의 왜국 전파와 그 영향」, 『백제의 문물교류』(백제문화사대계 연구총서 10, 충남역사문화연구원.

오동선, 2009, 「나주 신촌리 9호분의 축조과정과 연대 재고」, 『한국고고학보』 73.

이범기, 2019, 「고분 출토 금동관과 식리로 살펴본 마한·백제·일본과의 비교 검토」, 『지방사와 지방문화』 22권 1호.

이정민, 2019, 「전남지역 마한·백제 토기가마 변천과 파급」, 『동아시아고대학』 53.

이홍종, 2002, 「〈일본열도의 주구묘〉에 대한 토론요지」, 『동아시아의 주구묘』, 호남고고학회.

임영진, 1996, 「전남 고대묘제의 변천」, 『전남의 고대묘제』, 전라남도·목포대박물관.

임영진, 1997, 「전남지역 석실봉토분의 백제계통론 재고」, 『호남고고학보』 6.

林永珍, 2000, 「馬韓의 消滅過程에 대한 考古學的 考察」, 『湖南考古學報』 12.

임영진, 2002, 「영산강유역권의 분구묘와 그 전개」, 『호남고고학보』 16.

임영진, 2006, 「분주토기를 통해 본 5~6세기 한일관계 일면」, 『고문화』 67,

한국대학박물관협회.

임영진, 2011, 「나주 복암리 일대의 고대 경관」, 『호남문화재연구』 10, 호남문화재연구원.

임영진, 2014, 「영산강유역권 왜계고분의 피장자와 '임나일본부'」, 『지역과 역사』 35, 부경역사연구소.

임영진, 2015, 「한중일 분구묘의 관련성과 그 배경」, 『백제학보』 14.

임영진, 2017, 「전남 해안도서지역의 왜계고분과 왜5왕의 중국 견사」, 『백제문화』 56, 공주대학교 백제문화연구소.

임영진, 2019, 「백제와 육조의 관계 -고고자료를 중심으로」, 『백제학보』 27.

임영진, 2020, 「삼국시대 영산강유역권 금동 위세품의 역사적 성격」, 『백제학보』 31.

정효은, 2007, 「왜국으로의 문화 전파 -정신문화의 전파」, 『백제의 문물교류』(백제문화사대계 연구총서 10), 충남역사문화연구원.

重藤輝行, 2010, 「九州에 형성된 마한·백제인의 집락」, 『마한·백제 사람들의 일본열도 이주와 교류』, 국립공주박물관·중앙문화재연구원·백제학회.

최영주, 2017, 「고분 부장품을 통해 본 영산강유역 마한세력의 대외교류」, 『백제학보』 20.

胡繼根, 2010, 「前後漢·六朝 土墩墓의 成因과 特徵」, 『호남문화재연구』 10, 호남문화재연구원.

河上邦彦, 2000, 「일본 전방후원분과 횡혈식 석실」, 『백제연구』 31.

穴澤咊光·馬目順一, 1976, 「용봉문환두대도론」, 『백제연구』 7, 충남대백제연구소.

和田晴吾, 2002, 「일본열도의 주구묘」, 『동아시아의 주구묘』, 호남고고학회.

兼康保明, 1997, 「近江の渡來文化」, 『渡來人』, 大巧社.

龜田修一, 2004, 「日本初期の釘·鐺が語るもの」, 『文化の多樣性と比較考古學』, 考古學硏究會.

古瀨淸秀, 1991, 「鐵器の生産」, 『古墳時代の硏究』 5(生産と流通Ⅱ), 雄山閣.

近藤義郎·春成秀彌, 1967, 「埴輪の起源」, 『考古學硏究』 13-3, 考古學硏究會.

大竹弘之, 2002, 「韓國全羅南道の圓筒形土器」, 『前方後圓墳と古代日朝關係』, 同成社.

渡辺昌宏, 2002, 「方形周溝墓の源流」, 『渡來人登場』, 大阪府立彌生文化博物館.

桃崎祐輔, 1993, 「古墳に伴う牛馬貢獻の檢討」, 『古文化談叢』 31.

毛利光俊彦, 2000, 「二山式帶冠の源流を探る-百濟かち日本へ-」, 『日韓古代にあける埋葬法の比較硏究』.

白石太一郎, 1991, 「總論」, 『古墳時代の硏究』 5(生産と流通Ⅱ), 雄山閣.

白石太一郎, 2007, 「橫穴式石室誕生」, 『橫穴式石室誕生-黃泉國の成立』, 近つ飛鳥博物館.

白井克也, 2002, 「土器からみた地域間交流-日本出土の馬韓土器·百濟土器」, 『檢證古代河內と百濟』, 大巧社.

寺井誠, 2011, 「加美遺蹟'陶質土器'のふるさと」, 『なにわの考古學30年の軌跡』, 大阪歷史博物館.

森本徹, 2010, 「一須賀古墳群の終焉」, 『官報』 13, 近つ飛鳥博物館.

松井和幸, 1991, 「鐵生産」, 『古墳時代の硏究』 5(生産と流通Ⅱ), 雄山閣.

松井章·神谷正弘, 1994, 「古代の朝鮮半島および日本列島における馬の殉殺について」, 『考古學雜誌』 80-1.

西谷正, 1983, 「伽倻地域と北部九州」, 『大宰府古文化論叢』(上), 吉川弘文館.

櫻井久之, 1998, 「鳥足文タタキメのある土器の一群」, 『楢崎彰一先生古稀記念論文集』.

兪偉超, 1996, 「方形周溝墓」, 『季刊考古學』 54.

林永珍, 2002, 「百濟の成長と馬韓勢力, そして倭」, 『檢證古代河內と百濟』, 大巧社.

田中清美, 1989, 「上町臺地北部出土の韓式系土器について」, 『韓式土器研究』.

田中清美, 1994, 「鳥足文タタキと百濟系土器」, 『韓式系土器研究』 V.

田中清美, 2002, 「須惠器定型化への過程」, 『田辺昭三先生古稀記念論文集』.

酒井淸治, 1994, 「日本における初期須惠器の系譜」, 『伽倻および日本の古墳出土遺物の比較研究』, 國立歷史民俗博物館.

地村邦夫, 2004, 「その後の渡來人」, 『大和政權と渡來人』, 大阪府立彌生文化博物館.

靑柳泰介, 2005, 「近畿の渡來人の受容」, 『ヤマト政權と渡來人』.

太田博之, 1996, 「韓國出土の圓筒形土器と埴輪形土製品」, 『韓國の前方後圓墳』, 雄山閣.

坂靖, 2010, 「葛城の渡來人」, 『硏究紀要』 15, (財)由良大和古代文化硏究會.

土生田純之, 1985, 「古墳出土の須惠器(1)」, 『末永先生米壽記念獻呈論文集』, 刊行委員會.

合田幸美, 2005, 「河內湖周邊の韓式系土器と渡來人」, 『ヤマト政權と渡來人』.

花田勝廣, 1989, 「倭政權と鍛冶工房」, 『考古學硏究』 36-3.

花田勝廣, 2005, 「畿內の渡來人とその課題」, 『第8回九州前方後圓墳硏究會資料集』.

楊楠, 2013, 「土墩墓及其相關槪念之辨析」, 『東南文化』 235期, 南京博物院.

殷滌非, 1960, 「安徽省壽縣安豊塘發現漢代閘壩工程遺址」, 『文物』 60-1.

〈그림 출전〉

〈그림 1〉 九州歷史資料館

〈그림 2〉 伊都國博物館

〈그림 3〉 필자 촬영(이하 필자 촬영 사진은 생략)

〈그림 4, 11〉『年代のものさし-陶邑の須恵器』(近つ飛鳥博物館 2006)

〈그림 5〉 大津市歷史博物館

〈그림 7〉『渡來人登場』(大阪府立弥生文化博物館 1999)

〈그림 9〉『横穴式石室誕生-黃泉國の成立』(近つ飛鳥博物館 2007)

〈그림 12, 14〉『新澤千塚の遺宝とその源流』(奈良縣立橿原考古學研究所付屬
　博物館 1992)

〈그림 13, 15, 16〉『河內湖周邊に定着した渡來人』(近つ飛鳥博物館 2006)
　(〈그림 15〉 우측의 복원된 말은 近つ飛鳥博物館에서 필자 촬영)

〈그림 17〉 藤井寺市立平生學習館(우측의 전경은 필자 촬영)

〈그림 19〉 狹山池博物館(우측의 伝茨田堤는 필자 촬영)

〈그림 21〉 堺市博物館

〈그림 22〉 大阪歷史博物館(좌),『河內湖周邊に定着した渡來人』(우)

**왕인박사 시기의
한·일 교류 고고학**

저　자 | 박광순·전용호·전형민·신흥남·이범기·송공선·
　　　강은주·임동중·서현주·이정민·임영진
엮은곳 | (사)왕인박사현창협회 왕인문화연구소
펴낸이 | 최병식
펴낸날 | 2023년 12월 29일
펴낸곳 | 주류성출판사 www.juluesung.co.kr
　　　서울특별시 서초구 강남대로 435 주류성빌딩 15층 주류성문화재단
　　　TEL | 02-3481-1024(대표전화)·FAX | 02-3482-0656
　　　e-mail | juluesung@daum.net
값 40,000원
ISBN 978-89-6246-529-7 93910
잘못된 책은 교환해 드립니다.

본 저작물에는
안동월영교 서체 등이
활용되었습니다.